禅密薪传

（修订版）

张义尚 ◎编著

社会科学文献出版社
SOCIAL SCIENCES ACADEMIC PRESS (CHINA)

序　言

张义敬

中国社会科学院胡孚琛先生来电话，说社会科学文献出版社拟出版其先师张义尚遗著，可否请我写篇序，我高兴地同意了。

义尚是我的大哥，生于 1910 年农历三月二十七日，长我 16岁。他从小缺奶，到了七八岁时，得了五心烧（肺结核），医师对祖父说："您的孙子，要长大了才能算数呢！"这话却被他自己听见了。"才几岁，难道就要死了？"当时，还没有有效的西药，在我们乡下，连西医也还没有。当他的私塾老师知道这事之后，就给他灌输了一些路见不平拔刀相助的故事，以振作其精神；再告诉他，身体不好，通过坚持锻炼，就能够转弱为强的道理。从此，他开始习武，先是爬竹竿、举石锁，继之习外家拳，再继习金家功夫，进入复旦大学后，就学杨式太极拳，一直坚持到晚年。

在我的印象中，大哥总是胖瘦适中、精力充沛、脸色红润、行步如飞的，凡与他同行，我总得加大脚步，才不落后。在读大学时，他跟银道源先生学过道家的内功，还跟王元吉先生学过"地理"，跟黄炳南先生学过易筋经……

1947 年，大哥在成都参加过高考①，录取之后，就在南打金街挂牌行医。当时，他也正寄居在锦江边上李雅轩老师家学太极拳。同时他在报上登广告数月，寻访道家明人，找到了周明阳（一三）老师。到 1948 年下半年，将周一三老师迎到重庆北温泉，借居邓少琴先生寓所，准备做一些周老师的南宗功夫，终因时局动荡而未果。

1948 年秋，学校放寒假，大哥叫我去过年，初次见到了周一三老师。周老师瘦高，90 多岁了，精神健旺，手上的静脉血管突出很高，好像要脱离手背而独立。他清早要做一次拍打功夫，拍得很响，我住他楼下，都能听见。有一次在江（嘉陵江）边玩耍，他竟然从江水中拉出一条斤多重的鱼来。当时我年轻，认为他就是神仙。他有时一睡就两三天，不吃饭，我们不放心，上楼去看他，他却说："不要打扰。"他还告诉我，在清朝，他当过四川盐运使，从四川运食盐到拉萨，他去过两次，言下颇为自豪。他死在重庆中兴路他的学生周戈安家里，时间大约是 1951 年，享年百岁左右。大哥跟他学了道家南宗的人元丹法，后来写成《东方绝学》。初稿我见过，既惊异于前人之想得出，也慨叹于大法之难于行，然而在学术上的价值，自当永存。

大哥就读于上海复旦大学，读了两年。八一三上海抗战爆发了，复旦迁到重庆北碚，他是在北碚毕业的。毕业之后，在邓华民的蜀华实业公司当过会计主任，大约有四五年之久。此后大哥就终身以医为业。

大哥每学一门技艺，都留有著作。我曾问他："你的著作为什

---

① "高考"全名是"高等文官考试"，在 1949 年以前是政府选拔人才的主要方法。录取之后，可以根据成绩当县长、专员之类；学医的，可以当医院院长或主任医师之类，大致如此。

么不联系出版呢?"他说:"我写书是为了做学问,提高自己,也不愿别人把我的书稿改得面目全非。"他的书多是蝇头小楷、线装成册,与古籍出版社的线装书一样精美,见者无不赞叹。除了著作之外,他还抄录、整理了大量佛道方面的资料,估计近两百本。可惜大多在"文化大革命"中被抄、被烧,空余浩叹而已。四川的夏天相当热,他不睡午觉,午饭之后,拿一把大蒲扇,挥扇退热片刻,就又开始工作了。

大哥十多岁时跟周之德老师学了几年金家功夫,到上海进入复旦之后,就改学太极拳了。但对于周老师,大哥依然极为关注,曾从上海寄三百银元给他,使他重振家业。在"与人斗其乐无穷"的时代,大家都穷,但每逢年节与生日,大哥总要给李雅轩老师寄钱、寄粮票,从不间断。

从上述两件事看来,与今日之学生相比,能如此尊师者,恐怕已为数不多了。

在我十多岁时,大哥教过我古文和金家功夫。在他的引导下,我终于爱上了太极拳。大哥是我的第一位太极拳老师,后来的几位老师,也是由于他的引荐。

这一生中,与大哥通信不断,在思想、学识诸多方面,受益良多。古人说长兄代父,义尚于我,足以当之。大哥于 2000 年年底辞世,享年 91 岁。

谨就我所知的一些情况,略述于此,谨代序言,或为读其书而想知其人者所乐闻吧!

2010 年 4 月

目　录

禅密薪传

上部　禅宗

第一编　禅宗法要

禅　源

灯录始七佛偈，乃至二十八祖，授受因缘，溯述源流，体裁应尔。今则不遑遍叙，独指妙心为禅源。此宗旨竖义于达摩，流衍于诸祖。观初祖接可祖诸人，均以言句显示；乃谓之不立文字，教外别传者，良以学人滞于经教，卒未能印合妙心，立地成佛；故乘时而来，提唱顿宗，斯禅之源也。蠢动含灵皆有佛性，而无始沉沦苦海者，不悟此心当体是佛，背觉合尘，迷而不返故也。然虽万劫轮回，而不动之天真佛性，从无迁变。初祖教可祖外息诸缘，内心无喘，心如墙壁，可以入道，二祖种种说心性道理，祖总遮其非，不为说无念心。可祖忽曰，我已息诸缘。祖曰，莫不成断灭否？可曰，不成断灭，了了常知，言之不可及。祖曰，此是诸佛所传心体。盖息缘则外境相空，无喘则内寻伺绝，如墙壁则心行处灭，言不及则言语道断，了知而无念则寂照同时；心境不二，迷悟不二，生佛不二，其恰好处；心亦不可得，妙亦不可得，不可得亦不可得，非心非不心，非妙非不妙，行住坐卧，莫非妙心体现，此即达摩禅宗之源也。诸经诸论，皆非离此别有所指也。楞伽经谓之自觉境界，自觉圣智。三祖信心铭中，标此妙心为玄旨、真如、法界等名以显之。四祖则令人念摩诃般若。

五祖则令人诵金刚般若经。六祖闻客诵经至应无所住而生其心，遂得开了。五祖复征其初悟，祖言下大彻。启曰，一切万法不离自性，何期自性本自清净，本不生灭，本自具足，本无动摇，何期自性能生万法。迨后开堂说法，第一会便演摩诃般若波罗蜜法，曰，此须心行，不在口念，口念心行，心口相应。本性是佛，离性无别佛。摩诃是大，心量大如空，无有边畔、方圆、大小、青黄、瞋喜、是非、善恶，世人妙性本空，无有一法可得。善知识，世界虚空能含依正万像，性空亦如是。自性能含万法，万法在诸人性中。一切善恶尽不取不舍，亦不染着，心如虚空，故曰摩诃。用即了了分明，应用便知一切，一切即一，一即一切，去来自由，心体无滞。一切般若智皆从自性生，不从外入，名为真性自用。般若者，唐言智慧也，一切时处，念念不愚，常行智慧，即般若行。一念愚即般若绝，一念智即般若生，般若无形相，智慧心即是，若作如是解，即名般若智。波罗蜜，唐言到彼岸，著境生灭起，即名此岸，离境无生灭，即名彼岸。悟此法者，即般若法。修此行者是般若行。不修即凡，一念修行，自身等佛。凡夫即佛，烦恼即菩提，前念迷即凡，后念悟即佛，前念著境即烦恼，后念离境即菩提，摩诃般若波罗蜜，最尊最上最第一。无住无往亦无来，三世诸佛从中出，当用大智慧打破五蕴烦恼尘劳，如此修行，定成佛道；悟此法者，即是无念无忆无着，不起诳妄，用自真如性；以智慧观照，于一切法，不取不舍，即是见性成佛。若欲入甚深法界及般若三昧者，须修般若行，持诵金刚般若经，即得见性，当知此经功德无量。经中赞叹，莫能具说；此法门为最上乘大智上根人说。须知本性自有般若智，自用智慧常观照故，烦恼尘劳常不能染，即是见性。善知识，内外不住，去来自由，能除执心，通达无碍能修此行，与般若经更无差别。不悟本性，即佛是众生；一念悟时，众生是佛。故知万法尽在自心，何不从自心中顿见真佛性！我于忍和尚处，一闻便悟，顿见本性。将此教法流行，令学道者顿悟，各自观心见性。若自不悟，须觅大善知识直示正路。若起正真观照，一刹那间妄念俱灭，识自本性，一悟即至佛地。善知识，智慧观照，内外明彻，识自本心。若识本心，即本解脱，即是般若三昧。般若三昧即是无念。若见一切法心不染著，是为无念；用即遍一切处，亦不著一切处。但得本心，使六识出六门，于六尘无染无著，来去自由，通达无滞，即是般若三昧自在解脱，名无念行。得此顿法，终身不退者，定入圣位。是知摩诃般若，便是初祖的传妙心，六祖所受五祖心印，尽在于此。又六祖最后开示，提唱般若经中一相三昧一行三昧。若一切处不住相，于彼相中，不生憎爱取舍，不念利益成坏等事，安闲恬静，虚融淡泊，名一相三昧。若一切时行住坐卧，统一直心，不动道场，直成净土，名一行三昧。人能具此二三昧者，决获菩提，证妙果。此二三昧，出文殊问般若经，正是摩诃般若妙心体相，正是诸佛所传无念而常知之心体，正是楞伽经自觉境界自觉圣智，名异而体同也。六祖而后，虽立有五家之纲宗，千七百则之葛藤，或平实商量，或机锋相见，乃至尽未来际千歧万派，更无越乎摩诃般若之一源矣。（节录宗范）

调　习

悟心之后，尚有调习法。初祖九年面壁诏人以行解相应。又云，不睹恶生嫌，不观善勤措，不舍智就愚，不抛迷就悟，此皆调习之说也。二祖混迹酒肆屠门，曰，我自调心，何关汝事。三祖曰，不用求真，惟须息见，心若不异，万法一如。牛头融问四祖，既不许作观，境起时如何对治？祖云，境缘无好丑，好丑起于心，心若不强名，妄情从何起？妄情既不起，真心任遍知。汝但随心自在，无复对待，即名常住法身，无有变易。六祖曰，迷时师度，悟时自度。傅大士云，欲得早成，戒心自律，心性虽空，能凡能圣，是故相劝，好自防慎，刹那造作，还自漂沉。南岳让云，修证则不无。马祖云，善恶事上不滞，即是修行；取善舍恶，观空入定，即属造作。若向外驰求，则转疏转远。但尽三界心量，一念妄想，即是三界生死根；但无一念，即除生死根，即得法王无上珍宝。百丈云，汝等先歇诸缘，休息万事。善恶、世出世一切法莫记忆缘念，放舍身心令自在，心如木石无分别。心空无所行，慧日自现，如云开日出相似。但歇一切攀缘贪瞋，垢净情尽，对五欲八风不动，不被见闻觉知所惑，自然具足神通妙用，是解脱人。问，对境如何得心如木石去？师曰，诸法本不自言空言色，亦不言是非垢净，亦无心系缚人，但人自虚妄计着，作若干解会爱憎。但了诸法本不自生，皆从妄想颠倒取相而有。知心与境本不相到，当处解脱，一一寂灭；当处道场，人遇种种称意不称意事，心无退屈，不贪名闻功德利养，不为世法滞碍。苦乐平怀，衣食活命，兀兀如愚，稍有相应分。佛是无求人，理是无求理，求之即乖。若着无求无为，复同有求有为；若能一生心如木石，不被五欲八风所漂，即生死因断，去往自由，不为一切有为因果所缚，有漏所拘。他时还以无着心应一切物，以无碍慧解一切缚，努力猛究，莫待老苦，整手脚不得，但随贪爱重处业识所引受生，都无自由分。问，如何得自由分？师曰，如今得即得。对五欲八风不动情，无取舍悭嫉贪爱。我所情尽，垢净俱亡，如日月在空，不缘而照。心心如木石，亦如香象渡河，截流而过，更无疑滞。此入天堂地狱所不能摄，即有自由独立分。但离一切声色，亦离于离，亦不住于知解，心如虚空，学始有成。达摩云，心心如木石。三祖云，兀尔忘缘。曹溪云，善恶都莫思量。文殊云，心如虚空故，敬礼无所观，甚深修多罗，不闻不受持。今但有无诸法都无见闻，六根杜塞，能与么学，方有修行分。于一一境不惑不

禅密薪传

乱，不瞋不喜，六根门头刮削并当得净，是无事人。黄檗运云，佛与众生，唯是一心，更无别法。惟此心是佛，众生着相外求，使佛觅佛，终不能得。不知息念忘尘，佛自现前。此心众生不减，佛不添，六度万行恒沙功德本自具足，遇缘即施，缘息即寂，今不悟此心体，着相修行，皆恶法也。供养十方佛，不如供一无心道人。无心者，无一切心也；恒河沙者，珍宝馨香沙不贪，粪尿臭秽沙不恶，此即无心之心；离一切相，生佛更无差别，但能无心，便是究竟；若不直下无心，累劫不成道。然证有迟疾，有闻法一念便得无心者，有至十地乃得无心者。长短得无心乃住，更无可修可证，实无所得。一念得与十地得，功用恰齐，只历劫枉辛勤耳。祖师西来，直指汝心本来是佛。问，现有种种妄想，何以言无？曰，妄本无体，是汝心起，若不动念，自然无妄。曰，妄起时，佛在何处？曰，觉正是佛，若无妄，觉亦无。问，今悟时，佛在何处？曰，问从何来？觉从何起？语默动静声色尽是佛事，不可更头上安头。但莫生异念，山水僧俗天地，总不出汝心。沙门果者，从息虑成，不从学得，古人心利，才闻一言，便乃绝学，所以唤作绝学无为闲道人。今只欲多知解，翻成壅塞，但消融表里情尽，都无依执，是无事人。我宗门但知息心便休，道人是无事人，无事亦无，但无一切心，即名无漏。每日行住语言，但莫着有为法，出言瞬目，尽同无漏。如今禅者，皆着一切声色，何不心同虚空去，如枯木石头寒灰死火去，方有少分相应。但离有无诸法，心如日轮在空，光明自然不照而照，岂不是省力的事。到此无栖泊处，即是行诸佛路，便是无所住而生心，此是你清净法身，名阿耨菩提。古人道，争似无为实相门，一超直入如来地，若不会此，纵学得多知勤苦，草衣木食，不识自心，尽名邪行。今但学无心，久须实得，为你力量小，不能顿超，但三五十年得个入处，自然会去。法身从古至今，与佛祖一般，何处欠少！既会是意，努力尽今生去，出息不保入息。问，何者是精进？师云，身心不起，是名第一强牢精进。问，如何是出三界？师云，善恶都莫思量，当处便出三界。今但无中栖泊，即是行诸佛路，众生轮回不息者，意缘走作心，于六道不停，致受种种苦。今但无心，顿息诸缘，但除人我憎爱胜负多种妄想，性自本来清净，即是修菩提也。心如顽石无缝罅，一切法透不入，兀然无着，始有少分相应，即此身心是自由人。达摩面壁，都不令人有见处，只论忘机则佛道隆，分别即魔军炽，此门千万人只得三五个，若不将为事，受殃有日在，故曰着力今生须了却，莫教累劫受余殃。临济云，学者要求真正知见，若得正见，生死不染，去住自由，不要求殊胜，殊胜自至，山僧指示人，只要你不受惑，要用便用，更莫迟疑。

如今病在不自信，被万境回换不自由，若歇得念念驰求心，便与佛祖不别。你一念心上清净光是法身佛，一念心上无分别光是报身佛，一念心上无差别光是化身佛。此三种佛即今目前听法底是。只为不向外求，所以有此功用。你四大色身不解说法听法，虚空不解说法听法，是你目前历历的一个形段孤明，是这个解说法听法。如是见得，便与佛祖不别。但一切时更莫间断，触目皆是。只为情生智隔，想变体殊，所以轮回受种种苦，若真道人，但随缘消旧业，要行即行，要坐即坐，无一念希求佛果。古云，若欲作业求佛，佛是生死大兆，你但随处作主，立处即真，境来回换不得，纵有五无间业，皆是解脱大海。问，如何是四种无相境？师云，一念疑被地碍，一念爱被水溺，一念瞋被火烧，一念喜被风飘。若不被境转，处处用境，达四大如梦幻，即是四种无相境也。只你听法者，不是四大，能用四大，如是见得，便乃去住自由。佛六通者，入色声香味触法六界不被惑，皆是空相，不能系缚，佛现不喜，地狱现不怖，见诸法空相，变即有，不变即

禅密薪传

无，三界唯心，梦幻空花，何劳把捉，唯听法的人，入火不烧，入水不溺，入地狱如游园观，入饿鬼畜生而不受报，缘何如此，以无可爱可嫌的法故。你若爱圣憎凡，生死海里沉浮，不如休歇无事去。已起者莫续，未来者莫起，一念心歇，便上了菩提树，若念念歇不得，便上他无明树，入六道披毛带角去，你若歇得便是清净身。大珠云，心为根本。问，根本以何法修？修云坐禅，禅定即得。妄念不生为禅，坐见本性为定。本性者是你无生心。坐者，对境无心，八风不能动得，如是定者，虽是凡夫，即入佛位也。此顿悟门，无念为宗，妄心不起为旨，以清净为体，以智为用。无念者无邪念，非无正念，念有无善恶苦乐冤亲爱憎皆邪念，不念一切，惟念菩提，名正念，菩提不可得，菩提无所念，无所念者，即一切处无心，是无所念，得无念时，自然解脱。僧问南阳宗曰，如何用心即得成佛？曰，无心可用即成佛。问，无心谁成佛？曰，无心自成佛，成佛亦无心。问，人持刀取命，是有是无？曰，是无。痛否？曰，痛亦无。问，死后生何道？曰，无死无生亦无道。问，既得无物自在，饥寒所逼，若为用心？曰，饥即食，寒即衣。问，知饥寒，应有心？师曰，汝心作何体段？答，无体段。师云，既无体段，即本来无心，何得言有！问，逢见虎狼如何用心？曰，见如不见，来如不来。问，独脱无心名何物？曰，唤作无形段金刚大士。问，有何功德？曰，一念与金刚相应，能灭殑伽沙劫生死重罪，得见殑伽沙诸佛，其金刚大士功德无量，殑伽沙劫说不尽。问，如何一念相应？曰，忆智俱忘即相应。问，忆智忘谁见诸佛？曰，忘即无，无即佛。问，无何得唤作佛？曰，无亦空，佛亦空，故曰无即佛。问，既无纤毫可得，名为何物。还有相似者否？曰，本无名字，无相似者，世号无比独尊，努力依此修，无能破坏者，独脱无畏，常有恒沙圣贤所护，河沙天龙八部所敬，河沙善神来护，永无障碍，何处不得逍遥。

马祖问石巩曰，作么生牧牛？答，一回入草去，蓦鼻拽将回。曰，子真牧牛。长庆安问百丈，何者是佛！丈曰，大似骑牛觅牛。问，识得后如何？丈曰，如人骑牛至家。曰，始终如何保任？丈曰，如牧牛人执杖视之，不令犯人苗稼。安后云，三十年只看一头水牯牛，若落路入草，便把鼻孔拽转，才犯苗稼便鞭挞，调伏既久，可怜生受人言语，如今变作露地白牛，常在面前，终日露回回地，趁亦不去。汝各有大宝，从眼门放光照山河大地，耳门放光领一切音响，如是六门昼夜常放光明，名放光三昧，自不识取！庞公临终告于相曰，但愿空诸所有，慎勿实诸所无。惟宣师曰，凡夫无明，二乘执著，能离此病，是曰真修，不得勤，不得忘，勤即近执著，忘即落无明，此为心要。赵州云，老僧行脚时，除二时粥饭是杂用心，此外更无别用心处，不如是，大远在。沩山祐曰，道人之心，无背无向，亦不闭眼塞耳，但情不附物即得。问，顿悟人更修否？曰，若真悟，他自知时，修不修是两头语，今初心虽悟，犹有旷劫习气未顿净，须教渠净除现业流识，此即是修也，不可别有法教人修行趣向，以要言之，则实际理地，不受一尘，万行门中不舍一法，若单刀直入，则凡圣情尽，体露真常，理事不二，即如如佛。德山曰，汝但无事于心，无心于事，则虚而灵，空而妙。若毛端言之，则皆自欺，何以故，毫厘系念，三途业因，瞥尔情生，万劫羁锁，圣凡名号总空名，殊相劣形皆幻色，求之固为累，厌之亦成患。只要一切时莫用他声色，应是从前行履处一时放却，顿脱羁锁，一念不生，即前后际断，无一法可当情。僧问洞山价教人行鸟道如何？曰，不逢一人，直须足下无私去，直须心心不触物，步步无处所，常无间断，始得相应。蒋山元答王平甫云，佛祖无异于人，所异者，能自护念耳，滔天之水，源于滥觞，清净心中无故动念，危乎甚于滔天，其可动耶。佛祖付授必叮咛曰，善自护持。问，佛法只此乎？师云，至言不烦，顾力行如何耳。客来无贵贱，寒温外无别语，即敛目入定。厨库火，师啜啖自若，食毕无所问。师出，狂人入寺，杀一僧，即自刭，尸相枕，走报交武，师归，过尸处，未尝视，登寝危坐，职事侧立冀处分，师敛目，竟不得请去。

芙蓉楷曰，出家者，求脱生死，休心息念，断绝争缘，遇声色如石上栽花，见利名如眼中着屑，无始来此等不是不曾经历，何须苦心贪恋！如今不歇，更待何时？能尽今时，更有何事。行伟师坐忘夜旦，谢绝交游，曰，道业未办，岁月如流，大根器如云门赵州，犹云我惟粥饭二时是杂用心，又云我岂有工夫闲处用，矧行伟日劫相倍者，讵暇清谈乎。志公云，不起纤毫修学心，无相光中常自在。又曰，作家宗师，唯许人舍知见，胸中不留毫发许，荡然如太虚空，悠久长养纯熟，此即本地风光，本来面目，到此亘古亘今之地，脱离生死有甚难也。大慧杲曰，十二时中随缘处，不得恶念相续。或照顾不着，起一恶念，当急着精彩，拽转头来，若随他去，相续不断，非独障道，亦谓之无智人。世间尘劳事，如钩锁连环不断，得省处便省，为无始来习得熟，若不力争，不知不觉，日久入得头深，腊月三十，卒着手脚不办。要临终不颠倒，今作事处莫教颠倒，如今颠倒，欲命终不颠倒，无有是处。百丈云，若有贪瞋等病，先须治之，沙门除贪瞋病不去，须教渠修禅学慧。修心诀中，亦令对治定慧，均调昏乱。于悟人分上，更是点铁成金矣。（节录宗范）

入 圣

悟心之人自解作活计，其间多生调熟者，不离当生，便证圣位。六祖曰，终身不退者定入圣位。大珠云，顿悟人不离此生，即得解脱，不离此生即超三界。又云，如此功业，由行为本，若不降心而入取证，无有是处。自诳诳他，彼此俱坠，努力努力。

宗镜录问一心成佛之道，还假历地位修证否？答，此无住真心，实不可修，不可证，不可得，非取果故不可证，非着法故不可得，非作法故不可修。若论地位，即在世谛行门亦不失理，以无位中论其位次，不可起决定有无之执，经明十地差别，如空中鸟迹，若圆融门，寂灭真如，有何次第。若行布门，对治习气，升进非无，若得直下无心，量出虚空之外，何用更历阶梯，如未顿合无心，一念有异等，直须以佛知见治之，究竟圆融佛果，以是知宗门下客，断不可偏执一见，扫除位次，甘堕笼统之病也。惟宗门人水到渠成，超证十地等妙，有不期然而然之理。但宗门即生证圣者，未可多得，初祖面壁九年，二祖曰，我自调心。四祖 14 岁入道，胁不及席。六祖云悟时自度。从上老祖莫不注意，熏修，未肯罢手，何况我辈后学，略得一知半解，便自谓撒手了当，以致腊月三十作主不得，只自欺耳。皓月供奉问长沙岑，天下善知识证三德涅槃也未？岑曰，大德问果上涅槃因中涅槃？曰，问果上涅槃。岑曰，天下善知识未证，功未齐于诸圣。曰，未齐何谓善知识？岑曰，明见佛性，亦名善知识。问，未审功齐何道名证大涅槃？岑曰，摩诃般若照，解脱甚深法，法身寂灭体，三一理圆常，欲识功齐处，此名常寂光。曰，果上涅槃已蒙开示，如何是因中涅槃？岑云，大德是须知见地了彻，直与佛祖把手同行。但得因中涅槃，其多生炽，然之结习，须次第消尽，方得超出三界。

圭峰云，惺悟不由情，临终能转业。谓情中欲作而察理不应，即须便止；情中不欲作而察理相应，即须便作。但由是非理，不由爱恶情，即临命终时，业不能系，随意自在，天上人间也。但朝夕所作被情尘所牵，即临终被业所牵而受生。若所作所为由于觉智，不由情尘，即临终由我自在而受生不由业也。当知欲验受生自在不自在，但验寻常行心于尘境自由不自由，即可知也。须

禅密薪传

知未悟之人，则贵眼正，既悟之后，全重行履，是为有头有尾，若有头无尾，古德谓之终是不贵。永明云，阴境忽现前，瞥尔随他去，此中万分危险，幸勿恃先入之言，不加细察，作安心丸也。大凡参禅人，于静定中得个欢喜处，乃尘劳暂息，慧光稍现，未为究竟，八识田中无明根本尚在，喻如石压草，去石再青矣，切宜戒之。夫宗门下客，但论见性，不论禅定解脱，无三界可出，凡圣不立，憎爱两亡，临终诸圣来迎也不欣，恶境界现也不惧，只是一念万年，灵光独耀耳。然虽如是，功熏所及，熟脱不等，但须返已自勘，外纷对五尘而了不迷逐，此则已超三界矣。不对五尘而不起纤欲，此则出三界有分。若犹未也，则虽无三界可出，而实未出三界，此则慎勿自欺可也。（节录宗范）

坐禅仪

夫学般若菩萨，先当起大悲心，发弘誓愿，精修三昧，誓度众生，不为一身独求解脱。尔乃放舍诸缘，休息万事，身心一如，动静无间，量其饮食，不多不少，调其睡眠，不节不恣。欲坐禅时，于闲静处，厚敷坐物，宽系衣带，令威仪齐整。然后结跏趺坐，先以右足安左腿上，左足安右腿上。或半跏趺坐亦可，但以左足压右足而已。次以右手安左足上，左掌安右掌上，以两手大拇指面相拄，徐徐齐身，前后左右反复摇振，乃正身端坐，不得左倾右侧，前躬后仰，令腰脊头顶骨节相拄，状如浮屠。又不得耸身太过，令人气急不安。要令耳与肩对，鼻与脐对，舌拄上腭，唇齿相着，目须微开，免致昏睡，若得禅定，其力最胜，古有习定高僧，坐常开目，法云圆通禅师亦呵人闭目坐禅，以谓黑山鬼窟，盖有深旨，达者知焉。身相既定，气息既调，然后宽放脐腹，一切善恶都莫思量，念起即觉，觉之即失，久久忘缘，自成一片，此坐禅之要术也。窃谓坐禅乃安乐法门，而人多致病者，盖不善用心之故也。若善用心者，则自然四大轻安，精神爽利，正念，分明，法味资神，寂然清乐；若已有发明者，可谓如龙得水，似虎靠山；若未有发明者，亦乃因风吹火，用力不多，但办肯心，必不相赚。然而道高魔盛，逆顺万端，但能正念现前，一切不能留碍，如楞严经，天台止观，圭峰修证仪，具明魔事，预备不虞者，不可不知也。若欲出定，徐徐动身，安详而起，不得卒暴，出定之后，一切时中，常作方便，护持定力，如护婴儿，即定力易成矣。夫禅定一门，最为急务，若不安禅静虑，到这里总须茫然，所以探珠宜静浪，动水取应难，定永澄清，心珠自现，故圆觉经云，无碍清净慧，皆依禅定生，法华经云，在于闲处，修摄其心，安住不动，如须弥山。是知超凡入圣，必假静缘，坐脱立亡，须凭定力。一生取办，尚恐蹉跎，况乃迁延，将何敌业。故古人云，若无定力，甘伏死门，掩目空归，宛然流浪。幸诸禅友，三复斯文，自利利他，同成正觉。（承阳禅师著）

禅宗法要圆满

梅光义编　不空智摘录

第二编　真心直说

古德禅师真心直说序

或曰，祖师妙道可得知乎？曰，古不云乎道不属知，不属不知，知是妄想，不知是无计，若真达不疑之地，犹如太虚宽廓，岂可强是非耶！或曰，然则诸祖出世，无益群生耶？曰，佛祖出头，无法与人，只要众生自见本性。华严云，知一切法，即心自性，成就慧身，不由他悟，是故佛祖不令人泥著文字，只要休歇，见自本心，所以德山入门便棒，临齐入门便喝，已是探头太过，何更立语言哉！或曰，昔闻马鸣造起信，六祖演坛经，黄梅传般若，皆是渐次为人，岂独无方便于法可乎！曰，妙高顶上，从来不许商量，第二峰头，诸祖略容话会。或曰，敢祈第二峰头，略垂方便耶。曰，然哉是言也，奈何大道玄旷，非有非无，真心幽微，绝思绝议，故不得其门而入者，虽检五千之藏教，不以为多，洞晓真心者，但出一言之拟比，早是剩法矣。今不惜眉毛，谨书数章，发明真心，以为入道之基渐也，是为序。

重刊真心直说序

夫真心直说者，佛佛授手，祖祖相传，更无别法也。心者人人之本源，诸佛之觉性，一切万法尽在一心之内，八万四千法门从此而出，悟此心者凡圣交参，迷此心者生死无际，心随事转，事随理彰，事理融和名直说者矣。今比丘净林，宿生庆幸，得遇斯文，发心重新，刊梓流通，命予为序以冠篇首，予才陋语拙学问之浅，无足以发明其深奥，略序直说真心，以塞其请耳。

时　成化己丑年五月端阳日

后学文定序

真心直说

真心正信

华严云，信为道源功德母，长养一切诸善根，又唯识云，信如水清珠，能清浊水故，是知万善发生，信为前导，故佛经首立如是我闻，生信之所谓也。或曰，祖门之信与教门信有何异耶？曰，多种不同。教门令人天信于因果，有爱福乐者，信十善为妙因，人天为乐果；有乐空寂者，信生灭因缘为正因，苦集灭道为圣果；有乐佛果者，信三劫六度为大因，菩提涅槃为正果。祖门正信，非同前也，不信一切有为因果，只要信自己本来是佛，天真自性人人具足，涅槃妙体，个个圆成，不假他求，从来自备。三祖云，圆同太虚，无欠无余，良由取舍，所以不如，志公云，有相身中无相身，无明路上无生路，永嘉云，无明实性即佛性，幻化空身即法身，故知众生本来是佛。既生正信，须要鲜滋，永明云，信而不解，增长无明，解而不信，增长邪见，故知信解相兼，得入道疾。或曰，初发信心，未能入道，有利益不？曰，起信论云，若人闻是法己，不生怯弱，当知是人定绍佛种，必为诸佛之所授记。假使有人能化三千大千世界满中众生令行十善，不如有人于一念顷正思惟此法，过前功德，不可为喻。又般若经云，乃至一念生净信者，如来悉知悉见，是诸众生，得如是无量福德。是知欲行千里，初步要正，初步若错，千里俱错。入无为国，初信要正，初信既失，万善俱退。故祖师云，毫厘有差，天地悬隔，是此理也。

真心异名

或曰，已生正信，未知何名真心？曰，离妄名真灵鉴曰心。楞严经中发明此心。或曰，但名真心，别有异号耶？曰，佛教祖教，立名不同，且佛教者，菩萨戒呼为心地，发生万善故；般若经唤作菩提，与觉为体故；华严经立为法界，交彻融摄故；金刚经号为如来，无所从来故；般若经呼为涅槃，众圣所归故；金光明号曰如如，真常不变故；净名经号曰法身，报化依止故；起信论名曰真如，不生不灭故；涅槃经呼为佛性，三身本体故；圆觉中名曰总持，流出功德故；胜鬘经号曰如来藏，隐覆含摄故；了义经名为圆觉，破暗独照故。由是寿禅师虚心诀云，一法千名，应缘立号，备在众经，不能具引。或曰，佛教已知，祖教何如？曰，祖师门下，杜绝名言，一名不立，何更多名，应感随机，其名亦众，有时呼为自己，众生本性故；有时名为正眼，鉴诸有相故；有时号曰妙心，虚灵寂照故；有时名曰主人翁，从来荷负故；有时呼为无底钵，随处生涯故；有时唤作没弦琴，韵出今时故；有时号曰无尽灯，照破迷情故；有时名曰无根树，根蒂坚牢故；有时呼为吹毛剑，截断尘根故；有时唤作无为国，海晏河清故；有时号曰牟尼珠，济益贫穷故；有时名曰无镠锁，关闭六情故，乃至名泥牛、木马、心源、心印、心镜、心月、心珠，种种异名，不可具录，若达真心，诸名尽晓；昧此真心，诸名皆滞，故于真心，切宜仔细。

真心妙体

或曰，真心已知名字，其体如何耶？曰，放光般若经云，般若无所有相，无生灭相。起信论云，真如自体者，一切凡夫声闻缘觉菩萨诸佛，无有增减，非前际生，非后际灭，毕竟常恒，从本已来，性自满足一切功德。据此经论，真心本体超出因果，通贯古今，不立凡圣，无诸对待。如太虚空，遍一切处，妙体凝寂，绝诸戏论。不生不灭，非有非无；不动不摇。湛然常住，唤作旧日主人翁，名曰威音那畔人，又名空劫前自己。一种平怀，无纤毫瑕翳；一切山河大地，草木丛林，万象森罗，染净诸法，皆从中出。故圆觉经云，善男子，无上法王有大陀罗尼门，名为圆觉，流出一切清净真如，菩提涅槃，及波罗蜜，教授菩萨。圭峰云，心也者，冲虚妙粹，炳焕灵明；无去无来，冥通三际；非中非外，洞彻十方；不灭不生，岂四山之可害；离性离相，奚五色之能盲。故永明虚心诀云，夫此心者，众妙群灵而普会，为万法之王，三乘五性而冥归，作千圣之母，独尊独贵，无比无俦，实大道源，是真法要。信之，则三世菩萨同学，盖学此心也；三世诸佛同证，盖证此心也；一大藏教诠显，盖显此心也；一切众生迷妄，盖迷此心也；一切行人发悟，盖悟此心也；一切诸祖相传，盖传此心也；天下衲僧参访，盖参此心也；达此心，则头头皆是，物物全彰；迷此心，则处处颠倒，念念痴狂。此体是一切众生本有之佛性，乃一切世界生发之根源。故世尊鹫峰良久，善现岩下忘言；达摩少室壁观，居士毗耶杜口，悉皆发明此心妙体。故初入祖门庭者，要先识此心体也。

真心妙用

或曰，妙体已知，何名妙用耶？曰，古人云，风动心摇树，云生性起尘，若明今日事，昧却本来人，乃妙体起用也。真心妙体，本来不动，安静真常，真体上妙用现前，不妨随流得妙。故祖师颂云，心随万境转，转处实能幽，随流认得性，无喜亦无忧。

故一切时中，动用施为，东行西往，吃饭着衣，拈匙弄筋，左顾右盼，皆是真心妙用现前。凡夫迷倒，于著衣时只作著衣会，吃饭时只作吃饭会，一切事业，但随相转，所以在日用而不觉，在目前而不知。若是识性人，动用施为，不曾昧却。故祖师云，在胎名神；处世名人；在眼观照；在耳听闻；在鼻嗅香；在口谈论；在手执捉；在足运奔。遍现俱该法界，收摄在一微尘。知之者为是佛性，不识者唤作精魂。所以道吾舞笏，石巩拈弓，秘魔擎杖，俱胝竖指，忻州打地，云岩师子，莫不发明这着大用。若于日用不迷，自然纵横无碍也。

真心体用一异

或曰，真心体用，未审是一是异耶？曰，约相则非一，约性则非异，故此体用非一非异，何以知其然，试为论之，妙体不动，绝诸对待，离一切相，非达性契证者，莫测其理也。妙用随缘，应诸万类，妄立虚相，似有形状，约此有相无相，故非一也，又用从体发，用不离体，体能发用，体不离用，约此不相离理，故非异也。如水以湿为体，体无动故。波以动为相，因风起故。水性波相，动与不动，故非一也。然波外无水，水外无波，湿性是一，故非异也。类上体用一异可知矣。

真心在迷

或曰，真心体用，人人具有，何为圣凡不同耶？曰，真心圣凡本同，凡夫妄心认物，失自净性，为此所隔，所以真心不得现前，但如暗中树影，地下流泉有而不识耳。故经云，善男子，譬如清净摩尼宝珠，映于五色，随方各现，诸愚、痴者，见彼摩尼实有五色。善男子，圆觉净性现于身心，随类各应，彼愚痴者，说净圆觉实有如是身心自性，亦复如是。肇论云，乾坤之内，宇宙之间，中有一宝，秘在形山，此乃真心在缠也。又慈恩云，法身本有，诸佛共同，凡夫由妄覆，有而不觉，烦恼缠裹，得如来藏名。裴公云，终日圆觉而未尝圆觉者，凡夫也。故知真心虽在尘劳，不为尘劳所染，如白玉投泥，其色不改也。

真心息妄

或曰，真心在妄，则是凡夫，如何得出妄成圣耶？曰，古云，妄心无处即菩提，生死涅槃本平等。经云，彼之众生，幻身灭故，幻心亦灭；幻心灭故，幻尘亦灭；幻尘灭故，幻灭亦灭；幻灭灭故，非幻不灭；譬如磨镜垢尽明现。永嘉亦云，心是根，法是尘，两种犹如镜上痕，痕垢尽时光始现，心法双忘性即真，此乃出妄而成真也。或曰，庄生云，心者热燋火，其寒凝冰，其疾俯仰之间再抚四海之外，其居也渊而静，其动也悬，而天者，其惟人心乎。此庄生先说凡夫心不可治伏如此也。未审宗门以何法治妄心也？曰，以无心法治妄心也。或曰，人若无心，便同草木，无心之说，请施方便。曰，今云无心，非无心体名无心也。但心中无物名曰无心，如言空瓶，瓶中无物名曰空瓶，非瓶体无名空瓶也。故祖师云，汝但于心无事，于事无心，自然虚而灵，寂而妙，是此心旨也。据此则以无妄心，非无真心妙用色。从来诸师说做无心功夫，类各不同，今总大义，略明十种。

一曰觉察。谓做功夫时，平常绝念。堤防念起，一念才生，便与觉破。妄念，觉破，后念不生，此之觉智，亦不须用。妄觉俱忘，名曰无心。故祖师云，不怕念起，只恐觉迟。又偈云，不用求真，唯须息见，此是息妄功夫也。

二曰休歇。谓做功夫时，不思善，不思恶，心起便休，遇缘便歇。古人云，一条白练去，冷湫湫地去，古庙里香炉去，直得绝廉纤，离分别，如痴如兀，方有少分相应。此休歇妄心功夫也。

三泯心存境。谓做功夫时，于一切妄念俱息，不顾外境，但自息心，妄心已息，何害有境，即古人夺人不夺境法门也。故有语云，是处有芳草，满城无故人。又庞公云，但自无心于万物，何妨万物常围绕。此是泯心存境息妄功夫也。

四泯境存心。谓做功夫时，将一切内外诸境悉观为空寂，只存一心，孤标独立。所以古人云，不与万法为侣，不与诸尘作对。心若着境，心即是妄。今既无境，何妄之有。乃真心独照，不碍于道，即古人夺境不夺人也。故有语云，上园花已谢，车马尚骈阗。又云，三千剑客今何在，独计庄周定太平。此是泯境存心息妄功夫也。

五泯心泯境。谓做功夫时，先空寂外境，次灭内心，既内外心境俱寂，毕竟妄从何有，故灌溪云，十方无壁落，四面亦无门，净裸裸，赤洒洒，即祖师人境两俱夺法门也。故有语云，云散水流去，寂然天地空，又云，人牛俱不见，正是月明时。此泯心泯境息妄功夫也。

六存境存心。谓做功夫时，心住心位，境住境位，有时心境相对，则心不取境，境不临心，各不相到，自然妄念不生，于道无碍。故经云，是法住法位，世间相常住，即祖师人境俱不夺法门也。故有语云，一片月生海，几家人上楼。又云，山花千万朵，游子不知归，此是存境存心灭妄功夫也。

七内外全体。谓做功夫时，于山河大地，日月星辰，内身外器，一切诸法，同真心体，湛然虚明，无一毫异。大千沙界，打成一片，更于何处得妄心来。所以肇法师云，天地与我同根，万物与我同体。此是内外全体灭妄功夫也。

八内外全用。谓做功夫时，将一切内外身心器界诸法，及一切动用施为，悉观作真心妙用，一切心念才生，便是妙用现前，既一切皆是妙用，妄心向什么处安着。故永嘉云，无明实性即佛性，幻化空身即法身。志公十二时歌云，平旦寅，狂机内隐，道人身，坐卧不知元是道，只么忙忙受苦辛。此是内外全用息妄功夫也。

九即体即用。谓做功夫时，虽冥合真体，一味空寂，而于中内隐灵明，乃体即用也；灵明中内隐空寂，用即体也。故永嘉云，惺惺寂寂是，惺惺妄想非；寂寂惺惺是，无计寂寂非；既寂寂中不容无计，惺惺中不用乱想，所有妄心，如何得生？此是即体即用灭妄功夫也。

十透出体用。谓做功夫时，不分内外，亦不辨东西南北，将四方八面只作一个大解脱门，圆陀陀地。体用不分，无分毫渗漏，通身打成一片，其妄何处得起？古人云，通身无缝罅，上下忒团圝，是乃透出体用灭妄功夫也。

以上十种做功夫法，不须全用，但得一门功夫成就，其妄自灭，真心即现，随根宿习曾与何法有缘，即便习之。此之功夫，乃无功之功，非有心功力也。此个休歇妄心法门最紧要，故偏多说，无文繁也。

真心四仪

或曰，前说息妄，未审但只坐习，亦通行住等耶？曰，经论多说坐习，所以易成故，亦通行住等，久渐成纯熟故。起信论云，若修止者，住于静处，端坐正意，不依气息，不依形色，不依于空，不依地水火风，乃至不依见闻觉知。一切诸想，随念皆除。亦遣除想，以一切法本来无想。念念不生，念念不灭，亦不得随心外念境界。后以心除心，心若驰散，即当收来，住于正念。是正念者，当知唯心，无外境界，即复此心，亦无自相，念念不可得。若从坐起，去来进止。有所施作，于一切时，常念方便，随顺观察。久可纯熟，其心得住。以心住故，渐渐猛利，随烦得入，真如三昧，深伏烦恼，信心增长，速成不退，唯除疑惑不信。诽谤、重罪、业障、我慢、懈怠，如是等人，所不能入。据此则通四仪也。圆觉经云，先依如来奢摩他行，坚持禁戒，安处徒众，宴坐静室，此初习也。永嘉云，行亦禅坐亦禅，语默动静体安然，据此亦通四仪耳。总论功力，坐尚不能息心，况行住等，岂能入道耶。若是用得纯熟的人，千圣兴来惊不起，万般妖魔不回顾，岂况行住坐中不能做功夫也。如人欲雠恨于人，乃至行住坐卧，饮食动用，一切时中，不能忘了。欲爱乐于人，亦复如是。且憎爱有心中事，尚于有心中容得。今做功夫是无心事，又何疑四仪中不常现前耶！只恐不信不为，若为若信，则威仪中道必不失也。

真心所在

或曰，息妄心而真心现矣，然则真心体用，今在何处？曰，真心妙体遍一切处。永嘉云，不离当处常湛然，觅即知君不可见。经云，虚空性故，常不动故，如来藏中无起灭故，大法眼云，处处菩提路，头头功德林。此即是体所在也。真心妙用，随感随现，如谷应声。法灯云，今古应无坠，分明在目前，片云生晚谷，孤鹤下遥天。所以魏府元华严云，佛法在日用处，在行住坐卧处，吃茶吃饭处，语言相问处。所作所为，举心动念，又却不是也。故知体，则遍一切处，悉能起用。但因缘有无不定，故妙用不定耳，非无妙用也。修心之人，欲入无为海，度诸生死，莫迷真心体用所在也。

真心出死

或曰尝闻见性之人，出离生死，然往昔诸祖是见性人，皆有生有死，今现见世间修道之人，有生死事，如何云出生死耶？曰，生死本无，妄计为有，如人病眼，见空中华。或无病人，说无空花，病者不信，目病若无，空花自灭，方信花无。只花未灭，其花亦空，但病者妄执为花，非体实有也。如人妄认生死为有，或无生死人告云本无生死，彼人一朝妄息，生死自除，方知生死本来是无。只生死未息，时亦非实有，以妄认生死有。故经云，善男子，一切众生，从无始来，种种颠倒，犹如迷人。四方易处，妄认四大为自身相，六尘缘影为自心相，譬被病目见空中花，乃至如众空花灭于虚空，不可说言有定灭处，何以故？无生处故，一切众生，于无生中妄见生灭，是故说名轮转生死，据此经文，信知达悟圆觉真心，本无生死。今知无生死而不能脱生死者。功夫不到故也。故教中说，庵婆女问文殊云，明知生是不生之法，为什么被生死之所流？文殊云，其力未充故。后有进山主问修山主云，明知生是不生之法，为什么却被生死之所流？修云，笋毕竟成竹去，如今作篾使得么？所以知无生死，不如体无生死；体无生死，不如契无生死；契无生死，不如用无生死。今人尚不知无生死，况体无生死，契无生死，用无生死耶？故认生死者，不信无生死法，不亦宜乎？

真心正助

或曰，如前息妄，真心现前，且如妄未息时，但只歇妄做无心功夫，更有别法可对治诸妄耶？曰，正助不同也。以无心息妄为正，以习众善为助。譬如明镜为尘所覆，虽以手力揩拭，要须妙药磨莹，光始现也；尘垢烦恼也；手力无心功也；磨药众善也；镜光真心也。起信论云，复次信成就发心者，发何等心？略有三种。云何为三？一者直心，正念真如法故；二者深心，集一切善行故；三者大悲心，欲拔一切众生苦故。问曰，上说法界一相，佛体无二，何故不唯念真如，复假求学诸善也？答曰，譬如大摩尼宝，体性明净，而有矿秽之垢。若人虽念宝性，不以方便种种磨治，终无得净。以垢无量遍一切法故，修一切善行，如是真如之法，体性空净，而有无量烦恼染垢。若人虽念真如，不以方便种种熏习，亦无得净，以垢无量遍一切法故，修一切善行以为对治。若人修行一切善法，自然归顺真如法故。据此所论，以休歇妄心为正，修诸善法为助。若修善时，与无心相应，不取着因果。若取因果，全落凡夫人天报中，难证真如，不脱生死。若与无心相应，乃是证真如方便，脱生死之要术，兼得广大福德。金刚般若经云，须菩提，菩萨无住相布施，其福德不可思量。今见世人有参学者，才知有个本来佛性。乃便自恃天真，不习众善，岂只于真心不达，亦乃翻成懈怠。道尚不能免，况脱生死！此见大错也。

真心功德

或曰，有心修因，不疑功德矣。无心修因，功德何来？曰，有心修因，得有为果，无心为因，显性功德，此诸功德，本来自具，妄覆不显，今既妄除，功德现前。永嘉云，三身四智体中圆，八解六通心地印，乃是体中自具性功德也。古颂，若人静坐一须臾，胜造恒沙七宝塔，宝塔毕竟化为尘，一念净心成正觉。故知无心功大于有心也。洪州水潦和尚参马祖，问如何是西来的旨意？被马祖一踏踏到，忽然发悟，起来抚掌大笑云，也大奇，也大奇，百千三昧，无量妙义，只向一毛头上便一时识得根源去，乃作礼而退。据此则功德不从外来，本自具足也。四祖谓懒融禅师曰，夫百千法门，同归方寸，河沙功德，是在心源，一切戒门，定门、慧门，神通变化，悉自具足，不离汝心。据诸师语，无心功德甚多，但好事相功德者，于无心功德自不生信耳。

真心验功

或曰，真心现前，如何知是真心成熟无碍也？曰，学道之人，已得真心现前时，但习气未除，若遇熟境，有时失念。如牧牛虽调到牵拽随顺处，犹不敢放了鞭绳，直待心调步稳，赶趁入苗稼中，不伤苗稼，方敢撒手也。到此地步，便不用牧童鞭绳，自然无伤苗稼，如道人得真心后，先是用功保养，有大力用，方可利生。若验此真心时，先将平生所爱的境，时时想在面前。如依前起憎爱心，则道心未熟；若不生憎爱心，是道心熟也。虽然如此成熟，犹未是自然不起憎爱，又再验之，若遇憎爱境时，特燃起憎爱心，令取憎爱憎界；若心不起，是心无碍，如露地白牛，不伤苗稼也。古有呵佛骂祖者，是与此心相应。今见才入宗门，未知道之远近，便学呵佛骂祖者，太早计也。

真心无知

或曰，真心与妄心，对境时如何辨别真妄耶？曰，妄心对境，有知而知，于顺违境起贪嗔心，又于中容境起痴心也，既于境上起贪嗔痴三毒，足见是妄心也。祖师云，逆顺相争，是为心病，故知对于可不可者，是妄心也。若真心者，无知而知，平怀圆照，故异于草木，不生憎爱，故异于妄心。即对境虚明，不憎不爱，无知而知者真心。故肇论云，夫圣心者，微妙无相，不可为有，用之弥勤，不可为无，乃至非有，故知而无知，非无，故无知而知，是以无知即知，无以言异于圣人心也。又妄心在有着有，在无着无，常在二返，不知中道。永嘉云，舍妄心，取真理，取舍之心成巧伪，学人不了用修行，深成认贼将为子。若是真心，居有无而不落有无，常处中道。故祖师云，不逐有缘，勿住空忍，一种平怀，泯然自尽。肇论云，是以圣人处有不有，居无不无，虽不取于有无，然不舍于有无，所以和光尘劳，周旋五趣，寂然而往，泊尔而来，恬淡无为而无不为。此说圣人垂手为人，周旋五趣，接化众生，虽往来而无往来相。妄心不尔，故真心妄心不同也。又真心乃平常心也，妄心乃不平常心也。或曰，何名平常心也？曰，人人具有，一点灵明，湛若虚空。遍一切处，对俗事假名理性，对妄识权号真心，无分毫分别，遇缘不昧。无一念取舍，触物皆周，不逐万境迁移。设使随流得妙，不离当处湛然，觅即知君不见，乃真心也。或曰，何名不平常心耶？曰，境有圣与凡，境有染与净，境有断与常，境有理与事，境有生与灭，境有动与静，境有去与来，境有好与丑，境有善与恶，境有因与果，细论则万别千差。今乃且齐十对，皆名不平常境也。心随此不平常境而生，不平常境而灭，不平常境心对前平常真心，所以名不平常妄心也。真心本具，不随不平常境生起种种差别，所以名平常真心也。或曰，真心平常，无诸异因，奈何佛说因果善恶报应乎？曰，妄心逐种种境，不了种种境，遂起种种心，佛说种种因果法，治伏种种妄心，须立因果也。若此真心，不逐种种境，由是不起种种心，佛即不说种种法，何有因果也。或曰，真心平常不生耶？曰，真心有时施用，非逐境生，但妙用游戏，不昧因果耳。

真心所往

或曰，未达真心人，由迷真心故。作善恶因，由作善因，故生善道中。由作恶因，故入恶道中。逐业受生，其理不疑，若达真心人，妄情歇尽，契证真心，无善恶因，一灵身后，何所依托耶？曰，莫谓有依托者胜无依托耶？又莫将无依托者同人间飘零之荡子，似鬼趣无主之孤魂，特为此问，求有依托耳。或曰然。曰，达性则不然也。一切众生，迷觉性故，妄情爱念，结业为因。

生六趣中，受善恶报，假如天业为因，只得天果，除合生处，余并不得受用，诸趣皆尔。既从其业，故合生处为乐；不生处为非乐；以合生处为自己依托，不生处为他人依托。所以有妄情则有妄因，有妄因则有妄果，有妄果则有依托，有依托则分彼此，分彼此则有可不可也。今达真心，契无生灭之觉性，起无生灭之妙用。妙体真常，本无生灭，妙用随缘，似有生灭。然从体生用，用即是体，何生灭之可有？达人即证真体，其生灭何干涉耶！如水以湿性为体，波浪为用，湿性元无生灭，故波中湿性何生灭耶？然波离湿性别无，故波亦无生灭。所以古人云，尽大地是沙门一双正眼，尽大地是个伽蓝，尽是悟理人安身立命处。既达真心，四生六道。一时消殒，山河大地，悉是真心。不可离此真心之外，别有依托处也。既无三界妄因，必无六趣妄果。妄果既无，说甚依托，必无彼此。既无彼此，则何可不可也。即十方世界，唯一真心，全身受用，无别依托。又于示现门中，随意往生而无障碍。故传灯云，温操尚书问圭峰曰，悟理之人，一期寿终，何所依托？圭峰曰，一切众生，无不具有灵明觉性，与佛无殊。若能悟此性，即是法身。本自无生，何有依托，灵明不昧，了了常知，无所从来，亦无所去。但以空寂为自体，勿认色身；以灵知为自心，勿认妄念。妄念若起，都不随之，则临命终时，自然业不能系。虽有中阴，所向自由，天上人间，随意寄托。此即前真心身后所往者也。

后　跋

夫心者，是世间、出世间、万法之总相也。万法即是心之别相。然其别有五：一肉团心，状如蕉蕾，生色身中，系无情摄；二缘虑心，状若野烧，忽生忽灭，系妄想摄；三集起心，状如草子，埋伏识田，系习气摄；四赖耶心，状如良田，纳种无厌，系无明摄；五真如心，状同虚空，廓彻法界，系寂照摄。已上五心，前四皆妄；念念生灭，后一是真。三际一如，若不拣辩分明，犹恐认妄为真，其失非小。故引佛经祖语，问辩征释，开示迷妄根源，指陈修证本末，次第一十六章，始于正信，终乎所往，深明真心之捷径，故名直说。予获是书，谨十余载，朝夕观览，以为栖神之秘要。一日，出示众信善士，感节庵居士陈普忠慨然乐施，绣梓流传，庶修心之士，观之者咸悟真心之妙，迥出直说之表也，是为跋。

正统十二年岁在丁卯，腊月八日

大天界蒙堂比丘

附　答顺宗心要法门

唐清凉国师澄观撰

唐圭峰沙门宗密注

尚按：由正信至所往，实只十五章，跋云十六，不知何据，岂连序计称乎。考异：真心直说前十五章后另有"附"含四篇内容，即戒初心学人文，皖山正凝禅师承蒙山法语，东山崇藏主送子行脚法语及蒙山和尚示众语，与前一贯，计为第十六章，先师所录版本或缺此"附"。故有此疑。

至道本乎其心。

诸佛众生迷悟本也。

心法本乎无住。

万法之宗，本乎无住，即心体也，净名经云，依无住本，立一切法。

无住心体，灵知不昧。

莹净之理。

性相寂然。

性即空空绝迹，相即星象粲然。

包含德用，

性包含于神用，具尘消之无返，

该摄内外，

相该摄于内外，亦不在于中间，

能广能深，

能广无外也，能深无内也。

非有非空。

妙有不空，真空不有。

不生不灭。

非四相所迁也。

求之不得，弃之不离。

明一真心地，绝取舍之情。

迷现量，则惑苦纷然，

迷本逐末。

悟真性，则空明廓彻。

返本还源。

虽即心即佛，唯证者方知。

凡圣一真，犹来间隔，见在即凡，情忘即佛，智与理冥，境
与神会者方知也。

然有证有知，则慧日沉没于有地；

若存证知，则弃内而外求，则滞于有。

若无照无悟，则昏云掩蔽于空门。

若忘智忘照，则外忘缘而内忘照，即滞于无。

但一念不生，前后际断，

妄心不生，二际俱断，

照体独立，物我皆如；

　　真智现前，我及我所，悉皆同体。

直造心源，无智无得，

　　至理虚玄，言忘虑绝，不可以识识，不可以行得。

不取不舍，

　　性自天真，本无取舍，

无对无修。

　　本非对待，岂有修作。

然迷悟更依，真妄相待，

　　迷即六凡，悟则四圣，真智生，妄念灭，妄若起，真智隐。

若求真去妄，如避影以劳形，

　　若有取舍，劳形役智，

若体妄即真，似处阴而影灭。

　　妄无自性，举体即真。

若无心忘照，则万累都捐，

　　既忘心照，烦恼自空，

若任运寂知，则众行圆起。

　　起即体之用，用而无用，何假因耶。

放旷任其去住，

　　不着彼此，

静鉴见其源流。

　　动静不失理也。

语默不失玄微，

　　语默全真，

动静岂离法界。

　　去住合道。

言止则双忘智寂，

止观俱泯，

论观则双照寂知。

止观齐彰。

语证不可示人，

寂然之理，不可说示，

说理非证不了。

唯证相应，

悟寂无寂，

智与理冥，

真智无知，

真如之理，冥能知智，

以知寂不二之一心，

以即理之智也，

契空有双融之中道。

证不二之理也。

无住无着，

二边不立，中道不安，

莫摄莫收，

任法界性，延促无碍，

是非两忘，能所双绝，斯绝亦绝，般若现前。

法界真性，思虑叵穷，若绝能所，则真智现前也。

般若非心外新生，

不从外得，

智性乃本来具足。

非新新有。

然本寂不能自见，实由般若之功，

理非智不能显，

禅密薪传

般若之与智性，翻覆相成，

智非理不能生，

本智之与始终，两体双绝。

本来俱泯。

证入则妙觉圆明，

体无瑕翳，

悟本则因果交彻。

凡圣相入。

心心作佛，无一心而非佛心，

念念全真，

处处证真，无一尘而非佛国。

即染而净。

真妄物我，举一全收，

二而不二，

心佛众生，炳然齐致。

不二而二。

迷则人随于法，法法万差而人不同，

迷真逐妄，

悟则法随于人，人人一致而融万境。

物象无体。

言穷虑绝，何果何因，

本离言念，

体本寂寥，孰同孰异。

非同异境。

唯志怀虚朗，消息冲融，

佩道之士，契之即神，

其犹透水月华，虚而可见，

　　　　　喻也，

无心镜像，照而常空矣。

　　　　　虚心之鉴。

心要法门颂

欲达心源净，

　　　　　所迷之理，

须知我相空。

　　　　　万物自虚。

形容何处实，

　　　　　缘生本无，

念虑本无从。

　　　　　起处不真，

豁尔灵明现，

　　　　　似日初出，

翛然世界通。

　　　　　即无障碍，

真金开伏藏

　　　　　情忘理现，

赫日出暝曚。

　　　　　智起惑忘，

试将心比佛，

　　　　　性无异故，

与佛始终同。

　　　　　真妄无别。

　　　　　　　　　　　　　　圆满　吉祥

第三编　宗门语要

引　言

余早年读六祖坛经，深惊其智慧广大，灵辩叨叨，但不能测识其宗旨所在；后学密法，贝马布达上师深赞禅宗之究竟，于是更加留意，然尚未知其妙诀修法即藏于诸语录之中也；后受韩大载、陈性白、陈健民诸大居士之启发，深契大手印大圆满之殊胜究竟，因之于禅宗之见修，方有入处。适请得景德传灯录，详加翻阅，觉处处俱为大印之注脚，大可与红白教之解脱道合参，因随读随摘，而成是编，惟六祖以前之祖师，语多阙略，不易测识，故本编七佛偈后，直接六祖，以是宗门中之精要指授，传心纪录，因名之为宗门语要云。

七佛偈

毗婆尸佛庄严劫九百九十八尊偈

身从无相中受生，犹如幻出诸形象。幻人心识本来无，罪福皆空无所住。

尸弃佛九百九十九尊偈

起诸善法本是幻，造诸恶业亦是幻。身如聚沫心如风，幻出无根无实性。

毗舍浮佛—千尊偈

假借四大以为身，心本无生因境有。前境若无心亦无，罪福如幻起亦灭。

拘留孙佛贤劫第一尊偈

见身无实是佛身，了心如幻是佛幻。了得身心本性空，斯人与佛何殊别。

拘那含牟尼佛第二尊偈

佛不见身知是佛，若实有知别无佛。智者能知罪性空，坦然不怖于生死。

迦叶佛第三尊偈

一切众生性清净，从本无生无可灭。即此身心是幻生，幻化之中无罪福。

释迦牟尼佛第四尊偈

法本法无法，无法法亦法。今付无法时，法法何曾法。

六祖慧能大师

由摩诃迦叶至师为三十三祖。由达摩大师至师为六祖。

初祖达摩　二祖慧可　三祖僧璨　四祖道信

五祖弘忍　六祖慧能。是为东土六祖。

六祖慧能大师听五祖讲金刚经，至"应无所住而生其心"句，于言下大悟，一切万法，不离自性。遂启祖曰："何期自性，本自清净，本不生灭，本自具足，本无动摇，能生万法。"其后开示般若行曰：世人妙性本空，无一法可得，自性真空亦复如是。善知识，莫闻吾说空，便即着空，第一莫着空。善知识，世界虚空，能含万物色相，世人性空，亦复如是。善知识，自性能含万法是大，万法在诸人性中。又有迷人空心静坐，百无所思，自称为大，此一辈人，不可与语，为邪见故。善知识，心量广大遍周法界，用即了了分明，应用便知一切，一切即一，一即一切，去来自由，心体无滞，即是般若。善知识，一切般若皆从自性而生，不从外入，莫错用心，名为真性自用，一真一切真，心量大事，不行小道。口莫终日说空，心中不修此行，恰是凡人自称国王，终不可得，非吾弟子。一切处所，一切时中，念念不愚，常行智慧，即是般若行。一念愚即般若绝，一念了了即般若生。世人愚迷，不是般若；口说般若，心中常愚，常自言我修般若，念念说空，不识真空，般若无形相，智慧心即是。解义离生灭，着境生灭起，如水有波浪，即是于此岸；离境无生灭，如水常通流，即名为彼岸，故号波罗蜜。

又曰：但于自心常起正见，烦恼尘劳，常不能染，即是见性。善知识，内外不住，去来自由，能除执心，通达无碍，能修此行，与般若经本无差别。善知识，不悟即佛是众生，一念悟时，众生是佛。故知方法尽在自心，何不从自心顿见真如本性。善知识，智慧观照，内外明彻，识自本心。若识本心，即本解脱；若得解脱，即是般若三昧；般若三昧，即是无念。用即遍一切处，亦不着一切处，但净本心。使六识出六门，于六尘中无染，来去自由，通用无滞，即是般若三昧，自在解脱。名无念行。若百物不思，当令念绝，即是法缚，即名边见。善知识，悟无念、法者，万法尽通；悟无念法者，见诸佛境界；悟无念法者，至佛地位。

又曰：以智慧照破烦恼者，此是二乘小儿羊鹿等机，上智大根，悉不如是。明与无明（明是智慧，无明是烦恼），其性无二，无二之性，即是实性。实性者，处凡愚而不减，在圣贤而不增，住烦恼而不乱，居禅定而不寂，不断不常，不来不去，不在中间及其内外，不生不灭，性相如如，常住不迁，名之曰道。外道说生灭，将灭止生，以生是灭，灭犹不灭，生说无生；我说不生灭，本自无生，今亦无灭，欲知心要，但一切善恶都莫思量，自然得入清净心体，湛然常寂，妙用恒沙。

又曰：汝等诸人自心是佛，更莫狐疑，外无一物而得建立，皆是本心生万种法。故经云，心生种种法生，心灭种种法灭。若欲成就种智，须达一相三昧一行三昧，若于一切处而不住相，于彼相中不生憎爱，亦无取舍，不念利益成坏等事，安静闲恬（一作安闲恬静），虚融澹泊，此名一相三昧。若于一切处行住坐卧，纯一直心，不动道场，真成净土，名一行三昧。若人具二三昧，如地有种，能含藏长养，成就其实。一相一行，亦复如是。我今说法，犹如时雨普润大地，汝等佛性譬诸种子，遇兹沾洽，悉得发生，承吾真者，决获菩提，依吾行者，定证妙果。

祖于先天二年八月三日入寂，寿七十六。

南岳怀让禅师

师初习毗尼藏，一日自叹曰，夫出家者为无为法，天上人间无有胜处，乃谒嵩山安和尚。安启发之，乃直诣曹溪参六祖。祖问，什么处来？曰，嵩山来。祖曰，什么物怎么来？曰，说似一物即不中。祖曰，还可修证否？曰，修证即不无，污染即不得。祖曰，只此不污染，诸佛之所护念，汝既如是，吾亦如是。西天般若多罗谶汝足下出一马驹踏杀天下人，并在汝心，不须速说。师豁然契会，执侍左右一十五载。唐先天二年始往衡岳，居般若寺。开元中，有沙门道一住传法院，常曰坐禅，师知是法器。往问曰：大德坐禅图什么？一曰图作佛。师乃取一砖于庵前石上磨，一曰磨砖作么？师曰磨作镜。一曰，磨砖岂得成镜耶？师曰，磨砖既不成镜，坐禅岂得成佛耶？一曰，如何即是？师曰，如牛驾车，车不行，打车即是打牛即是？一无对。师又曰，汝为学坐禅，为学坐佛？若学坐禅，禅非坐卧，若学坐佛，佛非定相，于无住法不应取舍。汝若坐佛，即是杀佛，若执坐相，非达其理。一闻示诲，如饮醍醐，礼拜问曰，如何用心即合无相三昧？师曰，汝学心地法门如下种子，我说法要，譬彼天泽，汝缘合故，当见其道。又问曰，道非色相，云何能见？师曰，心地法眼能见乎道，无相三昧亦复然矣。一曰有成坏否？师曰若以成坏聚散而见道者非见道也，听吾谒曰，"心地含诸种，遇泽悉皆萌，三昧华无相，何坏复何成？"一蒙开悟，心意超然，侍奉十秋，日益玄奥。师入室弟子六人，各得眉、眼、耳、鼻、舌，惟于师曰得吾心，善古今。又曰：一切法皆从心生，心无所生，法无能住，若达心地，所作无碍，非遇上根，宜慎辞哉。师寂后，谥大慧禅师。

南岳第一世

江西道一大寂禅师马祖，得法于怀让禅师，一日谓众曰：汝等诸人，各信自心是佛，此心即是佛心。达摩大师从南天竺国来至中华，传上乘一心之法，令汝等开悟。又引楞伽经文以印众生心地，恐汝颠倒不自信此一心之法各各有之。故楞伽经云，佛语心为宗，无门为法门。又云，夫求法者，应无所求，心外无别佛，佛外无别心，不取善，不舍恶，净秽两边俱不依怙，达罪性空，念念不可得，无自性故。故三界唯心，森罗万象，一法之所印，凡所见色，皆是见心，心不自心，因色故有心。汝但随时言说，即事即理，都无所碍，菩提道果亦复如是。于心所生，即名为色，知色空故，生即不生；若了此心，乃可随时着衣吃饭，长养圣胎，任运过时，更有何事。汝受吾教，听吾谒曰，"心地随时说，菩提亦只宁，事理俱无碍，当生即不生"。

又示众曰：道不用修，但莫污染。何为污染？但有生死心，造作趋向，皆是污染。若欲直会其道，平常心是道。何谓平常心？

无造作，无是非，无取舍，无断常，无凡圣。故经云，非凡夫行，非圣贤行，是菩萨行。只如今行住坐卧应机接物尽是道，道即是法界，乃至河沙妙用不出法界。若不然者，云何言心地法门，云何言无尽灯……建立亦得，扫荡亦得，尽是妙用。妙用尽是自家，非离真而有立处，立处即真，尽是自家体。若不然者，更是何人？僧问和尚为什么说即心即佛？师云为止小儿啼。僧云啼止时如何？师云非心非佛。僧云除此二种人来，如何指示？师云向伊道不是物。僧云忽遇其中人来时如何？师云且教伊体会大道。僧问如何是西来意？师云即今是什么意。庞居士问如水无筋骨，能胜万斛舟，此理如何？师曰这里无水亦无舟，说什么筋骨！一日，师上堂良久，百丈收却面前席，师便下堂。祖于贞元四年二月一日入灭，世寿八十，僧腊六十。祖嗣法弟子中，以百丈、南泉、归宗、大梅、盐官、盘山等为最杰出。

南岳第二世

归宗寺智常禅师上堂云，诸子，莫错用心，无人替汝，亦无汝用心处。莫就他觅，从前只是依他解，发言皆滞，光不透脱，只为目前有物。

幽州盘山宝积禅师上堂云，心若无事，万法不生，意绝玄机，纤尘何立……若言即心即佛，今时未入玄微；若言非心非佛，犹是指踪极则。向上一路，千圣不传，学者劳形，如猿投影。

又曰，夫心月孤圆，光吞万象，光非照境，境亦非存；光境俱忘，复是何物……若能如是心心无知，全心即佛，全佛即人，人佛无异，始为道矣。

洪州百丈山怀海禅师，嗣马祖。师为马祖侍者，经三年，一日，侍马祖行次，见一群野鸭飞过，祖曰：是什么？师曰：野鸭子。祖曰：甚处去也？师曰：飞过去也。祖遂把师鼻扭，负痛失声。祖曰：又道飞过去也。师于言下有省（光非照境，境亦非存，活般若显现了也，本分事岂离得它）。却归侍者寮哀哀大哭（睦州云："大事未明如丧考妣，大事既明如丧考妣"）。同事问曰，汝忆父母耶？师曰无。曰被人骂耶？师曰无。曰哭作什么？师曰我鼻孔被大师扭得痛不彻（惟我能知）。同事曰有甚因缘不契？师曰汝问取和尚去（怎敢违背也）。同事问大师曰，海侍者有何因缘不契在寮中哭，告和尚为某甲说。大师曰是伊会也，汝自问取他（亲言出亲口，那得第二人来）。同事归寮曰，和尚道汝会也，教我自问汝。师乃呵呵大笑（正所谓蓬荜生辉，无上欢喜）。同事曰，适来哭，如今为甚却笑（外人怎得知）？师曰，适来哭，如今笑（常啼菩萨得般若，直至如今笑不休）。同事罔然（一家有事百家忙，头顶石臼跳一场）。次日，马祖升座，众才集，师出卷却席，祖便下座。师随至方丈，祖曰我适来未曾说话，汝为甚卷却席？师曰昨日被和尚扭得鼻头痛。祖曰汝昨日向甚处留心？师曰鼻头今日又不痛也。祖曰汝深明昨日事。师作礼而退。师再参，侍立次。祖目视绳床角拂子，师曰即此用，离此用。祖曰汝向后开两片皮将何为人？师取拂子竖起。祖曰即此用，离此用。师挂拂子于旧处。祖振威一喝，师直得三日耳聋（乃光曰，此禅宗最著名的"再参话"公案，赤日炎炎，威光逼人，马祖为百丈显大机大用。百丈也得他大机大用，父子同道，子孙相传，此即以后临济宗传承的无上纲要，急需着眼）。僧问如何是大乘顿悟法门？师曰，汝等先歇诸缘，休息万事。善与不善，世出世间一切诸法莫记忆，莫缘念，放舍身心，令其自在，心如木石，无所辨别，心无所行，心地若空，慧日自现。如云开日出，相似俱歇，一切攀缘贪瞋爱取垢净情尽。对五欲八风，不被见闻觉知所缚，不被诸境所惑，自然具足神通妙用。是解脱人。对一切境，心无静乱，不摄不散，透一切身色，无有滞碍，名为道人。但不被一切善恶垢净有为世间福智拘系，即名为佛慧。是非好丑，是理非理诸知见总尽，不被系缚，处心自在，名初发心菩萨，便登佛地。一切诸法本不自空，不自言色，亦不言是非垢净，亦无心系缚人，但人自虚妄计著，作若干种解，起若干种知见。若垢净心尽，不住系缚，不住解脱，无一切有为无为解，平等心量，处于生死，其心自在。毕竟不与虚幻尘劳蕴界生死诸人和合。迥然无寄，一切不拘，去留无碍，往来生死，如门开相似。若遇种种苦乐不称意事，心无退屈，不念名闻衣食，不贪一切功德利益，不为世法之所滞，心虽亲受苦乐，不干于怀，粗食接命，补衣御寒暑，兀兀如愚如聋相似，稍有亲分。于生死中广学知解，求福求智，于理无益，却被解境风漂，却归生死海里。佛是无求人，求之即乖；理是无求理，求之即失；若取于无求，复同于有求。此法无实无虚，若能一生心如木石相似，不为阴界五欲八风之所漂溺，即生死因断，去住自由，不为一切有为因果所缚。他时还与无缚身同利物，以无缚心应一切心，以无缚慧解一切缚，亦能应病与药。问如何得自由？答，如今对五欲八风情无取舍，垢净俱亡，如日月在空，不缘而照。心如木石，亦如香象截流而过，更无疑滞，此人天堂地狱所不能摄也。

师于唐元和九年正月十七日归寂，寿九十五，敕谥大智禅师。

附　百丈广录法语摘要

上堂：灵光独耀，迥脱根尘。体露真常，不拘文字。心性无染，本自圆成。但离妄缘，即如如佛。

此般若涅槃二经的精髓，达摩六祖门下家传直指妙法，非三学赅练，悟处甚深，不能道也。是为百丈禅要总纲。

问对一境如何得心如木石去？师曰：一切诸法，本不自言空，不自言色，亦不言是非垢净，亦无心系缚人。但人自虚妄计着，作若干种解会，起若干种知见，生若干种爱畏。但了诸法不自生，皆从自己一念妄想颠倒取相而有。知心与境本不相到，当处解脱。——诸法，当处寂灭（非是断灭），当处道场（非可立义）。……若垢净心尽，不住系缚，不住解脱，无一切有为无为缚脱心量，处于生死，其心自在，毕竟不与诸妄虚幻尘劳蕴界生死诸入和合，迥然无寄；一切不拘，去留无碍，往来生死，如门开相似。夫学道人，若遇种种苦乐，称意不称意事，心无退却；不念名闻利养，不贪功德利益，不为世间诸法之所滞碍；无亲无怨，苦乐平怀；粗衣遮寒，粝食活命，兀兀如愚如聋，稍有相应分。若于心中广学知解，求福求智，皆是生死于理无益，却被知解境风之所漂溺，还归生死海里。佛是无求人，求之即乖；理是无求理，求之即失。若着无求，复同于有求；若着无为，复同于有为。故经云："不取于法，不取非法，不取非非法"。又云："如来所得法，此法无实无虚。"若能一生心如木石相似（说心如木石相似，差近达摩壁观，非此心量无有觉知，等同木石）。不被阴界五欲八风之所漂溺，即生死因断，去往自由。……同事利益，以无着心应一切物，以无碍慧，解一切缚，亦云应病与药。

此明空观见地，正阐不住系缚不住解脱的般若妙境。

问如何得自由分？师曰：如今得即得。或对五欲八风，情无取舍，悭嫉贪爱，我所情尽，垢净俱忘。如日月在空，不缘而照；心心如木石，念念如救头然。亦如香象渡河，截流而过，更无疑滞。此人天堂地狱所不能摄也。夫读经看教，语言皆须宛转归就自己（切忌将佛法拱手推圣贤）。但一切言教，只明如今鉴觉自性。不被一切有无诸境转，是汝导师。能照破一切有无诸境，是金刚慧。即有自由独立分。

此顿悟真理，乃禅宗不共诸宗观行处。

从来不是个物。不用知渠解渠，不用是渠非渠，但割断两头句，割断有句不有句，割断无句不无句，两头迹不现，两头捉汝不着，量数管汝不得。不是欠少，不是具足，非凡非圣，非明非暗，不是有知，不是无知，不是系缚，不是解脱，不是一切名目。何以不是实语？若为雕琢虚空作得佛像貌？若为说道虚空是青黄赤白作得？如云"法无有比，无可喻故，法身无为，不堕诸数"。故云"圣体无名"，不可说如实理。空门难凑，喻如太末虫处处能泊，惟不能泊于火焰之上；众生心亦尔，处处能缘，惟不能缘于般若之上。

此显悟境极致，实将涅槃融会于大般若中。

须辨主客语。贪染一切有无境法，被一切有无境惑乱，自心是魔王，照用属魔民。只如今鉴觉，但不依住一切有无诸法，世间出世间法，亦不作不依住知解，亦不依住无知解，自心是佛，照用属菩萨。自心是主宰，照用属客尘。如波说永，照万象以无功，若能寂照，不自玄旨，自然贯串于古今。如云"神无照功，至功常存"，能一切处为导师。

此明顿悟功行，辨魔佛境界，贵在如今鉴觉，独脱无依，是马祖百丈一系禅道骨髓，活般若，活祖意，即从此中出；因能顿悟，了得直下鉴觉历历分明，哪得欺蔽于它？既不欺蔽，自无贪染，亦无惑乱哪有魔事？总之必须顿悟，顿悟须在一念间打翻魔窟，使如今鉴觉直下照了，迥无依倚，而后归于不假功用的寂照境界。"如波说水，照万象以无功"，即是此意。百丈曾说"宁作心师，不师于心"，师于心即魔，作心师即悟，宜深体之。

明州大梅山法常禅师，上堂示众曰：汝等诸人各自回心达本，莫逐其末，但得其本，其末自至。若欲认本，唯了自心，此心元是一切世间出世间法根本，故心生种种法生，心灭种种法灭，心但不附一切善恶而生，万法本自如如。师闻马祖道即心是佛而住山证果，寿八十八，腊六十九。

汾州无业禅师，状貌瑰伟，语音如钟，早讲涅槃大部，参马祖，祖曰，巍巍佛堂，其中无佛，师礼跪而问曰，三乘文学，粗穷其旨，常闻禅门即心是佛，实未能了。祖曰，只未了的心即是，更无别物。师又问如何是祖师西来密传心印？祖曰，大德正闹在，且去别时来。师才出，祖召曰，大德。师回首。祖云，是什么？师便领悟，礼拜。祖云，这钝汉，礼拜作么？师后临终告弟子等曰，汝等见闻觉知之性与太虚同寿，不生不灭，一切境界本自空寂，无一法可得，迷者不了，即为境惑，一为境惑，流转不穷，汝等当知心性本自有之，非因造作，犹如金刚，不可破坏，一切诸法，如影如响，无有实者，故经云，唯此一是实，余二即非真。常了一切空，无一物当情，是诸佛用心如。汝等勤而行之。

池州南泉普愿禅师，上堂次，陆大夫云，请和尚为众说法。师云教老僧作么生说，陆云，和尚岂无方便？师云，道他欠少什么？陆云，为什么有六道四生？师云，老僧不教他。一日，有大德向师曰，即心是佛又不得，非心非佛又不得，师意如何？师云，大德且信即心是佛便了，更说什么得与不得，只如大德吃饭了，从东廊上，西廊下，不可总问人得与不得也。师有时云，江西马祖说即心即佛，王老师不恁么道，不是心，不是佛，不是物，恁么道，还有过？赵州礼拜而出。时有一僧随问赵州云，上座礼拜了便出，意作么生？赵州云，汝却问取和尚。僧上问曰，适来论上座意作么生？师云，他却领得老僧意旨。师将顺世，第一座问，和尚百年后向什么处去？师云，山下作一头水牯牛去。僧云，某甲随和尚去还得也无？师云，汝若随我，即须衔取一茎草来。师乃示疾，大和八年甲寅十二月二十五日凌晨告门人曰，星翳灯幻亦久矣，勿谓吾有去来也。言论而谢，寿八十七，腊五十八。

洛京佛光如满禅师，嗣马祖，唐顺宗问，佛从何方来？灭向何方去？既言常住世，佛今在何处？师答曰，佛从无为来，灭向无为去，法身等虚空，常在无心处。有念归无念，有任归无住，来为众生来，去为众生去，清净真如海，湛然体常住，智者善思惟，更勿生疑虑。帝又问，佛向王宫生，灭向双林灭，住世四十九，又言无法说，山河及大海，天地及日月，时至皆归尽，谁言不生灭，疑情犹若斯，智者善分别。师答曰，佛体本无为，迷情妄分别，法身等虚空，未曾有生灭，有缘佛出世，无缘佛入灭，处处化众生，犹如水中月，我常亦我断，我生亦我灭，生亦未曾生，灭亦未曾灭，了见无心处，自然无法说。帝闻大悦，益重禅宗。

南岳第三世

潭州沩山灵佑禅师，嗣百丈。上堂，示众曰，夫道人之心，质直无伪，无背无面，无诈妄心行，一切时中视听寻常，更无委曲，亦不闭眼塞耳，但情不附物即得。从上诸圣，只是说浊返过患，若无如许多恶觉情见想习之事，譬如秋水澄停，清净无为，澹泞无碍，唤他作道人，亦名无事之人。时有僧问顿悟之人更有修否？师云，若真悟得本，他自知时，修与不修，是两头语。如今初心虽从缘得，一念顿悟自理，犹有无始旷劫习气未能顿净，须教渠净除现业流识，即是修也。不道别有法教渠修行趣向。从闻入理，闻理深妙，心自圆明，不居惑地，纵有百千妙又抑扬当时，此乃得座披衣自解作话计。以要言之，则实际理地不受一尘，万行门中不舍一法。若也单刀直（趣）入，则凡圣情尽，体露真常，理事不二，即如如佛。

乃光评曰：此段可作宗门禅经读，亦可通于诸家禅道。为初参人搭扶梯，为已悟者立高标。寻思一过，定获分晓。

师侍立次，百丈问谁？师曰，灵佑。百丈云，汝拨炉中有火否？师拨云，无火。百丈躬起深拨得少火，举以示之，云，此不是火？师发悟礼谢。陈其所解。百丈曰，此乃暂时歧路耳。经云，欲见佛性，当观时节因缘，时节既至，如迷忽悟，如忘忽忆，方省己物不从他得。故祖师云，悟了同未悟，无心亦无法，只是无虚妄凡圣等心，本来心法元自备足，汝今既尔，善自护持。沩问仰山，汝是有主沙弥无主沙弥？仰曰，有主。曰，主在什么处？仰从西过东立。沩异之。仰问如何是真佛住处？沩曰，以思无思之妙，反思灵焰之无穷思尽还原，性相常住，事理不二，真佛如如。仰于言下顿悟。师问仰山，涅槃经四十卷，多少佛说，多少魔说？仰云，总是魔说。师云，已后无人奈子何？僧问如何是道？师曰无心是道。曰，某甲不会。师曰会取不会的好。曰，如何是不会的？师曰，只汝是，不是别人。复曰，今时人但直下体取不会的，正是汝心，正是汝佛，若向外得一知一解，将为禅道，且没交涉，名运粪入，不名运粪出，污汝心田，所以道不是道。师于大中七年正月九日入寂，寿八十三，腊六十四。

洪州黄蘗希运禅师，参百丈，问曰，从上宗乘如何指示？百文良久。师云，不可教后人断绝去也。百丈云，将谓汝是个人，乃起入方丈。师随后入，云、某甲特来。百丈云，若尔则他后不得辜负吾。百丈一日问师，什么处去来？曰，大雄山下采菌子来。百丈曰，还见大虫么？师便作虎声。百丈拈斧作斫势。师即打百丈一掴。百丈吟吟大笑便归；上堂谓众曰，大雄山下有一大虫，汝等诸人也须好看，百丈老汉今日亲遭一口。传心法要曰：诸佛与一切众生，唯是一心，更无别法。此心无始已来，不曾生，不曾灭，不青不黄，无形无相，不属有无，不计新旧；非长非短，非大非小，超过一切限量、名言、踪迹、对待，当体便是，动念即差。犹如虚空，无有边际，不可测度。惟此一心即是佛，佛与众生更无差异。但是众生著相，外求转失，使佛觅佛，将心捉心，穷劫尽形，终不能得。不知息念忘虑，佛自现前。

福州大安禅师，礼百丈问曰，学人欲求识佛，何者即是？百丈曰，大似骑牛觅牛。师曰，识后如何？百丈曰，如人骑牛至家。师曰，未审始终如何保任？百丈曰，如牧牛人，执杖视之，不令犯人苗稼。师自兹领旨，更不驰求。同参佑禅师创居沩山，师躬耕助道，及佑禅师归寂，众请接踵住持。上堂云，汝诸人总来就安求觅什么？若欲作佛，汝自是佛，而却傍家走匆匆如渴鹿趁阳焰，何时得相应去？阿你欲作佛，但无如许多颠倒攀缘妄想恶觉垢欲不净众生之心，则汝便是初心正觉，佛更向何处别计。所以安在沩山三十年来，吃沩山饭，屙沩山屎，不学沩山禅，只看一头水牯牛。若落路入草便牵出，若犯人苗稼，即鞭挞调伏。既久可怜生受人言语，如今变作个露地白牛，常在面前，终日露迥迥地，趁亦不去也。汝诸人各自有无价大宝，从眼门放光，照山河大地；耳门放光，领览一切善恶音响；六门昼夜常放光明，亦名放光三昧。汝自不识取影在四大舟中，内外扶持，不教倾侧，如人负重檐从独木桥上过，亦不教失脚，且是什么物任持，便得如是。汝若觅毫发即不见。故志公和尚云，内外追寻觅总无，境上施为浑大有。

福州古灵神赞禅师，本州大中寺受业。后行脚，遇百丈开悟，却回本寺，受业师问曰，汝离吾在外，得何事业？曰，并无事业。遂遣执役。一日，因澡沐，命师去垢，师乃抚背曰，好所佛殿而佛不圣。其师回首视之。师曰，佛虽不圣，且能放光。其师又一日在窗下看经，蜂子投窗纸求出。师睹之曰，世界如许广阔不肯出，钻他故纸，驴年出得？其师置经问曰，汝行脚遇何人？吾前后见汝发言异常。师曰，某甲蒙百丈和尚指个歇处，今欲报慈德耳。其师于是告众致斋，请师说法。师登座，举唱百丈门风，乃曰：灵光独耀，迥脱根尘。体露真常，不拘文字。心性无染，本自圆成。但离妄缘即如如佛。其师于言下感悟曰，何期垂老得闻极则事！师后住古灵，聚徒数载，临迁化，剃沐声钟告众曰，汝等诸人还识无声三昧否？众曰不识。师曰，汝等静听，莫别思维。众皆侧聆。师俨然顺寂。塔存本山焉。

湖南长沙景岑招贤大师。上堂曰，我若一向举扬宗教，法堂里须草深一丈。我事不获已，所以向汝诸人道尽十方世界是沙门眼，尽十方世界是沙门全身，尽十方世界是自己光明，尽十方世界在自己光明里，尽十方世界无一人不是自己。我常向你诸人道，三世诸佛共尽法界众生是摩诃般若光，光未发时，汝等诸人向什么处委。光未发时尚无佛无众生消息，何处得山河国土来。时有僧问如何是沙门眼？师云长长出不得。又云成佛成祖出不得，六道轮回出不得。僧云未审出个什么不得？师云，昼见日，夜见星。僧云学人不会。师云妙高山色青又青。僧问教中云而常处此菩提座，如何是座？师云，老僧正坐，大德正立。僧问如何是大道？师云没却汝。此外机语偈颂甚多，未一一。

邓州香严下堂义端禅师。（普愿嗣）示众云，兄弟，彼此未了，有什么事相共商量，我三五日即发去也。如今学者须了却今时，莫爱他向上人无事。兄弟，纵学得种种差别义路，终不代得自己见解。毕竟着力始得。空记持他巧妙章句，即转加烦乱去。汝若欲相应，但恭恭尽莫停留纤毫，直似虚空，方有少分。以虚空无锁无壁落，无形无心眼。又云，兄弟佛是尘，法亦是尘，终日驰求，有什么休歇。但时中不用挂情，情不挂物，无善可取，无恶可弃，莫教被他笼罩着，始是学处。

赵州观音院从谂禅师（南泉普愿嗣）参南泉，泉偃息而问曰，近离什么处？师曰，近离瑞像（院名）。曰还见立瑞像么？师曰，不见立瑞像，只见卧如来。曰，汝是有主沙弥无主沙弥？师曰，有主沙弥。曰，主在什么处？师曰，仲冬严寒，伏惟和尚尊体万福。南泉器之而许入室。异日问泉如何是道？南泉曰，平常心是道，师曰，还可趣向否？南泉曰，拟向即乖。师曰，不拟时如何知是道？泉曰，道不属知不知，知是妄觉，不知是无记，若是真达不疑之道，犹如太虚廓然空豁，岂可强是非耶。师言下悟理。异日问南泉，知有的人问什么处休歇？泉云山下作牛去。师云谢指示。上堂示众云，如明珠在掌，胡来胡现，汉来汉现，老僧把一枝草为丈六金身用，把丈六金身为一枝草用，佛是烦恼，烦恼是佛。时有僧问，未审佛是谁家烦恼？师云与一切人烦恼。僧云如何免得？师云用免作么。其他机语甚多。唐乾宁四年十一月二日右胁而寂。寿一百二十。后谥真际大师。

衢州子湖岩利踪禅师（南泉嗣）。上堂示众曰，子湖有一只狗，上取人头，中取人心，下取人足，拟议即丧身失命。僧问如何是子湖一只狗？师曰，嗥嗥。临济下二僧到参，方揭帘，师曰，看狗。二僧回顾。师归方丈。有偈云，三十年来住子湖，二时斋粥气力粗，无事上山行一转，问汝时人会也无。说法四十五稔，广明中无疾归寂，寿八十一，腊六十一。

苏州西禅和尚。僧问三乘十二分教则不问，如何是祖师西来的的意？师举拂子示之，其僧不礼拜，去参雪峰。峰问什么如来？僧云浙中来。峰曰，今夏在什么处？曰苏州西禅。峰曰，和尚安否？曰来时万福。峰曰何不且从容？曰佛法不明。峰曰有什么事？僧举前话。峰曰汝作么不肯？僧曰是境。峰曰汝见苏州城里人家男女否？曰，见。曰，汝见路上林木否？曰，见。峰曰，凡睹人家男女大地林治总是境，汝还肯否？曰，肯。峰曰，只如拈起拂子汝作么生不肯？僧乃礼拜。曰，学人取次发言，乞师慈悲。峰曰，尽乾坤是个眼，汝向什么处蹲坐？僧无语。

杭州径山鉴宗禅师。有小师以讲论自矜者，师谓之曰，佛祖正法，直截亡诠，汝算海沙，于理何益，但能莫存知见，泯绝外缘，离一切心，即汝真性。师为杭州盐官齐安禅师嗣。

福州长溪龟山正原禅师，五泄山灵默禅师嗣。偈曰，沧溟几度变桑田，唯有虚空独湛然，已到岸人休恋筏，未曾度者要须船。又，寻师认得本心源，两岸俱玄一不全，是佛不须更觅佛，只因如此更忘缘。

杭州天龙和尚（大梅山法常禅师嗣）。上堂云，大众，莫待老僧上来便上来，下去便下去，各有华藏性海，具足功德，无碍光明，各各参取。珍重。僧问如何是祖师意？师竖起拂子。僧问如何得出三界去？师云汝即今在什么处。

福州芙蓉山灵训禅师。参归宗，问如何是佛？宗曰，我向汝道，汝还信否？师曰，和尚发言，何敢不信。宗曰，即汝便是。师曰，如何保任？宗曰，一翳在眼，空华乱坠。师辞归宗，宗问子什么处去？师曰归岭中去。宗曰、子在此多年，装束了却来，为子说一上佛法。师结束了上堂，宗曰，近前来。师乃近前。宗曰，时寒，途中善为。师聆此一言，顿忘前解。后归寂，谥弘照大师。

五台山智通禅师。初在归宗会下时，忽一夜巡堂大叫云，我已大悟也。众骇之。明日，归宗上堂集众，问昨夜大悟的僧出来，师出云智通。宗曰汝见什么道理言大悟？试说似吾看。师对云，师姑天然是女人作。归宗默而异之。师便辞归，宗门送，与拈笠子，师接得笠子，戴头上便行，更不回顾。后居台山法华寺，临终有偈曰：举手攀南斗，回身倚北辰，出头天外见，谁是我般人。

南岳第四世

袁州仰山慧寂禅师，参沩山得道。上堂曰，汝等诸人各自回光返照，莫记吾言。汝无始劫来背明投暗，妄想根深，卒难顿拔，所以假设方便夺汝粗识，如将黄叶止啼，有什么是处。亦如人将百种货物与金宝作一铺货卖，只拟轻重来机。所以道石头是真金铺，我这里是杂货铺，有人来觅鼠粪，我亦拈与他，来觅真金我亦拈与他。时有僧问，鼠粪即不要，请和尚真金。师曰唣嗦拟开口，驴年亦不会。僧无对。师曰，索唤则有交易，不索唤则无。我若说禅宗，身边要一人相伴亦无，岂况有五七百众耶？我若东说西说则争头向前来拾，如将空拳诳小儿，都无实处。我今分明向汝说圣边事，且莫将心凑泊，但向自己性海如实而修，不要三明六通，何以故？此是圣未边事。如今且要识心达本，但得其本，不愁其末，他时后日自具去。若未得本，纵饶将情学他亦不得。汝岂不见沩山和尚云，凡圣情尽，体露真常，事理不二，即如如佛。

乃光曰，此段法语有三要，一假方便夺粗识，二说禅宗则无伴，三凑泊不得，但向性海如实而修。

仰问双峰，师弟近日见处如何？曰，据某见处，实无一法可当情。师曰，汝解犹在境。曰某只如此，师兄又如何？师曰，汝岂不知（无一法可当情）者？沩山闻曰，寂子一句疑杀天下人。仰卧次，僧问曰，法身还解说法也无？师曰我说不得，别有一人说得。曰说得的人在什么处？师推出枕子。沩山闻曰，寂子用剑刃上事。

此二则即机以显用，即用以见机。

僧思邺问，禅宗顿悟毕竟入门的意如何？师（仰）曰，此意极难。若是祖宗门下上根上智一闻千悟得大总持，此根人难得。其有根微智劣，若不安禅静虑；到这里总须茫然。曰，除此一路，别更有入处否？师曰有。曰如何即是？师曰汝是甚处人？曰幽州人。师曰汝思彼处否？曰，常思。师曰，能思者是心，所思者是境，彼处楼台亭苑，人马骈阗，汝反思的还有许多般也无？僧于言下有省。曰，某甲到这里总不见有。师曰，汝解犹在心（一作境），信位即得，人位未在。曰，除却这个，别更有意也无？师曰，别有别无即不堪也。曰到这里作么生即是？师曰，据汝所解，只得一玄，得坐披衣向后自看！邺礼谢之。

乃光曰，这段训示法语，具见仰山得宗门全体大用，如镜传辉，无有遗相。但未说时，仰山即有（此意极难）之叹，这与他别处说的"悟则不无，怎奈落在第二头"相近。法语中有三点当注意含咏，其一得大总持者，此即宗门真种草，灵苗得地，自然青霭摩霄。其次安禅静虑者，定道功深，冥合孤明，违顺风静，正好挨入宗门，安于禅寂，始可预于空慧之顶，打彻那事也。其三善寻思者，仰山引导思邺寻思，固属宗门传统方便，这亦只为信位即得，人位未在。知有此事，信此不疲，解犹在心，即信位也。再进打翻窠臼，拈却增上慢，视听寻常，情不附物，空慧显即为人位了也。如应寻思自可顿了。所以仰山未了，殷切的再说得坐披衣向后自看？顾此，寻思亦当具定中火候。总此三点，仰山即将禅宗顿悟入门的轨范举尽。主要宗旨，则在入得门来大有事在，无住为本的无事人，活计正尔无尽也。

师迁化前数年有偈曰，年满七十七，老去是今日，任性自浮沉，两手攀屈膝。后于韶州东平山示灭，与偈相符。

邓州香严智闲禅师，青州人也。厌俗辞亲，观方慕道，在百丈时，性识聪捷，参禅不得。洎丈迁化，遂参沩山，山问我闻汝在百丈先师处，问一答十，问十答百，此是汝聪明伶俐，意解识想，生死根本。父母未生时试道一句看（灯录作汝未出胞胎，未辨东西时，本分事试道一句来）？师被一问，值得茫然。归寮，将平日看过的文字，从头要寻一句酬对，竟不能得。乃自叹曰，画饼不可充饥？屡乞沩山说破，山曰，我若说似汝，汝以后骂我去，我说的是我的，终不干汝事。师遂将平昔所看文字烧却，曰此生不学佛法也，且作个长行粥饭僧，免役心神。乃泣辞沩山，直过南阳，睹忠国师遗迹，遂憩止焉。一日芟除草木，偶抛瓦砾，击竹作声，忽然省悟，遽归，沐浴焚香，遥礼沩山，赞曰，和尚大德，恩逾父母，当时若为我说破，何有今日之事！乃有颂曰：一击忘所知，更不假修持，动容扬古路，不坠悄然机。处处无踪迹，声色外威仪，诸方达道者，咸言上上机。

乃光曰，修持在去其所知，恶觉，情见，想习之事乃众生所知境。今一击即忘，云破月来，风行草偃，此事原不执著于修。动容扬古路者，假说向上一路为古路，以示无伤触也。了事的人动即合辙，并不坠于悄然之机以违今时。处处无踪迹者，动即合辙，原无踪迹可寻。虽即事可显，要当于声色外著例也。诸方达道者以此为上上之机，就初悟格调说，诚是。

沩山得闻，谓仰山曰，此子彻也。仰曰，此是心机意识著述得成，待某甲亲自勘过。仰后见师曰：和尚赞叹师弟发明大事，你试说看。师举前颂。仰曰，此是夙习记持而成，若有正悟别更说看！又成颂曰：去年贫，未是贫，今年贫，始是贫；去年贫，犹有卓锥之地；今年贫，锥也无。仰曰，如来禅许师弟会，祖师禅未梦见在！师复有颂曰：我有一机，瞬目视伊，若人不会，别唤沙弥。仰乃报沩山曰，且喜闲师弟会祖师禅也。

乃光曰，"无位之机，无我之用"的祖师禅，超越锥也无的如来禅，才表达出教外别传之旨。因从用辨体，固为重要，而禅的着眼是不停滞在体上，可贵的是"全体作用"，前者是如来禅边事，而后者则是祖师禅边事。

师上堂：若论此事，如人上树，口衔树枝，脚不踏枝，手不夺枝，树下忽有人问如何是祖师西来意？不对他，又违他所问；若对他，又伤身失命；当恁么时作么生即得？时有虎头招上座出众云，树上即不问，未上树时请和尚道？师乃呵呵大笑。又上堂云：道由悟达，不在语言。况见密密堂堂曾无间歇，不劳心意，暂借回光。日用全功，迷徒自背。僧问不慕诸圣，不重己灵时如何？师曰，万机休罢，千圣不携。此时疎山在众呕声曰，是何言欤？师问阿谁？众曰师叔。师曰，不诺老僧耶？疎山出曰，是。师曰，汝莫道得么？曰，道得。师曰，汝试道看。曰，若教某甲道，须还师资礼始得。师乃下座礼拜，蹑前语问之。疎山曰，何不道肯重不全。师曰，饶汝恁么，也须三十年倒屙。设住山无柴烧，近水无水吃，分明记取。后住疎山，果如师记。至二十七年病愈，自云，香严师兄记我三十年倒屙，今少三年在，每至食，必以手扶而吐之，以应前记。

福州灵云志勤禅师，初在沩山，因桃花悟道，有偈曰，三十年来寻剑客，几回落叶又抽枝，自从一见桃花后，直至如今更不疑。佑师览偈，诘其所悟，与之符契。佑曰，从缘悟达，永无退失，善自护持。乃返闽川，玄徒臻集。问如何得出离生老病死？师曰，青山原不动，浮云飞去来。问如何是佛法大意？师曰，驴事未了，马事到来。长生问混沌未分时，含生何来？曰如露柱怀儿。曰分后如何？师曰如片云点太清。曰未审太清还受点也无？师曰恁么即含生不来也。曰直得纯清绝点时如何？师曰，犹是真常流注。曰如何是真常流注？师曰如镜长明。曰向上更有事否？师曰有。曰如何是向上事？师曰打破镜来相见。

广州文殊院圆明禅师，长庆安嗣，枢密使李崇矩巡护南方，因入师院，睹地藏菩萨像，问僧曰，地藏何以展手？僧曰手中珠被贼偷却也。李却问师，既是地藏，为什么遭贼？师曰今日捉下也。李乃谢之。淳化元年示灭，寿一百三十六岁。

洪州武宁县新兴严阳尊者，赵州法嗣。僧问如何是佛？师曰土块。曰如何是法？师曰地动也。曰如何是僧，师曰吃粥吃饭。问如何是新兴水？师曰前面江里。问如何是应物现形？师曰与我拈床子过来。师常有一蛇一虎随从左右，手中与食。

漳州罗汉和尚，于关南常禅师拳下悟旨，乃为歌曰：咸通七载初参道，到处逢言不识言。心里疑团若栲栳，三春不乐止林泉。忽遇法王毡上坐，便陈疑恳向师前。师从毡上那伽定，祖膊当胸打一拳。骇散疑团獦狚落，举头看见日初圆。从兹蹭蹬以碣碣，直至如今常快活。只闻肚里饱膨脝，更不东西去持钵。又述偈曰，宇内为闲客，人中作野僧，任从他笑我，随处自腾飞。

镇州临济义玄禅师。其禅远源于怀让参六祖，祖问什么物恁么来及百丈参马祖野鸭子话与再参话。师在黄檗会中，行业纯一。时睦州（道明）为第一座，乃问上座在此多少时？师曰三年。州曰曾参问否？师曰不曾参问，不知问个什么。州曰，何不问堂头和尚如何是佛法的的大意。师便去问，声未绝，檗便打。师下来，州曰问话作么生？师曰，某甲问声未绝，和尚便打，某甲不会。州曰但更去问。师又问，檗又打。如是三度问，三度被打。师白州曰，早承激劝问法，累蒙和尚赐棒，自恨障缘不领深旨，今且辞去。州曰汝若去，须辞和尚了去。师礼拜退。州先到黄檗处曰，问话上座虽是后生，却甚奇特，若来辞，方便接伊，以后为一株大树覆荫天下人去在。师来日辞黄檗，檗曰不须他去，只往高安滩头参大愚（大愚师归宗智常，智常之师则是马祖，大愚与黄檗同为马祖法孙），必为汝说。师到大愚，愚曰甚处来？师曰黄檗来，愚曰黄檗有何言句？师曰某甲三度问佛法的的大意，三度被打，不知某甲有过无过？愚曰黄檗与么老婆心切，为汝得彻困，更来这里问有过无过！

师于言下大悟，乃曰原来黄檗佛法无多子。愚按住曰，这尿床鬼子！适来道有过无过，如今却道黄檗佛法无多子，你见个什么道理，速道速道！师于大愚肋下筑三拳。愚拓开曰，汝师黄檗，非干我事。师辞大愚，却回黄檗。檗见便问，这汉来来去去有甚了期？师曰只为老婆心切。便人事了侍立。檗问甚处去来？师曰昨蒙和尚慈旨，令参大愚去来。檗曰大愚有何言句？师举前话。檗曰大愚老汉饶舌，待来痛与一顿。师曰说甚待来，即今便打。随后便掌。檗曰这疯癫汉来这里捋虎须。师便喝。檗唤侍者曰，引这疯癫汉参堂去。师锄地次，见黄檗来，挂锄而立。檗曰这汉困耶？师曰锄也未举，困个什么？檗便打，师接住棒一送送倒。檗呼维那扶我起来，维那扶起曰，和尚，怎容得这疯癫汉无礼？檗才起，便打维那。师锄地曰，诸方火葬，我这里活埋。师一日在僧堂前坐，见黄檗来，便闭却目。黄檗乃作怖势，便归方丈。师随至方丈礼谢。首座在黄檗处侍立，黄檗云，此僧虽是后生，却知有此事。首座曰老和尚脚跟不点地，却证据个后生。黄檗自于口上打一掴。首座云，知即得。师在僧堂里睡檗入堂见，以拄杖打板头一下。师举首见是檗，却又睡，檗又打板头一下，却往上间，见首座坐禅，乃曰，下间后生却坐禅，汝在这里妄想作么？座曰，这老汉作什么？檗又打板头一下，便出去。师栽松次，檗曰深山里栽许多松作什么？师曰，一与山门作境致，二与后人作榜样。道了，将锄头筑地三下。檗曰，虽然如是，子已吃吾三十棒了也。师又筑地三下，嘘一嘘。檗曰，吾宗到汝大兴于世（乃光曰，此中含蓄了无尽的棒喝机用，也包罗了宾主相见的一切法道，生杀立破之旨俱不越此。即此即可当得临济禅的总纲）。黄檗因入厨下，问饭头作什么？头曰拣众僧饭米，檗曰，一顿吃多少？头曰二石五。檗曰，莫太多么？头曰，犹恐少在。檗便打。头举似师，师曰，吾与汝勘这老汉。才到侍立，檗举前话，师曰，饭头不会，请和尚代转一语，檗曰，汝但举师曰莫太多么？檗曰，来日更吃一顿。师曰，说什么来日，即今便吃，随后打一掌。檗曰，这疯癫汉又来这里捋虎须，师喝一喝，便出去。师半夏上黄檗山，见黄檗看经，师曰，我将谓是个人，原来是拈黑豆老和尚。住数日，乃辞，檗曰，汝破夏来，何不终夏去？师曰，某甲暂来礼拜和尚。檗便打趁令去。师行数里疑此事，却回终夏。解夏了，终决定北归，又辞檗，檗曰甚处去？师曰，不是河南便归河北。檗便打，师约住与一掌。檗大笑，乃唤侍者，将百丈先师禅板几案来，师曰侍者将火来。檗曰不然，子但将去以后坐断天下人舌头去在。经山有五百众，少人参请，黄檗令师引经山，乃谓师曰，汝到彼作么生？师曰某甲到彼自有方便。师到经山，装腰（未卸腰间行装）上法堂见经山。经山方举头，师便喝，经山拟开口，师拂袖便行。寻有僧问经山，这僧适来有什么言句便喝和尚？经山云，这僧从黄檗会里来，你要知么？自问取他。经山五百众大半分散。师为黄檗驰书到沩山，时仰山作知客，接得书便问，这个是黄檗的，那个是专使的？师便掌。仰山约住云，老兄知是般事便休。同去见沩山，沩山便问黄檗师兄多少众？师云七百众。沩山云什么人为导首？师云适来已达书了也。师却问沩山，和尚此间多少众？沩山云一千五百众。师云太多生？沩山云黄檗师兄亦不少。师辞沩山，仰山送出。师到龙光，值上堂，师出问不展锋芒如何得胜？光据座（果然哑口）。师曰大善知识岂无方便？光瞪目曰，嘎？师以手指曰，这老汉今日败缺也。师到三峰平和尚处，平问甚处来？师曰黄檗来。平曰黄檗有何言句？师曰金牛昨夜遭涂炭，直至如今不见迹。平曰金风吹玉管，哪个是知音？师曰直透万重关，不住青霄内。平曰子这一问太高生？师曰龙生金凤子，冲破碧琉璃。平曰且坐吃茶。又问近离甚处？师曰龙光。平曰龙光近日何如？师便出去（乃光曰，此案一问一答，总是借用言句互谈不落言句的禅话，看得出三峰首肯临济，更看得出临济一只眼灼灼放光。临济气宇恢恢，直来直往，好个空行者）。师往夙林，路逢一婆子，婆问甚处去？师曰夙林去。婆曰，恰值夙林不在。师曰甚处去？婆便行。师召婆，婆回首。师曰谁道不在（乃光曰，婆吃败，亡失去了立处皆真的照用）？到夙林，林曰，有事相借问得么？师曰，何得剜肉作疮？林曰，海月澄无影，游鱼独自迷。师曰，海月既无影，游鱼何得迷？林曰，观风知浪起，玩水野帆飘。师曰，孤蟾独耀江山静，长啸一声天地秋。林曰，任张三寸挥天地，一句临机试道看。师曰，路逢剑客须呈剑，不是诗人莫献诗。林便休。师乃有颂曰，大道绝同，任向西东，石火莫及，电光罔通。师到大慈，慈在方丈内坐。师问，端居丈室如何？慈云寒松一色千年别，野老拈花万国春。师曰，今古永超圆智体，三山锁断万重关。慈便喝。师亦喝。慈云作么？师拂袖便出（乃光曰，难评高低）。师到襄州华严，华严倚挂杖作睡势。师云老和尚瞌睡作么？严云作家禅客，宛尔不同。师云侍者点茶来与老和尚吃。严乃唤维那，第三位安排这上座。师到翠峰，峰问甚处来？师云黄檗来。峰云黄檗有何言句指示于人？师云黄檗无言句。峰云为什么无？师云设有亦无举处。峰云但举看？师云一箭过西天（乃光曰，剑柄始终在临济手里，钝置了翠峰）。到象田、师问不凡不圣，请师速道？田云老僧只与么。师便喝，云，许多秃子在这里觅什么椀？师到明化，化问来来去去作什么？师云只图踏破草鞋。化云毕竟作么生？师云，老汉，话头也不识（乃光曰，此老受临济斥责）？到初祖塔头。塔主云，长老，先礼佛先礼祖？师云佛祖俱不礼。塔主云，佛祖与长老是什么冤家？师便拂袖而出（乃光曰把手牵君行不得，只有拂袖而出）。到金牛。牛见师来，横按挂杖，当门踞坐。师以手敲挂杖三下，却归堂中第一位坐。牛下来见，乃问：夫宾主相看，各具威仪，上座从何而来，大无礼生？师云，老和尚道什么？牛拟开口，师便打一坐具。牛作倒势，师又打一坐具。牛曰，今日不著便，遂归方丈（乃光曰，金牛乃马祖脚下踏出来的一员老将，对后辈的临济大有轻敌之意，始则故设陷虎之机，继则以礼赚人。临济良贾深藏，始则示意入门作主，继乃据令而行，最后金牛赖得放出家传护身法宝，使临济奈何他不得。故仰山曰，胜即总胜，负即总负）。师一日谓普化克符二上座曰，我欲于此建立黄檗宗旨，汝且求褫我？二人珍重下去。三日后，普化却上来问，和尚三日前说什么？师便打。三日后，克符上来问，和尚三日前打普化作么？师亦打。

到晚小参，曰，有时夺人不夺境，有时夺境不夺人，有时人境两俱夺，有时人境俱不夺。克符问如何是夺人不夺境？师曰，煦日发生铺地锦，婴儿垂发白如丝。符曰如何是夺境不夺人？师曰王令已行天下遍，将军塞外绝烟尘。符曰如何是人境俱夺？师曰并汾绝信，独处一方。符曰如何是人境俱不夺？师曰王登宝殿，野老讴歌。符于言下领旨（乃光曰，此指接机示教，活脱无执，首先当凭鉴觉下深辨来风，是何根器，一经接触，来者的心行动机，更应分辨得透，临时决定夺与不夺）。师示众曰，如诸方学人来，山僧此间作三种根器断：如中下根器来，我便夺其境而不除其法。或中上根器来，我便境法俱夺。如上上根器来，我便境、法、人俱不夺。如有出格见解人来，山僧此间便全体作用，不厉根器。大德，到这里学人著力不通风；石火电光即过了也。学人若眼定动即没交涉，拟心即差，动念即乖，有人解者不离目前（此即临济以根器断人之法。按克符有四夺颂曰：夺人不夺境，缘自带清讹，拟欲求玄旨，思量反责么？骊珠光璨烂，仙桂影婆娑，觌面无差互，还应滞网罗。夺境不夺人。寻言何处真？问禅禅是妄，究理理非亲，日照寒光淡，山摇翠色新，直饶玄会得，也是眼中尘。人境两俱夺，从来正令行，不论佛与祖，那说圣凡情，拟犯吹毛剑，还如值日盲，进前求妙会，特地斩精灵。人境俱不夺，思量意不偏，主宾言不异，问答理俱全，踏破澄潭月，穿开碧落天，不能明妙用，沦溺在无缘。又南院慧颙〔济法孙〕问风穴延沼，汝道四种料拣语料拣何法？风穴对曰，凡语不滞凡情，即堕圣解，学者大病。先圣哀之，为施方便，如楔出楔。曰如何是夺人不夺境？曰新出红炉金弹子，边破阇黎铁面皮。又问如何是夺境不夺人？曰刍草方分头脑裂，乱云初绽影犹存。又问如何是人境俱夺？曰躁足前进须急急，捉鞭与鞚莫迟迟。又问如何是人境俱不夺？曰常忆江南三月里，鹧鸪啼处百花香。院深肯之）。

僧问如何是真佛、真法、真道？乞师开示！师曰，佛者心清是；法者心光明是；道者处处无碍净光是。三即一，皆是空名而无实有。如真正作道人，念念心不间断。有达摩大师从西土来，只是觅个不受人惑的人，后遇二祖一言便了，始知从前虚用工夫。山僧今日见处与祖佛不别，若第一句中荐得，堪与祖佛为师；若第二句中荐得，堪与人天为师；若第三句中荐得，自救不了。僧便问如何是第一句？师曰三要印开朱点窄，未容拟议主宾分。曰如何是二句？师曰妙解岂容无著问，沤和（华言方便）怎负截流机？曰如何是第三句？师曰但看棚头弄傀儡，抽牵全凭里头人。

乃光曰，三句乃临济宗无上之纲要，实临济禅精髓所在，当拼此一生参透此关。又曰，答僧问真佛真法真道，实最极精约扫尽戏论了义语，通达般若经教者乃可知其微妙。以诸法自性清净，心触法时，这心也原是自性清净，此即真佛，曰佛者心清净是。心触法时，心无所住，而能照了诸法实性，喻如光明虽不暂住而能照物，此即真法，曰法者心光明是，两者融合无间，厉一切境缘，曰处处无碍净光，即为真道。这样分析，恐人执著，他又说三即一，皆是空名而无实有。这却真正与人抉择，叫人识取"目前历历的勿一个形段孤明"的真道。"真正作道人，念念心不间断"，虽历一切境缘，念念鉴觉自心清净"污染即不得"的大光明藏，心境一如，照而不住，此即为真道，为禅的功用。修行不明大法，不得一把吹毛剑作杀活权衡之柄，实在奈何不了生死长流中的烦恼与无知。临济说的自达摩大师从西土来，只是觅个不受人惑的人这句话，说透了祖师西来意，这才为活祖意。不受人惑谈何容易？禅道顿悟功行即在不受人惑。大般若经随破随立，随立随破，千言万语反复以明者，为的是不受人惑耳。二祖慧可遇达摩，一言便了，始知从前虚用工夫。临济拈出这则古公案，作为他倡导三句的弄行。"山僧今日见处与祖佛不别"，只这一句，即可见出临济不受人惑的自信，显示出真佛、真法、真道，且无余子。这和释迦佛陀的"我为法王，于法自在"的宣言，没有多让，下面接说若第一句中荐得等三句，他就是这样提出激箭似的禅道风格。临济答一句问的是"三要印开朱点窄，未容拟议主宾分"，只此一句实是甚深般若波罗蜜多，指出真佛真法真道触目现成，不落知解，超过一切名言道，一有点染，已是落二落三去也。佛之所证，祖之所悟，原从此出，不能有所增损。能从此中荐入，全境作智，全体作用，法法皆为祖佛之师。答第二句问的"妙解岂容无住问，沤和怎负截流机？"般若法华一乘教法已是祖佛用语言文字曲谈实相，通过曲谈而获得因指见月，还不失为人天之师。即此文字实相一乘之宗的妙解，也不是以三乘为实的无著辈所能了解，兔、鹿二乘的小机更不能负起大象渡河截流而过的有力气势。这是指出宗下教下从文见道，也不易易。"不立文字，不离文字"是大有商量的余地；也即是临济宗"悟则不无，怎奈落在第二头"的正确回答。悟门的安立，即为了现证第一句，透彻了第二句的要求，即须作到非寻思言说境界的大悟，力求进入第一句不受人惑的无师境界。答第三句问的是"但看棚头弄傀儡，抽牵全凭里头人"显然指出非宗门种子。这种人在教下则为

禅密薪传

穷人数他宝,宗下则为"只认得驴前马后的将为自己"忘却骑驴骑马的主人,自己作不得主的人,不是傀儡是什么?所以说若第三句中荐得自救不了。又风穴答其师南院的对三句勘辨,先以喝,次以未问以前错,三以明破即不堪。院深许之。

大师示众:大凡举唱宗乘,一句中须具三玄门,一玄门须具三要,有权有实,有照有用,汝等诸人作么生会(后来临济五世孙汾州善昭颂曰,三玄三要事难分,得意忘言道易亲,一句明明赅万象,重阳九日菊花新)?师示众曰,我有时先照后用,有时先用后照,有时照用同时,有时照用不同时。先照后用有人在;先用后照有法在;照用同时,驱耕夫之牛,夺饥人之食,敲骨取髓痛下针锥;照用不同时,有问有答,立宾立主,合水和泥,应机接物。若是过量人,向未举以前,撩起便行,犹较些子。师上堂赤肉团上有一无位真人,常从汝等面门出入,未证者看看!时有僧出问如何是无位真人?师下禅床把住云,道道!其僧拟议,师托开云,无位真人是什么干矢橛!便归方丈。

师见僧来,举起拂子,僧礼拜,师便打。又有僧来,师亦举拂子,僧不顾,师亦打。又有僧来参,师举拂子,僧曰谢和尚指示,师亦打(此赏棒)。僧问如何是佛法大意?师竖起拂子。僧便喝,师便打。又僧问如何是佛法大意?师亦竖起拂子,僧便喝,师亦喝,僧拟议,师便打。乃曰,大众夫为法者,不避丧身失命,我于黄檗先师处三度问佛法的的大意,三度被打,如蒿枝拂相似。如何更思一顿,谁为下手?时有僧出曰,某甲下手。师度与拄杖,僧拟接,师便打(乃光曰,谁为下手,是陷虎之机,这僧一钓便上,被打服罪)。有一老宿参,便问礼拜即是?不礼拜即是?师便喝,宿便拜。师曰好个草贼。宿曰,贼贼,便出去。师曰莫道无事好。时首座侍立,师曰,还有过也无?座曰,有。师曰宾家有过,主家有过?曰二俱有过。师曰过在什么处?座便出去。师曰莫道无事好。大觉到参，师举起拂子，觉敷坐具；师掷下拂子，觉收坐具，参堂去。僧众曰，此僧莫是和尚亲？不礼拜，又不吃棒。师闻，令唤觉，觉至，师曰，大众道汝不礼拜，又不吃棒，莫是长老亲故？觉乃珍重下去。师问院主什么处去来？曰州中粜黄米来。师曰粜得尽么？曰粜得尽。师以拄杖划一划曰，还粜得这个么？主便喝。师便打。典座至，师举前语，座曰院主不会和尚意。师曰你又怎么生？座礼拜，师亦打（乃光曰，后来天童正觉拈出一颂曰，临济全机格调高，棒头有眼辨秋毫，扫除狐兔家风峻，变化鱼龙雷火烧。活人剑，杀人刀，倚天照雪利吹毛，一等令行滋味别，十分痛处是谁遭）。咸通八年丁亥四月十日将示灭，说传法偈曰：沿流不止问如何，真照无边说似他，离相离名人不禀，吹毛用了急需磨。复问众曰，吾灭后，不得灭却吾正法眼藏！三圣出曰，怎敢灭却和尚正法眼藏，师曰以后有人问你，向他道什么？圣便喝。师曰，谁知吾正法眼藏向这瞎驴边灭却。言讫，端坐而逝。

陈尊宿（初居睦州龙兴寺）谓众曰，汝等诸人未得个人头，须得个人头，若得个人头以后，不得辜负老僧。时有僧出礼拜曰，某甲终不敢辜负和尚。师曰，早是辜负我了也。师又曰，老僧在此住持，不曾见个无事人到来，汝等何不近前？时有一僧方近前，师云维那不在，汝自领去三门外与二十棒。僧云，某甲过在什么处？师云枷上著杻。

杭州千顷山楚南禅师，初偈芙蓉，蓉曰，吾非汝师，汝师江外黄檗是也。师礼辞而参檗，檗问曰，子未现三界影像时如何？师曰即今岂是有耶！檗曰，有无且置，即今如何？师曰非今古。曰，吾之法眼已在汝躬。上堂曰，诸子，设使解得三世佛教如饼注水及得百千三昧，不如一念修无漏道。免被人天因果系绊。时有僧问无漏道如何修？师曰未有阇黎时体取。曰未有某甲时谁人体？师曰体者亦无。问如何是易？师曰著衣吃饭，不用读经看教，不用行道礼拜，烧身炼顶，岂不易耶。曰此既是易，如何是难？师曰微有念生，便具五阴三界，轮回生死皆从汝一念生，所以佛教诸菩萨云佛所护念。师虽应机无倦，而常俨然处定，或逾月或浃旬。文德六年辞众而化，寿七十六，后大顺二年寇兵发塔，睹师全身不散，爪发俱长，谢罪忏悔而去。

南岳第五世

道山献禅师，上堂谓众曰，弥勒世尊，朝入伽蓝，暮成正觉。乃说偈曰：三界上下法，我说皆是心，离于诸心法，更无有可得。看他怎么道，也大杀惺惺。若比吾徒，犹是钝汉。所以一念见道，三世情尽。如印印泥，更无前后。诸子，生死事大，快须蓦取，莫为等闲。业识茫茫，盖为迷己逐物。世尊临入涅槃，文殊请佛再转法轮，世尊咄文殊，言吾四十九年住世，不曾一字与人，汝请吾再转法轮，是谓吾曾转法轮也。然今时众中建立个宾主问答，事不获已，盖为初心耳。

南岳第六世

汝州宝应和尚，上堂示众云：赤肉团上壁立千仞。时有僧问赤肉团上壁立千仞，岂不是和尚道？师曰，是。其僧乃掀禅床。师曰，这瞎驴，便棒。师问僧近离什么处？曰，长水。师曰东流西流？曰，总不恁么。师曰作么生？僧珍重。师打之趁下法堂。僧到参，师举拂子，僧曰今日败阙。师放下拂子。僧曰犹有这个在，师乃棒之。师问僧近离什么处？曰近离襄州。师曰来作什么？曰特来礼拜和尚。师曰恰遇宝应老不在。僧便喝。师曰向汝道不在，又喝作什么？僧又喝。师乃棒之。其僧礼拜。师曰，这棒本分汝打我，我且打汝三五棒，要此话大行。又上堂曰，诸方只具啐啄同时眼，不具啐啄同时用。时有僧便问如何是啐啄同时用？师曰，作家相见不啐啄，啐啄同时失。僧曰此犹未是某甲问处。师曰汝问又作么生？僧曰失。师乃打之。其僧不肯。后于云门会下闻别僧举此语，方悟旨。却回参省，师已圆寂。遂礼风穴和尚。风穴问曰，汝当时问先师啐啄话，后来还有省处也无？僧曰已见个道理也。曰作么生？僧曰某甲当时在灯影里行，照顾不著。风穴云，汝会也。

南岳第七世

汝州风穴延沼禅师。探南院宗旨，初见，不礼拜便问曰，入门须辨主，端的请师分。南院以左手拊夕。师喝。南院以右手拊夕。师又喝。南院举左手曰，这个即从阇黎，又举右手曰，这个又作么生？师曰瞎。南院拟拈拄杖次，师曰作什么？夺拄杖打著老和尚，莫言不道。南院曰，三十年往持今日被黄面浙子上门罗织。师曰和尚大似持钵不得诈道不饥。南院曰阇黎几时曾到南院来？师曰是何言欤？曰老僧端的问汝。师曰也不得放过。南院曰且坐吃茶。师方叙师资之礼。自后应沩仰之悬记，出世聚徒，南院法道，由是大振诸方。师上堂谓众曰，夫参学眼目临机直须大用现前，勿自拘于小节。设使言前荐得，犹是滞壳迷封，纵然句下精通，未免触途狂见。观汝诸人，从前依他作解，明昧两歧，而今与尔一时扫却，直教个个如狮子儿，吒呀地哮吼一声，壁立千仞。谁敢正眼觑著，觑著即瞎却渠眼。师又赴郢州衙内升坐示众云，祖师心印，状似铁牛之机，去即印住，住即印破，只如不去不住，印即是，不印即是？还有人道得么？时有卢陂长老出问，学人有铁牛之机，请师不搭印。师云，惯钓鲸鲵澄巨浸，却嗟蛙步骤泥沙。陂伫思。师喝云，长老何不进话？陂拟议，师打一拂子，云，还记得话头么？试举看！陂拟开口，师又打一拂子。牧主云，信知佛法与王法一般。师云见什么道理？牧主云，当断不断，反受其乱。师便下座。上堂，僧问师唱谁家曲，宗风嗣阿谁？师曰趋然迥出威音外，翘足徒劳赞底沙。

南岳第八世

汝州首山省念禅师。得法于风穴。问如何得离众缘去？师曰千年一遇。僧曰不离时如何？师曰立在众人前。问如何是大安乐底人？师曰不见有一法。僧曰将何为人？师曰谢阇黎领话。问如何是常在底人？师曰乱走作么？问学人久处沉迷，请师一接。师曰老僧无恁么闲功夫。僧曰和尚为什么如此？师曰要行即行，要坐即坐。问远闻和尚寸丝不挂，及至到来，为什么有山可守？师曰道什么？僧喝。师亦喝。僧礼拜。师曰放汝二十棒。淳化三年十二月四日午时，上堂说偈示众曰，今年六十七，老病随缘且遣日，今年记取来年事，来年记著今朝日。至四年，月日与时无爽前记，上堂辞众。乃说偈曰，白银世界金色身，情与非情共一真，明暗尽时俱不照，日轮午后是全身。言讫安坐，日将昳而逝，寿六十有八。茶毗收舍利。

曹溪别出第二世

黄州大石山福拂禅师，游方遇荷泽。师示无念灵知不从缘有，即焕然见谛。

曹溪别出第五世

终南山圭峰宗密禅师，曰，若顿悟自心本来清净，元无烦恼，无漏智性本自具足。此心即佛，毕竟无异。依此而修者，是最上乘禅。亦名如来清净禅，亦名一行三昧，亦名真如三昧，此是一切三昧根本。若能念念修习，自然渐得百千三昧。达摩门下辗转相传者，是此禅也。

青原山行思禅师

吉州青原山行思禅师，参礼六祖问曰，当何所务，即不落阶级？祖曰，汝曾作什么来？师曰圣谛亦不为。祖曰落何阶级？曰圣谛尚不为，何阶级之有？祖深契之。会下学徒虽众，师居首焉。亦犹二祖不言，少林谓之得髓矣。一日，祖谓师曰，从上衣法双行，师资递授，衣以表信，法乃印心，吾今得人，何患不信。吾受衣以来，遭此多难，况乎后代，争竞必多，衣即留镇山门，汝当分化一方，无令断绝。师既得法，住吉州青原山静居寺，大阐禅宗。后付法于石头。

青原第一世

石头希迁大师，端州高要陈氏子，幼而岐嶷，既冠，然诺自许。乡民畏鬼神，多建祠杀牛以祀，师数毁祠夺牛以归，莫能禁者。后造曹溪得度，具戒于罗浮。六祖将示灭，问曰，和尚百年后，希迁当依附何人？祖曰寻思去。及祖顺世，迁每于静处端坐，寂若忘生。第一座问曰，汝师已逝，空坐奚为？迁曰，我禀遗诫，故寻思耳。第一座曰，汝有师兄行思和尚，今住吉州，汝因缘在彼，师言甚直，汝自迷耳。迁闻语，便礼辞祖龛，直诣静居，思师问曰，子何方来？迁曰曹溪。思曰将得什么来？曰未到曹溪亦不失。思曰，恁么用去曹溪作什么？曰若不到曹溪争知不失。迁又问曰，曹溪大师还识和尚否？师曰汝今识吾否？迁曰识又怎能识得！师曰，众角虽多，一麟足矣。迁又问和尚自离曹溪什么时至此间？思曰我却（灯录此处有不字）知汝早晚离曹溪。曰希迁不从曹溪来，师曰我亦知汝来（别本作去）处也。曰和尚幸是大人，莫造次。他日，思师复问迁，汝什么处来？迁曰曹溪。思乃举拂子曰，曹溪还有这个么？曰非但曹溪，西天亦无。思曰子莫曾到西天否？曰若到即有也。思曰，未在，更道。迁曰，和尚也须道取一半，莫全靠学人。思曰，不辞向汝道，恐以后无人承当。一日，思师问迁曰，有人道岭南有消息。迁曰有人不道岭南有消息，思曰若凭么大藏小藏从何而来？迁曰，尽从这里去，终不少他事。思然之。思师令迁持书与南岳让和尚，曰，汝达书了速回，吾有个钝斧子与汝住山，迁至彼，未呈书，便问，不慕诸圣，不重己灵时如何？岳曰，子问太高生。何不向下问？迁曰，宁可永劫受沉轮，不从诸圣求解脱。岳便休，迁便回。思师问迁，子返何速？书信达否？迁曰书亦不通，信亦不达。去日蒙和尚许个钝斧子，只今便请。思垂下一足，迁便礼拜。寻辞往南岳。天宝初，至衡山南寺，寺之东有石，状如台，乃结庵其上，众仰之，号曰石头和尚。师一日上堂曰，吾之法门，先佛传受，不论禅定精进，唯达佛之知见，即心即佛，心佛众生，菩提烦恼，名异体一，汝等当知自己心灵，体离断常，性非垢净，湛然圆满，凡圣齐同，应用无方，离心意识。三界六道，唯自心现。水月镜像，岂有生灭，汝能知之，无所不备。时门人道悟问曹溪意旨谁人得？师曰会佛法人得。曰师还得否？师曰我不会佛法。僧问如何是解脱？师曰谁缚汝？又问如何是净土？师曰谁垢汝！问如何是涅槃？师曰谁将生死与汝！师问新到僧从什么处来？僧曰江西来。师曰见马大师否？僧曰见。师乃指一橛柴曰，马师何似这个？僧无对。却回举似马大师，马曰汝见橛柴大小？僧曰勿量大。马曰汝甚有力。僧曰何也？马曰汝从南岳负一橛柴来岂不是有力！问如何是西来意？师曰问取露柱。曰学人不会。师曰我更不会。大颠问师，古人云道有道无是二谤，请师除。师曰一物亦无，除个什么？师却问并却咽喉唇吻道将来，颠曰无这个。师曰若恁么即汝得入门。道悟问如何是佛法大意？师曰不得不知。悟曰向上更有转处也无？

师曰长空不碍白云飞。向如何是禅？师曰碌砖。又问如何是道？师曰木头。其余机语甚多，南岳鬼神多显迹听法。师皆与受戒。师长马大师约九岁，马祖先师两年化去。雪窦赞二师曰，十影神驹立海涯（马祖），五色祥麟步天岸（石头）。洵乎令人神往也。师于贞元六年十二月廿五日顺世，寿九十一，腊六十三。

青原第二世

邓州丹霞天然禅师。初见马大师，以手托幞头额，马顾视良久曰，南岳石头是汝师也。遽抵南岳，还以前意投之，石头曰，著槽厂去。师礼谢。入行者房，随次执爨役凡三年。忽一日，石头告众曰，来日铲佛殿前草，至来日，大众诸童行各备锹镢铲草，独师以盆盛水净头于和尚前胡跪，石头见而笑之，便与剃发，又为说戒法。师乃掩耳而出。便往江西，再谒马师，未参礼，便入僧堂内骑圣僧颈而坐。时大众惊愕，还报马师，马躬入堂视之，曰，我子天然，师即下地礼拜曰，谢师赐法号，因名天然。马师问从什么处来？师云石头。马云石头路滑，还跶倒汝么？师曰若跶倒，即不来。乃杖锡观方。上堂云，阿你浑家，切须保护，一灵之物不是你造作名邈得，更说什么荐与不荐！吾往日见石头和尚，亦只教切须自保护，此事不是你谭话得。何你浑家，各有一坐具地，更疑什么禅，可是你解底物，岂有佛可成，佛之一字永不喜闻。阿你自看善巧方便，慈悲喜舍不从外得，不著方寸。善巧是文殊，方便是普贤，你更拟趁逐什么物。不用经求落空去。今时学者纷纷扰扰，皆是参禅问道，吾此间无道可修，无法可证，一饮一啄，各自有分，不用疑虑。在在处处有恁么底。若识得释迦即者凡夫是。阿你须自看取，莫一盲引众盲，相将入火坑，夜里阇双陆，赛彩若为生，无事珍重。师于长庆四年六月廿三日告门人曰，备汤沐，吾欲行矣。乃戴笠，策杖，授履，垂一足，未及地而化。寿八十六，敕谥智通禅师。

　　潭州招提慧朗禅师初谒大寂，大寂问曰，汝来何求？师曰求佛知见。曰佛无知见，知见乃魔界。汝从南岳来，似未见石头曹溪心要耳。汝应却归。师承命回岳，造于石头，问如何是佛？石头曰汝无佛性。曰蠢动含灵又作么生？石头曰蠢动含灵却有佛性。曰慧朗为什么却无？石头曰为汝不肯承当。师于言下信入。后住梁端招提寺，不出户三十余年。

　　澧州药山惟俨禅师，谒石头，密领玄旨。一日师坐次，石头睹之，问曰，汝在这里作么？曰一切不为。石头曰恁么即闲坐也。曰若闲坐即为也。石头曰，汝道不为，且不为个什么？曰千圣亦不识。石头以偈赞曰，从来共住不知名，任运相将只么行，自古上贤犹不识，造次凡流岂敢明。石头有时垂语曰，言语动用勿交涉，师曰不言语动用亦勿交涉。石头曰这里针劄不入，师曰这里如石上栽花。石头然之。僧问如何得不被诸境惑？师曰，听他何碍汝。曰不会。师曰何境惑汝。有僧问兀兀的思量什么？师曰思量个不思量的。曰不思量底如何思量？师曰非思量。僧问己事未明，乞和尚指示。师良久曰，吾今为汝道一句亦不难，只宜汝于言下便见去，犹较些子。若更入思量，却成吾罪过。不如且各合口，免相累及。师看经，有僧问和尚寻常不许人看经，为什么却自看？师曰我只图遮眼。曰某甲学和尚还得也无？师曰若是汝牛皮也，须看透。朗州刺史李翱向师玄化，屡请不起，乃躬入山谒之，师执经卷不顾，侍者白曰，太守在此。翱性褊急，乃言曰，见面不如闻名。师呼太守，翱应诺，师曰何得贵耳贱目？翱拱手谢之，问曰如何是道？师以手指上下，曰会么？翱曰不会。师曰云在天水在瓶。翱乃欣惬作礼而述一偈曰，练得身形似鹤形，千株松下两函经，我来问道无余说，云在青天水在瓶。翱又问如何是戒定慧？师曰贫道这里无此闲家具。翱莫测玄旨。师曰，太守欲得保任此事，直须向高高山顶坐，深深海底行。闺阁中物舍不得，便为渗漏。师一夜登山经行，忽云开见月，大笑一声，应澧阳东九十许里。居民尽谓东家，明晨迭相推问，直至药山，徒众云，昨夜和尚山顶大笑。李翱再赠诗曰，选得幽居惬野情，终年无送亦无迎，有时直上孤峰顶，月下披云笑一声。师太和八年二月临顺世，叫云法堂倒，法堂倒。众皆持柱撑之，师举手云，子不会我意，乃告寂，寿八十四，腊六十。

　　潮州大颠和尚，初参石头，头问师曰，那个是汝心？师曰言语者是。便被石头喝出。经旬日，师却问曰，前者既不是，除此外何者是心？石头曰，除却扬眉动目将心来，师曰无心可将来。石头曰，原来有心，何言无心？无心尽同谤。师言下大悟。异日侍立次，石头问曰，汝是参禅僧？是州县白踏僧？师曰是参禅僧。石头曰何者是禅？师曰扬眉动目。石头曰，除却扬眉动目外，将你本来面目呈看。师曰请和尚除扬眉动目外鉴某甲，石头曰，我除竟。师曰，将呈和尚了也。石头曰，汝既将呈，我心如何？师曰不异和尚。石头曰不关汝事。师曰本无物。石头曰，汝亦无物。师曰既无物，即真物。石头曰真物不可得。汝心见量意旨如此，也大须护特。师后辞往潮州灵山隐居，学者四集。师上堂示众曰，夫学道人须识自家本心，将心相示，方可见道。多见时辈只认扬眉动目一话一默蓦头印可以为心要，此实未了。吾今为汝诸人分明说出，各须听受，但除却一切妄运想念见量，即汝真心。此心与尘境及守认静默时全无交涉，即心是佛，不待修治，何以故？应机随照，泠泠自用，穷其用处了不可得，唤作妙用，乃是本心，大须护持，不可容易。

青原第三世

　　澧州龙潭崇信禅师，参天皇道悟，服勤左右，一日问曰，某自到来，不蒙指示心要。悟曰自汝到来，吾未尝不指示汝心要。师曰何处指示？悟曰，汝擎茶来，吾为汝接；汝行食来，吾为汝受；汝和南时，吾便低首；何处不指示心要。师低头良久。悟曰，见则直下便见，拟思即差。师当下开解。乃复问如何保任？悟曰，任性逍遥，随缘放旷，但尽凡心，无别胜解。

潭州石室善道和尚，嗣攸县长髭旷禅师，仰山问佛之与道，相去几何？师曰道如展手，佛似握拳。曰毕竟如何的当可信可依？师以手拨空三两下，曰，无恁么事，无恁么事。曰还假看教否？师曰三乘十二分教是分外之事，若与他作对，即是心境两法能所双行，便有种种见解，亦是狂慧，未足为道。若不与他作对，一事也无。所以祖师云本来无一物。汝不见小儿出胎时可道我解看教不解看教！当恁么时，亦不知有佛性义无佛性义；及至长大，便学种种，知解出来，便道我能我解，不知是客尘烦恼。十六行中，婴儿行为最，哆哆和和时喻学道之人离分别取舍心，故赞叹婴儿，可况喻取之，若谓婴儿是道，今时错会。

青原第四世

朗州德山宣鉴禅师。上堂谓众曰，于己无事，则勿妄求，妄求而得亦非得。汝但无事于心，无心于事，则虚而灵，寂而妙。若毛端许言之本末者，皆为自欺。毫厘系念，三涂业因，瞥尔生情，万劫羁锁，圣名凡号，尽是虚声。殊相劣形，皆为幻色。汝欲求之，得无累乎，及其厌之，又成大患，终为无益。师上堂曰，今夜不答问话，问话者三十挂杖，时有僧出方礼拜，师乃打之，僧曰，某甲话也未问，和尚因什么打某甲？师曰，汝是什么处人？曰新罗。师曰，汝上船时便好与三十挂杖。师因疾，有僧问还有不病者无？师曰有。曰如何是不病者，师曰阿爷阿爷。师复告诸徒曰，扪空追响，劳汝心神，梦觉觉非，竟有何事。言讫，安坐而化。即咸通六年乙酉十二月三日也。寿八十六，腊六十五，敕谥见性大师。

舒州投子山大同禅师，谓众曰，汝诸人来这里拟觅新鲜语句，攒华四亦口里贵有可道。我老人气力稍劣，唇舌迟钝。汝若问我，我便随汝答对，也无玄妙可及于汝，亦不教汝垛根。终不说向上向下有化有法有凡有圣，亦不存坐缚。汝诸人变现千般，总是汝生解自担带将来，自作自受。这里无可与汝。不敢诳吓汝，无表无里可得说似汝，诸人还知么？时有僧问表里不收时如何？师曰，汝拟向这里垛根。接人机语甚多。于乾化四年甲戌四月六日示有微疾，大众请医，师谓众曰，四大动作，聚散常理，汝等勿虑，吾自保矣，言讫，跏趺坐亡，寿九十六，诏谥慈济大师。

潭州石霜山庆诸禅师。初参沩山，后参道吾，问如何是触目菩提？道吾唤沙弥，沙弥应诺，吾曰添净瓶水著，吾却问师，汝适来问什么？师乃举前问？道吾便起去，师从此省觉。道吾曰，我疾作，将欲去世，心中有物，久而为患，谁可除之？师曰心物俱非，除之益患，道吾曰贤哉贤哉。后领五百众，于光启四年戊申二月二十日示疾告寂，寿八十二。

筠州洞山良价禅师。首谒南泉，值马祖讳晨修斋次，南泉垂问众僧曰，来日设马师斋，未审马师还来否？众皆无对。师乃出对曰，待有伴即来。南泉闻已赞曰，此子虽后生，甚堪雕琢。师曰和尚莫压良为贱。次参沩山，问曰，倾闻忠国师有无情说法，良价未究其微。沩山曰，我这里亦有，只是难得其人。曰便请师道。沩山曰，父母所生口，终不敢道。曰还有与师同时慕道者否？沩山曰，此去石室相连有云岩道人，若能拨草瞻风，必为子之所重。既到云岩，问无情说法什么人得闻？云岩曰，无情说法无情得闻。师曰和尚闻否？云岩曰，我若闻，汝即不得闻吾说法也。曰若怎么即良价不闻和尚说法也？云岩曰我说汝尚不闻，何况无

　　　　　　　　　　　　　　　禅密薪传

情说法也。师乃述偈呈云岩曰，也大奇，也大奇，无情说法不思议，若将耳听终难会，眼处闻声方可知。遂辞云岩，云岩曰什么处去？师曰，虽离和尚，未卜所止。曰莫湖南去？师曰无。曰莫归了去？师曰无。曰早晚却来？师曰待和尚有住处即来。曰自此一去难得相见？师曰难得不相见。又问云岩，和尚百年后忽有人问还貌得师真不，如何祗对？云岩曰，但向伊道只这个是。师良久，云岩曰，承当这个事，大须审细，师犹涉疑。后因过水睹影，大悟前旨。因有一偈曰，切忌从他觅，迢迢与我疏。我今独自往，处处得逢渠。渠今正是我，我今不是渠。应须恁么会，方得契如如。师将圆寂谓众曰，吾有闲名在世，谁为吾除？众皆无对。时沙弥出曰，请和尚法号？师曰吾名已谢。僧问和尚病还有不病者也无？师曰有。僧曰不病者还看和尚否？师曰老僧看他有分。曰和尚争得看他？师曰老僧看时即不见有病。师又曰，离此壳漏子，向什么处与吾相见？众无对。唐咸通十年三月命剃发披衣，令击钟，俨然坐化。时大众号恸，移晷，师忽开目而起曰，夫出家之人，心不附物，是真修行，劳生息死，于悲何有。乃召生事僧令办愚痴斋一中，盖责其恋情也。众犹恋慕不已，延至七日。餐具方备，师亦随斋毕。曰，僧家勿事，大率临行之际，勿须喧动如斯。至八日浴讫，端坐长往，寿六十有三，谥悟本大师。

澧州夹山善会禅师，一夕道吾策杖而至，遇师上堂，僧问如何是法身？师曰法身无相。曰如何是法眼？师曰法眼无瑕。师又曰，目前无法，意在目前。不是目前法，非耳目所到。道吾乃笑。师乃生疑，问吾何笑？吾曰和尚一等出世未有师，可往浙中华亭县参船子和尚去。师曰访得获否？道吾曰，彼师上无片瓦遮头，下无卓锥之地，师遂易服直诣华亭，会船子鼓櫂而至，师资道契，微眹不留。师比遁世忘机，寻以学者交凑，庐室星布，晓夕参依，唐咸通十一年庚寅，海众卜于夹山，遽成院宇。师上堂示众曰，夫有祖以来，时人错会相承，至今以佛祖句为人师范。如此却成狂人，无智人去。他只指示汝无法本是道，道无一法，无佛可成，无道可得，无法可舍，故云目前无法，意在目前。他不是目前法。若向佛祖边学，此人未有眼目。皆属所依之法，不得自在。本只为生死茫茫识性无自由分，千里万里求善知识。须有正眼永脱虚缪之见，定取目前生死为复实有，为复实无。若有人定得，许汝出头。上根之人言下明道。中下根器波波浪走，何不向生死中定当取何处。更疑佛疑祖替汝生死，有智人笑汝。偈曰，劳持生死法，唯向佛边求，目前迷正理，拨火觅浮沤。僧问从上立祖意教意，和尚此间为什么言无？师曰三年不食饭，目前无饥人。曰既无饥人，某甲为什么不悟？师曰只为悟，迷却阇黎。师说颂曰，明明无悟法，悟法却迷人，长舒两脚睡，无伪亦无真。僧问如何是道？师曰太阳溢目，万里不挂片云。曰如何得会？师曰清清之水，游鱼自迷。问如何是本？师曰饮水不迷源。师有小师随侍日久，师住后遣令行脚，游历禅肆，无所用心；闻师聚众，道播他室，回归省觐而问曰，和尚有如是奇特事，何不早向某甲说？师曰，汝蒸饭吾著火，汝行益吾展钵，什么处是辜负汝处！小师从此悟入。唐中和元年辛丑十一月七日，名主事曰，吾与众僧语道累岁，佛法深旨，各应自知，吾今幻质时尽即去，汝等善保护，如吾在日，勿得雷同世人，辄生惆怅。言讫，至子夜，奄然而逝。寿七十七，谥传明大师。

青原第五世

洪州云居道膺禅师。嗣洞山。初参山，山问曰，阇黎名什么？曰道膺。山云向上更道，师云向上道即不名道膺。山曰与吾在云岩时祗对无异也。后师问如何是祖师意？山曰，阇黎他后有一把茅盖头，忽有人问阇黎如何祗对？曰道膺罪过。山有时谓师曰，吾闻思大和尚生倭国作王，虚实？曰若是思大，佛亦不作，况乎国王。洞山然之。一日洞山问什么处去来？师曰蹋山来。洞山曰，阿那个山堪住？曰阿那个山不堪住？洞山曰怎么即国内总被阇黎占却也？曰不然。洞山曰怎么即子得个入路。曰无路。洞山曰，若无路争得与老僧相见？曰若有路即与和尚隔生去也。洞山曰，此子已后千人万人把不住。师随洞山渡水，山问水深浅？曰不湿。洞山曰粗人。曰请师道。山曰不干。山谓师曰，昔南泉问讲弥勒下生经僧曰，弥勒什么时下生？曰见在天宫，当来下生。南泉曰天上无弥勒，地下无弥勒。师随举而问曰，只如天上无弥勒地下无弥勒，未审谁与安字？洞山直得禅床震动，乃曰膺阇黎。师合酱次，洞山问作什么？师曰合酱。山曰用多少盐？曰旋入。山曰作何滋味？师曰得。洞山问大阐提人杀父害母，出佛身血，破和合僧，如是种种，孝养何在？师曰始得孝养。自尔洞山许之，为室中领袖。一日上堂，因举古人云地狱未是苦，向此袈裟下不明大事失却最苦。师乃谓众曰，汝等既在这个行流，十分去九不较多，也更著些力，便是上座不屈平生行脚，不辜负丛林。古人道欲得保任此事。须向高高山顶立，深深水底行，方有些子气力。汝若大事未办，且须履践玄途。问如何是沙门所重？师曰心识不到处。问佛与祖有何阶级？师曰俱是阶级。问如何是西来意？师曰古路不逢人。可观上座问的罢标指请师速接，师曰即今作么生？观曰道即不无，莫领话好。师曰何必阇黎。问如何是口诀？师曰近前来向汝道。僧近前曰请师道，师曰也知也知。问马祖出八十四人善知识，未审和尚出多少人？师展手示之。问如何是向上人行履如？师曰天下太平。问游子归家时如何？师曰且喜归来。曰将何奉献？师曰朝打三千，暮打八百。师谓众曰，学佛法的人如斩钉截铁始得。时一僧出曰，便请和尚钉铁。师曰口里底是什么？僧问香积之饭什么人得吃？师曰须知得吃的人入口也须抉出。有一僧在房内念经，师隔窗问阇黎念者是什么经？对曰维摩经。师曰不问维摩经，念者是什么经？其僧从此得入。荆南节度使成汭遣大将入山送供问曰，世尊有密语迦叶不覆藏，如何是世尊密语？师召曰尚书，其人应诺。师曰会么？曰不会。师曰汝若不会，世尊有密语，汝若会，迦叶不覆藏。僧问才生为什么不知有？师曰不同生。曰未生时如何？师曰不曾灭。曰未生时在什么处？师曰有处不收。曰什么人受灭？师曰是灭不得者。师谓众曰，汝等师僧家发言吐气须有来由，凡问事须识好恶尊卑良贱，信口无益，傍家到处觅相似语。所以寻常向兄弟道，莫怪不相似，恐同学太多去。第一莫将来，将来不相似，八十老人出场屋，不是小儿戏。一言参差，千里万里，难为收摄。直至敲骨打髓，须有来由。言语如钳夹钩锁相续不断始得。头头上具，物物上新，可不是精得妙底事。道汝知有底人终不取次，十度拟发言，九度却休去。为什么如此，恐怕无利益。体得底人心如腊月扇，口边直得醭出，不是汝强为，任运如此。欲得恁么事，须是恁么人。既是恁么人，何愁恁么事。学佛边事，是错用心。假饶解千经万论，讲得天华落石点头，亦不干自己事，况乎其余，有何用处。若将有限心识作无限中用，如将方木逗圆孔，多少差讹。设使攒花簇锦，事事及得，及尽一切事，亦只唤作了事人无过人，终不唤作尊贵。将知尊贵边著和什么物，不见从门入者非宝棒上不成龙。知么。师如是三十年开发玄键，徒众常及千五百之数。唐天复元年秋示微疾，十二月二十八日为大众开最后方便，叙出世始卒之意，众皆怆然。越明年正月三日，跏趺长往。寿数不详。

抚州曹山本寂禅师。嗣洞山。山问阇黎名什么？对曰本寂。曰向上更道。师曰不道。曰为什么不道？师曰不名本寂。洞山深器之。师自此入室，密印所解，盘桓数载，乃辞洞山，山曰什么处去？曰不变异处去。山云不变异岂有去耶？师曰去亦不变异。

遂辞去，随缘放旷。初受请，止于抚州曹山。后居荷玉山。学者云集。问不与万法为侣者是什么人？师曰汝道洪州里许多人什么处去也。问眉与目还相识也无？师曰不相识。曰为什么不相识？师曰为同在一处。曰怎么即不分也？师曰眉且不是目。曰如何是目？师曰端的去。曰如何是眉？师曰曹山却疑。曰和尚为什么却疑？师曰若不疑即端的去也。问于相何真？师曰若不疑即端的去也。问于相何真？师曰即相即真。曰当何显示？师提起托子。问幻本何真？师曰幻本元真（法眼别云，幻本不真）。曰当幻何显？师曰即幻即显（法眼别云，幻即无当）。曰怎么即始终不离于幻也？师曰觅幻相不可得。问如何是常在的人？师曰恰遇曹山暂出。曰如何是常不在的人？师曰难得。镜清问清虚之理毕竟无身时如何？师曰理即如此，事作么生？曰如理如事。师曰谩曹山一人即得，争奈诸圣眼何？曰若无诸圣眼，争鉴得个不怎么？师曰官不容针，私通车马。云门问不改易底人来师还接否？师曰曹山无怎么闲功夫。问具何知解善能对众问难？师曰不呈句。曰问难个什么？师曰刀斧斫不入。曰能怎么问难还更有，不肯者也无？师曰有。曰是什么人？师曰曹山。问无言如何显？师曰莫而这里显。曰向什么处显？师曰昨夜三更。床头失却三文钱。问日未出时如何？师曰曹山也曾怎么来。曰日出后如何？师曰犹较曹山半月程。师问僧作什么？曰扫地。师曰佛前扫佛后扫？曰前后一时扫。师曰与曹山过靸鞋来。师问强德上座曰，菩萨在定闻香象渡河出什么经？曰出涅槃经。师曰定前闻定后闻？曰和尚流也。师曰道也大杀道，始道得一半。曰和尚如何？师曰滩下接取。问学人十二时中如何保证？师曰如经蛊毒之乡，水不得沾著一滴。问国内按剑者是谁？师曰曹山（法灯别云，汝不是怎么人）。曰拟定杀何人？师曰但有一切总杀。曰忽遇本父母作么生？师曰拣什么。曰争奈自己何？师曰谁奈何我。曰为什么不杀？师曰勿下手处。问才有是非纷然失心时如何？师曰斩斩。僧举有人问香严如何是道？答曰枯木里龙吟。学云不会。曰髑髅里眼睛。后问石霜如何是枯木里龙吟？石霜云犹带喜在。又问如何是髑髅里眼睛？石霜云犹带识在。师因而颂曰，枯木龙吟真见道，髑髅无识眼初明，喜识尽时消不尽，当人那辨浊中清。其僧复问师如何是枯木里龙吟？师曰血脉不断。曰如何是骷髅里眼睛？师曰干不尽。曰未审还有得闻者无？师曰尽大地未有一个不闻，曰未审龙吟是何章句？师曰也不知是何章句，闻者皆丧。师如是启发上机，曾无轨辙可寻。天复辛酉季夏夜，师问知事僧，今是何日月？对曰六月十五日，师曰曹山一生行脚，到处只管九十日为一夏。至明日辰时告寂。寿六十二。

湖南龙牙山居遁禅师。初参翠微和尚问曰，学人自到和尚法席一个余月，每日和尚上堂，不蒙一法示诲，意在于何？翠微曰嫌什么。又谒德山问曰，远闻德山一句佛法，及乎到来未曾见和尚说一句佛法，德山曰嫌什么？师不肯，乃造洞山，如前问之。洞山曰争怪得老僧。师复举德山头落语（牙问德山学人仗镆铘剑拟取师头时如何？师引颈，龙牙曰头落也。师微笑）。洞山曰德山道什么？云德山无语。洞山曰莫道无语，且将德山落底头呈似老僧。牙省过忏谢（有人举洞山语于德山，德山曰洞山老人不识好恶，这个汉死来多少时？救得有什么用处）。遂止于洞山，随众参请。一日问如何是祖师意？洞山曰待洞水溯流即向汝道。师从此始悟厥旨。复抠衣八稔。受湖南马氏请，住龙牙山妙济禅苑，号证空大师，有徒五百余众，法无虚席。上堂示众曰，夫参学人须透过祖佛始得，新丰和尚云，祖教佛教似生怨家始有学分，若透祖佛不得，即被祖佛谩去。时有僧问祖佛还有谩人之心也无？师曰汝道江湖还有碍人之心也无？又曰江湖虽无碍人之心，为时人过不得江湖成碍人去。不得道江湖不碍人。祖佛虽无谩人之心，为时人透不得祖佛成谩人去。不得道祖佛不谩人。若透得祖佛过，此人过却祖佛，也始是体得祖佛意，方与向上古人同。如未透得，但学佛学祖，则万劫无有得期。又问如何得不被祖佛谩去？师曰则须自悟去。师在翠微时，问如何是祖师意？微曰与我将禅板来。师遂过禅板。微接得便打。师曰打即任和尚打，且无祖师意。又问临济如何是祖师意？济曰与我将蒲团来，师乃过蒲团，济接得便打，师曰打即任和尚打，且无祖师意。后有僧问和尚行脚时问二尊宿祖师意，未审二尊宿道眼明也未？师曰明即明也，要且无祖师意。问如何是道？师曰无异人心是。又曰若人体得道无异人心，始是道人。若是言说，则勿交涉。道者，汝知打底道人否？十二时中，除却著衣吃饭，无丝发异于人心，无诳人心，此个始是道人。若道我得我会，则勿交涉。大不容易。问如何是祖师西来意？师曰待石乌龟解语即向汝道。曰石乌龟语也。师曰向汝道什么。问古人得个什么便体去？师曰如贼入空室。问无边身菩萨为什么不见如来顶相？师曰汝道如来还有顶相否？问大庾岭头提不起时如何？师曰六祖为什么将得去。问维摩掌擎世界，未审维摩向什么处立？师曰，道者，汝道维摩掌擎世界。问知有底人还有生死也无？师曰恰似道者未悟时。问如何是西来意？师曰此一问最苦。问如何得此身安去？师曰不被别身谩始得。唐龙德三年癸未八月示有微疾，九月十三日夜半大星陨于方丈前，诘旦，端坐而逝。寿八十有九。

抚州疏山光仁禅师。身相短陋，精辩冠众，洞山门下时有啮镞之机，激扬玄奥，咸以仁为能诠量者，诸方三昧可以询乎矬师叔。僧问如何是诸佛师？师曰何不问踈山老汉。僧无对。师举香严语问镜清，肯重不得全，恁道者作么生？恁曰全归肯重。师曰不得全肯者作么生？恁曰个中无肯路。师曰怡怅病僧意。问和尚百年后向什么处去？师曰背底芒丛，四脚指天。师迁化时有偈曰，我路碧空外，白云无处闲，世有无根树，黄叶风送还。偈终而逝。

青原第六世

台州瑞岩师彦禅师。初参岩头问曰如何是本常理？岩头曰动也。曰动时如何？岩头曰不是本常理。师沉思良久。岩头曰肯即未脱根尘，不肯即永沉生死。师遂领悟，身心皎然。岩头频召与语，征酬无忒。师复谒夹山会和尚，会问什么处来？曰卧龙来。会曰来时龙还起未？师乃顾视之。会曰炙疮上更著艾燋。曰和尚又苦如此作什么？会便休。师寻抵丹丘，终日如愚，四众钦慕，请住瑞岩，统众严整，异迹颇多。

福州罗山道闲禅师。尝谒石霜，问去住不宁时如何？霜曰直须尽却。师不惬意，乃参岩头，问同前语，岩头曰，从他去住，管他作么。师于是服膺。寻游清凉山，闽帅饮其法味，请居罗山，号法宝大师。初上堂日，方升座敛衣，乃曰珍重。少顷又曰，未识的近前来。时有僧出礼拜，师抗声曰，也大苦。僧起拟伸问，师乃喝出。问如何是奇特一句？师曰道什么。问佛放眉间白毫光照万八千世界，如何是光？师曰高声道。僧曰照何世界？师乃喝出。问急急相投，请师一接，师曰会么？曰不会。师曰箭过也。定慧上座参，师曰什么处来？曰远离西蜀，近发开元。又进前问即今作么生？师曰吃茶去。慧犹未退，师曰秋气稍暖去。慧出法堂外叹曰，今日拟打罗山寨，弓折箭尽也休休。乃下参众。明日师上堂，慧出问豁开户牖，当轩者谁？师乃喝。慧无语。师又曰，毛羽未备，且去。

福州玄沙宗一大师，法名师备。幼好垂钓，泛小艇于南台江，狎诸渔者。唐咸通初，年甫三十，忽慕出尘，乃弃钓舟，投芙蓉山灵训禅师落发。往豫章开元寺道玄律师受具，布衲芒履，食才接气。常终日宴坐，众皆异之。与雪峰义存本法门昆仲，而亲近

　　　　　　　　　　　　　　　　　　　　　　　　禅密薪传

若师资。雪峰以其苦行，呼为头陀。一日雪峰问曰，阿那个是备头陀？对曰终不敢诳于人。异日雪峰召曰，备头陀何不遍参去？师曰达摩不来东土，二祖不经西天。雪峰然之。暨登象骨山，乃与师同力缔构，玄徒臻萃，师入室咨决，罔替晨昏。又阅楞严经，发明心地，由是应机敏捷，与修多罗冥契。诸方玄学有所未决，必从之请益。至若与雪峰和尚征诘，亦当仁不让，雪峰曰，备头陀其再来人也。一日雪峰上堂曰，要会此事，犹如古镜当台，胡来胡现，汉来汉现。师曰忽遇明镜破时如何？雪峰曰胡汉俱隐。师曰老和尚脚跟犹未点地。师上堂时久，大众尽谓不说法，一时各归。师乃呵云，看总是一样底，无一个有智慧，但见我开遮两片皮，尽来簇著觅语言意度。是我真实为他，却总不知。看恁么，大难大难。师有时云，诸禅德：汝诸人尽巡方行脚来，称我参禅学道。为有奇特去处，为当只恁么东问西问。若有，试通来，我为汝证明是非。我尽识得。还有么。若无，当知只是趁讃。是汝既到这里来，我今问汝，汝诸人还有眼么？若有，即今便合识得。还识得么？若不识，便被我唤作生盲生聋的人。还是么？有恁么道么？禅德亦莫自屈，是汝真实何曾是恁么人。十方诸佛把汝向顶上著，不敢错误著一分子。只道此事唯我能知。会么？如今相绍继尽道承他释迦，我道释迦与我同参。汝道参阿谁？会么？大不容易知。莫非大悟始解得知。若是限剂所悟，亦莫能觑。汝还识大悟么？不可是汝向骷髅前认他鉴照。不可是汝说空说无说这边那边有世间法，有一个不是世间法。和尚子，虚空犹从迷妄幻生。如今若是大肯去，何处有这个称说。尚无虚空消息，何如有三界业次父母缘生与汝桩立前后。如今道无，尚是诳语，岂况是有。知么？是汝多时行脚和尚子称道有觉悟的事。我今问汝，只知（一作如）巅山岩崖迥绝人处还有佛法么？还裁辨得么？若辨不得，卒未在。我寻常道亡僧面前正是触目菩提，万里神光顶后相。若人觑得，不妨出得阴界。脱汝骷髅前意想都来，只是汝真实人体，何处更别有一法解盖覆汝。知么？还信得么？解承当么？大须努力。师又云，我今问汝诸人且承得个什么事？在何世界安身立命？还辨得么？若辨不得，恰似捏目生花，见事便差。知么？如今现前见有山河大地色空明阔种种诸物，皆是狂劳花相，唤作颠倒知见。夫出家人识心达本，故号沙门，汝今既已剃发披衣为沙门相，即合有自利利他分。如今看著尽黑漫漫地如墨汁相似，自救尚不得，争解为得他人。仁者，佛法因缘事大，莫作等闲相聚头乱说说杂话趁讙过时。光阴难得，可惜许。大丈夫几何不自省察，看是什么事。只如从上宗风是诸佛顶族。汝既承当不得，所以我方便劝汝，但从迦叶门接续顿超去。此一门超汝凡圣因果，超他毗卢妙庄严世界海，超他释迦方便门。直下永劫不教有一物与汝作眼见。何不急急究取。未必道我且待三生两生久积净业。仁者，汝宗乘是什么事。不可由汝身心用工庄严便得去。不可他心宿命便得去。会么？只如释迦出头来作如许多变弄，说十二分教，如瓶灌水，大作一场佛事，向汝此门中用一点不得。用一毛头伎俩不得。知么？如同梦事，亦如寐语，沙门不应得，出头来盖为识得，知么？识得即是大出脱，大出头，所以道超凡越圣，出生离死，离因离果，超毗卢，越释迦，不被凡圣因果所谩，一切处无人识得，汝知么？莫只长恋生死爱网，被善恶业拘将去，无自由分。饶汝炼得身心同空去，饶汝得到精明湛不摇处，不出他识阴。古人唤作如急流水，流急不觉，妄为澹净。恁么修行，尽不出他轮回际。依前被轮转去。所以道诸行无常。直是三乘功果如是可畏，若无道眼亦不为究竟。何如从今日博地凡夫不用一毫功夫便顿超去。解省心力么？还愿乐么？劝汝我如今立地待汝觑去。不用汝加功炼行。如今不恁么，更待何时！还肯么？还肯么？师有时上堂谓众曰，是汝真实如是。又有时云，达摩如今现在，汝诸人还见么？师云是诸人见有险恶见有大虫刀剑诸事逼汝身命，便生无限怕怖，如似什么？恰如世间画师一般，自画作地狱变相作大虫刀剑了，好好地看了却自生怕怖。汝今诸人亦复如是，百般见有，是汝自幻出自生怕怖，亦不是别人与汝为过。汝今欲觉此幻惑么？但识取汝金刚眼睛。若识得，不曾教汝有纤尘可得露现，何如更有虎狼刀剑解胁吓得汝。直至释迦如是伎俩，亦觅出头处不得。所以我向汝道沙门眼把定世界涵盖乾坤不漏丝发。何处更有一物为汝知见。知么？如是出脱，如是奇特，何不究取。师云汝诸人如似在大海里坐，没头水浸却了，更展手问人乞水吃。还会么？夫学般若菩萨，是大根器有大智慧始得。若有智慧，即今便得出脱。若是根机迟钝，直须勤苦忍耐，日夜忘疲失食，如丧考妣相似。恁么急切尽一生去，更得人荷挟，克骨究实，不妨亦得觑去。且况如今谁是堪任受学底人。仁者，莫只是记言记语恰似念陀罗尼相似，踏步向前来，口里哆哆啝啝地，被人把住诘问著没去处，便嗔道和尚不为我答话。恁么学，事大苦。知么？有一般坐绳床和尚称为善知识，问著便动身动手点眼吐舌瞪视。更有一般便说昭昭灵灵，灵台智性能见能闻，向五蕴身内里作主宰。恁么为善知识，大赚人。知么？我今问汝，汝若认昭昭灵灵是汝真实，为什么瞌睡时又不成昭昭灵灵。若瞌睡时不是，为什么有昭昭时。汝还会么，这个唤作认贼为子。是生死根本，妄想缘气。汝欲识此根由么？我向汝道，汝昭昭灵灵只因前尘色声香等法而有分别，便道此是昭昭灵灵。若无前尘，汝此昭昭灵灵同于龟毛兔角。仁者真实在什么处？汝今欲得出他五蕴身田主宰，但识取汝秘密金刚体。古人向汝道，圆成正遍遍周沙界。我今少分为汝，智者可以譬喻得解。汝见此南阎浮提日么？世间人所作兴营养身活命种种心行作业莫非承他日光成立。只如日体还有多般及心行么？还有不周遍如么？欲识此金刚体亦如是。只如今山河大地十方国土色空明阐及汝身心莫非尽承汝圆成威光所现。直是天人群生类所作业次受生果报有性无情莫非承汝威光。乃至诸佛成道成果接物利生莫非尽承汝威光。只如金刚体还有凡夫诸佛么？有汝心行么？不可道无便当得去也。知么？汝既有如是奇特当阳出身处，何不发明取？便随他向五蕴身田中鬼趣里作活计，直下自谩却去。忽然无常杀境到来，眼目诶张身见命见，怎么时大难支荷，如生脱龟筒相似，大苦。仁者，莫把瞌睡见解便当却去。未解盖覆得毛头许，汝还知么？三界无安，犹如火宅。且汝未是得安乐的人，只大作群队，于他人世这边那边飞走野鹿相似，但知求衣为食，若怎么争行他王道。知么？国王大臣不拘汝，父母放汝出家，十方施主供汝衣食，土地龙神护汝，也须具惭愧知恩始得。莫辜负人好。长连床上排行著地销将去，道是安乐未在。皆是粥饭将养得汝烂冬瓜相似，变将去土里埋将去，业识茫茫，无本可据，沙门因什么到恁么地。只如大地上蠢蠢者，我唤作地狱劫住。如今若不了，明朝后日看变入驴胎马肚里牵犁拽杷衔铁负鞍确捣摩摩水火里烧煮去，大不容易受。大须恐惧好。是汝自累。知么？若是了去，直下永劫不曾教汝有这个消息。若不了此，烦恼恶业因缘未是一劫两劫得休。直与汝金刚齐寿。知么？南际长老到雪峰，峰令访于师，师问曰，古人道此事唯我能知，长老作么生？南际曰须知有不求知者。师曰山头和尚吃许多辛苦作么？雪峰因普请畲田，见一蛇，以杖挑起召众曰，"看看以刀芟为两段。"师以杖抛于背后，更不顾视。众愕然。雪峰曰，俊哉。师一日随侍雪峰游山，雪峰指一片地曰，此处造得一所无缝塔。师曰高多少？雪峰乃顾视上下，师曰人天依报只（一作即）不如和尚，若是灵山受记大远在。雪峰曰，世界阔一尺，古镜阔一尺，世界阔一丈，古镜阔一丈。师指火炉曰，火炉阔多少？雪峰曰如古镜阔。师曰，老和尚脚跟未点地。师初受请住梅溪场普应院，中间

禅密薪传

迁止玄沙山，自是天下丛林海众皆望风而宾之。闽帅王公请演无上乘，待以师礼。学徒余八百，室户不闭。师上堂良久谓众曰，我为汝得彻困。也还会么？僧问寂寂无言时如何？师曰寐语作么？曰本分事请师道。师曰瞌睡作么？曰学人即瞌睡，和尚如何？师曰争得怎么不识痛痒。又曰可惜如许大师僧，千里万里行脚到这里，不消个瞌睡寐语，便屈却去。问如何是学人自己？师曰用自己作么？僧问从上宗门中事，师此间如何言论？师曰少人听。僧曰，请和尚直道。师曰患聋作么？又曰，仁者，如今事不获已，教我抑下如是威光，苦口相劝，百千方便，道如此如彼，共汝相知闻，尽成颠倒知见。将此咽喉唇吻只成得个野狐精业谩汝，我还肯么？只如有过无过，唯我自知，汝争得会。若是怎么人出头来，甘伏呵责。夫为人师匠大不易，须是善知识始得知。我如今怎么方便助汝，犹尚不能觑得。可中纯举宗乘，是汝向什么处安措，还会么？四十九年是方便，只如灵山会上有百万众，唯有迦叶一人亲闻，余尽不闻，汝道迦叶亲闻底事作么生，不可道如来无说说，迦叶不闻闻便当得去。不可是汝修因成果福智庄严的事。知么？且如道吾有正法眼付嘱大迦叶，我道犹如话月，曹溪竖拂子还如指月。所以道大唐国内宗乘中事未曾见一人举唱。设有人举唱，尽大地人失却性命，如无孔铁槌相似，一时亡锋结舌去。汝诸人赖遇我不惜身命，共汝颠倒知见，随汝狂意，方有申问处。我若不共汝怎么知闻去，汝向什么处得见我。会么？大难。努力。珍重。乃有偈曰：万里神光顶后相，没顶之时何处望。事已成，意亦休。此个原来（一作来踪）触处周。智者撩著便提取，莫待须臾失却牛（一作头）。又偈曰：玄沙游经别，时人切须知，三冬阳气盛，六月降霜时。有语非关舌，无言切要词。会我最后句，出世少人知。此外机语尚多。梁开平二年戊辰十一月二十七日示疾而终，寿七十有四。

福州长庆慧棱禅师。历参禅肆，后之雪峰，疑情冰释。因问从上诸圣传受一路，请垂指示。雪峰默然。师设礼而退。雪峰莞尔而笑。异日雪峰谓师曰，我寻常向师僧道，南山有一条鳖鼻蛇，汝诸人好看取。对曰今日堂中大有人丧身失命。雪峰然之。师入方丈参，雪峰曰是什么？师曰今日天晴好普请。自此酬问未尝爽于玄旨。乃述悟解，颂曰：万象之中独露身，唯人自肯乃方亲。昔时谬向途中觅，今日看如火里冰。师在西院问诜上座曰，这里有象骨山汝曾到么？曰不曾到。师曰为甚不到？曰自有本分事。曰作么生是上座本分事？诜乃提起衲衣角。师曰为当只这个，别更有？曰上座见什么？师曰何得龙头蛇尾。师在宣州保福，后辞归雪峰，保福问师曰，山头和尚或问上座信，作么生祗对？师曰不避腥膻，亦有少许。曰信道什么？师曰教我吩咐阿谁。曰从展虽有此语，未必有恁么事？师曰若然者前程全自阇黎。师与保福游山，保福问古人道妙峰山顶莫即这个便是也无？师曰是即是，可惜许。保福迁化，人问师，保福抛却壳漏子向什么处去也？师曰且道保福在那个壳漏子里。有人问僧点什么灯？曰长明灯。曰什么时点？曰去年点。曰长明何在？僧无语。师代云若不如此争知公不受人谩。师两处开法，徒众一千五百，化行闽越二十七载。后唐长兴三年壬辰五月十七日归寂，寿七十有九。

杭州龙册寺颂德大师道怤。 嗣雪峰。峰问什么处人？曰温州人。峰曰恁么即与一宿觉是乡人也？曰只如一宿觉是什么处人？峰曰好吃一顿棒，且放过。一日师问只如古德岂不是以心传心？峰曰兼不立文字语句。曰只如不立文字语句师如何传？峰良久。师礼谢。峰曰更问我一转岂不好？曰就和尚请一转问头。峰曰只恁么为别有商量？曰和尚恁么即得。峰曰于汝作么生？曰辜负杀人。峰有时谓众曰，堂堂密密地。师出问曰，是什么堂堂密密？峰起立曰道什么？师退步而立。峰垂语曰，此事得恁么尊贵，得怎么绵密。曰道忢自到来数年不闻和尚怎么示诲。峰曰我向前虽无，如今已有，莫有所妨么？曰不敢。此是和尚不已而已。峰曰致使我如此。师从此信入，而且随众。闽中谓之小忢布衲。峰举沩山见色便见心语问师还有过也无？曰古人为什么事。峰曰虽然如此要共汝商量。曰怎么即不如道忢锄地去。一日峰问师何处来？曰从外来。峰曰什么处逢见达摩？曰更什么处。峰曰未信汝在。曰和尚莫怎么粘腻好。雪峰肯之。师上堂曰，如今事不得已，向汝道。若自验著实个亲切到汝分上。因何特地生疏。只为抛家日久，流浪年深，一向缘尘，致见如此。所以唤作背觉合尘。亦名舍父逃逝。今劝兄弟，未歇歇去好，未彻彻去好。大丈夫儿得怎么无气概。还惆怅么。终日茫茫地何不且觅取个管带路好。也无人问我管带一路。时有僧问如何是管带一路？师曰嘘嘘，要棒即道。曰怎么即学人罪过也？师曰，几被汝打破。问如何是玄中玄？师曰不是是什么？曰还得当也无？师曰木头也解语。问如何是人无心合道？师曰何不问道无心合人。曰如何是道无心合人？师曰白云乍可来青嶂，明月那教下碧天。有僧引童子到，曰此儿子常爱问僧佛法，请和尚验看。师乃合点茶。童子点茶来，师啜讫，过盏托与童子，童子近前接，师却缩手，曰还道得么？童子曰问将来。僧问和尚此儿子见解如何？师曰也只是一两生持戒僧。晋天福二年丁酉八月示灭。寿七十四。

漳州报恩院怀岳禅师。僧问十二时中如何行履？师曰动即死。曰不动时如何？师曰犹是守古冢鬼。问如何是学人出身处？师曰有什么物缠缚阇黎。曰争奈出身不得何？师曰过在阿谁。问如何是报恩一灵物？师曰吃如许多酒糟作么。曰还露脚手也无？师曰这里是什么处所。

福州鼓山兴圣国师神晏。年十二时，有白气数道腾于所居屋壁，师即挥毫书其壁曰，白道从兹速改张，休来显现作妖祥，定祛邪行归真见，必得超凡入圣乡。题罢，气即随灭。年甫志学，遘疾甚亟，梦神人与药，觉而顿愈。明年又梦梵僧告云，出家时至矣，遂出家，遍叩禅关，及造雪岭，朗然符契。一日参雪峰，峰知其缘熟，忽起搊住曰，是什么？师释然了悟，亦忘其了心。唯举手摇曳而已。雪峰曰，子作道理耶？师曰何道理之有。雪峰审其悬解，抚而印之。后住鼓山三十余年。问如何是学人正立处？师曰不从诸圣行（法灯别云，汝拟乱走）。问千山万山阿那个是正山？师曰用正山作么（法灯别云，千山万山）？问学人便承当时如何？师曰汝作么生承当（法灯别云，莫费力）？问如何是教外别传的事？师曰吃茶去。有偈示众曰：直下犹难会，寻言转更赊，若论佛与祖，特地隔天涯。

杭州龙井通禅师。处栖上座问如何是龙井龙？师曰意气天然别，神工画不成。为什么画不成？师曰出群不戴角，不与类中同。曰还解行雨也无？师曰普润无边际，处处皆结粒。曰还有宗门中事也无？师曰有。曰如何是宗门中事？师曰从来无形段，应物不曾亏。问如何是吹毛剑？师曰拽出死尸著。

越州诸暨县越山师鼐，号鉴真禅师。初参雪峰而染指，后因闽王请于清风楼斋，坐久举目，忽睹日光，豁然顿晓，而有偈曰：清风楼上赴官斋，此日平生眼豁开。方知普通年远事，不从葱岭路将来。归呈雪峰，雪峰然之。临终集众示偈曰：眼光随色尽，耳识逐声消，还源无别旨，今日与明朝。偈毕，跏趺而逝。

韶州云门山文偃禅师。初参睦州陈尊宿发明大旨，后造雪峰而益资玄要。广主亲临问曰，弟子请益。师曰，目前无异路。师谓众曰，莫道今日谩诸人好。抑不得已向诸人前作一场狼藉，忽遇明眼人见，谓之一场笑具，如今亦不能避得也。且问你诸人从上来有什么事？欠少什么？向你道无事，亦是谩你也。须到这田地始得。亦莫趁口乱问，自己心里黑漫漫地，明朝后日大有事在。

你若是根性迟回，且向古人建化门庭东觑西觑看是个什么道理。汝欲得会么？都缘是汝自家无量劫来妄想浓厚，一期闻人说著，便生疑心，问佛问祖，向上向下求觅解会，转没交涉。拟心即差，况复有言。莫是不拟心么？更有什么事。珍重。师上堂云，我事不获已，向你诸人道直下无事，早是相埋没了也。你诸人更拟进步向前寻言逐句求觅解会千差万巧广设问难，只是赢得一场口滑。去道转远，有什么休歇时。此个事，若在言语上，三乘十二分教岂是无言说？因什么更道教外别传？若从学解机智得，只如十地圣人说法如云如雨犹被呵责，见性如隔罗縠。以此故知一切有心，天地悬殊。虽然如此，若是得底人，道火不可烧，终日说事不曾挂着唇齿，未曾道着一字。终日着衣吃饭，未尝触着一粒米挂一缕线。虽然如此，犹是门庭之说也。得实得恁么始得。若约衲僧门下，句里呈机，徒劳仁思。直饶一句下承当得，犹是瞌睡汉。问十二时中如何即得不空过？师曰向什么处着此一问。曰学人不会。请师举。师曰将笔砚来。僧乃取笔砚来。师作一颂曰：举不顾，即差互。拟思量，何劫悟。问如何是学人自己？师曰游山玩水。曰如何是和尚自己？师曰赖遇维那不在。问一口吞尽时如何？师曰我在汝肚里。曰和尚为什么在学人肚里？师曰还我话头来。问如何是道？师曰去。曰学人不会请师道。师曰阇黎，公凭分明何得重判。问生死到来如何排遣？师展手曰，还我生死来。师尝有颂曰：云门耸峻白云低，水急游鱼不敢栖，入户已知来见解，何烦再举轹中泥。师之平实劝人语尚多，婆心苦口，不愧大德。

襄州鹿门山华严院处真禅师。嗣曹山。问如何是和尚家风？师曰有盐无醋。问如何是道人？师曰有口似鼻孔。问如何是禅？师曰鸾凤入鸡笼。曰如何是道？师曰藕丝牵大象。问劫坏时此个还坏也无？师曰临崖觑虎眼，特地一场愁。问如何是和尚转身处？

师曰昨夜三更失却枕子。问一句下豁然时如何？师曰汝是谁家生。师有一偈示众曰：一片凝然光灿烂，拟意追寻卒难见，炳然掷着豁人情，大事分明皆总办，是快活，无系绊，万两黄金终不换。任他千圣出头来，从是向渠影中现。

韶州龙光和尚偈曰：龙光山顶宝月轮，照耀乾坤烁暗云，尊者不移元一质，千江影现万家春。

京兆重云智晖禅师。前后度弟子千五百众，多异迹。临终前一月辞众，至期示偈曰：我有一间舍，父母为修盖，往来八十年，近来觉损坏，早拟移他处，事涉有憎爱，待他摧毁时，彼此无相碍。跏趺而逝，寿八十有四。

杭州瑞龙院幼璋禅师。初礼慧远为师，后受腾腾憨憨二尊宿记。上堂谓众曰，老僧顷年游历江外岭南荆湖，但有知识丛林，无不参问来。盖为今日与诸人聚话，各要知个去处。然诸方终无异说，只教当人歇却狂心，休从他觅。但随方任真，亦无真可任。随时受用，亦无时可用。设垂慈苦口，且不可呼昼作夜。更饶善巧，终不能指东为西。脱或能尔，自是神通作怪，非干我事。若是学语之辈，不自省己知非，直欲向空里采花，波中取月，还着得心力么？汝今各且退思，忽然肯去，始知瑞龙老汉事不获已，迂回太甚。还肯么？问如何是瑞龙境？师曰汝道不见得么？曰如何是境中人？师曰后生可畏，问廓然无云，如何是中秋月？师曰最好是无云。曰怎么即一轮高挂，万国同观去也？师曰捏目之子难与言。后预乞坟塔，克期顺寂。寿八十有七。

筠州黄檗山慧禅师。参疏山仁和尚于法堂。师先顾视大众然后致问曰，刹那便去时如何？疏山曰罥塞虚空汝作么生去？师曰罥塞虚空，不如不去。疏山便休。师下堂参第一座，座曰，适观座主祇对和尚语甚奇特？师曰此乃率尔。实自偶然。敢望慈悲，开示愚迷。座曰，一刹那间还有拟议否？师于言下顿省。礼谢。

退于茶堂，悲喜交盈，如是三日。寻住黄檗开法，终于本山，今塔中全身如生。

京兆永安院善静禅师。典乐普圆务。有僧辞普，普曰，四面是山，阇黎向什么处去？僧无对。普曰，限汝十日内下语得中，即从汝去。其僧冥搜文之无语。因经行偶入园中，师怪问曰，上座岂不是辞去，今何在此？僧具呈所以，坚请代语。师不得已代曰，竹密不妨流水过，山高那阻野云飞。其僧喜踊。师嘱之曰，只对和尚时，不须言是善静语也。僧遂白普，普曰谁下此语？曰某甲。普曰非汝之语。僧具言圆头所教。普至晚上堂谓众曰，莫轻圆头，他日住一城隍，五百人常随也。后果符记。寿八十有九，集众累嘱顺寂。

袁州木平山善道禅师，初偈乐普，问一沤未发已前如何辨其水脉？普曰，移舟谙水势，举棹别波澜。师不惬意，乃参盘龙，语同前问。龙曰移舟不辨水，举棹即迷源。师从此悟入。后住木平，凡有新僧到，未许参礼，先令运土三担而示偈曰：南山路仄东山低，新到莫辞三担泥。嗟汝在途经日久，明明不晓却成迷。师肉髻罗纹，异迹颇多，大法眼禅师赠偈曰：木平山里人，貌古年复少，相看陌路同，论心秋月皎，坏衲线非蚕，助歌声有鸟，城阙今日来，一沤曾已晓。

青原第七世

天台山国清寺师静上座。人问弟子每当夜坐，心念纷飞，未明摄伏之方，愿垂示诲。师答曰，如或夜间安坐心念纷飞，却将纷飞之心以究纷飞之处，究之无处，则纷飞之念何存。返穷究心，则能究之心安在。又能照之智本空，所缘之境亦寂。寂而非寂者，盖无能寂之人也；照而非照者，盖无所照之境也；境智俱寂，心虑安然。外不寻枝，内不住定，二途俱泯，一性怡然，此乃还源之要道也。师因睹教中幻义，乃述一偈问诸学流，偈曰：若道法皆如幻有，造诸过恶应无咎，云何所作业不忘，而籍佛慈兴接诱。时有小静上座答曰：幻人兴幻幻轮围，幻业能招幻所治，不了幻生诸幻苦，觉知如幻幻无为。

泉州招庆院匡禅师。嗣慧棱（即长庆棱）。师上堂，僧众拥法座，师曰，这里无物，诸人苦怎么相促相拶作么？拟心早勿交涉，更上门户千里万里。今既上来，各着精彩，招庆一时抛与诸人好么？师复问还接得也未？众无对。师曰劳而无功，汝诸人得怎么钝。看他古人一两个得怎么快。才看便负将去，亦较些子。若有此个人，非但四事供养，便以琉璃为地，白银为壁，亦未为贵。帝释行前，梵天从后，搅长河为酥酪，变大地为黄金，亦未为足。直得如是，犹更有一级在，还委得么？珍重。

福州报国院照禅师。上堂曰，我若全机，汝向什么处摸索，盖为根器不等，便成不具惭愧，还委得什么。如今与诸仁者作个入底门路，乃敲绳床两下，云，还是么？还闻么？若见便见，若闻便闻，莫向意识里卜度，却成妄想颠倒，无有出期，珍重。因佛塔被雷劈，有人问祖佛塔庙为什么却被雷劈？师曰通天作用。僧曰既是通天作用，为什么却霹佛？师曰作用何处见佛。僧曰，争奈狼藉何？师曰见什么。

福州林阳山瑞峰院志端禅师。谒明真大师。一日有僧问如何是万象之中独露身？明真举一指，其僧不荐，师于是冥契玄旨，乃入室白曰，适来那僧问话，志端今有省处。明真曰汝见什么道理？师亦举一指曰，这个是什么？明真甚然之。后住林阳山弘法。至开宝元年八月内遗偈曰：来年二月二，别汝暂相弃。焰灰散四林，勿占檀那地。偈由侍者传外。至翌年二月二日，师上堂辞众。时有圆应长老出众作礼问曰，云愁雾惨，大众鸣呼，请师一言，未在告别。师垂一足。应曰法镜不临于此土，宝月又照于何方？

师曰非君境界。应曰恁么即沤生沤灭还归水，师去师来是本常。师作嘘声。复有僧问数则语，师皆畴荅，然后下座，归方丈安坐。至亥时，问众曰，世尊灭度是何时节？众曰二月十五日子时。师曰吾今日子时前。言讫长住。

福州仙宗院明禅师。上堂曰，幸有如是门风，何不坦赫地绍续取去。若也绍得，不在三界。若出三界，即坏三界。若在三界，即碍三界。不碍不坏，是出三界？是不出三界？恁么彻去，堪为佛法种子，人天有赖。

温州温岭瑞峰院神禄禅师。得法于瑞岩。久为侍者。后开山创院，学侣依附，有偈曰：萧然独处意沉吟，谁信无弦发妙音。终日法堂唯静坐，更无人问本来心。时有朋彦上座蹑前偈而问曰，如何是本来心？师召曰，朋彦！彦应诺，师曰，与老僧点茶来。彦于是信人。师太平兴国元年示灭，寿百有五岁。

吉州匡山和尚示徒颂曰：匡山路，匡山路，岩崖险峻人难措。游人拟议隔千山，一句分明超佛祖。又有白牛颂曰：我有古坛真白牛，父子藏来经几秋。出门直透孤峰顶，回来暂跨虎溪头。

青原第八世

升州清凉院文益禅师（谥大法眼禅师）。由福州长庆法会，结侣拟之湖外，既行，值天雨忽作，溪流暴涨，暂寓城西地藏院，因参琛和尚。琛问曰，上座何往？师曰，逦迤行脚去。曰行脚事作么生？师曰不知。曰不知最亲切。师豁然开悟。与同行进山主等四人因投诚咨决，悉皆契会。次第受记，各镇一方。初开堂日，中坐茶筵未起，四众先围绕法座，时僧正白师曰，四众已围绕和尚法座了。师曰众人却参真善知识。少顷升座。大众礼请讫，师谓众人既尽在此，山僧不可无言，与大众举一古人方便。珍重。便下座。时有僧出礼拜，师曰好问着。僧方申问次，师曰长老未开堂，不答话。子方上座自长庆来，师举先长庆棱和尚偈而问曰，作么生是万象之中独露身？子方举拂子。师曰怎么会又争得。曰和尚尊意如何？师曰唤什么作万象？曰古人不拨万象？师曰，万象之中独露身，说什么拨不拨！子方豁然悟解，述偈投诚。师上堂，大众立久，乃谓之曰，只恁么便散去，还有佛法也无？试说看。若无，又来这里作么？若有，大市里人聚处亦有，何须到这里。诸人各曾看还源观，百门义海，华严论，涅槃经诸多策子，阿那个教中有这个时节。若有，试举看？莫是恁么经里有恁么语，是此时节么？有什么交涉！所以微言滞于心首，常为缘虑之场，实际居于目前，翻为各相之境。又作么生得翻去。若也翻去，又作么生得正去？还会么？若只恁么念策子，有什么用处。僧向如何披露即得与道相么？师曰汝几时披露即与道不相应。问六处不知音时如何？师曰汝家眷属一群子。师又曰，作么生会？莫道恁么来问便是，不得。汝道六处不知音，眼处不知音，耳处不知音，若也根本是有，争解无得。古人道，离声色着声色，离名字着名字。所以无想天修得经八万大劫，一朝退堕，诸事俨然。盖为不知根本真实。次第修行三生六十劫四生一百劫，如是直到三祇果满，他古人犹道不如一念缘起无生，超彼三乘权学等见。又道弹指，圆成八万门，刹那灭却三祇劫，也须体究。若如此，用多少气力。僧问指即不问，如何是月？师曰阿那个是汝不问的指。又僧问月即不问，如何是指？师曰月。曰学人问指，和尚为什么对月？师曰为汝问指。又上堂示众曰，出家人但随时及节便得，寒即寒，热即热。欲知佛性义，当观时节因缘。古今方便不可。不见石头和尚因看肇论曰会万物为己者其唯圣人乎，他家便道圣人无己，靡所不己。有一片言语唤作参同契，未上云，竺土大仙心无过此语也。中间也只随时说话。上座，今欲会万物为己去，盖为大地无一法可见。他又嘱人云，光阴莫虚度，适来向上座道但随时及节便得，若也移时失候，即是虚度光阴，于非色中作色解。上座，于非色中作色解，即是移时失候。且道色作非色解还当不当。上座，若恁么会，便是没交涉。正是痴狂两头走。有什么用处。上座，但守分随时过好。珍重。问如何是法身？师曰这个是应身。问如何是第一义？师曰我向汝道是第二义。师问修山主毫厘有差天地悬隔，兄作么生会？修曰毫厘有差天地悬隔。师曰恁么会又争得？修曰，和尚如何？师曰毫厘有差天地悬隔。修便礼拜。师于周显德五年戊午七月十七日示疾，闰月五日剃发沐身告众讫，跏趺而逝，颜貌如生。寿七十有五。

抚州龙济山主绍修禅师。初与大法眼禅师同参地藏，所得谓已臻极。暨同辞至建阳，途中谭次，法眼忽问曰，古人道万象之中独露身，是拨万象不拨万象？师曰不拨万象。法眼曰说什么拨不拨？师懵然，却回地藏。地藏问曰，子去未久，何以却来？师曰，有事未决，岂惮跋涉山川。地藏曰汝跋涉许多山川也还不恶。师未喻旨。乃问曰，古人道万象之中独露身，意旨如何？地藏曰汝道古人拨万象不拨万象？师曰不拨。地藏曰，两个也。师骇然沉思而却问曰，未审古人拨万象不拨万象？地藏曰，汝唤什么作万象。师方省悟。再辞地藏，觐于法眼，法眼语意与地藏开示前后如一。师上堂示众曰，具足凡夫法，凡夫不知。具足圣人法，圣人不会。圣人若会，即是凡夫。凡夫若知，即是圣人。此两语一理二义，若人辨得，不妨于佛法中有个入处，若辨不得，莫道不疑。

衡岳南台守安禅师。初住江州悟空院。有僧问人人尽有长安路，如何得到？师曰，即今在什么处。问如何是西来意？师曰是什么意？问如何是本来身？师曰是什么身。问寂寂无依时如何？师曰寂寂底你（无作聱）。师因有颂曰：南台静坐一炉香，亘日凝然万虑忘，不是息心除妄想，都缘无事可思量。

庐山归宗十二世道诠禅师。因僧徒例试经业，而师之徒众并习禅观，乃述一偈闻于州牧曰：比拟忘言合太虚，免教和气有亲疏，谁知道德全无用，今日为僧贵识书。州牧阅之，与僚佐议曰，旃檀林中必无杂树，唯师一院特奏免试经。

青原第九世

天台山德韶国师。生有夙根，历参大同、龙牙、疏山等五十四善知识，皆法缘未契，最后至临川谒净慧禅师，净慧一见深器之。一日净慧上堂，有僧问如何是曹源一滴水？慧曰是曹源一滴水。僧惘然而退。师于座侧豁然开悟，平生凝滞，涣若冰释。遂以所悟闻于净慧，慧曰，汝向后当为国王所师，致祖道光大，吾不如也。师上堂曰，古圣方便犹如河沙，祖师道非风幡动仁者心动斯乃天上心印法门。我辈是祖师门下客，合作么生会祖师意。莫道不拨风幡就风幡通取。莫道风幡动处是什么。有云附物明心不须认物。有云色即是空。有云非风幡动应须妙会。如是解会，与祖师意旨有何交涉。既不许如是会，诸上座便合知悉。若于这里彻底悟去，何法门而不明。百千诸佛方便一时洞了。更有甚么疑情。所以古人道一了千明一迷万惑。上座，岂是今日会得一则明日又不会也。莫是有一分向上事难会。有一分下劣凡夫不会。如此见解，设经尘劫，只自劳神乏思，无有是处。僧问诸法寂灭相不可以言宣，和尚如何为人？师曰汝到诸方更问一遍。曰怎么即绝于言句去也？师曰梦里惺惺。问橹棹俱停如何得到彼岸？师曰庆汝平生。问如何是三种病人？师曰恰问着。问如何是古佛心？师曰此问不弱。问如何是六相？师曰即汝是。问如何是方便？师曰此问甚当。……师有时谓众曰，只如山僧怎么对他，诸上座作么生体会？莫是真实相为么？莫是正恁么时无一法可证么？莫是识伊来处么？莫是全体显露么？莫错会好。如此见解，唤作依草附木，与佛法天地悬隔。假饶答话简辩如悬河，只成得个颠倒知见。若只贵答话简辩，有什么难。但恐无益于人，翻成赚悞。如上座从前所学，简辩问答记持说道理极多，为什么心疑不息，闻古圣方便特地不会。只为多虚少实。上座，不如从脚跟下一时觑破。看是什么道理。有多少法门，与上座作疑求解。始知从前所学底事只是生死根源阴界里活计。所以古人道见闻不脱如水里月。无事。珍重。师有偈示众曰，通玄峰顶，不是人间，心外无法，满目青山。师后于般若寺开堂说法十二会。第一会，师初开堂日示众云，一毛吞海，海性无亏，纤芥投锋，锋利无动。见与不见，会与不会，惟我知焉。乃有颂曰：暂下高峰已显扬，般若圆通遍十方。人天浩浩无差别，法界纵横处处彰。珍重。师升堂日，有僧问，承古有言，若人见般若即被般若缚，若人不见般若，亦被般若缚。既见般若，为什么却被缚？师云你道般若见什么。学云不见般若为什么却被缚？师云你道般若什么处不见。又曰，若见般若不名般若，不见般若亦不名般若。般若且作么生说见不见。所以古人道若欠一法不成法身，若剩一法不成法身。若有一法不成法身，若无一法不成法身。此是般若之真宗。诸上座。又僧问乍离凝峰丈室，来坐般若道场，今日家风，请师一句。师云亏汝什么处。学云怎么即雷音震动乾坤地，人人无不尽沾恩。师云，幸然未会，且莫探头。探头即不中。诸上座相共证明，令法久住，国土安乐。珍重。第六会，师上堂示众曰，佛法现成一切具足。古人道圆同太虚无欠无余。若如是，且谁欠谁剩，谁是谁非，谁是会者，谁是不会者，所以道东去亦是上座，西去亦是上座，南去亦是上座，北去亦是上座。上座因什么得成东西南北。若会得，自然见闻觉知路绝，一切诸法现前。何故如此。为法身无相，触目皆形。般若无知，对缘而照。一时彻底会取好。诸上座，出家儿合作么生。此是本有之理，未为分外，识心达本源，故名为沙门，若识心皎皎地实无丝毫障碍。上座。久立。珍重。第七会，师上堂，有僧问欲入无为海，先乘般若船，如何是般若船？师云常无所住。曰如何是无为海？师云且会船若船。又僧问古德云登天不借梯，遍地无行路，如何是登天不假梯？师云不遗丝发地。学云如何是遍地无行路？师云适来向你道什么。师又云，百千三昧门，百千神通门，百千妙用门，尽不出得般若海中。何以故？为于无住本建立诸法。所以道生灭去来邪正动静千变万化是诸佛大定门，无过于此。诸上座，大家究取，增于佛法寿命。珍重。师开宝五年六月廿八日，集众言别，跏趺而逝，寿八十二。

金陵报恩匡逸禅师。一日上堂，众集，师顾视大众曰，依而行之，即无累矣。还信么？如太阳赫弈皎然地，更莫思量。思量不及。设尔思量得及，唤作分限智慧。不见先德云，人无心合道，道无心合人，人道既合，是名无事人。且自何而凡，自何而圣，此若未会，也只为迷情所覆，便去不得。迷时即有质碍，为对为待，种种不同。忽然惺去，亦无所得。譬如演若达多认影为头，岂不是担头觅头。然正迷之时，头且不失，及乎悟去，亦不为得。何以故？人迷谓之失，人悟谓之得，得失在于人，何关于动静。

金陵报慈道场文遂导师。精究楞严，谒净慧师，自诩所见。净慧问曰，楞严岂不是有八还义？师曰是。曰明还什么？师曰明还日轮。曰日还什么？师懵然无对。自此服膺请益，始忘知解。

杭州永明寺道潜禅师。谒净慧禅师，一见异之。一日慧问曰，子于参请外看什么经？师曰看华严经。慧曰总别同异成坏亦相是何门摄？师对曰，文在十地品中，据理则世出世间一切法皆具六相。曰空还具六相也无？师懵然无对。净慧曰子却问吾，师乃问曰，空还具六相也无？净慧曰空。师于是开悟，踊跃礼谢。净慧曰，子作么生会？师曰空。净慧然之。异日因四众士女入院，净慧问师曰，律中道隔壁闻钗钏声即名破戒，见睹金银合杂朱紫骈阇，是破戒不是破戒？师曰好个入路。净慧曰，子向后有五百毳徒而为王侯所重在。后果然。

杭州灵隐山清耸禅师。参净慧，一日净慧指雨谓师曰，滴滴落上座眼里。师初不喻旨。后因阅华严经感悟，承净慧印可。后居灵隐上寺，署了悟禅师。师上堂示众曰，十方诸佛常在汝前，还见么？若言见，将心见，将眼见？所以道一切法不生，一切法不灭，若能如是解，诸佛常现前。又曰，见色便见心，且唤什么作心？山河大地万象森罗青黄赤向男女等相是心不是心？若是心，为什么却成物象去？若不是心，又道见色便见心，还会么？只为迷此而成颠倒，种种不同。于无同异强生同异。且如今直下承当，顿豁本心，皎然无一物可作见闻。若离心别求解脱者，古人唤作迷波讨源卒难晓悟。问根尘俱泯，为什么事理不明？师曰事理且从，唤什么作俱泯底根尘。问如何是观音第一义？师曰错。问无明实性即佛性，如何是佛性？师曰唤什么作无明。问如何是和尚家风？师曰亘古亘今。问不问不答时如何？师曰，寐语作么。

金陵报恩院玄则禅师。初问青峰如何是佛？青峰曰，丙丁童子来求火。师得此语，藏之于心。及偈净慧，慧诘其悟旨。师对曰，丙丁是火而更求火，亦似玄则将佛问佛。净慧曰，几放过，原来错会。师虽蒙开发，颇怀犹豫，复退思既殆，莫晓玄理。乃投诚请递。净慧曰汝问我与汝道。师乃问如何是佛？净慧曰丙丁童子来求火。师豁然知归。师上堂，顾视大众曰，好个话头，只是无人解问得。所以劳他古人三度唤之。诸人即不劳他唤也，此即且从，古人意作么生？还说得么？千佛出世亦不增一丝毫，六道轮回也不减一丝毫，皎皎地现，无丝头罣碍。古人道，但有纤毫即是尘。且如今物象嶷然地，作么生消遣？汝若于此消遣不得，便是凡夫境界。然也莫嫌朴实说话，也莫嫌说着祖佛。何以故？见说祖佛便拟超越去。若恁么会，大没交涉。也须仔细详究看。

不见他古德究离生死，亦无剃头剪爪工夫。如今看见，大难继续。

洪州武宁严阳新兴齐禅师。僧问如何得出三界去？师曰汝还信么？曰信即深信，乞和尚慈悲。师曰只此信心，亘古亘今。快须究取，何必沉吟。要出三界，三界唯心，师因雪谓众曰，诸上座还见雪么？见即有眼，不见无眼；有眼即常，无眼即断；恁么会得，佛身充满。僧问学人辞去渤潭，乞和尚示个入路。师曰好个入路。道心坚固，随众参请，随众作务，要去即去，要住即住。去之与住，更无他故，若到渤潭，不审马祖。

青原第十世

温州瑞鹿寺本先禅师。得法于天台韶国师。师示徒云，吾初学天台法门，语下便荐。然千日之内，四仪之中，似物碍膺，如雠同所。千日之后，一日之中，物不碍膺，雠不同所，当下安乐，顿觉前咎，乃述颂三首。

一、非风幡动仁者心动颂曰：非风幡动唯心动，自古相传直至今。今后水云徒欲晓，祖师真实好知音。

二、见色便见心颂曰：若是见色便见心，人来问着方难答。更求道理说多般，辜负平生三事衲。

三、明自己颂曰：旷大劫来只如是，如是固天亦同地。同地同天作么形，作么形会无不是。

师自尔足不历城邑，手不度财货，不设卧具，不衣茧丝，卯斋终日，宴坐申旦，诲诱徒众，朝夕恳至，逾三十载，其志弥厉。师示众云，你等诸人还见竹林兰若山水院舍人众么？若道见则心外有法，若道不见，焉奈竹林兰若山水院舍人众现在纵然地？还会恁么告示么？若会，不妨伶俐。无事，莫立。又示众云，佛身充满于法界。普现一切群生前，随缘赴感靡不周，而常处此菩提座。若道佛身充满于法界去，菩萨界、缘觉界、声闻界、天界、修罗界、人界、畜生界、饿鬼地狱界，如是等界应须勿有踪迹去始得。为什么有此二三说，为道法界唯是佛身便恁么道，恁么道既成二三，又作么生说是充满法界底佛身。向这里为你等乱道还得么？于这个说话若也荐得，不妨省心力，若也荐不得，你等且道不历僧祇获法身是个甚人。彼此出浴劳倦，不妨且退。

旁出诸祖

四祖旁出　牛头法融

牛头法融禅师。四祖道信大师遥观金陵，牛头山气象，知有异人。入山见法融，端坐自若，曾无所顾。祖问曰，在此作什么？师曰观心。祖曰，观是何人？心是何物？师无对。便起作礼。师曰，大德高栖何所？祖曰，贫道不决所止，或东或西。师曰，还识道信禅师否？曰何以问他？师曰向德滋久，冀一礼谒。曰道信禅师贫道是也。师曰因何降此？祖曰特来相访。莫更有宴息之处否？师指后面云，别有小庵。遂引祖至庵所，绕庵唯见，虎狼之类，祖乃举两手作怖势。师曰犹有这个在。祖曰适来见什么？师无对。少选，祖却于师宴坐石上书一佛字，师睹之悚然。祖曰犹有这个在。师未晓。乃稽首请说真要。祖曰，夫百千法门，同归方寸，河沙妙德，总在心源。一切戒门定门慧门神通变化悉自具足，不离汝心。一切烦恼业障本来空寂。一切因果皆如梦幻。无三界可出，无菩提可求。人与非人，性相平等。大道虚旷，绝思绝虑。如是之法，汝今已得，更无阙少与佛何殊，更无别法。汝但任心自在，莫作观行，亦莫澄心，莫起贪瞋，莫怀愁虑，荡荡无碍，任意纵横。不作诸善，不作诸恶，行住坐卧，触目遇缘，总是佛之妙用，快乐无忧，故名为佛。师曰，心既具足，何者是佛？何者是心？祖曰非心不问佛，问佛非不心。师曰既不许作观行于境起时，如何对治？祖曰，境缘无好丑，好丑起于心，心若不强名，妄情从何起。妄情既不起，真心任遍知。汝但随心自在，无复对治，即名常住法身，无有变异。吾受璨大师顿教法门，今付于汝，汝今谛受吾言只住此山，向后尚有五人达者，绍汝玄化。

融禅师二世

智岩禅师。融师谓师曰，吾受信大师真诀，所得都亡。设有一法胜过涅槃，吾说亦如梦幻。夫一尘飞而翳天，一芥堕而覆地，汝今已过此见，吾复何云。

融禅师五世

智威禅师。师示慧忠偈曰：莫系念念，成生死河。轮回六趣海，无见出长波。忠答偈曰，念想由来幻，性自无终始。若得此中意，长波当自止。师又示偈曰：余本性虚无，缘妄生人我。如何息妄情，还如空处坐。忠答偈曰：虚无是虚体，人我何所存。妄情不须息，即泛般若般。师知其了悟，乃付以山门。

融禅师六世

慧忠禅师。师异迹甚多，尝有安心偈示众曰：人法双净，善恶两忘。直心真实，菩提道场。

慧忠旁出

天台山云居智禅师。尝有华严院僧继宗问见性成佛，其义云何？师曰，清净之性，本来湛然，无有动摇，不属有无净秽长短取舍，体自翛然。如是明见，乃名见性。性即佛。故曰见性成佛。曰性既清净，不属有无，因何有见？师曰见无所见。曰无所见因何更有见？师曰见处亦无。曰如是见时是谁之见？师曰无有能见者。曰究竟其理如何？师曰汝知否？妄计为有，即有能所，乃得名迷。随见生解，便堕生死。明见之人即不然，终日见未尝见。求见处体相不可得。能所俱绝，名为见性。曰此性遍一切处否？师曰无处不遍。曰凡夫具否？师曰上言无处不遍，岂凡夫而不具乎。曰因何诸佛菩萨不被生死所拘？而凡夫独萦此苦？何曾得遍？师曰凡夫于清净性中计有能所，即堕生死。诸佛大士善知清净性中不属有无，即能所不立。曰若如是说，即有了不了人？师曰了尚不可得，岂有能了人乎。曰至理如何？师曰我以要言之，汝即应念清净性中无有凡圣。亦无了不了人。凡之与圣，二俱是名。若随名生解，即堕生死，若知假名不实，即无有当名者。又曰此是极究竟处。若云我能了彼不能了，即是大病。见有净秽凡圣，亦是大病。作无凡圣解，又属拨无因果。见有清净性可栖止亦大病，作不栖止解亦大病。然清净性中虽无动摇，具不坏方便应用及兴慈运悲，如是兴运之处，即生（一作全）清净之性，可谓见性成佛矣。继宗踊跃，礼谢而退。

五祖弘忍大师旁出

嵩岳慧安国师。坦然怀让二人来参，问曰如何是祖师西来意？师曰何不问自己意。曰如何是自己意？师曰当观密作用。曰如何是密作用？师以目开合示之。然言下知归，更不他适。让机缘不逗，辞往曹溪。武后尝问师甲子，对曰不记。帝曰何不记耶？师曰生死之身，其若循环，环无起尽，焉用记为？况此心流注，中间无间，见沤起灭者，乃妄想耳。从初识至动相灭时，亦只如此，何年月而可记乎。神龙三年，三月三日嘱门人曰，吾死已，将尸向林中待野火焚之。俄尔万回公来见，师猖狂握手言论，傍侍倾耳都不体会。至八日，闭户偃身而寂，春秋一百二十八。门人遵旨舁置林间，果野火自然阇维，得舍利八十粒。

嵩岳元珪禅师。嗣慧安。卜庐于岳之庞坞。一曰，有异人者，峩冠裤褶而至。从者极多。轻步舒徐，称谒大师。师睹其形貌奇伟非常，乃谕之曰，善来，仁者，胡为而至？彼曰师宁识我耶？师曰，吾观佛与众生等，吾一目之，岂分别耶。彼曰我此岳神也，能生死于人，师安得一目我哉。师曰，吾本不生，汝焉能死！吾视身与空等，视吾与汝等，汝能坏空与汝乎，苟能坏空及坏汝，吾则不生不灭也。汝尚不能如是，又焉能生死吾耶。神稽首曰，我亦聪明正直于余神，讵知师有广大之智辩乎？愿授正戒，令我度世。见补遗。

益州保唐寺无住禅师（五祖旁出第四世）。见补遗。相国杜鸿渐公问云何不生？云何不灭？云何得解脱？师曰，见境心不起名不生，不生即不灭，既无生灭，即不被前尘所缚，当处解脱。不生名无念，无念即无灭，无念即无缚，无念即无脱。举要而言，识心即离念，见性即解脱，离识心见性外更有法门证无上菩提者，无有是处。公曰，何名识心见性？师曰，一切学道人随念流浪，盖为不识真心。真心者，念生亦不顺生，念灭亦不依寂；不来不去，不定不乱，不取不舍，不沉不浮；无为无相，活泼泼平常自在；此心体毕竟不可得，无可知觉。触目皆如，无非见性也。公与大众作礼称赞踊跃而去。

六祖旁出

袁州蒙山道明禅师。初与五祖法会，无所解悟，及闻五祖密付衣法与卢行者，即与众蹑迹追逐，至大庾岭，师最先及，卢行者见师奔至，即掷衣钵于盘石曰，此衣表信，可力争耶？任尹将去。师遂举之，如山不动，踟蹰悚栗，乃曰，我来求法，非为衣也，愿行者开示于我。祖曰，汝既为法而来，可屏息诸缘，勿生一念，吾为汝说。良久，谓明曰：不思善，不思恶，正恁么时阿那个是明上座本来面目。师当下大悟。遍体汗流，泣礼数拜。问曰，上来密语密意外，还更别有意旨否？祖曰，我今与汝说者，即非密也，汝若返照自己面目，密却在汝边。并为授记曰，逢袁可止，遇蒙即居，后住袁州蒙山，大唱玄化。

韶州法海禅师。初见六祖问曰，即心即佛，愿垂指喻。祖曰，前念不生即心，后念不灭即佛。成一切相即心，离一切相即佛。吾若具说，穷劫不尽。听吾偈曰：即心名慧，即佛乃定，定慧等持，慧中清净。悟此法门，由汝习性。用本无生，双修是正。法海信受，以偈赞曰：即心元是佛，不悟而自屈，我知定慧因，双修离诸物。

吉州志诚禅师。初事神秀，后至六祖会下，不言来处。时六祖告众曰，今有盗法之人，潜在此会。师出礼拜，具陈其事。祖曰：汝师若为示众？对曰常指诲大众，会住心观静，常坐不卧。祖曰，住心观静，是病非禅，长坐拘身，于理何益？听吾偈曰：生来坐不卧，死去卧不坐。元是臭骨头，何为立功过。师曰，未审大师以何法诲人？祖曰，吾若言有法与人，即为诳汝，但且随方解缚，假名三昧。听吾偈曰：一切无心自心戒，一切无碍自性慧。不增不退自金刚，身去身来本三昧。师闻偈悔谢，即誓皈依，乃呈一偈曰：五蕴幻身，幻何究竟。回趣真如，法还不净。祖然之。

信州智常禅师。初礼白峰山大通和尚。通曰，汝见虚空否？对曰见。通曰汝见虚空有相貌否？对曰虚空无形，有何相貌。通曰，汝之本性，犹如虚空，返观自性，了无一物可见，是名正见，无一物可知，是名真知。无有青黄长短，但见本源清净，觉体圆明，即名见性成佛，亦名极乐世界，亦名如来知见。智常闻此未决，请示于六祖，并举通语。祖曰，彼师所说，犹存知见，故令汝未了，吾今示汝一偈曰：不见一法存无见，大似浮云遮日面。

不知一法守空知，还如太虚生闪电。此之知见瞥然兴，错认何曾解方便。汝当一念自知非，自己灵光常显见。师闻偈已，心意豁然。乃述一偈曰：无端起知解，着相求菩提。情存一念悟，宁越昔时迷。自性觉源体，随照枉迁流。不入祖师室，茫然趣两头。

温州永嘉玄觉禅师。诣曹溪，初到振锡携瓶，绕祖三匝，卓然而立。祖曰，夫沙门者，具三千威仪，八万细行，大德自何方而来，生大我慢？师曰，生死事大。无常迅速。祖曰，何不体取无生，了无速乎？曰体即无生，了本无速。祖曰如是如是。于时大众无不愕然。师方具威仪参礼。须臾告辞。祖曰，返太速乎？师曰本自非动，岂有速耶？祖曰谁知非动？曰仁者自生分别。祖曰汝甚得无生之意。曰无生岂有意耶？祖曰无意谁当分别？曰分别亦非意。祖叹曰善哉善哉。

司空山本净禅师。中使杨光庭入山采常春藤，因造太室礼谒。师曰休礼贫道。天使为求佛耶？问道耶？曰弟子智识昏昧，未审佛之与道，其义云何？师曰，若欲求佛，即心是佛；若欲会道，无心是道。曰云何即心是佛？师曰，佛因心悟，心以佛彰，若悟无心，佛亦不有。曰云何无心是道？师曰道本无心，无心名道。若了无心，无心即道。光庭作礼信受。

智隍比丘。初参五祖，自谓已得正受。庵居长坐。积二十年。玄策游方至河朔，造庵问云，汝在此作什么？隍云入定。策云，汝云入定，为有心入耶无心入耶？若无心入者，一切无情草木瓦石应合得定。若有心入者，一切有情含识之流，亦应得定。隍曰，我正入定时，不见有有无之心。策云，不见有无之心，即是常定，何有出入。若有出入，即非大定。隍无对。良久问曰，师嗣谁耶？策曰，我师曹溪六祖。隍云，六祖以何为禅定？策云，我师所说，妙湛圆寂，体用如如，五阴本空，六尘非有。不出不入，不定不乱，禅性无住，离住禅寂，禅性无生，离生禅想，心如虚空，亦无虚空之量。隍闻是说，经来谒师。师云诚如所言，汝但心如虚空，不着空见，应用无碍，动静无心，凡圣情忘，能所俱泯，性相如如，无不定时色。智隍于是大悟，二十年所得心，都无影响。其夜河北士庶闻空中有声云，隍禅师今日得道。

　　神会比丘。参礼六祖，祖曰，知识远来艰辛，还将得本来么？若有本，则合识主，试说看。神会曰，以无住为本，见即是主。祖曰这沙弥争合取次语。会乃问曰，和尚坐禅，还见不见？师以拄杖打三下，云吾打汝是痛不痛？对曰亦痛亦不痛。师曰吾亦见亦不见。会问如何是亦见亦不见？师曰，吾之所见，常见自心过愆，不见他人是非好恶，是以亦见亦不见。汝言亦痛亦不痛如何？汝若不痛，同其木石，若痛则同凡夫，即起恚恨，汝向前见不见是二边，痛不痛是生灭，汝自性且不见，敢尔弄人？神会礼拜悔谢。师又曰，汝若心迷不见，问善知识觅路，汝若心悟，即自见性，依法修行，汝自迷不见自心，却来问吾见与不见。吾见自知，岂代汝迷；汝若自见，亦不代吾迷。何不自知自见，乃问吾见与不见。神会再礼百余拜，求谢过愆，服勤给侍，不离左右（本则据坛经与灯录有出入）。

禅门达者

　　衡岳慧思禅师。示众云，道源不远，性海非遥，但向己求，莫从他觅，觅即不得，得亦不真。偈曰：顿悟心原开宝藏，隐显灵通现真相。独行独坐常巍巍，百亿化身无数量。纵令偏塞满虚空，看时不见微尘相。可笑物会无比况，口吐明珠光晃晃。寻常见说不思议，一语标名言下当。又偈曰：天不能盖地不载，无去无来无障碍。无长无短无青黄，不在中间及内外。超群出众太虚玄，指物传心人不会。

　　明州奉化县布袋和尚。有歌曰：只个心心心是佛，十方世界最灵物。纵横妙用可怜生，一切不如心真实。腾腾自在无所为，闲闲究竟出家儿。若睹目前真大道，不见纤毫也大奇。万法何殊心何异，何劳便用寻经义。心王本自绝多和（一作知），智者只明无学地。非凡非圣复若乎，不强分别圣情孤。无价心珠本圆净，凡是异相妄空呼。人能弘道道分明，无量清高称道情。携锡若登故国路，莫愁诸处不闻声。又偈曰：一钵千家饭，孤身万里游。青目睹人少，向路白云头。

诸方广语摘录

南阳慧忠国师

师曰：世智佛智，不可雷同，欲离此过，汝但仔细反观阴入界处，一一推穷，有纤毫可得否？曰仔细观之，不见一物可得。师曰，汝坏身心相耶！曰身心性离，有何可坏。师曰身心外更有物不？曰身心无外，宁有物耶。师曰汝坏世间相耶！曰世间相即无相，那用更坏。师曰若然者即离过矣。常州僧灵觉问曰，发心出家，本拟求佛，未审如何用心即得？师曰无心可用，即得成佛。曰无心可用，阿谁成佛？师曰无心自成，佛亦无心。曰佛有大不思议，为能度生，若也无心，阿谁度众生？师曰无心是真度生，若见有生可度者，即是有心，宛然生灭。曰今既无心，能仁出世，说许多教迹，岂可虚言。师曰佛说教亦无心。曰说法无心，应是无说？师曰说即无，无即说。曰说法无心，造业有心否？师曰无心即无业，今既有业，心即生灭，何得无心。曰无心即成佛，和尚即今成佛未？师曰心尚自无，谁言成佛，若有佛可成，还是有心，有心即有漏，何处得无心。曰既无佛可成，和尚还得佛用否？师曰心尚自无，用从何有。曰茫然都无，莫落断见否？师曰本来无见，阿谁道断。曰本来无，莫落空否？师曰空既是无，堕从何立。曰能所俱无，忽有人持刀来取命，为是有是无？师曰是无。曰痛否？师曰痛亦无。曰痛既无，死后生何道？师曰无死无生亦无道。曰既得无物自在，饥寒所逼，若为用心？师曰饥即吃饭，寒即着衣。曰知饥知寒，应是有心。师曰，我向汝有心心作何体段？曰心无体段。师曰汝既知无体段，即是本来无心，何得言有！曰山中逢见虎狼如何用心？师曰见如不见，来如不来，彼即（疑既误）无心，恶兽不能加害。曰寂然无事，独脱无心，名为何物？师曰名金刚大士。曰金刚大士有何体段？师曰本无形段。曰既无形段，唤何物作金刚大士？师曰唤作无形段金刚大士。曰金刚大士有何功德？师曰一念与金刚相应，能灭殑伽沙劫生死重罪。得见殑伽沙诸佛。其金刚大士功德无量，非口所说，非意所除，假使殑伽沙劫住世说，亦不可得尽。曰如何是一念相应？师曰忆智俱忘，即是相应。曰忆智俱忘，谁见诸佛？师曰忘即无，无即佛。曰无即言无，何得唤作佛？师曰无亦空，佛亦空，故曰无即佛。佛即无。曰既无纤毫可得，名为何物？师曰本无名字。曰还有相似者否？师曰无相似者。世号无比独尊，汝努力依此修行，无人能破坏者。更不须问，任意游行。独脱无畏，常有河沙贤圣之所覆护；所在之处，常得河沙天龙八部之所恭敬。河沙善神来护，永无障难，何处不得逍遥。又问迦叶在佛边听，为闻不闻？师曰不闻闻。曰云何不闻闻？师曰闻不闻。曰如来有说不闻闻，无说不闻闻？师曰如来无说。曰云何无说说？师曰言满天下无口过。

洛京荷泽神会大师

师示众曰：夫学道者，须达自源，四果三贤，皆名调伏，辟支罗汉未断其疑，等妙二觉了达分明。觉有浅深，教有顿渐，其渐也，历僧祇劫犹处轮回，其顿也，屈伸臂顷便登妙觉。若宿无道种，徒学多知。一切在心，邪正由己，不思一物，即是自心。

非智所知，更无别行。悟入此者，真三摩提。法无去来，前后际断。故知无念为最上乘。旷彻清虚，顿开宝藏。心非生灭，性绝推迁。自净则境虑不生，无作乃攀缘自息，吾于昔日转不退轮，今得定慧双修，如拳如手。见无念体，不逐物生。了如来常，更何所起。今此幻质，元是真常，自性如空，本来无相。既达此理，谁怖谁忧。天地不能变其体。心归法界，万象一如，远离思量，智同法性，千经万论，只是明心，既不立心，即体真理，都无所得。告诸同学，无外驰求，若最上乘，应当无作珍重。人问无念法有无否？师曰不言有无，曰恁么时作么生？师曰亦无恁么时，犹如明镜，若不对像，终不见像，若见无物，乃是真见。

江西大寂道一禅师

师示众云：道不用修，但莫污染。何为污染？但有生死心造作趣向皆是污染。若欲直会其道，平常心是道。谓平常心，无造作，无是非，无取舍，无断常，无凡无圣；经云，非凡夫行，非圣贤行，是菩萨行。只如今行住坐卧应机接物尽是道，道即是法界，乃至河沙妙用不出法界。若不然者，云何言心地法门，云何言无尽灯？一切法皆是心法，一切名皆是心名，万法皆从心生，心为万法之根本。经云，识心达本源，故号为沙门，名等，义等，一切诸法皆等。纯一无杂。若于教门中得随时自在，建立法界，尽是法界。若立真如，尽是真如。若立理，一切法尽是理。若立事，一切法尽是事。举一千从，理事无别。尽是妙用。更无别理。皆由心之回转。譬如月影有若干，真月无若干；诸源水有若干，水性无若干；森罗万象有若干，虚空无若干；说道有若干，无碍慧无若干；种种成立，皆由一心也。建立亦得，扫荡亦得，尽是妙用，妙用尽是自家，非离真而有立处，即真立处（一作立处即真），尽是自家体，若不然者，更是何人。一切法皆是佛法，诸法即解脱，解脱者即真如，诸法不出真如，行住坐卧，悉是不思议用，不待时节。经云，在在处处则为有佛。佛是能仁，有智慧，善机情，能破一切众生疑网，出离有无等缚；凡圣情尽，人法俱空，转无等轮，超于数量，所作无碍，事理双通。如天起云，忽有还无，不留碍迹。犹如画水成文，不生不灭，是大寂灭。在缠名如来藏，出缠名大法身。法身无穷，体无增减，能大能小，能方能圆。应物现形，如水中月。滔滔运用，不立根栽。不尽有为，不住无为。有为是无为家用，无为是有为家依。不住于依，故云如空无所依。心生灭义，心真如义。心真如者；譬如明镜照像，镜喻于心，像喻诸法。若心取法，即涉外因缘，即是生灭义。不取诸法，即是真如义。声闻闻见佛性，菩萨眼见佛性，了达无二名平等性。性无有异，用则不同，在迷为识，在悟为智，顺理为悟，顺事为迷。迷即迷自家本心，悟即悟自家本性。一悟永悟，不复更迷，如日出时，不合于冥。智慧日出，不与烦恼暗俱。了心及境界，妄想即不生，妄想既不生，即是无生法忍，本有今有，不假修道坐禅。不修不坐，即是如来清净禅。如今若见此理真正，不造诸业，随分过生，一衣一钵，坐起相随，戒行增熏，积于净业，但能如是，何虑不通。久立，诸人珍重。

越州大珠慧海和尚

上堂曰：诸人幸自好个无事人。苦死造作，要檐枷落狱作么。每日至夜奔波，道我参禅学道解会佛法，如此转无交涉也。只是逐声色走，有何歇时。贫道闻江西和尚道，汝自家宝藏一切具足，使用自在，不假外求。我从此一时休去。自己财宝随身受用，可谓快活。无一法可取，无一法可舍。不见一法生灭相，不见一法去来相，遍十方界无一微尘许不是自家财宝。但自仔细观察自心，一体三宝常自现前，无可疑虑。莫寻思：莫求觅，心性本来清净故。华严经云，一切法不生，一切法不灭，若能如是解，诸佛常现前。又净名经云，观身实相，观佛亦然。若不随声色动念，不逐相貌生解，自然无事去。莫久立，珍重。

汾州大达无业国师

上堂曰：诸佛不曾出世，亦无一法与人，但随病施方，遂有十二分教，如将蜜果换苦葫芦，淘汝诸人业根，都无实事。神通变化及百千三昧门，化彼天魔外道。福智二严，为破执有滞空之见。若不会道及祖师来意，论什么生肇融睿。如今天下解禅解道如河沙数，说佛说心有百千万亿，纤尘不去，未免轮回，思念不亡，尽须沉坠。如斯之类，尚不能自识业果，妄言自利利他，自谓上流并他先德。但言触目无非佛事，举足皆是道场，原其所习，不如一个五戒十善凡夫。观其发言，嫌他二乘十地菩萨。且醍醐上味为世珍奇，遇斯等人翻成毒药。南山尚自不许呼为大乘，学语之流，争锋唇舌之间，鼓论不形之事，并他先德，诚实苦哉。……十地诸贤说法如云如雨，犹被佛呵，云见性如隔罗縠，只为情存圣量，见存果因，未能逾越圣情，过诸影迹。……设有悟理之者，有一知一解，不知是悟中之则，入理之门，便谓永出世利，巡山傍涧，轻忽上流，致使心漏不尽，理地不明，空到老死无成，虚延岁月。且聪明不能敌业，乾慧未免苦轮。假使才并马鸣，解齐龙树，只是一生两生不失人身，根思宿净，闻知即解，如彼生公，何足为羡！与道全远。……学般若菩萨不得自谩，如冰凌上行，似剑刃上走，临终之时，一毫凡圣情量不尽，纤尘思虑未忘。随念受生，轻重五阴，向驴胎马腹里托质、泥犁镬汤里煮炸一遍了。从前记持忆想见解智慧都卢一时失却，依前再为蝼蚁，从头又作蚊虫，虽是善因，而遭恶果，且图什么。兄弟，只为贪欲成性，二十五有向脚跟下系着，无成办之期。祖师观此土众生有大乘根性，唯传心印，指示迷情。得之者，即不拣凡之与圣愚之与智。且多虚不如少实。大丈夫几如今直下便休歇去，顿息万缘，越生死流，迥出常格，灵光独照，物累不拘，巍巍堂堂，三界独步。何必身长丈六，紫磨金辉，项佩圆光，广长舌相。若以色见我，是行邪道，设有眷属庄严，不求自得。山河大地不碍眼光。得大总持，一闻千悟。都不希求一餐之直。汝等诸人傥不如是，祖师来至此土，非常有损有益。

赵州从谂和尚

上堂云：金佛不度炉，木佛不度火，泥佛不度水。真佛内里坐。菩提涅槃，真如，佛性，尽是贴体衣服。亦名烦恼。不问，即无烦恼。且实际理什么处着得。一心不生，万法无咎。汝但究理坐看三二十年，若不会道，截取老僧头去。梦幻空华，何劳把捉。心若不异，万法一如。既不从外得，更拘执作什么。如手相似，乱拾物安向口里。老僧见药山和尚道，有人问着者，便教合却口。老僧亦教合却口，取我是净。一似猎狗专欲吃物，佛法在什么处。这里一千人尽是觅作佛汉子。于中觅一个道人无。若与空王为弟子，莫教心病最难医。未有世间特，早有此性。世界坏时，此性不坏。从一见老僧后，更不是别人，只是一个主人公。这个更用向外觅物作什么。正恁么时，莫转头换脑。若转头换脑，即失却去也。时有僧问，承师有言，世界坏时，此性不坏，如何是此性？师曰四大五阴。僧曰此犹是坏底，如何是此性？师曰四大五阴（法眼云，是一个两个，是坏不坏，且作么生会，试断看）。

镇府临济义玄和尚

示众曰：今时学人且要明取自己真正见解，即不被生死染，去住自由，不要求他，殊胜自备。如今道流且要不滞于惑，要用便用。如今不得，病在何处？病在不自信处。自信不及，即便忙忙徇一切境脱。大德，若能歇得念念驰求心，便与祖师不别。汝欲识祖师么？即汝目前听法底是。学人信不及，便向外驰求。得者只是文字学，与他祖师大远在。莫错。大德，此时不遇，万劫千生轮回三界徇好恶境向驴牛肚里去也。如今诸人与古圣何别。汝且欠少什么。六道神光未曾间歇。若能如此见，是一生无事人。一念净光，是汝屋里法身佛。一念无分别光，是汝报身佛。一念无差别光，是汝化身佛。此三身即是今日目前听法底人。为不向外求，有此三种功用。据教，三种名为极则，约山僧道，三种是名言。故云身依义而立，土据体而论。法性身法性土明知是光影。大德，且要识取弄光影人是诸佛本源，是一切道流归舍处。大德，四大身不解说法听法，虚空不解说法听法，是汝目前历历孤明勿形段者解说法听法。所以山僧向汝道，五蕴身田内有无位真人，堂堂显露，无丝发许间隔，何不识取！心法无形，通贯十方，在眼曰见，在耳曰闻，在手执捉，在足运奔。心若不在，随处解脱。山僧见处，坐断报化佛头，十地满心犹如客作儿。等妙二觉如担枷带锁。罗汉辟支犹如粪土。菩提涅槃系驴马橛。何以如斯？盖为不达三祇劫，空有此障隔。若是真道流，尽不如此。如今略为诸人大约话破，自看远近，时光可惜，各自努力。珍重。

玄沙宗一师备大师

上堂曰：太虚日轮是一切人成立。太虚见在，诸人作么生满目觑不见，满耳听不闻。此两处不省得，便是瞌睡汉。若明彻得，坐却凡圣，坐却三界，梦幻身心无一物如针锋许为缘为对。直饶诸佛出来，作无限神通变现，设如许多教网，未曾措着一分毫。唯助初学诚信之门。还会么。水鸟树林却解提纲。他甚端的。自

禅密薪传

是少人听，非是小事。天魔外道是辜恩负义。天人六趣是自趣自狂。如今沙门不荐此事，翻成弄影汉，生死海里浮沉，几时休息去。自家幸有此广大门风，不能绍继得，更向五蕴身田里作主宰，还梦见么？如许多田地，教谁作主宰！大地载不起，虚空包不尽，岂是小事。若要彻，即今这里便明彻去。不教仁者取一法如微尘大，不教仁者舍一法如毫发许。还会么？时有僧问，从上宗旨如何？师默然。僧再问，师乃叱之。僧问从何方便门令学人得入？师曰入是方便。僧问初心人来，师如何指示？师曰什么处得初心来？僧问学人创入丛林乞师提接，师以杖指之。僧曰学人不会？师曰我怎么为汝，却成抑屈于人。如今若的自肯，当人分上，不论初学入丛林，可谓共诸人久践，与过去诸佛无所乏少。如大海水，一切鱼龙初生至老吞吐受用悉皆平等。所以道初发心者与古佛齐肩。奈何汝无始积劫劫诸妄情，结成烦恼。如重病人，心狂热闷，颠倒乱见，都无实事。如今所睹一切境界皆亦如是。对汝诸根，尽成颠倒。古人以无穷妙药医疗对治，直至十地，未得惺惺。将知大不容易。古人思维，如丧考妣，如今兄弟见似等闲，何处别有人为汝了得。可惜时光虚度。何妨密密地自究，仔细观寻，至无着力处，自息诸缘去。纵未发萌，种子犹在。若总取我傍家打鼓弄粥饭气力将此造次排遣生死，赚汝一生，有何所益。应须如实知取好。无事，珍重。

漳州罗汉桂琛和尚

上堂。大众立久。师曰：诸上座不用低头思量。思量不及，便道不用拣择。委得下口处么？汝向什么处下口。试道看。还有一法近得汝，还有一法远得汝么？同得汝，异得汝么？既然如是，为什么却特地艰难去？盖为不丈夫男子，儱儱侗侗无些子威光，戚戚的遮护个意根，恐怕人问着。我常道，汝若有达悟处，但去却人我，披露将来，与汝验过，直下作么不肯？莫把牛迹里水以为大海。佛法遍周沙界，莫错向肉团心上妄立知见，以为疆界，此是（一作见）闻觉知识想情缘。然非不是。若向这里点头道我真实，即不得。只如古人道，此事唯我能知，是何境界。还识得么？莫是汝见我我见汝便是么？莫错会。若是这个我，我随生灭，身有即有，身无即无。所以古佛为汝今日人说，异法有故，异法出生；异法无故，异法灭尽，莫将为等闲。生死事大，此一团子消杀不到，在处乖张不少。声色若不破，受想引识亦然，役得汝骨出在。莫道五阴本来空也。不由汝曰便解空去。所以道须得亲彻须真实也。不是今日老师始解作么道。他古圣告报汝，唤作金刚秘密不思议光明藏，覆荫乾坤，生凡育圣，亘古亘今，谁人无分。既若如此，更藉何人。所以诸佛慈悲，见汝不奈何，开方便门，示真实相。我今方便也，汝还会么？若不会，莫向意根下捏怪。僧问从上宗门乞师方便。师曰方便即不无，汝唤什么作宗门？曰怎么即学人虚施此问？师曰汝有什么罪过。问佛法还受雕琢也无？师曰作么不受？曰如何雕琢？师曰佛法。问诸行无常，是生灭法，如何是不生不灭法？师曰用不生不灭作么？问才拟是过，不拟时如何？师曰拟有什么过。曰怎么即便自无疮也？师曰合取口。问诸境中以何为主？师曰那个是诸境。曰莫是疑处是么？师曰把将疑处来。问正怎么时是什么？师曰不怎么时是么。曰学人道不得。师曰口里是什么塞却？师又曰，诸人朝晡怎么上来下去，也只是被些子声色惑乱，身心不安。若是声色名字不是佛法，又疑伊什么。若是佛法不是声色名字，汝又作么生拟把身心凑泊伊。若是声色名字，总是声色名字，若是佛法，总是佛法，会么？异声无声，异色无色，离字无名，离名无字，试把舌头点看，有多少声色名字。自何而色，以何为名。三界如是峥嵘，尚觅出头不得，因什么却特地难为去。只如诸人自生颠倒，以常为断，悟假

禅密薪传

迷真，妄外驰求，强捏异见。终日共人商量，便有佛法，不与人商量，便是世间闲人。话到这里，才举着佛法，便道拟心即差，动念即乖，寻常诸处，元无口似纺车。总便不差去。佛法事不是隔日疟。皆由汝狂识凡情作差与不差解。忽然见我拈个搥子搥背，便作意度顾览，不然见我把个帚子扫东扫西，便各照管。是汝寻常打柴，何不顾览，招呼便悟去。上座，佛法莫向意根下皮袋里作测度。汝成自赚，我不敢网绊初心笼罩后学。各自究去。无事。珍重。

大法眼文益禅师

上堂曰：诸上座，时寒，何用上来。且道上来好不上来好？或有上座道，不上来却好，什么处不是，更用上来作什么。更有上座道，是伊也不得一向，又须到和尚处始得。诸上座，且道这两个人于佛法中还有进趣也么？上座，实是不得，并无少许进趣。古人唤作无孔铁锤，生盲生聋无异。若更有上座出来道彼二人总不得，为什么如此，为伊执著，所以不得。诸上座，总似恁么行脚，总似恁么商量，为复只要弄唇觜，且图什么？为复别有所图？恐伊执著，且执著什么？为复执著理，执著事，执著色，执著空。若是理，理且作么生执；若是事，事且作么生执；着色着空亦然。山僧所以寻常向诸上座道，十方诸佛十方善知识时常垂手，诸上座时常接手十方诸佛垂手时也。什么处是诸上座时常接手处？还有会处，会取好。若未会得，莫道总是都来圆取。诸上座，傍家行脚也须审谛着些精彩。莫只藉少智慧过却时光。山僧在众见此多矣。更有一般上座，自己东西犹未知，向这边那边东听西听，说得少许以为胸襟，仍为他人注脚，将为自己眼目。上座，总似这个行脚，自赚亦乃赚他。奉劝诸上座，且明取道眼好。些子粥饭智慧不足可恃。若是世间造作种种非违之事，入地狱犹有劫数，且有出期。若是错与他人开眼目，陷在地狱，冥冥长夜，无有出期。莫将为等闲。奉劝且依古圣慈悲门好。他古圣所见诸境唯见自心。祖师道不是风动幡动仁者心动。但且恁么会好。别无亲于亲处也。

赞颂诗歌

志公大乘赞十首

大道常在目前，虽在目前难睹。若欲悟道真体，
莫除声色言语。言语即是大道，不假断除烦恼。
烦恼本来空寂，妄情递相缠绕。一切如影如响，
不知何恶何好。有心取相为实，定知见性不了。
若欲作业求佛，业是生死大兆。生死业常随身，
黑暗狱中未晓。悟理本来无异，觉后谁晚谁早。
法界量同太虚，众生智心自小。但能不起吾我，
涅槃法食常饱。

妄身临镜照影，影与妄身不殊。但欲去影留身，
不知身本同虚。身本与影不异，不得一有一无。
若欲存一舍一，永与真理相疏。更若爱圣憎凡，
生死海里沉浮。烦恼因心有故，无心烦恼何居。
不劳分别取相，自然得道须臾。梦时梦中造作，
觉时觉境都无。翻思觉时与梦，颠倒二见不殊。
改迷取觉求利，何异贩卖商徒。动静两亡常寂，
自然契合真如。若言众生异佛，迢迢与佛常疏。
佛与众生不二，自然究竟无余。

法性本来常寂，荡荡无有边畔。安心取舍之间，
被他二境回换。敛容入定坐禅，摄境安心觉观。
机关木人修道，何时得达彼岸。诸法本空无着，
境似浮云会散。忽悟本性元空，恰似热病得汗。
无智人前莫说，打你色身星散。

报你众生直道，非有即是非无。非有非无不二，
何须对有论虚。有无妄心立号，一破一个不居。
两名由尔情作，无情即本真如。若欲存情觅佛，
将网山上罗鱼。徒费功夫无益，几许枉用功夫。
不解即心即佛，真似骑驴觅驴。一切不憎不爱，
这个烦恼须除。除之则须除身，除身无佛无因。
无佛无因可得，自然无法无人。

大道不由行得，说行权为凡愚。得理返观于行，
始知枉用功夫。未悟圆通大理，要须言行相扶。
不得执他知解，回光返本全无。有谁解会此说，
教君向已推求。自见昔时罪过，除却五欲疮疣。
解脱逍遥自在，随方贱卖风流。谁是发心买者，
亦得似我无忧。

内见外见总恶，佛道魔道俱错。被此二大波旬，
便即厌苦求乐。生死悟本体空，佛魔何处安着。
只由妄情分别，前身后身孤薄。轮回六道不停，
结业不能除却。所以流浪生死，皆由横生经略。
身本虚无不实，返本是谁斟酌。有无我自能为，

不劳妄心卜度。众生身同太虚，烦恼何处安着。
但无一切希求，烦恼自然消落。

可笑众生蠢蠢，各执一般异见。但欲傍鳌求饼，
不解返本观面。面是正邪之本，由人造作百变。
所须任意纵横，不假偏耽爱恋。无着即是解脱，
有求又遭罗罥。慈心一切平等，真如菩提自现。
若怀彼我二心，对面不见佛面。

世间几许痴人，将道复欲求道。广诸录义纷纭，
自救己身不了。专寻他文乱说，自称至理妙好。
徒劳一生虚过，永劫沉论生老。浊爱缠心不舍，
清净智小自恼。真如法界丛林，返作荆棘荒草。
但执黄业为金，不悟弃金求宝。所以失念狂走，
强力装持相好。口内诵经诵论，心里寻本枯槁。
一朝觉本心空，具足真如不少。

声闻心心断惑，能断之心是贼。贼贼递相除遣，
何时了本语默。口内诵经千卷，体上问经不识。
不解佛法圆通，徒劳寻行数墨。头陀阿练苦行，
希望后身功德。希望即是隔圣，大道何由可得。
譬如梦里渡河，船师渡过河北。忽觉床上安眠，
失却渡船轨则。船师及彼度人，两个本不相识。
众生迷倒羁绊，往来三界疲极。觉悟生死如梦，
一切求心自息。

禅密薪传

悟解即是菩提，了本无有阶梯。堪叹凡夫伛偻，
八十不能跋蹄。徒劳一生虚过，不觉日月迁移。
向上看他师口，恰似失奶孩儿。道俗峥嵘聚集，
终日听他死语。不观己身无常，心行贪如狼虎。
堪嗟二乘狭劣，要须摧伏六府。不食酒肉五辛，
邪眼看他饮咀。更有邪行猖狂，修气不食盐醋。
若悟上乘至真，不假分别男女。

志公十二时颂

平旦寅，狂机内有道人身。穷苦已经无量劫，不信常擎如意
珍。若着物，入迷津。但有纤毫即是尘。不住旧时无相貌，外求
知识也非真。

日出卯，用处不须生善巧。纵使神光照有无，起意便遭魔事
挠。若施功，终不了。日夜被他人我拗。不用安排只么从，何曾
心地生烦恼。

食时辰，无明本是释迦身。坐卧不知元是道，只么忙忙受苦
辛。认声色，觅疏亲。只是他家染污人。若拟将心求佛道，问取
虚空始出尘。

禺中巳，未了之人教不至。假使（一作饶）通达祖师言，莫向心
头安了义。只守玄，没文字。认着依前还不是。暂时自肯不追寻，旷
劫不遭魔境使。

日南午，四大身中无价宝，阳焰空华不肯抛，作意修行转辛
苦。不曾迷，莫求悟。任你朝阳几回暮。有相身中无相身，无明
路上无生路。

日昳（一作映）末，心地何曾安了义。他家文字没亲疏，不用
将心（一作莫起功夫）求的意。任纵横，绝忌讳。长在人间不居
（一作在）世。运用不离声色中，历劫何曾暂抛弃。

晡时申，学道先须不厌贫。有相本来权积聚，无形何用要求（一作安）真。作净洁，却劳神。莫认愚痴作近邻。言下不求无处所，暂时唤作出家人。

日入酉，虚幻声音不长久。禅悦珍馐尚不餐，谁能更饮无明酒，勿可抛，勿可守。荡荡逍遥不曾有。纵你多闻达古今，也是痴狂外边走。

黄昏戌，狂子施功投暗室。假使心通无量时，历劫何曾异今日。拟商量，却啾唧。转使心头黑如漆。昼夜舒光照有无，痴人唤作波罗蜜。

人定亥，勇猛精进成懈怠。不起纤毫修学心，无相光中常自在。超释迦，越祖代。心有微尘还质碍。放荡长如痴兀人，他家自有通人爱。

夜半子，心住无生即生死。生死何曾属有无，用时便用无文字。祖师言，外边事。识取起时还不是。作意搜求实没踪，生死魔来任相试。

鸡鸣丑，一颗圆光明已久。内外推寻觅总无，境上施为浑大有。不见头，亦无手。世界（一作天地）坏时渠不朽。未了之人听一言，只这如今谁动口。

志公十四科颂

菩提烦恼不二

众生不解修道，便欲断除烦恼。烦恼本来空寂，
将道更欲觅道。一念之心即是，何须别处寻讨。
大道只在目前，迷倒愚人不了。佛性天真自然，
亦无因缘修造。不识三毒虚假，妄执浮沉生老。
昔时迷日为晚，今日始觉非早。

持犯不二

　　丈夫运用无碍，不为戒律所制。持犯本自无生，
愚人被他禁系。智者造作皆实，声闻触途为滞。
大士肉眼圆通，二乘天眼有翳。空中妄执有无，
不达色心无碍。菩萨与俗同居，清净曾无染世。
愚人贪着涅槃，智者生死实际。法性空无言说，
缘起略无人子。百岁无智小儿，小儿有志百岁。

佛与众生不二

　　众生与佛无殊，大智不异于愚。何须向外求宝，
身田自有明珠。正道邪道不二，了知凡圣同途。
迷悟本无差别，涅槃生死一如。究竟攀缘空寂，
惟求意想清虚，无有一法可得，翛然自入无余。

事理不二

　　心王自在翛然，法性本无十缠。一切无非佛事，
何须摄念坐禅。妄想本来空寂，不用断除攀缘。
智者无心可得，自然无争无喧。不识无为大道，
何时得证幽玄。佛与众生一种，众生即是世尊。
凡夫妄生分别，无中执有迷奔。了达贪瞋空寂，
何处不是真门。

静乱不二

　　声闻厌喧求静，犹如弃面求饼。饼即从来是面，
造作随人百变。烦恼即是菩提，无心即是无境。
生死不异涅槃，贪瞋如焰如影。智者无心求佛，
愚人执邪执正。徒劳空过一生，不见如来妙顶。
了达淫欲性空，镬汤炉炭自冷。

善恶不二

　　我自身心快乐，翛然无善无恶，法身自在无方，
　触目无非正觉。六尘本来空寂，凡夫妄生执著。
　涅槃生死平等，四海阿谁厚薄。无为大道自然，
　不用将心画度。菩萨散诞灵通，所作常含妙觉。
　声闻执法坐禅，如蚕吐丝自缚。法性本来圆明，
　病愈何须执药。了知诸法平等，翛然清虚快乐。

色空不二

　　法性本无青黄，众生谩造文章。吾我说他止观，
　自意扰扰癫狂。不识圆通妙理，何时得会真常。
　自疾不能治疗，却教他人药方。外看将为是善，
　心内犹若豺狼。愚人畏其地狱，智者不异天堂。
　对境心常不起，举足皆是道场。佛与众生不二，
　众生自作分张。若欲除却三毒，迢迢不离灾殃。
　智者知心是佛，愚人乐往西方。

生死不二

　　世间诸法如幻，生死犹若雷电。法身自在圆通，
　出入山河无间。颠倒妄想本空，般若无迷无乱。
　三毒本自解脱，何须摄念观禅。只为愚人不了，
　从他戒律决断。不识寂灭真如，何时得登彼岸。
　智者无恶可断，运用随心合散。法性本来空寂，
　不为生死所绊。吾欲断除烦恼，此是无明痴汉。
　烦恼即是菩提，何用别求禅观。实际无佛无魔，
　心体无形无段。

断除不二

丈夫运用堂堂，逍遥自在无妨。一切不能为害，
坚固犹若金刚。不着二内中道，翛然非断非常。
五欲贪瞋是佛，地狱不异天堂。愚人妄生分别，
流浪生死猖狂。智者达色无碍，声闻无不恓（一作恒）惶。
法性本无瑕翳，众生妄执青黄。如来引接迷愚，
或说地狱天堂。弥勒身中自有，何须别处思量。
弃却真如佛像，此人即是癫狂。声闻心中不了，
唯只趁逐言章。言章本非真道，转加斗争刚强。
心里蚖蛇蝮蝎，螫着便即遭伤。不解文中取义，
何时得会真常。死入无间地狱，神识枉受灾殃。

真俗不二

法师说法极好，心中不离烦恼。口谈文字化他，
转更增他生老。真妄本来不二，凡夫弃妄觅道。
四众云集听讲，高坐论义浩浩。南坐北坐相争，
四众为言为好。虽然口谈甘露，心里寻常枯燥。
自己元无一钱，日夜数他珍宝。恰似无智愚人，
弃却真金担草。心中三毒不舍，未审何时得道。

解缚不二

律师持律自缚，自缚亦能缚他。外作威仪恬静，
心内恰似洪波。不驾生死般筏，如何渡得爱河。
不解真宗正理，邪见言辞繁多。有二比丘犯律，
便却往问优波。优波依律说罪，转增比丘网罗。
方丈室中居士，维摩便即来诃。优波默然无对，
净名说法无过。而彼戒性如空，不在内外娑婆。
劝除生灭不肯，忽悟还同释迦。

境照不二五行

禅师体离无明，烦恼从何处生。地狱天堂一向，
涅槃生死空名。亦无贪瞋可断，亦无佛道可成。
众生与佛平等，自然圣智惺惺。不为六尘所染，
句句独契无生。正觉一念玄解，三世坦然皆平。
非法非律自制，翛然真（一作直）入圆成。
绝此四句百非，如空无作无依。

运用无碍

我今滔滔自在，不羡公王卿宰。四时犹若金刚，
苦乐心常不改。法宝喻于须弥，智慧广于江海。
不为八风所牵，亦无精进懈怠。任性浮沉若颠，
散诞纵横自在。遮莫刀剑临头，我自安然不采。

迷悟不二

迷时以空为色，悟即以色为空。迷悟本无差别，
色空究竟还同。愚人唤南作北，智者达无西东。
欲觅如来妙理，常在一念之中。阳焰本非其水，
渴鹿狂趁忽忽。自身虚假不实，将空更欲觅空。
世人迷倒至甚，如犬吠雷哄哄。

傅大士心王铭

观心空王，玄妙难测。无形无相，有大神力。能灭千灾，
成就万德。体性虽空，能施法则。观之无形，呼之有声。
为大法将，心戒传经。水中盐味，色里胶清。决定是有，
不见其形。心王亦尔，身内居停。面门出入，应物随情。
自在无碍，所作皆成。了本识心，识心见佛。是心是佛，
是佛是心。念念佛心，佛心念佛。欲得早成，戒心自律。

净律净心，心即是佛。除此心王，更无别佛。欲求成佛，莫染一物。心性虽空，贪瞋体实。入此法门，端坐成佛。到彼岸已，得波罗蜜。慕道真士，自观自心。知佛在内，不向外寻。即心即佛，即佛即心。心明识佛，晓了识心。离心非佛，离佛非心。非佛莫测，无所堪任。执空滞寂，于此漂沉。诸佛菩萨，非此安心。明心大士，悟此玄音。身心性妙，用无更改。是故智者，放心自在。莫言心王，空无体性。能使色身，作邪作正。非有非无，隐显不定，心性离空，能凡能圣。是故相劝，好自防慎。刹那造作，还复漂沉。清净心智，如世万金。般若法藏，并在身心。无为法宝，非浅非深。诸佛菩萨，了此本心。有缘遇者，非去来今。

三祖僧璨大师信心铭

至道无难，唯嫌拣择。但莫憎爱，洞然明白。毫厘有差，天地悬隔。欲得现前，莫存顺逆。违顺相争，是为心病。不识玄旨，徒劳念静。圆同太虚，无欠无余。良由取舍，所以不如。莫逐有缘，勿住空忍。一种平怀，泯然自尽。止动归止，止更弥动。唯滞两边，宁知一种。一种不通，两处失功。遣有没有，从空背空。多言多虑，转不相应。绝言绝虑，无处不通。归根得旨，随照失宗。须臾返照，胜却前空。前空转变，皆由妄见。不用求真，唯须息见。二见不住，慎莫追寻。才有是非，纷然失心。二由一有，一亦莫守。一心不生，万法无咎。无咎无法，不生不心。能灭境灭，境逐能沉。境由能境，能由境能。欲知两段，元是一空。一空同两，齐含万象。不见精粗，宁有偏党。大道体宽，无易无难。小见狐疑，转急转迟。执之失度，必入邪路。放之自然，体无去住。任性合道，逍遥绝恼。
系念乖真，昏沉不好。不好劳神，何用疏亲。欲取一乘，
勿恶六尘。六尘不恶，还同正觉。智者无为，愚人自缚。
法无异法，妄自爱着。将心用心，岂非大错。迷生寂乱，
悟无好恶。一切二边，良由斟酌。梦幻虚华，何劳把捉。
得失是非，一时放却。眼若不睡，诸梦自除。心若不异，
万法一如。一如体玄，兀尔忘缘。万法齐观，归复自然。
泯其所以，不可方比。止动无动，动止无止。两既不成，
一何有尔。究竟穷极，不存轨则。契心平等，所作俱息。
狐疑尽净，正信调直。一切不留，无可记忆。虚明自照，
不劳心力。非思量处，识情难测。真如法界，无他无自。
要急相应，唯言不二。不二皆同，无不包容。十方智者，
皆入此宗。宗非促延，一念万年。无在不在，十方目前。
极小同大，忘绝境界。极大同小，不见边表。有即是无，
无即是有。若不如此，必不须守。一即一切，一切即一。
但能如是，何虑不毕。信心不二，不二信心。言语道断，
非去来今。

牛头山初祖法融禅师心铭

心性不生，何须知见。本无一法，谁论熏炼。往返无端，
追寻不见。一切莫作，明寂自现。前际如空，知处迷宗。
分明照境，随照冥蒙。一心有滞，诸法不通。去来自尔，
胡假推穷。生无生相，生照一同。欲得心净，无心用功。
纵横无照，最为微妙。知法无知，无知知要。将心守静，
犹未离病。生死忘怀，即是本性。至理无诠，非解非缠。
灵通应物，常在目前。目前无物，无物宛然。不劳智鉴，
体自虚玄。念起念灭，前后无别。后念不生，前念自绝。

三世无物，无心无佛。众生无心，依无心出。分别凡圣，
烦恼转盛。计校乖常，求真背正。双泯对治，湛然明净。
不须功巧，守婴儿行。惺惺了知，见网转弥。寂寂无见，
暗室不移。惺惺无妄，寂寂明亮。万象常真，森罗一相。
去来坐立，一切莫执。决定无方，谁为出入。无合无散，
不迟不疾。明寂自然，不可言及。心无异心，不断贪淫。
性空自离，任运浮沉。非清非浊，非浅非深。本来非古，
见在非念。见枉无住，见在本心。本来不存，本来即今。
菩提本有，不须用守。烦恼本无，不须用除。灵知自照，
万法归如。无归无受，绝观忘守。四德不生，三身本有。
六根对境，分别非识。一心无妄，万缘调直。心性本齐，
同居不携。无生顺物，随处幽栖。觉由不觉，即觉无觉。
得失两边，谁论好恶。一切有为，本无造作。知心不心，
无病无药。迷时舍事，悟罢非异。本无可取，今何用弃。
谓有魔兴，言空象备。莫灭凡情，唯教息意。意无心灭，
心无行绝。不用证空，自然明彻。灭尽生死，冥心入理。
开目见相，心随境起。心处无境，境处无心。将心灭境，
彼此由侵。心寂境如，不遣不拘。境随心灭，心随境无。
两处不生，寂静虚明。菩提影现，心水常清。德性如愚，
不立亲疏。宠辱不变，不择所居。诸缘顿息，一切不忆。
永日如夜，永夜如日。外似顽器，内心虚直。对境不动，
有力大人。无人无见，无见常现。通达一切，未尝不遍。
思惟转昏，汩乱精魂。将心止动，转正转奔。万法无所，
唯有一门。不入不出，非静非喧。声闻缘觉，智不能论。
实无一物，妙智独存。本际虚冲，非心所穷。正觉无觉，
真空不空。三世诸佛，皆乘此宗。此宗毫末，沙界含容。
一切莫顾，安心无处。无处安心，虚明自露。寂静不生，

放旷纵横。所作无滞，去住皆平。慧日寂寂，定光明明。照无相苑，朗涅槃城。诸缘忘毕，诠神定质。不起法座，安眠虚空。乐道恬然，优游真实。无为无得，依无自出。四等六度，同一乘路。心若不生，法无差互。知生无生，现前常住。智者方知，非言诠悟。

永嘉真觉大师证道歌

君不见，绝学无为闲道人，不除妄想不求真。无明实性即佛性，幻化空身即法身。法身觉了无一物，本源自性天真佛。五阴浮云空去来，三毒水泡虚出没。

证实相，无人法。刹那灭却阿鼻业。若将妄语诳众生，自招拔舌尘沙劫。

顿觉了，如来禅。六度万行体中圆。梦里明明有六趣，觉后空空无大千。

无罪福，无损益。寂灭性中莫问觅。比来尘镜未曾磨，今日分明须剖析。

谁无念，谁无生。若实无生无不生。唤取机关木人问，求佛施功早晚成。

放四大，莫把捉。寂灭性中随饮啄。诸行无常一切空，即是如来大圆觉。

决定说，表真乘。有人不肯任情征。直截根源佛所印，摘叶寻枝我不能。

摩尼珠，人不识。如来藏里亲收得。六般神用空不空。一颗圆光色非色。

净五眼，得五力。唯证乃知难可测。镜里看形见不难，水中捉月争拈得。

常独行，常独步。达者同游涅槃路。调古神清风自高，貌悴骨刚人不顾。

穷释子，口称贫。实是身贫道不贫。贫则身常披缕褐，道即心藏无价珍。

无价珍，用无尽。利物应机终不吝。三身四智体中圆，八解六通心地印。上士一决一切了，中下多闻多不信。但自怀中解垢衣，谁能向外夸精进。

从他谤，任他非。把火烧天徒自疲。我闻悟似饮甘露，消融顿入不思议。

观恶言，是功德。此则成吾善知识。不因讪谤起怨亲，何表无生慈忍力。

宗亦通，说亦通。定慧圆明不滞空。非但我今独达了，河沙诸佛体皆同。

狮子吼，无畏说。百兽闻之皆脑裂。香象奔波失却威，天龙寂听生欣悦。

游江海，涉山川。寻师访道为参禅。自从认得曹溪路，了知生死不相干。

行亦禅，坐亦禅。语默动静体安然。纵遇锋刀常坦坦，假饶毒药也闲闲。我师得见然灯佛，多劫曾为忍辱仙。

几回生，几回死。生死悠悠无定止。自从顿悟了无生，于诸荣辱何忧喜。

入深山，住兰若。岑峰幽邃长松下。优游静坐野僧家，阒寂安居实潇洒。

觉即了，不施功。一切有为法不同。住相布施生天福，犹如仰箭射虚空。

势力尽，箭还坠。招得来生不如意。争似无为实相门，一超直入如来地。

但得本，莫愁末。如净琉璃含宝月。既能解此如意珠，自利利他终不竭。

江月照，松风吹。永夜清宵何所为。佛性戒珠心地印，雾露云霞体上衣。

降龙钵，解虎锡。两股金镮鸣历历。不是标形虚事持，如来宝杖亲踪迹。

不求真，不断妄。了知二法空无相。无相无空无不空，即是如来真实相。

心镜明，鉴无碍。廓然莹彻周沙界。万象森罗影现中，一颗圆明非内外。

豁达空，拨因果。莽莽荡荡招殃祸。弃有着空病亦然，还如避溺而投火。

舍妄心，取真理。取舍之心成巧伪。学人不了用修行，真成认贼将为子。

损法财，灭功德。莫不由斯心意识。是以禅门了却心，顿入无生知见力。

大丈夫，秉慧剑。般若锋兮金刚焰。非但能摧外道心，早曾落却天魔胆。

震法雷，击法鼓。布慈云兮洒甘露。龙象蹴蹋润无边，三乘五性皆惺悟。

雪山肥腻更无杂，纯出醍醐我常纳。一性圆通一切性，一法遍含一切法。一月普现一切水，一切水月一月摄。诸佛法身入我性，我性还共如来合。一地具足一切地，非色非心非行业。弹指圆成八万门，刹那灭却阿鼻业。一切数句非数句，与吾灵觉何交涉。

不可毁，不可赞。体若虚空无涯岸。不离当处常湛然，觅则知君不可见。

取不得，舍不得。不可得中，只么得。默时说，说时默。大施门开无壅塞。有人问我解何宗，报道摩诃般若力。或是或非人不识，逆行顺行天莫测。吾早曾经多劫修，不是等闲相诳惑。

建法幢，立宗旨。明明佛敕曹溪是。第一迦叶首传灯，二十八代西天记。

法东流，入此土。菩提达摩为初祖。六代传衣天下闻，后人得道无穷数。

真不立，妄本空。有无俱遣不空空。二十空门元不着，一性如来体自同。

心是根，法是尘。两种犹如镜上痕。痕垢尽除光始现，心法双忘性即真。

嗟末法，恶时世。众生福薄难调制。去圣远兮邪见深，魔强法弱多怨害。闻说如来顿教门，恨不灭除令瓦碎。

作在心，殃在身。不须怨诉更尤人。欲得不招无间业，莫谤如来正法轮。

栴檀林，无杂树。郁密深沉狮子住。境静林间独自游，走兽飞禽皆远去。

狮子儿，众随后。三岁即能大哮吼。若是野干逐法王，百年妖怪虚开口。

圆顿教，勿人情。有疑不决直须争。不是山僧逞人我，修行恐落断常坑。

非不非，是不是。差之毫厘失千里。是即龙女顿成佛，非即善星生陷坠。吾早年来积学问，亦曾讨疏寻经论。分别名相不知休，入海算沙徒自困。却被如来苦诃责，数他珍宝有何益。从来蹭蹬觉虚行，多年枉作风尘客。

种性邪，错知解。不达如来圆顿制。二乘精进勿道心，外道聪明无智慧。

亦愚痴，亦小骏。空拳指上生实解。执指为月枉施功，根境法中虚捏怪。不见一法即如来，方得名为观自在。了即业障本来空，未了还须偿宿债。饥逢王膳不能餐，病遇医王争得瘥。在欲行禅知见力，火中生莲终不坏。勇施犯重悟无生，早时成佛于今在。

狮子吼，无畏说。深嗟懵懂顽皮靼。只知犯重障菩提，不见如来开秘诀。有二比丘犯淫杀，波离萤光增罪结。维摩大士顿除疑，还同赫日销霜雪。

不思议，解脱力。妙用恒沙也无极。四事供养敢辞劳，万两黄金亦销得。粉骨碎身来足酬，一句了然超百亿。

法中王，最高胜。恒沙如来同共证。我今解此如意珠，信受之者皆相应。

了了见，无一物。亦无人，亦无佛。大千世界海中沤，一切圣贤如电拂。假使铁轮顶上旋，定慧圆明终不失。

日可冷，月可热。众魔不能坏真说。象驾峥嵘谩进途，谁见螳螂能拒辙。大象不游于兔径，大悟不拘于小节。莫将管见谤苍苍，未了吾今为君决。

同安察禅师十玄谈

心印

问君心印作何颜？心印谁人敢授传！历劫坦然无异（一作变）色，呼为心印早虚言。须知本自灵空性，将喻红炉火（一作焰）里莲。莫谓无心便是道，无心犹隔一重关。

祖意

祖意如空不是空，玄机争堕有无功！三贤尚未明斯旨，十圣那能达此宗。透网金鳞犹滞水，回途石马出纱笼。殷勤为说西来意，莫问西来及与东。

玄机

迢迢空劫勿能收，岂为尘机作系留，妙体本来无处所，通身何更有踪由！灵然一句超群象，迥出三乘不假修。撒手那边诸（一作千）圣外，回程堪作火中牛。

尘异

浊者自浊清者清，菩提烦恼等空平。谁言卞璧无人鉴？我道骊珠到处晶。万法泯时全体现，三乘分处假（一作强）安名。丈夫自有冲天志（一作气），莫向如来行处行。

佛教

三乘次第演金言，三世如来亦共宣。初说有空人尽执，后非空有众皆缘。龙宫满藏医方义，鹤树终谈理未玄。真净界中才一念，阎浮早已八千年。

还乡曲（一作达本）

勿于中路事空王，策杖还须达本乡。云水隔时君莫住，雪山深处我非忘。寻思去日颜如玉，嗟叹回来（一作来时）鬓似霜。撒手到家人不识，更无一物献尊堂。

破还乡曲（一作还源）

返本还源事亦（一作已）差，本来无住不名家。万年松迳雪深覆，一带峰峦云更遮。宾主默（一作穆，一作睦）时纯是妄，君臣道合（一作合处）正中邪。还乡曲调如何唱？明月堂前枯木华。

转位归（一无归字，一作回机）

涅槃城里尚犹危，陌路相逢没定期。权挂垢衣云是佛，却装珍御复名谁。木人夜半穿靴去，石女天明戴帽归。万古碧潭空界月，再三捞摝始应知。

回机（一作转位）

披毛戴角入廛来，优钵罗华火里开。烦恼海中为雨露，无明山上作云雷。镬汤炉炭吹教灭，剑树刀山喝使摧。金锁玄关留不住，行于异类且轮回。

正位前（一作一色，一作一色过后）

枯木岩前差路多，行人到此尽蹉跎，鹭鸶立雪非同色，明月芦华不似他。了了了时无可（一作所）了，玄玄玄处亦须诃。殷勤为唱玄中曲，空里蟾光撮得么。

按道需禅师曰，前五首彻法源底，后五首履践玄涂，于无方便中垂方便，无渐次中立渐次，乃照心之明镜，归家之大道，禅病之良剂，法门之大全也。又批证道歌曰：发明禅宗教外别传之道，拣去权浅之病，皆自证心流出。其摧邪显正，如出匣莫邪，光芒烛天，势不可犯，自有宗门以来，仅一见之。因思古今得道者众，要如大海水，阿修罗以及鱼龙虾蟹，恣其所饮，各满其量而已；若永嘉，可谓掀翻大海，倾竭无余，真禅关之枢要，别传之显诀。传布西天，共美之曰证道经，不诬也。

荷泽大师显宗记

无念为宗，无作为本，真空为体，妙有为用。夫真如无念，非想念而能知。实相无生，岂色心而能见。无念念者，即念真如。无生生者，即生实相。无住而住，常住涅槃。无行而行，即超彼岸。如如不动，动用无穷。念念无求，求本无念，菩提无得，净五眼而了三身。般若无知，运六通而弘四智。是知即定无定，即慧无慧，即行无行。性等虚空，体同法界。六度自兹圆满，道品于是无亏。是知我法体空，有无双泯。心本无作，道常无念。无念无思，无求无得，不彼不此，不去不来。体悟三明，心通八解。功成十力，富有七珍。入不二门，获一乘理。如中之妙，即妙法身。天中之天，乃金刚慧。湛然常寂，应用无方。用而常空，空而常用。用而不有，即是真空。空而不无，便成妙有。妙有即摩诃般若，真空即清净涅槃。般若是涅槃之因，涅槃是般若之果。

般若无见，能见涅槃。涅槃无生，能生般若。涅槃般若，名异体同。随义立名，故云法无定相。涅槃能生般若，即名真佛法身。般若能建涅槃，故号如来知见。知即知心空寂，见即见性无生。知见分明，不一不异。故能动寂常妙，理事皆如。如即处处能通，达即理事无碍。六根不染，即定慧之功。六识不生，即如如之力。心如境谢，境灭心空。心境双亡，体用不异。真如性净，慧鉴无穷。如水分千月，能见闻觉知。见闻觉知，而常空寂，空即无相，寂即无生。不被善恶所拘，不被静乱所摄。不厌生死，不乐涅槃。无不能无，有不能有。行住坐卧，心不动摇。一切时中，获无所得。三世诸佛，教旨如斯。即菩萨慈悲，递相传受。自世尊灭后，西天二十八祖，共传无住之心。同说如来知见。至于达摩，届此为初。递代相承，于今不绝。所传秘教，要藉得人。如王髻珠，终不妄与。福德智慧，二种庄严。行解相应，方能建立。衣为法信，法是衣宗。唯指衣法相传，更无别法。内传心印，印契本心。外传袈裟，将表宗旨。非衣不传于法，非法不受于衣。衣是法信之衣，法是无生之法。无生即无虚妄，乃是空寂之心。知空寂而了法身，了法身而真解脱。

初稿历时约三月余

至乙巳八月二十六日　圆

同年十月晦日晚十时

重录竟

补　遗

上稿既尽，尚有余页，以原辑专就见修着眼于诸祖成就神变等完全未及，为起正信勖精进，故复补此。

释迦牟尼佛说法住世四十九年，后告弟子摩诃迦叶，吾以清净法眼涅槃妙心，实相无相微妙正法将付于汝。汝当护持。并勅阿难副贰传化，无令断绝，而说偈言："法本法无法，无法法亦法，今付无法时，法法何曾法。"尔时世尊说此偈已，复告迦叶，吾得金缕僧伽梨衣传付于汝，转授补处，至慈氏佛出世，勿令朽坏。迦叶闻偈，头面礼足曰，善哉善哉，我当依敕，恭顺佛故。尔时世尊至拘尸那城，告诸大众，吾今背痛，欲入涅槃，即往熙连河侧娑罗双树下，右胁累足，泊然宴寂。复从棺起，为母说法。特示双足化婆耆。并说无常偈曰："诸行无常，是生灭法，生灭灭已，寂灭为乐。"时诸弟子即以香薪竞荼毗之。烬后，金棺如故。尔时大众即于佛前以偈赞曰，凡俗者猛炽，何能致火热，请尊三昧火，阇维金色身。尔时金棺从座而举，高七多罗树。往反空中，化火三昧。须臾灰生。得舍利八斛四斗，即穆王五十三年壬申岁二月十五日也。自世尊灭后一千一十七年教至中夏，即后汉永平十年戊辰岁也。

二祖阿难将入灭，于恒河中流跏趺而坐。是时山河大地六种震动，雪山中五百仙人飞空而至，礼请度脱，即变殑伽河为金地，为仙众说诸大法。先所度弟子五百罗汉从空而下为诸仙人出家受具，其仙众中有二罗汉，一名商那和修（即三祖），二名末田底迦。阿难知是法器，付以正法眼藏，踊身虚空作十八变，入风奋迅三昧。分身四分，一分奉忉利天，一分奉娑竭罗龙宫，一分奉毗舍离龙王，一分奉阿阇世王，各造宝塔而供养之，乃厉王十一年癸巳岁也。

又初祖迦叶付法阿难后，即持僧迦梨衣入鸡足山候慈氏下生，即周孝王五年丙辰岁也。

又印度其他诸祖入灭，大多皆踊身虚空，十八变然后化火光三昧，或日轮三昧，月轮三昧，自焚其身。收取舍利。

二十四祖师子比丘罹王难（王挥刃断尊者首），涌白乳高数尺，王之右臂旋亦堕地，七日而终。

达摩六次被毒，端坐而逝，葬熊耳山，后三岁，魏宋云奉使西域回，遇师于葱岭，见手携只履，翩翩独逝。云问师何往？师曰西天去。云回具奏其事，帝令启圹，唯空棺，一只革履存焉。

二十九祖慧可大师因辩和法师之谤，邑宰翟仲侃加师非法，师怡然委顺，时年一百七岁。

皓月供奉问长沙岑和尚，古德云，了即业障本来空，未了应须偿宿债，只如师子尊者二祖大师（可为东土二祖）为什么得偿债去？长沙云，大德不识本来空。彼云如何是本来空？长沙云，业障是。又问如何是业障？长沙云本来空是。彼无语。长沙便示一偈云：假有元非有，假灭亦非无，涅槃偿债义，一性更无殊。

僧那禅师，嗣慧可大师，后谓门人慧满曰。祖师心印，非专苦行，但助道耳。若契本心，发随意真光之用，则苦行如握土成金。若唯务苦行而不明本心，为憎爱所缚，则苦行如黑月夜履于险道。汝欲明本心者，当审谛推察。遇色遇声未起觉观时，心何所之。是无耶？是有耶？既不堕有无处所，则心珠独朗，常照世间，而无一尘许间隔，未尝有一刹那顷断续之相。

向居士幽栖林野，木食涧饮，北齐天保初，闻二祖盛化，乃致书通好曰：影由形起，响逐声来，弄影劳形，不识形为影本，扬声止响，不知声是响根。除烦恼而趣涅槃，喻去形而觅影，离众生而求佛果，喻默声而寻响。故知迷悟一途，愚智非别，无名作名，因其名则是非生矣。无理作理，因其理则争论起矣。幻化非真，谁是谁非。虚妄无实，何空何有。将知得无所得，失无所失，未及造谒，聊申此意，伏望答之。二祖大师命笔回示曰：备观来意皆如实，真幽幽理竟不殊。本迷摩尼谓瓦砾，豁然自觉是真珠。无明智慧等无异，当知万法即皆如。愍此二见之徒辈，申辞措笔作斯书。观身与佛不差别，何须更觅彼无余。居士捧披祖偈，乃伸礼觐，密承印记。

第三十祖僧璨大师者，不知何许人也。初以白衣谒二祖，既受度传法，隐于舒州之皖公山。属后周武帝破灭佛法，师往来太湖县司空山。居无常处，积十余载，时人无能知者。至隋开皇十二年壬子岁，有沙弥道信，年始十四，来礼师曰，愿和尚慈悲，乞与解脱法门。师曰谁缚汝。曰无人缚。师曰何更求解脱乎！信于言下大悟，服劳九载，后传衣法。是为三十一祖。

弘忍大师旁出嵩岳慧安国师法嗣**嵩岳破灶堕和尚**，不称名氏，言行叵测，隐居嵩岳，山坞有庙甚灵，殿中唯安一灶，远近祭祠不辍，烹杀物命甚多。师一日领侍僧入庙，以杖敲灶三下，云，咄，此灶，只是泥瓦合成。圣从何来，灵从何起，恁么亨宰物命。又打三下，灶乃倾破堕落。须臾，有一人，青衣峨冠，忽然设拜师前。师曰，是什么人？云我本此庙灶神。久受业报。今日蒙师说无生法，得脱此处，生在天中，特来致谢。师曰是汝本有之性，非吾强言。神再礼而没。少选，侍僧等问师云，某等诸人久在和尚左右，未蒙师苦口直为某等，灶神得什么径旨，便得生天！师曰，我只向伊道本是泥瓦合成，别也无道理为伊。侍僧等立而无言，师曰会么？主事云不会。师曰本有之性为什么不会。侍僧等乃礼拜。师曰堕也，堕也，破也，破也。后有义丰禅师举白安国师，国师叹曰，此子会尽物我一如，可谓如朗月处空，无不见者。难遭伊语脉。丰禅师乃低头叉手而问云，未审什么人遭他语脉？国师曰，不知者。

嵩岳元珪禅师（安国师嗣）谓岳神曰：汝神通十句，五能五不能，佛则拘七能三不能。神悚然避席跪启曰，可得闻乎？师曰，汝能戾上帝东天行而西七曜乎？曰不能。师曰汝能夺地祇，融五岳而结四海乎？曰不能。师曰是谓五不能也。佛能空一切相成万法智，而不能即灭定业。佛能知群有性穷亿劫事，而不能化导无缘。佛能度无量有情，而不能尽众生界。是谓三不能也。定业亦不牢久。无缘亦谓一期。众生界本无增减。且无一人能主有法，有法无主，是谓无法。无法无主是谓无心。如我解佛，亦无神通也，但能以无心通达一切法尔。神曰，我诚浅昧，未闻空义。师所授戒，我当奉行。今愿报慈德，効我所能。师曰吾观身无物，观法无常，块然更有何欲。神固请，师曰汝能移北树于东岭乎？神曰已闻命矣，是夕暴风吼雷奔云震电，栋宇摇荡，宿鸟声喧。诘旦和霁，则北岩松栝，尽移东岭，森然行植，师谓其徒曰，吾没后无令外知，若为口实，人将妖我。

益州得唐寺无住禅师。忍大师旁出第四世，益州无相禅师法嗣。初居南阳白崖山，专务宴寂，唯以无念为宗。唐相国杜鸿渐公问曰。弟子闻今和尚说无忆无念莫妄三句法门，是否？曰然。公曰此三句是一是三？曰，无忆，名戒，无念名定，莫妄名慧。一心不生，具戒定慧。非一非三也。公曰，后句妄字莫是从心之忘乎？曰从女者是也。公曰有据否？曰法句经云，若起精进心，是妄非精进。若能心不妄，精进无有涯。公闻疑情荡焉。又问师还以三句示人否？曰对初心学人，还令息念，澄停识浪。水清影现，悟无念体，寂灭现前，无念亦不立也。于时庭树鸦鸣，公问师闻否？曰闻。鸦去已，又问师闻否？曰闻。公曰鸦去无声，云何言闻？师乃普告大众，佛世难值，正法难闻，各各谛听，闻无有闻。非关闻性。本来不生，何曾有灭。有声之时，是声尘自生，无声之时，是声尘自灭，而此闻性不随声生，不随声灭。悟此闻性，则免声尘之所转。当知闻无生灭，闻无去来。公与僚属大众稽首。又问何名第一义，第一义者从何次第得入？师曰，第一义者无有次第。亦无出入。世谛一切有，第一义即无。诸法无性性，说名第一义。佛言有法名俗谛，无性第一义。公曰，如师开示，实不可思议。公又曰，弟子性识微浅。昔因公暇，撰得起信论章疏两卷，可得称佛法否？师曰，夫造章疏，皆用识心思量分别，有为有作，起心动念，然可造成。据论文云，当知一切法从本以来离言说相，离名字相，离心缘相，毕竟平等，无有变异，唯有一心，故名真如。今相公着言说相，着名字相，着心缘相。既着种种相，云何是佛法。公起作礼，曰，弟子亦曾问诸供奉大德，皆赞弟子不可思议。当知彼等但徇人情，师今从理解说，合心地法。实是真理，不可思议。公又问云何不生？云何不灭？（已见前）

第三十三祖慧能大师（东土六祖）。**江西志彻禅师**，姓张氏，名行昌，少任侠，受北宗门人之嘱，欲害祖。祖神通预知，置金十两于方丈，及昌怀刃入室相害，祖舒颈而就，行昌挥刃者三，都无所损。祖曰，正剑不邪，邪剑不正，只负汝金，不负汝命。行昌惊仆，久而方苏。求哀悔过，即愿出家。祖遂与金云，汝且去，恐徒众翻害于汝。汝可他日易形而来，吾当摄受。后来，礼祖问曰，弟子尝览涅槃经，未晓常无常义，乞和尚慈悲，略为宣说。祖曰，无常者即佛性也，有常者即善恶一切诸法分别心也。曰和尚所说，大违经文也。祖曰，吾传佛心印，安敢违于佛经。曰经说佛性是常，和尚却言无常。善恶诸法乃至菩提心皆是无常，和尚却言是常，此即相违，令学人转加疑惑。祖曰，涅槃经吾昔者听尼无尽藏读诵一遍，便为解说，无一字一义不合经文。乃至为汝，经无二说。曰学人识量浅昧，愿和尚委曲开示。祖曰，汝知否？佛性若常，更说什么善恶诸法乃至穷劫无有一人发菩提心者。故吾说无常。正是佛说真常之道也。又一切诸法若无常者，即物物皆有自性容受生死，而真常性有不遍之处，故吾说常者，正是佛说真无常义也。佛比为凡夫外道执于邪常，诸二乘人于常计无常，共成八倒，故于涅槃了义教中，破彼偏见而显说真常真我真净。汝今依言背义，以断灭无常及确定死常，而错解佛之圆妙最后微言，览千遍，有何所益。行昌忽如醉醒，乃说偈曰：固守无常心，佛演有常性。不知方便者，犹春池拾砾。我今不施功，佛性而见前。非师相授与，我今无所得。祖曰，汝今彻也，宜名志彻。祖嗣有**晓了禅师者**，北宗门人忽雷澄撰塔碑盛行于世，略曰，师住匾担山，法号晓了。六祖之嫡嗣也。师得无心之心，了无相之相。无相者森罗眩目，无心者分别炽然。绝一言一响，响莫可传，传之行矣。言莫可穷，穷之非矣。师自得无无之无，不无于无也。吾今以有有之有，不有于有也。不有之有，去来非增。不无之无，涅槃非减。呜乎，师住世兮曹溪明，师寂灭会法舟倾。师谭无说兮寰宇盈，师示迷徒兮了义乘。匾担山色垂兹色，空谷犹留晓了名。又**祖嗣西域堀多三藏者**，天竺人也，见一僧结庵而座，问曰，汝孤坐奚为？僧曰观静。三藏曰，观者何人，静者何物？僧问其理如何？三藏曰，汝何不自观自静。僧茫然莫对。后参于祖，垂诲相符。

又**洪州法达禅师**。七岁出家，诵法华经，礼祖头不至地，祖呵曰，礼不投地，何如不礼！汝心中必有一物，蕴习何事耶？达曰，念法华经已及三千部。祖曰，汝若念至万部得其经意不以为胜，则与吾偕行。汝今负此事业，都不知过，听吾偈曰：礼本折慢幢，头奚不至地：有我罪即生，亡功福无比。祖又曰，汝名什么？对曰法达。祖曰汝名法达，何曾达法。复说偈曰：汝今名法达，勤诵未休歇。空诵但循声，明心号菩萨。汝今有缘故，吾今为汝说。但信佛无言，莲华从口发。达闻偈悔过曰，而今而后，当谦恭一切，惟愿和尚大慈，略说经中义理。祖曰汝念此经，以何为宗？达曰学人愚钝，从来但依文诵念，岂知宗趣。祖曰汝试为吾念一遍，吾当为汝解说。达即高声念经，至方便品，祖曰，止，此经原来以因缘出世为宗，纵说多种譬喻，亦无越于此。何者，因缘唯一大事，一大事即佛知见也。汝慎勿错解经意，见他道开示悟入，自是佛之知见，我辈无分。若作此解，乃是傍经毁佛也。彼既是佛，已具知见，何用更开。汝今当信，佛知见者只汝自心。更无别体。盖为一切众生自蔽光明，贪爱尘境，外缘内扰，甘受驱驰。便劳他从三昧起，种种苦口，劝令寝息，莫向外求，与佛无二。故云开佛知见。汝但劳劳执念谓为功课者，何异牦牛爱尾也。达曰若然者，但得解义，不劳诵经耶？祖曰经有何过？岂障汝念，只为迷悟在人，损益由汝。听吾偈曰：心迷法华转，心悟转法华。诵久不明己，与义作雠家。无念念即正，有念念成邪。有无俱不计，长御白牛车。达闻偈再启曰，经云诸大声闻乃至菩萨皆尽思度量尚不能测于佛智。今令凡夫但悟自心便名佛之知见。自非上根，未免疑谤。又经说三车，其牛之车与白牛车如何区别？愿和尚再重宣说。祖曰经意分明，汝自迷背。诸三乘人不能测佛智者，患在度量也。饶伊尽思共推，转加悬远。佛本为凡夫说，不为佛说。此理若不肯信者，从他退席。殊不知坐却白牛车，更于门外觅三车。况经文明向汝道无二亦无三。如何不省三车是假，为昔时故。一乘是实，为今时故。只教汝去假归实，归实之后，实亦无名。应知所有珍财，尽属于汝。由汝受用。更不作父想，亦不作子想。亦无用想。是各持法华经从劫至劫手不释卷从昼至夜无不念时也。达既蒙启发，踊跃欢喜以偈赞曰：经诵三千部，曹溪一句亡。未明出世旨，宁歇累生狂。羊鹿牛权设，初中后善扬。谁知火宅内，元是法中王。祖曰，汝今后方可名为念经僧也。达从此领圣旨，亦不辍诵持。又**寿州智通禅师**，初看摆伽经千余遍而不会三身四智，礼师求解其义，祖曰，三身者，清净法身，汝之性也，圆满报身，汝之智也，千百亿化身，汝之行也。若离本性别说三身，即名有身无智。若悟三身无有自性，即名四智菩提。听吾偈曰：自性具三身，发明成四智。不离见闻缘，超然登佛地。吾今为汝说，谛信永无迷。莫学驰求者，终日说菩提。师曰，四智之义，可得闻乎？祖曰，既会三身，便明四智。何更问耶。若离三身别谈四智，此名有智无身也。即此有智还成无智。复说偈曰：大圆镜智性清净。平等性智心无病。妙观察智见非功。成所作智同圆镜。五八六七果因转，但用名言无实性。若于转处不留情，繁兴永处那伽定。转识为智者，教中云：转前五识为成所作智，转第六识为妙观察智，转第七识为平等性智，转第八识为大圆镜智，虽六七因中转，五八果上转，但转其名而不转其体也。

师礼谢，以偈赞曰：三身元我体，四智本心明，身智融无碍，应物任随形。起修皆妄动，守住匪真精，妙旨因师晓，终亡污染名。

又**广州志道禅师**，参六祖曰，学人览涅槃经十余载，未明大意，愿和尚垂诲。祖曰，汝何处未了？对曰，诸行无常，是生灭法，生灭灭已，寂灭为乐。于此疑惑。祖曰，汝作么生疑？对曰，一切众生皆有二身，谓色身法身也。色身无常，有生有灭，法身有常，无知无觉。经云生灭灭已，寂灭为乐者，不审是何身寂灭，何身受乐？若色身者，色身灭时四大分散，全是苦苦，不可言乐。若法身寂灭，即同草木瓦石，谁当受乐？又法性是生灭之体，五蕴是生灭之用。一体五用，生灭是常。生则从体起用，灭则摄用归体。若听更生，即有情之类不断不灭；若不听更生，即永归寂灭，同于无情之物。如是则一切诸法被涅槃之所禁伏，尚不得生，何乐之有？祖曰汝是释子，何习外道断常邪见而议最上乘法。据汝所解，即色身外别有法身，离生灭求于寂灭。又推涅槃常乐言有身受者。斯乃执吝生死，耽着世乐。汝今当知佛为一切迷人认五蕴和合为自体相。分别一切法为外尘相。好生恶死，念念迁流。不知梦幻虚假，枉受轮回。以常乐涅槃翻为苦相。终日驰求。佛愍此故，乃示涅槃真乐，刹那无有生相，刹那无有灭相，更无生灭可灭，是则寂灭见前。当见前之时，亦无见前之量，乃谓常乐此乐。无有受者，亦无不受者，岂有一体五用之名，何况更言涅槃禁伏诸法令永不生。斯乃谤毁佛法。听吾偈曰：无上大涅槃，圆明常寂照，凡愚谓之死，外道执为断。诸求二乘人，目以为无作。尽属情所计，六十二见本。妄立虚假名，何为真实义。唯有过量人，通达无取舍。以知五蕴法，及以蕴中我，外现众色象，一一音声相，平等如梦幻，不起凡圣见，不作涅槃解。二边三际断。常应诸根用，而不起用想。分别一切法，不起分别想。劫火烧海底，风鼓山相击，真常寂灭乐，涅槃相如是。吾今强言说，令汝舍邪见。汝勿随言解，许汝知少分。师闻偈，踊跃作礼而退。

又**司空山本净禅师**。玄宗诏至朝，召两街名僧硕学赴内道场与师阐扬佛理。时有远禅师者，抗声谓师曰，今对圣上校量宗旨，应须直问直答，不假繁辞。只如禅师所见，以何为道？师答曰，无心是道。远回道因心有，何得言无心是道？师曰道本无名，因心名道，心名若有，道不虚然。穷心既无，道凭何立。二俱虚妄，总是假名。远曰，禅师见有身心是道已否？师曰，山僧身心本来是道。曰适言无心是道，今又言身心本来是道，岂不相违：师曰无心是道，心泯道无，心道一如，故言无心是道。身心本来是道，道亦本是身心，身心本既是空，道亦穷源无有。曰观禅师形质甚小，却会此理。师曰，大德只见山僧相，不见山僧无相。见相者是大德所见，经云凡所有相皆是虚妄，若见诸相非相，即悟其道。若以相为实，穷劫不能悟道。曰，今请禅师于相上说于无相。师曰，净名经云，四大无主，身亦无我。无我所见，与道相应。大德若以四大有主是我，若有我见，穷劫不可会道也。远公闻语失色，逡巡避席。师有偈曰：四大无主复如水，遇曲逢直无彼此，净秽两处不生心，壅决何曾有二意。触境但似水无心，在世纵横有何事。复云，一大如是，四大亦然。若明四大无主，即悟无心，若了无心，自然契道。又有志明禅师者问曰：若言无心是道，瓦砾无心亦应是道。又云身心本来是道，四生十类皆有身心，亦应是道。师曰，大德若作见闻觉知之解，与道悬殊，即是求见闻觉

　　　　　　　　　　　　　　　禅密薪传

知之者，非是求道之人。经云无眼耳鼻古身意，六根尚无，见闻觉知凭何而立。穷本不有，何处存心。焉得不同草木瓦砾，志明杜口而退。师又有偈曰：见闻觉知无障碍，声香味触常三昧。如鸟空中只么飞，无取无舍无憎爱。若会应处本无心，始得名为观自在。又有真禅师者问云，道既无心，佛有心否？佛之与道，是一是二？师曰不一不异。曰佛度众生，为有心故。道不度人，为无心故。一度一不度，何得无二？师曰，若言佛度众生道无度者，此是大德妄生二见。如山道即不然。佛是虚名，道亦妄立。二俱不实，总是假名，一假之中何分二？问曰佛之与道从是假名，当立名时，是谁为立？若有立者，何得言无？师曰佛之与道，因心而立，推穷立心！心亦是无，心既是无，即悟二俱不实，知如梦幻，即悟本空，强立佛道二名，此是二乘人见解。师乃说无修无作偈曰：见道方修道，不见复何修。道性如虚空，虚空何所修。遍观修道者，拨火觅浮沤。但看弄傀儡，线断一时休。又有法空禅师者问曰：佛之与道，俱是假名，十二分教，亦应不实。何以从前尊宿皆言修道？师曰大德错会经意。道本无修，大德强修，道本无作，大德强作，道本无事，强生多事。道本无知，于中强知。如此见解，与道相违。从前尊宿不应如是。自是大德不会。请思之。师又有偈曰：道体本无修，不修自合道。若起修道心，此人不会道。弃却一真性，却入闹浩浩。忽逢修道人，第一莫向道。又有安禅师者问曰：道既假名，佛云妄立，十二分教亦是接物度生，一切是妄，以何为真？师曰，为有妄故，将真对妄，推穷妄性本空，真亦何曾有故。故知真妄总是假名，二事对治，都无实体。穷其根本，一切皆空。曰既言一切是妄，妄亦同真，真妄无殊复是何物？师曰若言何物，何物亦妄。经云无相似，无比况，言语道断，如鸟飞空。安公惭伏，不知所措。师又有偈曰：推真真无相，穷妄妄无形，返观推穷心，知心亦假名。会道亦如此，到头亦只宁。又有达性禅师者问曰，禅是至妙至微，真妄双泯佛道两亡，修行性空，名相不实，世界如幻，一切假名。作此解时，不可断绝众生善恶二根。师曰，善恶二根皆因心有。穷心若有，根亦非虚。推心既无，根因何立。经云，善不善法，从心化生。善恶业缘，本无有实。师又有偈曰，善既从心生，恶岂离心有。善恶是外缘，于心实不有。舍恶送何处，取善令谁守。伤嗟二见人，攀缘两头走。若悟本无心，始悔从前咎。又有近臣问曰，此身从何而来？百年之后复归何处？师曰如人梦时从何而来，睡觉时从何而去。曰梦时不可言无，既觉不可言有。虽有有无，来往无所。师曰贫道此身，亦如其梦。又有偈曰：视身如在梦，梦里实是闹，忽觉万事休，还同睡时悟。智者会悟梦，迷人信梦闹。会梦如两般，一悟无别悟，富贵与贫贱，更亦无别路。又**西京光宅寺慧忠国师**。自受心印，居南阳白崖山党子谷，四十余祀不下山门，唐肃宗诏至京，待以师礼，及代宗临御，复迎止光宅精蓝。十有六载，随机说法。时有西天大耳三藏到京，云得他心慧眼。帝敕令与国师试验。三藏才见师，便礼拜立于右边。师问曰，汝得他心通耶？对曰不敢。师曰汝道老僧即今在什么处？曰和尚是一国之师，何得却去西川看竞渡。师再问汝道老僧即今在什么处？曰和尚是一国之师，何得却在天津桥上看弄猢狲。师第三问，语亦同前。三藏良久，罔知去处。师叱曰，这野狐精，他心通在什么处？三藏无对。师一日唤侍者，侍者应诺。如是三召，皆应诺。师曰将谓吾辜负汝却是汝辜负吾。南泉到参，师问什么处来？对曰江西来。师曰，还将得马师真来否？曰只这是。师曰背后底。南泉便休。麻谷到参。绕禅床三匝，于师前振锡而立。师曰既如是，何用更见贫道？麻谷又振锡。师叱曰，这野狐精出去。师每示众云。禅宗学者应遵佛语一乘了义，契自心源。不了义者，互不相许，如师子身虫。夫为人师，若涉名利，别开异端，

禅密薪传

则自他何益。如世大匠，斤斧不伤其手。香象所负，非驴能堪。有僧问若为得成佛去？师曰佛与众生一时放却。当处解脱。问作么生得相应去？师曰，善恶不思，自见佛性。问若为得证法身？师曰越毗卢之境界。曰清净法身作么生得？师曰不着佛求耳。问阿那个是佛？师曰即心是佛。曰心有烦恼否？师曰，烦恼性自离。曰岂不断耶？师曰断烦恼者，即名二乘，烦恼不生，名大涅槃。问坐禅看静，此复若为？师曰不垢不净，宁用起心而看净相。又问禅师见十方虚空是法身否？师曰以想心取之，是颠倒见。问即心是佛，可更修万行否？师曰诸圣皆具二严，岂拨无因果耶！又曰，我今答汝，穷劫不尽。言多，去道远矣。所以道，说法有所得，斯则野干鸣，说法无所得，是名师子吼。有人问如何是解脱？师曰诸法不相到，当处解脱。曰怎么即断去也？师曰向汝道诸法不相到，断什么。鱼军容问师住白崖山，十二时中如何修道？师唤童子来，摩顶曰，惺惺直然惺惺，历历直然历历，已后莫受人谩。师与紫璘供奉论议，既升座，供奉曰，请师立义。某甲破。师曰立义竟。供奉曰是什么义？师曰果然不见。非公境界。便下座。一日师问紫璘供奉佛是什么义？曰是觉义。师曰佛曾迷否？曰不曾迷。师曰用觉作么！供奉无对。又问如何是实相？师曰把将虚底来。曰虚底不可得。师曰，虚底尚不可得，向实相作么？耽源问，百年后有人问极则事作么生？师曰幸自可怜生，须要个护身符子作么（此上皆附及祖之弟子）。祖说法利生经四十载，其年七月六日，命弟子往新州国恩寺建报恩塔，仍令倍工。先天二年七月一日谓门人曰，吾欲归新州，汝速理丹楫。时大众哀慕，乞师且住。师曰，诸佛出现，犹示涅槃，有来必去，理亦常然。吾此形骸，归必有所。众曰，师从此去，早晚却回。师曰叶落归根，来时无口。又问师之法眼何人传受？师曰有道者得，无心者通。又问后莫有难否？曰吾灭后五六年，当有一人来取吾首。听吾记曰：头上养亲，口里须餐，遇满之难，杨柳为官。又云，吾去七十年，有二菩萨从东方来，一在家，一出家，同时兴化。建立吾宗。缔缉伽蓝，昌隆法嗣。言讫，往新州国恩寺，沐浴讫，跏趺而化。异香袭人，白虹属地。即其年八月三日也。时韶新两郡各修灵塔，道俗莫决所之，两郡刺史共焚香祝云，香烟行处，即师之欲归焉。时炉香腾涌，直贯曹溪，以十一月十三日入塔，寿七十六。

婺州五泄山灵默禅师。初偈马祖，马接之，因披剃受具。后初参石头时，装腰便上方丈，见石头坐次，便问一言相契即住，不然便发。石头据坐。师便发去。石头随后逐至门外，召云，阇梨，阇梨，师回首。石头云，从生至老只是这个，又回头转脑作什么？师于言下忽然有省。遂踏折拄杖，一住二十年为侍者。唐贞元初，入天台山，住白沙道场。复居五泄。僧问何物大于天地？师云无人识得伊。僧云还可雕琢也无？师云汝试下手看！僧问此个门中始终事如何？师云汝道目前底成来得多少时也？僧云学人不会。师云我此间无汝问底。僧云和尚岂无接人处？师云待汝求接我即接。僧云便请和尚接。师云汝欠少个什么！问如何得无心？师云倾山覆海晏然静。地动安眠岂采伊。师元和十三年三月二十三日沐浴焚香端坐告众云：法身圆寂，示有去来，千圣同源，万灵归一。吾今沤散，胡假兴哀。无自劳神，须存正念。若遵此命，真报吾恩。傥固违言，非吾之子。时有僧问和尚向什么处去？师曰无处去。曰某甲何不见？师曰非眼所睹。言毕，奄然顺化。寿七十有二，腊四十一。

五台山隐峰禅师。姓邓氏，幼若不慧，父母听其出家。初游马祖之门，而未能睹奥。复来往石头（师辞马祖，祖云什么处去？对云石头去。祖云石头路滑。对云竿木随身，逢场作戏。便去。才到石头，即绕禅床一匝，振锡一声，问是何宗旨？石头云苍天苍天。隐峰无语，却回，举似于祖，祖云汝更去，见他道苍天，汝便嘘嘘。隐峰又去石头，一依前问是何宗旨，石头乃嘘嘘。隐峰又无语归来。祖云向汝道石头路滑）。而后于马大师言下契会。师在石头时，问云如何得合道去？石头云我亦不合道。师云毕竟如何？石头云汝被这个得多少时耶！一日石头和尚铲草次，师在左侧叉手而立。石头飞铲子向，师面前铲一株草。师云和尚只铲得这个，不铲得那个。石头提起铲子，师接得铲子，乃作铲势。石头云，汝只铲得那个，不解铲得这个。师无对。师一日推土车次，马大师展脚在路上坐。师云请师收足。大师云已展不收。师云已进不退。乃推车碾过。大师脚损归法堂，执斧子云，适来碾损老僧脚底出来。师便出于大师前引颈。大师乃置斧。师到南泉睹众僧参次，南泉指净瓶云，铜瓶是境，瓶中有水，不得动着境与老僧将水来。师便拈净瓶向南泉面前泻。南泉便休。师后到沩山，于上座头解放衣钵。沩山闻师叔到，先具威仪下堂内。师见来，便倒作睡势。沩山便归方丈。师乃发去。少间，沩山问侍者，师叔在否？对云已去也。沩山云去时有什么言语？对云无言语。沩山云莫道无言语，其声如雷。师以冬居衡岳，夏止清凉。唐元和中，荐登五台，路出淮西，属吴元济阻兵违拒王命，官军与贼交锋，未决胜负。师曰吾当去解其患。乃掷锡空中，飞身而过。两军将士仰观；事符预梦，斗心顿息。师既显神异，虑成惑众，遂入五台，于金刚窟前将示灭。先问众云，诸方迁化，坐去卧去，吾尝见之，还有立化也无？众云有也。师云还有倒立者否？众云来尝见有。师乃倒立而化，亭亭然其衣顺体。时众议异就茶毗，屹然不动。远近瞻视，惊叹无已。师有妹为尼，时有彼，乃俯近而咄曰，老兄畴昔不循法律，死更荧惑于人。于是以手推之，偾然而踣。遂就阇维，收舍利入塔。

泉州龟洋山无了禅师。参大寂禅师，了达祖乘。即还本院，院之北，樵采路绝。师一日策杖披榛而行，遇六眸巨龟，斯须而失，乃庵于此峰，因号龟洋和尚。一日有虎逐鹿入庵，师以杖格虎。遂存鹿命。洎将示化，乃述偈曰：八十年来辨西东，如今不要白头翁。非长非短非大小，还与诸人性相同。无来无去兼无住，了却本来自性空。偈毕，俨然告寂。瘗于正堂，垂二十载，为山泉淹没。门人发塔，见全身水中而浮。闽王闻之。遣使舁入府庭供养。忽臭气远闻。王焚香祝之曰，可迁龟洋旧址建塔。言讫，异香普熏，倾城瞻礼。本道奏谥真寂大师，塔曰灵觉。

南岳西园兰若昙藏禅师。本受心印于大寂禅师，后谒石头，莹然明彻。唐贞元二年，遁衡岳之绝顶。师养一灵犬，尝夜经行次，其犬衔师衣，师即归房，又于门侧伏守而吠，频奋身作猛噬之势。诘旦，东厨有一大蟒、长数丈，张口呀气，毒熖炽然。侍者请避之。师曰，死可逃乎。彼以毒来，我以慈爱，毒无实性，激发则强，慈苟无缘，冤亲一揆。言讫，其蟒按首徐行，倏然不见。复一夕有群盗，犬亦衔师衣，师语盗曰，茅舍有可意物，一任取去。终无所吝。盗感其言，皆稽首而散。

潭州华林善觉禅师。常持锡夜出林麓间，七步一振锡，一称观音名号。夹山善会造庵问曰，远闻和尚念观音是否？师曰然。夹山曰骑却头如何？师曰出头从汝骑，不出头，骑什么？僧参，方展坐具。师曰，缓缓。僧曰和尚见什么？师曰可惜许，磕破钟楼。其僧从此悟入。一日，观察使裴休访之。问曰，师还有侍者否？师曰有一两个。裴曰在什么处？师乃唤大空小空。时有二虎自庵后而出，裴睹之惊悸。师语二虎曰，有客且去。二虎哮吼而去。裴问曰，师作何行业，悉得如斯？师乃良久，曰，会么。曰，不会。师曰山僧常念观音。

潭州龙山和尚。洞山问和尚见个什么道理，便住此山？师云，我见两个泥牛斗入海，直至如今无消息。师因有颂云：三间茅屋从来住，一道神光万境闲，莫作是非来辨我，浮生穿凿不相关。

襄州居士庞蕴，字道玄。初谒石头和尚，忘言会旨。一日石头问曰，子自见老僧以来，日用事作么生？对曰，若问日用事，即无开口处。复呈一偈曰：日用事无别，唯吾自偶谐。头头非取舍，处处勿死乖。朱紫谁为号，丘山绝点埃。神通并妙用，运水及搬柴。石头然之。后参马祖问云，不与万法为侣者是什么人？祖云，待汝一口吸尽西江水，即向汝道。居士言下顿领玄旨。有偈曰：有男不婚，有女不嫁！大家团圞头，共说无生活。尝游讲肆，随喜金刚经，至无我无人处，致问曰，座主，既无我无人，是谁讲谁听？座主无对。居士曰，某甲虽是俗人，粗知信向，座主曰，只如居士意作么生？居士乃示一偈云：无我复无人，作么有疏亲，劝君休历坐，不似直求真。金刚般若性，外绝一纤尘，我闻并信受，总是假名陈。座主闻偈，欣然仰叹。元和中，北游襄汉，随处而居，或凤岭鹿门，或鄽市闾巷。初住东岩，后居廓西小舍，一女名灵照，常随。制竹漉篱令鬻之，以供朝夕。有偈曰：心如境亦如，无实亦无虚。有亦不管，无亦不居。不是贤圣，了事凡夫。易复易，即此五蕴有真智，十方世界一乘同，无相法身岂有二。若舍烦恼入菩提，不知何方有佛地。居士将入灭，令女灵照出视日早晚及午以报。女遽报曰，日已中矣，而有蚀也。居士出户观次，灵照即登父座合掌坐亡。居士笑曰，我女锋捷矣。于是更延七日。州牧于公问疾次，居士谓曰，但愿空诸所有，慎勿实诸所无。好住世间皆如影响。言讫，枕公膝而化。遗命焚弃江湖，缁素伤悼。有侍偈三百余篇行世。

天台平田普岸禅师。谓众曰，神光不昧，万古徽猷。入此门来，莫存知解。有僧到参，师打一拄杖。其僧近前把住拄杖。师曰老僧适来造次。僧却打师一拄杖。师曰作家作家，僧礼拜。师把住曰，是阇黎造次。僧大笑，师曰这个师僧今日大败也。有偈示众曰，大道虚旷，常一真心，善恶勿思，神情物表。随条饮啄，更复何为。终于本院。

　　镇州普化和尚者，不知何许人也。师事盘山，密受真诀。而佯狂出言无度。暨盘山顺世，乃于北地行化。或城市，或冢间，振一铎云，明头来也打，暗头来也打。一日临济令僧捉住云，不明不暗时如何，答云，来日大悲院里有斋。凡见人无高下皆振铎一声，时号普化和尚。或将铎就人耳边振之，或拊其背。有回顾者，即展手云，乞我一钱。非时遇食亦吃。尝暮入临济院吃生菜饭。临济曰，这汉大似一头驴。师便作驴鸣。临济乃休。师见马步使出喝道，师亦喝道，及作相扑势。马步使令人打五棒。师曰，似即似。是即不是。师尝于阛阓间采铎唱曰，觅个去处不可得。时道吾遇之，把住问曰，汝拟去什么处？师曰汝从什么处来。道吾无语，师掣手便去。临济一日与河阳木塔长老同在僧堂内坐，因说普化每日在街市中掣风掣颠，知他是凡是圣。言犹未了，师入来。济便问汝是凡是圣？师云，汝且道我是凡是圣？济便喝。师以手指云，河阳新妇子，木塔老婆禅。临济小厮儿，却具一只眼。济云，这贼。师云，贼贼。便出去。师唐咸通初将示灭，乃入市谓人曰，乞一个直裰。人或与披袄，或与布裘，皆不受。振铎而去。时临济令人送与一棺。师笑曰，临济厮儿饶舌。便受之。乃告辞曰，普化明日去东门迁化。郡人相率送出城。师万声曰，今日葬不合青乌。乃曰，第二日南门迁化。人亦随之。又曰明日出西方方吉。人出渐稀。出已还返，人意稍息。第四曰，自擎棺出北门外，振铎入棺而逝。郡人奔走出城，揭棺视之，已不见。唯闻铎声渐远，莫测其由。

　　京兆蚬子和尚。不知何许人也。事迹颇异，居无定所。自印心于洞山，混俗于闽川，不畜道具，不循律仪。常日沿江岸采掇虾蚬以充腹，暮即卧东山白马庙纸钱中。居民目为蚬子和尚。华严静师闻之，欲决真假，先潜入纸钱中，深夜师归，静把住问曰，

　　　　　　　　　　　　　　　　　　　禅密薪传

如何是祖师西来意？师遽答曰，神前酒台盘。静奇之，忏谢而退。后静师化行京都，师亦至焉，竟不聚徒演法，惟佯狂而已。

附　真心息妄

或曰，真心在妄则是凡夫，如何得出妄成圣耶？曰，古云妄心无处即菩提，生死涅槃本平等。经云，彼之众生，幻身灭故，幻心亦灭；幻心灭故，幻尘亦灭；幻尘灭故，幻灭亦灭；幻灭灭故，非幻不灭。譬如磨镜，垢尽明现。永嘉亦云，心是根，法是尘，两种犹如镜上痕，痕垢尽时光始现，心法双忘性即真。此乃出妄而成真也。或曰庄生云，心者其热焦火，其寒凝冰，其疾俯仰之间，再抚四海之外，其居也渊而静，其动也悬而天者，其惟人心乎。此庄生先说凡夫心不可治伏如此也。未审宗门以何法治妄心也？曰，以无心法治妄心也。或曰，人若无心，便同草木，无心之说，请施方便。曰，今云无心，非无心体名无心也，但心中无物，名曰无心，如言空瓶，瓶中无物，名曰空瓶，非瓶体无名空瓶也。故祖师云，汝但于心无事，于事无心，自然虚而灵，寂而妙，是此心旨也。据此，则以无妄心，非无真心妙用也。从来诸师说做无心功夫，类各不同，今总大义，略明十种。

一曰觉察。谓做功夫时，平常绝念，堤防念起，一念才生，便与觉破，妄念破觉，后念不生，此之觉智，亦不须用，妄觉俱忘，名曰无心，故祖师云，不怕念起，只恐觉迟。又偈云，不用求真，唯须息见。此是息妄功夫也。

二曰休歇。谓做功夫时，不思善，不思恶，心起便休，遇缘便歇。古人云，一条白练去，冷湫湫地去，古庙里香炉去，直得绝廉纤离分别，如痴似兀，方有少分相应。此休歇妄心功夫也。

三泯心存境。谓做功夫时，于一切妄念俱息，不顾外境，但自息心。妄心已息，何害有境。即古人夺人不夺境法门也。故有语云，是处有芳草，满城无故人。又庞公云，但自无心于万物，何妨万物常围绕。此是泯心存境息妄功夫也。

四泯境存心。谓做功夫时。将一切内外诸境悉观为空寂，只存一心，孤标独立。所以古人云，不与万法为侣，不与诸尘作对。心若著境，心即是妄。今既无境，何妄之有。乃真心独照，不碍于道，即古人夺境不夺人也。故有语云，上园花已谢，车马尚骈阗。又云，三千剑客今何在，独计庄周定太平。此是泯境存心息妄功夫也。

五泯心泯境。谓做功夫时，先空寂外境，次灭内心，既内外心境俱寂，毕竟妄从何有。故灌溪云，十方无壁落，四面亦无门，净裸裸，赤洒洒，即祖师人境两俱夺法门也。故有语云，云散水流去，寂然天地空。又云，人牛俱不见，正是月明时，此泯心泯境息妄功夫也。

六存境存心。谓做功夫时，心住心位，境住境位，有时心境相对，则心不取境，境不临心，各不相到，自然妄念不生，于道无碍。故经云，是法住法位，世间相常住，即祖师人境俱不夺法门也。故有语云，一片月生海，几家人上楼。又云，山花千万朵，游子不知归。此是存境存心灭妄功夫也。

七内外全体。谓做功夫时，于山河大地，日月星辰，内身外器，一切诸法，同真心体，湛然虚明，无一毫异，大千沙界，打成一片，更于何处得妄心来。所以肇法师云，天地与我同根，万物与我同体。此是内外全体灭妄功夫也。

八内外全用。谓做功夫时，将一切内外身心器界诸法及一切动用施为，悉观作真心妙用，一切心念才生，便是妙用现前，既一切皆是妙用，妄心向什么处安着。故永嘉云，无明实性即佛性，幻化空身即法身。志公十二时歌云，平旦寅，狂机内隐道人身，坐卧不知元是道，只么忙忙受苦辛。此是内外全用息妄功夫也。

九即体即用。谓做功夫时，虽冥合真体，一味空寂，而于中内隐灵明，乃体即用也；灵明中内隐空寂，用即体也。故永嘉云，惺惺寂寂是，惺惺妄想非；寂寂惺惺是，无计（记）寂寂非。既寂寂中不容无计，惺惺中不用乱想，所有妄心，如何得生？此是即体即用灭妄功夫也。

十透出体用。谓做功夫时，不分内外，亦不辨东西南北，将四方八面，只作一个大解脱门，圆陀陀地体用不分，无分毫渗漏，通身打成一片，其妄何处得起。古人云，通身无缝罅，上下成团圆。是乃透出体用灭妄功夫也。

已上十种做功大法，不须全用，但得一门功夫成就，其妄自灭，真心即现，随根宿习曾与何法有缘，即便习之。此之功夫，乃无功之功，非有心功力也。此个休歇妄心法门最紧要，故偏多说，无文繁也。（此出古德禅师真心直说）

南岳大师大乘止观

所言止者，谓知一切诸法，从本已来，性自非有，不生不灭。但以虚妄因缘故，非有而有；然彼有法，有即非有，惟是一心，体无分别。作是观者，能令妄念不流，故名为止。所言观者，虽知本不生，今不灭，而以心性缘起，不无虚妄世用。犹如幻梦，非有而有。故名为观。

不空智

敬辑

1965. 乙巳古冬月中浣

第四编　证道歌注释

卷首语

　　永嘉真觉大师，遍历教观，从缘悟入，径往曹溪印可。到日，值祖坐次，师绕床三匝，振锡一下，卓然而立。祖曰，夫沙门者，具三千威仪，八万细行，行行无亏，大德从何方而来，生大我慢？师曰，生死事大，无常迅速。祖曰，何不体取无生，了无速乎？师曰，体即无生，了本无速。祖曰，如是如是。须臾礼辞。祖曰，返太速乎？师曰，本非动静，岂有速耶？祖曰，谁知非动？师曰，仁者自生分别。祖曰，汝甚得无生之意。师曰，无生岂有意？祖曰，若无意，谁生分别？师曰，分别亦非意。祖叹曰，善哉善哉。师着《证道歌》，古德谓发明教外别传之道，拣去权浅之病，皆自证心流出。其摧邪显正，如出匣莫邪，光芒烛天，势不可犯。自有宗门以来，仅一见之，可谓掀翻大海，倾竭无余，诚不虚也。惟惜义理渊深，浅学难测，得竺源禅师注，解难析难，使学者如拨云见日，其功岂浅显哉。余故特敬书一过，以备常览。查原书尚有尾跋，因已残缺不全，故无法附入，然是注外之余，无关宏旨也。

不空智识

戊申古四月廿八日

竺源禅师注证道歌序

神光见达摩，三拜起立，付以衣法；真觉参曹溪，绕床振锡，而定宗旨。盖心法之精微，非言所及。后来诸祖，行棒行喝，辊球作舞，打鼓振铎，以大机大用，发扬为己为人之妙。而所谓东土有大乘根器，传佛心宗者，正谓是也。惟大乘菩萨，能为己为人，独觉声闻，则不能之，是知吾宗授受，岂细事哉。近时丛林不古，或少有见解，而无真履实践，失其体也。或有静工，而不能提唱纲要，以利生接物，失其用也。若体用兼资，行解俱备，江淮之间，惟竺源禅师而已。师早遍参名宿，佛祖教典，无不探赜，而卓然以己躬大事为任；未见无能教公，机语契合，遂嗣其法。两住都之妙果寺，倦于涉世，谢归南巢，海内学者大至，室无所容。有以真觉证道歌请注。师随问析之，学者笔录成帙。姑孰陈善会愿刻诸梓，以惠来学，而征序于予。予谓理之悟则一，事之修则无穷，故华严四法界终之以事事无碍者，谓其不舍一法，而无一物不得其当也。真觉始由教观修行，如人之治田园居室，既富且有，特契券未之明允，及见六祖，犹持券入官，一印印定，永保家业，与马祖百丈、黄檗、临济、南阳、大珠，如契经说法，莫不由斯，而雏道人乌足语此哉。吾又闻无能公益通经教儒老百氏，而师则辩博过之，故其发挥真觉之蕴，特应酬余事耳。若夫室中征诘，机迅雷电，揭示衲僧向上巴鼻，当逢作者别为拈出。

至元六年庚辰岁秋八月龙翔比丘大诉拜书。

证道歌注释

君不见，<small>最初一着，觌面相呈，又云甚处去也，</small>**绝学无为闲道人，**<small>原来只在这里，</small>**不除妄想不求真，**<small>且信一半，</small>**无明实性即佛性**<small>依稀越国，</small>**幻化空身即法身。**<small>仿佛扬州，</small>**法身觉了无一物，**<small>唤作一物即不</small>

中，**本源自性天真佛**，佛之一字，吾不喜闻，**五阴浮云空去来**，平地起土堆，**三毒水泡虚出没**。虚空里揣骨。

绝学者，学无所学也。学无所学，学之绝矣。无为者，为无所为也。为无所为，为之无矣。非世之绝学无为，乃世出世间之绝学无为也。自觉觉他，觉行圆满，三身圆显，十号俱彰者，诸佛之绝学无为也。十圣三贤，六度万行，众生度尽，方证菩提者，菩萨之绝学无为也。断三界尘劳，出分段生死，诸漏已尽，不受后有者，二乘之绝学无为也。洞悟诸佛心宗，透彻衲僧巴鼻，行解相应，智眼圆明者，衲僧之绝学无为也。三际平等，一道清虚，尽十方世界是个沙门全身，万象森罗是个金刚正体，无坏无杂，无欠无余，上无诸佛之可成，下无众生之可度，平帖帖地，闲落落地，身心一如，身外无余，可谓绝学无为闲道人也。到这田地，更无第二人，亦无第二念。圣凡情泯，真妄见空。返观无明实性即是佛性；幻化空身即是法身。大包无外，细入无内，荡荡无为，元元自化，无名无字，无去无来，亘古亘今，湛然常住。故云法身觉了无一物，本源自性天真佛。了知五阴三毒，如浮云水泡虚出没耳。五阴者，即色受想行识；三毒者，即贪瞋痴也；又云饿鬼、畜生、地狱也。虽然，犹是教乘边事，临济门下，正在半途，到家一句，作么生道？

君不见，为渠通一线。井底起红尘，山头生白练。丈二眉毛颔下生，八角磨盘空里转。

证实相，虚空吃铁棒，**无人法**，王宫生悉达，**刹那灭却阿鼻业**，甚处得消息来，**若将妄语诳众生**，着甚死急，**自招拔舌尘沙劫**。井深藏猛虎，草浅露群蛇。

一相无相，谓之实相，即一切众生本有灵觉之心也。此心自无量劫来，至于今日，本自清净，本自圆满，本自具足，本自灵妙，廓若太虚，明如皎月，与他三世诸佛，同体无异。良由二仪初分，三才始立，最初不觉，托识受生。瞥智慧于昏衢，匍匐九居之内，锁真觉于梦夜。沉迷三界之中，因师指教，方觉前非，回光返照，洞彻真源，故谓之证。到此田地，无人无法，无佛无众生，无去无来，无生无死，旷劫无明业识，应念顿消，故云刹那灭却阿鼻业。梵语阿鼻，此云无间，乃极苦之地狱也。永嘉恐世人信之不及，故立誓云，我若将此语诳惑于人，自招拔舌尘沙劫数也。此是深慈痛悲，故能尔矣。劫者，时分也。还信得及么？更听一颂。

证实相，无人法，无明荒草连根拔。三千刹海冷沉沉，一切圣贤阿剌剌。

顿觉了，犹是钝汉，如来禅，谁为安名，**六度万行体中圆**。可知礼也，又云为蛇画足，**梦里明明有六趣**，又有这个在**觉后空空无大千**。犹较些子。

顿觉者，非次第方便而证也，乃上根利智，一闻千悟，一了百当之人也。如断一缕丝，一断一切断，一证一切证。如来禅者，即诸法如义，来无所来也，非四禅八定之禅，乃达摩大师不立文字单传直指如来心印之禅也。既悟此心，诸缘恶舍，即檀波罗蜜也；本来清净，即戒波罗蜜也；不以沾而喜，不以谤而嗔，即忍波罗蜜也；念念无妄，即精进波罗蜜也；内寂不摇，即禅波罗蜜也；智照如日，即般若波罗蜜也。到此田地，三千威仪，八万细行，步步皆如。无一理而不圆，无一事而不备，故云六度万行体中圆也。迷时诸境纷然，悟后万法俱息，故云，梦里明明有六趣，觉后空空无大千。大千者，释迦如来之化境也。化境尚空，况有六趣。只如觉后一句，作么生道？

顿觉了，如来禅，打破虚空无两返。一段风光藏不得，分明独露空劫前。

无罪福，风吹不入，**无损益**，雨打不湿，**寂灭性中莫问觅**。天晴依旧日头出，**比来尘镜未曾磨**。平地起干戈，**今日分明须剖析**。试举似看。**谁无念**，空中掣闪电，**谁无生**，古路铁蛇横，**若是无生无不生**。将逐符行，**唤取机关木人问**，拈拄杖便打，**求佛施功早晚成**。再犯不容。

我心本空，罪福无主。罪福既无主，安有损益乎。身心寂灭，平等一如，离文字相、离缘虑相、离一切想、离一切执著，故云莫问觅也。大师悯彼来学，推己及人，良由劳生自信不及，背觉合尘，弃本逐末，随业漂流，荡而忘返，被见闻觉知恩爱习气笼罩自己，不得现前神通，光明不得发露。譬如古镜久埋尘垢，不能照物。所以今日分明为他剖开分析，那里有个天生弥勒，自然释迦。故云谁无念，谁无生。信得及，致力切，打开自己宝藏。见彻本来面目，内心外境，廓尔虚融，彼圣此凡，平等超越。故云若是无生无不生，治生产业，皆与实相不相违背，是法住法位，世间相常住。又虑世人以无念无生成断灭见解，自谓百了千当，譬如机关木人，亦无心念。欲求成佛，无有是处。故云早晚成，即何时成也。

无罪福，无损益，一句了然超百亿。夜夜月向西边沉，日日日从东畔出。

放四大，休捏怪，**莫把捉**，总是错，**寂灭性中随饮啄**。五色麒麟一只角，**诸行无常一切空**，爷死哭公，**即是如来大圆觉**。白日青天星斗落。

执之失度，必入邪路；放之自然，体无去住。得的人，既知四大本空，五蕴非有，卓卓巍巍，孤孤回回，自由自如，无拘无

禅密薪传

束。放旷喻如太虚，清净同于皎月。水边林下，任意逍遥；粝食粗衣，随缘饮啄。返观诸行，皆是无常。一切诸法，本来空寂，如是知，如是见，如是信解，不生法相，即是如来大圆觉也。

放四大，莫把捉，烈焰那许蚊蚋泊。一条挂杖两人扶，万里虚空飞一鹗。

决定说，炎天飞片雪，**表真僧，**鼻直眼横，**有人不肯任情征。**用肯作么，**直截根源佛所印，摘叶寻枝我不能。**直得分疏不下。

智鉴圆明，妍媸自现，或是或非，或邪或正，一言决定，终无异说。内怀菩萨行，外现声闻身，作人天之领袖，为苦海之慈航，故云表真僧也。或有邪解异见之人，心不信受，任情征问。假饶尽草木丛林稻麻竹苇，悉为舌头，一一舌头发如上之问难，不消一弹指，并乃高低普应，前后无差。所以道直截根源佛所印，摘叶寻枝我不能也。

决定说，表真僧，曹溪六祖岭南能。自从马师胡乱后，续焰联芳继祖灯。

摩尼珠，一举四十九，**人不识，**蹉过了也，**如来藏里亲收得。**原来只在这里，**六般神用空不空，**银山只是银山，**一颗圆光色非色。**铁壁只是铁壁。

梵语摩尼，唐言如意，或云金翅鸟王之心珠也。在人分上，即是自己本有灵明真觉之性。一切神通三昧，本自具足，只为劳生自信不及，背觉合尘，迷不自知，故云人不识。独有诸佛如来，妙性圆明，湛然空寂，百千三昧，随意现前。故云如来藏里亲收得，此摩尼珠能应五色。或云有六窍，喻人元依一精明，分成六和合，一根既返源，六用成休复。所以道六般神用空不空，一颗圆光色非色也。摩尼珠，人不识，明历历地黑似漆，森罗万象悉含融，四圣六凡从此出。

净五眼，东家点灯，**得五力**，西家暗坐，**惟证乃知难可测**。人平不语，水平不流，**镜里看形见不难**，切忌认着，**水中捉月争拈得**。弄光影汉。

五眼者，天眼彻见一切，肉眼不被物惑，法眼见性本空，慧眼智照洞明，佛眼物我等观。五眼既净，则信力、进力、念力、定力、慧力自得现前，心地法门，惟证乃知，非凡情所能测度也。若人回光返照，见彻本来面目，则不难矣。若妄认前尘光影为自己者，譬如猕猴水中捉月，争拈得也。故云镜里看形见不难，水中捉月争拈得也。

净五眼，得五力，秤锤头上捏出汁，浑仑好个解脱门，八字打开拖不入。

常独行，眼上两眉横，**常独步**，脚底通霄路，**达者同游涅槃路**。且道路头在什么处？**调古神清风自高**，云居尊者，**貌顿骨刚人不顾**。方有四分相应。

庞居士问马祖云：不与万法为侣者是什么人？祖云：待汝一口吸尽西江水，即向汝道。者里见得彻去，便可横行海上，独步丹霄，与他从上诸圣把手共行，不为分外。只如僧问乾峰云：十方薄伽梵，一路涅槃门，毕竟路头在什么处？峰以拄杖画一画，云在这里，又怎么生？所以道调古神清风自高，貌顿骨刚人不顾。三十年后有人悟去也不定。

常独行，常独步，脚底草鞋狞似虎。翻身抹过太虚空，不觉踏断来时路。

穷释子，主人翁，**口称贫**，醒醒着，**实是身贫道不贫**。他时异日，莫被人瞒，**贫则身常披缕褐**，左眼半斤，**道则心藏无价珍**。右眼八两。

　　无佛珍，重言不当吃，**用无尽**，若有尽又堪作什么，**利物应机终不悋**。阿谁无者一坐具地，**三身四智体中圆**，正中偏，**八解六通心地印**。偏中正。**上士一决一切了**，本不增一丝毫，**中下多疑多不信**，亦不减一丝毫，**但自怀中解垢衣**，修证即无，**谁能向外夸精进**。染污即不得。

　　古云，学道先须且学贫，学贫贫后道方亲，此戒贪等，不事外饰也。出家儿从佛氏姓，故称释子。子者，男子之通称也。梵语释迦，此云能仁，不言迦者，从其简也。身外无物，而心怀圣道，实非贫也。复言贫则身常披缕褐，道则心藏无佛珍者，则百千法门，无量妙义，恒沙功德，三昧神通，悉皆具足。出生无穷，用之无尽。接物利生，应病与药，大喜大舍，无悋无惜。转八识为四智，束四智为三身。乃至八解六通，森罗万象，一印印定，毫发无差。故云体中圆心地印者是也。上根利智之士，一决一切决，一了一切了，中下之机，触途成滞，故多闻多不信也。得的人，但以正悟之境，灵灵自照，洗磨无量劫来微细习垢。霜露果熟，辊出头来，如急水滩头月华，千波万浪触之不散，始不被生死阴魔之所惑。故云但自怀中解垢衣，谁能向外夸精进。盖不同向外驰求者也。

　　穷释子，口称贫，信手拈来用得亲，水底金乌天上日，眼中童子面前人。

　　从他谤，泥人吃铁棒任他非，鱼目混明珠，**把火烧天徒自疲**。诬人之罪以罪罪之。**我闻恰似饮甘露**，早自落他圈圚了也，**销镕顿入不思议**。救得一半。

　　观恶言，金不博金，**是功德**，水不洗水，**此则成吾善知识**。上大人孔乙己，**不因讪谤起冤亲**，重叠关山路何表无生慈忍力。一篇中青霄。

　　心与空相应，则毁誉讪谤，何忧何喜；身与空相应，则刀割香涂，何苦何乐；资生与空相应，则施夺取与，何得何失。故道中人，不与物竟是非，逆顺来前，如不闻不见，他之伎俩有尽，我之不采无穷，如人执火烧天，徒自疲劳耳，于天何有哉。故闻之如饮甘露，心自清凉，顿入不思议解脱境界也。返观此恶言皆是功德，盖缘言语性空，冤亲平等，此则成吾善知识也。如先佛于过去劫中，世世生生被提婆达多处处恼害，因慈忍力，得成无上正等菩提，故云不因讪谤起冤亲，何表无生慈忍力。

　　从他谤，任他非，直下同观他是谁。殊相劣形皆是幻，凡名圣号总成虚。

　　宗亦通，⊖，**说亦通**。⊕，**定慧圆明不滞空**。㊂。**非但我今独达了**，⊗，**恒沙诸佛体皆同**。㊫。

　　宗通者，即悟诸佛之心宗也。乃达摩大师单传直指之道，不可以智知，不可以识识，惟在当人自证自悟，到无证无悟之地。所以从上诸老，递相出世，向千圣顶颇上提持者一着子，俾学者尽得单传直指之妙，方谓宗通也。然后命掌藏，披阅一代圣教，备知顿渐秘密不定之方，藏通别圆之味，方谓说通也。宗说既通，定慧，均等，方谓圆明不滞空也。永嘉自云，非但我今独达了，此定慧圆明之旨，与恒沙诸佛同证此体。古云天下无二道，圣人无二心者是也。恒沙者，西天有恒河，方四十里，河中有沙，其细如面，世尊说法，多指此沙为喻，今永嘉依经而言。宗亦通，说亦通，团团杲日丽晴空。百千三昧无量义，只在寻常日用中。

　　师子吼，虚空开大口，**无畏说**，万窍翻一舌，**百兽闻之皆脑裂**。

红炉灶上飞片雪，**香象奔波失却威**。非大境界，**天龙寂听生欣悦**。犹带识在。

师子乃兽中之王，若哮吼一声，则百兽闻之，悉皆脑裂，以喻大乘菩萨所说圆顿法音，则魔宫振动，小乘外道，各生疑惑，而不领解，如华严会上，有眼不见舍那身，有耳不闻圆顿教，又如法华会上退席者是也。所以道向上一路，千圣不传，学者劳形，如猿捉影，故云香象奔波失却威。香象，喻权教菩萨及诸二乘。虽悟法空之理，不明圆顿之机，譬如香象虽有威德，闻师子吼，则失威奔走。唯诸天龙王宿熏大种，一闻圆音，悉皆欢悦，故云寂听生欣悦色。师子吼，无畏说，侨梵波提咬着舌。海神怒把珊瑚鞭，须弥山王痛不彻。

游江海，乱于作么，**涉山川**，还我草鞋钱来，**寻师访道为参禅**。阿谁欠少。**自从认得曹溪路**，试拓将来看，**了知生死不相干**。不许夜行，投明须到。

古之尊宿，出一丛林，入一保社，参寻知识，皆为究竟己躬大事。如善财五十三参，雪峰三登九到，乃至天下老和尚遍参知识之门，方到不疑之地。真觉自谓往曹溪六祖印证心地法门，了知生死不相干涉也。

游江海，涉山川，逢人觅我一文钱。明州好个憨布袋，十字街头恣掣颠。

行亦禅，〇，坐亦禅，〇，语默动静体安然。〇。纵遇锋刀常坦坦，也是徐六担板，**假饶毒药也闲闲**。又隔一重关。**我师得见燃灯佛**，癫狗牵伴，**多劫曾为忍辱仙**。擘破却团圆，又云剑去久矣。

到家人，身心寂灭，动静一如，五欲八风，撼摇不动，四生九有，笼罩无门，生死去来，湛然空寂，故云体安然。到者田地，纵遇锋刀，坦然无怖，假饶毒药，亦乃闲闲，如师子尊者受刃，达摩大师服毒，已证无生法忍而然也。就引我佛因地中，布发掩泥，然灯授记，汝于来世作佛，号释迦牟尼。复行于多劫中，为忍辱仙人，山中修道，值哥利王与诸宫人入山游猎。昼寝，时诸宫人游山，见一人俨然独坐，是诸宫人，俱来瞻仰。王起，问诸近臣，宫人何在。左右奏曰，往彼仙人庵所也。王怒，躬自仗剑，问云，汝是何人，对云忍辱仙人。王遂以剑断其手足，节节肢解，不生嗔恨。乃至种种苦行，非止一劫。故云多劫曾为忍辱仙也。

行亦禅，坐亦禅，此即人间得道仙。有问祖师西来意，劈胸便奋一粗拳。

几回生，一不成只，**几回死，**二不成双，**生死悠悠无定止。**二由一有，一亦莫守。**自从顿悟了无生，**既是无生。又作么生了，**于诸荣辱何忧喜。**有智无智，较三十里。

真觉自叹云，未悟已先，于无量劫中，受无量生死。轮转往来，无暂停止。于不迁境上，空受轮回。向无脱法中，妄自缠缚，如春蚕之作茧，似秋蛾之赴灯。故云生死悠无定止，自从顿悟无生法忍，即荣辱两忘，忧喜俱灭，生死于我何有哉。几回生，几回死，亘古亘今只此此。神头鬼面有多般，返本还源没些子。

入深山，鱼行水浊，**住兰若，**鸟飞毛落，**岑崟**（岑音秦，崟音吟）**幽邃长松下。**天地一指，万物一马。**优游静坐野僧家，**百鸟不衔花，**阒寂安居实潇洒。**没可把，又云今古历然。

古老得旨后，隐入深山穷谷，茅庐石室，形影相吊，不与世接，以寂静之境，灵灵自照。岁久月深，具大无畏，随缘放旷，任意逍遥。三界不能拘，六尘岂能扰？可谓优游静坐野僧家，阒寂安居实潇洒。

入深山，住兰若，世出世间俱放下。净裸裸地绝承当，赤洒洒兮没可把。

觉即了，云开月皎，**不施功**，虎啸生风，**一切有为法不同**。梁宝元来是志公。**住相布施生天福**，寰中天子敕，**犹如仰箭射虚空**。塞外将军令。**势力尽**，人贫智短，**箭还坠**，马瘦毛长，**招得来生不如意**。夜行莫踏白，不是水，便是石。**争似无为实相门**，弹指云从这里入，**一超直入如来地**。且喜到家。

觉悟了彻底人，获无功用智，与有为功行不同也。昔梁武帝问达摩，朕自即位以来，造寺写经，度僧无数，有何功德？摩云，此是人天小果有漏之因，非大功德。帝曰，如何是大功德？摩云，净智妙圆，体自空寂，如是功德，不以世求。盖武帝滞于有为之功也。所以道住相布施生天福，犹如仰箭射虚空，到势力尽时，箭还坠落，故云招得来生不如意。寒山云，我见转轮王，千子常围绕。十善化四天，庄严多七宝。七宝镇随身，庄严甚妙好。一朝福报尽，犹如栖芦鸟。还作牛领虫，六趣受业道。况复诸凡夫，无常岂可保。争似无为实相门，一超直入如来地。无为实相者，即涅槃妙心，实相无相法门也。如来地者，即前后际断，一真法界也。于此领旨，如王子登极，白衣拜相，故云直入如来也。

觉即了，不施功，物我俱忘心境空。菡萏枝枝撑素月，栴檀叶叶扇香风。

但得本，车不横行，**不愁末**，理无曲断，**如净琉璃含宝月**。眼观东南，意在西北。**既能解此如意珠**，相逢不指出，举意便知有，**自利利他终不竭**。是我家里人，方说家里话。

根本既明，枝叶自茂。本者，即本有灵觉之性也。末者，即百千三昧神通妙用也。净琉璃者，喻内外莹彻也。宝月者，喻妙性圆明也。譬如虚实，具含众象，于诸境界无所分别，故云既能解此如意珠，自利利他终不竭。不求殊胜，而殊胜自至，自觉觉他，妙用无穷也。

但得本，不愁末，妙用纵横活泼泼。信手拓开不二门，大千沙界如许阔。

江月照，井底蛤蟆跳，**松风吹**，鹁鸠树上啼，**永夜清宵何所为**。作贼人心虚。**佛性戒珠心地印**，不劳悬古镜，**雾露云霞体上衣**。天晓自分明。

此是文殊普贤大人境界，非思量分别之所能及。古云我三十年只作境会，永夜清宵何所为，早是画蛇添足。以觉自心，名佛性。表里莹彻，曰戒珠。能生诸法，云心地。号令群品，故名印。虽有多名，理即一也。天地与我同根，万物与我同体，故去雾露云霞体上衣。

江月照，松风吹，更于何处觅文殊。十世古今如电拂，三千刹海一蘧庐。

降龙钵，黑似漆，**解虎锡**，明如日，**两股金环鸣历历**。上下四维无等匹。**不是标形虚事持，如来宝杖亲踪迹**。达摩十万里西来，却对梁王道不识。

钵盂应供，锡杖降魔，此二者是僧家随身道具也。所谓降龙钵，解虎锡，各随缘起而得其名。昔世尊降火龙于钵中，高僧解二虎于锡下，文繁，兹不具述。两股者，表真俗二谛也。六环者，表六波罗蜜也。中心者，表中道也，真觉往曹溪，绕床三匝，振锡一下，盖有所自，不是外现威仪虚事持耳。经云，佛告比丘，汝等应受锡杖，所以者何？过去如来，现在诸佛，皆执持故。故为圣人之标帜也。故云如来宝杖亲踪迹。

降龙钵，解虎锡，觌面当机亲托出。三千年话不复追，一日还我两度湿。

不求真，湘之南，**不断妄，**潭之北，**了知二法空无相。**中有黄金充一国。**无相无空无不空，即是如来真实相。**无影树下合同船，琉璃殿上无知识。

真妄二法，本是假名，求断二见，亦是虚立，为彼凡夫小果断妄求真，证有为涅槃，非究竟也。法华经云，但离虚妄，名为解脱。其实未得一切解脱。若是圆顿之机，了知二法本空，无相无名。永嘉恐后人滞在空无相中，复言无相无空无不空，即是如来真实相。盖修证之功不齐，言思之路尽矣。

不求真，不断妄，拟欲断求隔天壤，若人更欲问如何，劈脊连声三十棒。

心镜明，灵光洞（一作独）**耀，鉴无碍，**回脱根尘，**廓然莹彻周沙界。**体露真常，不拘文字。**万象森罗影现中，**心性无染，本自圆成，**一颗圆光非内外。**但离妄缘，即如如佛。

心光洞彻，无物不融。寂照河沙，了无罣碍。如镜当台，胡来胡现。汉来汉现，光光相罗。影影相照，递相融通。交相涉入，可谓无边刹境。自他不隔于毫端，十世古今，始终不离于当念。四圣六凡，森罗万象，皆从吾妙明中流出，乃至掷此方于他界，纳须弥于芥中，亦此心之常分，非假认他术也。

心镜明，鉴无碍。大中现小，小中现大。法法一如，尘尘三昧，抛向面前，漆桶不会。

豁达空，不可放过，**拨因果，**放过不可，**莽莽荡荡招殃祸。**打杀有什么罪过。**弃有着空病亦然。**打着南边动北边，**还如避溺而投火。**看脚下。

永嘉既悟正见，愍彼邪学，一向着空，拨无因果。所以道莽莽荡荡，无叶无刺，妄招殃祸。譬如懦夫自号帝王，妄取诛戮；若弃有见而着无见，其病亦然。故云还如避溺而投火。

豁达空，拨因果，拈来一一生按过。若更忘身与死心，这个难医病转大。

舍妄心，海底摸针，**取真理**，空中觅缝，**取舍之心成巧伪**。差之毫厘失之千里。**学人不了用修行**，病眼见空花，**深成认贼将为子**。空花结空果。

若舍虚妄之心，欲取真如之理，则取舍之心未忘，遂成巧伪不实之行也。缘学人不了此旨，只认得个门头户底，见闻觉知，昭昭灵灵为自己者，深成认贼为事也。古云学道之人不识真，只为从前认识神，无量劫来生死本，痴人唤作本来人。

舍妄心，取真理，如弃大海认沤体，只见沤从水上生，不知沤灭还旧水。

损法财，家鬼入来，**灭功德**，着贼了也，**莫不由斯心意识**。春风满地成狼藉。**是以禅门了却心**，了了了时无可了，**顿入无生知见力**。玄玄玄处亦须呵。

百千法门，同归方寸，河沙妙德，总在心源，良由劳生自信不及，向外驰求，于心意识上强作主宰，故法财功德皆损灭也。寒山子云，"嗟见世间人，永劫堕迷津，不省这个意，修行徒苦辛。"是以禅门了却心，顿入无生知见力，所谓还丹九转，点铁成金，至理一言，转凡成圣。若将心识度吾宗，恰似西行却向东，掀转面皮亲见彻，圈圈红日上孤峰。

大丈夫，露，**秉慧剑**，险，**般若锋兮金刚焰**。交。非但空摧外

道心，破也破也，**早曾落却天魔瞻**。堕也堕也。

世间大丈夫者，以忠孝之心，秉刚烈之志，立身于廊庙之门，致君于尧舜之上，俾天下苍生皆乐和平之治者是也。世出世间大丈夫，即大心众生也。秉智慧剑，摧五阴魔，恢复威音那畔空劫已前一片无阴阳地，起鼻祖坠地之颣纲，大济北泒水天之家世者是也。般若锋者，空一切诸有也。金刚焰者，剿诸生死魔军也。故云，非但空摧外道心，早曾落却天魔胆。诸人还见么！良久云，剑去久矣，汝方刻舟，不见五祖演和尚道，赵州露刃剑，寒霜光焰焰，更拟问如何，分身作两段。

震法雷，击法鼓，布慈云兮洒甘露。龙象蹴踏润无边，三乘五性皆醒悟。雪山肥腻更无杂，纯出醍醐我常纳，一性圆通一切性，一法遍含一切法。一水普现一切水，一切水月一月摄。诸佛法身入我性，我性同共如来合，一地具足一切地，非色非心非行业，弹指圆成八万门，刹那灭却三祇劫，一切数句非数句，与吾灵觉何交涉。上来所供，并皆谊实。

诸佛菩萨，历代祖师，天下善知识，说法利生之模范也。先以法雷而警悟之，次以法鼓而溥集之，然后以慈云普覆。一雨所润，三草二木，各得滋长。故云龙象蹴踏润无边，三乘五性皆醒悟。雪山有草，名曰肥腻，更无杂异。白牛食之，纯出醍醐。雪山喻一真境界，香草喻圆修正道，白牛喻智照真理，醍醐喻一乘上味。以明上乘菩萨，最初发心，便成正觉，圆顿之机，念念相应，故言我常纳也。只如沩山云："不如随分纳些些，又作么生？"一性通时，则圆通一切性也；一法彻时，则遍含一切法也。始知众生本来成佛，同居常寂光土，俱号毗卢遮那。譬如一月普现一切水，一切水月一月摄，递相融通，交相涉入，重重无尽，无尽重重，此非表法，唯证乃知。故云一地具足一切地，非色非心非行业。地者，自证之地，非解会之所能及也。非色者，非窒碍之色也。非心者，非觉知之心也。非行者，非造出作之行也。非业者、非所作之业也。乃上根利智，一了一切了，一明一切明，即阿难所谓不历僧祇获法身。到者田地，一切性相，百千法门，无量妙义，皆是权机，非究竟法。故云一切数句非数句，与吾灵觉何交涉。

震法雷，击法鼓，海水奔腾须弥舞。一毫头上定乾坤，大千沙界无尘土。

不可毁，不可赞，两头俱坐断，一剑倚天寒，**体若虚空没涯岸。**心不负人，面无惭色。**不离当处常湛然，**壶中别有天，觅即知君不可见。剑去久矣，汝方刻舟。**取不得，**昼见日，**舍不得，**夜见星，**不可得中只么得。**人平不语，水平不流。又云切。

达道之人，心如虚空，大包无外，细入无内，非世间毁赞语言之能摇动也。不离当处，湛然凝寂，拟欲寻觅，蹉过久矣。古云，有心用处还应错，无意求时却宛然。无依无欲，无名无字，取不得舍不得，腾腾任运，任运腾腾，不可得中只么得，已是八字打开，两手分付了也。只为分明极，翻令所得迟。

不可毁，不可赞，五色麒麟步天岸。若于言下错承当，无为犹被金锁难。

默时说，上是天，**说时默，**下是地，**大施门开无壅塞。**天倾西北，地陷东南。**有人问我解何宗，**日高树影重，**报道摩诃般若力。**雨落地下湿。**或是或非人不识，识得不为冤，逆行顺行天莫测。**贼是小人，智过君子。**吾早曾经多劫修，**不风流处也风流，**不是等闲相诳惑。**要识一贯，两个五百。

善说者无义路与人寻，善默者无寂灭与人守。南堂和尚云，为宗师者，须会无情说法与有情说法无异。有情者天人群生也，无情者土木瓦石也。作么生见得无异底道理？于此着得只眼，方知尘说刹说炽然说无间歇。即今森罗万象，情与无情，浩浩地宣扬，汝还闻么？经云，十方诸佛，出广长舌相，遍覆三千大千世界，说诚实言，可谓大施门开无壅塞。或有人问，是何宗旨，得恁么奇特，但向他道摩诃般若力。咄，切忌错举。或是或非，或逆或顺，天尚莫测，况于人乎。永嘉自云，吾从多劫修习般若，不是等闲欺诳，惑乱于人。沩山云，生生若能不退，佛阶决定可期，信不诬矣。

默时说，说时默，万象森罗同一舌，世出世间绝异同，尘说刹说炽然说。

建法幢，好肉剜疮，**立宗旨**，敲骨取髓，**明明佛敕曹溪是**。且道是个什么。**第一迦叶首传灯**，谢三郎不识四字罪头元是你，**二十八代西天记**。相随来也，又云递相钝置。

原夫灵源湛寂，法海渊深，本无名相之殊，安有圣凡之异。良由劳生自信不及，随业漂流，旷劫升沉，荡而忘返。故我大觉世尊，运同体悲。作不请友，为此大事因缘，出现于世。假设种种言说，种种权门，令诸众生开示悟入佛之知见，如将蜜果子，换彼苦葫芦也。故云建法幢立宗旨，法者本有之法，幢者高显为义，如标帜也。宗旨者，众多所宗，而悟明心地，如星之拱北，水之朝东也。明明佛敕曹溪是者，衣止不传，法周沙界。第一迦叶首传灯者，世尊于涅槃会上，因大梵天王献金色波罗花于佛，舍身为床座，请佛说法。佛拈此花，普示大众。百万人皆罔措。唯迦叶一人领旨。世尊云，吾有正法眼藏，涅槃妙心，实相无相，微妙法门，付嘱于汝，以为教外别传之旨。故云首传灯也。从此祖祖相承，心心相印。二十八代西天记，初祖迦叶，二祖阿难，三祖商那和修，四祖优波毱多，五祖提多迦，六祖弥遮迦，七祖婆须密，八祖佛陀难提，九祖伏驮密多，十祖胁尊者，十一祖富那夜奢，十二祖马鸣大士，十三祖迦毗摩罗，十四祖龙树，十五祖迦那提婆，十六祖罗睺罗多，十七祖僧伽难提，十八祖伽耶舍多，十九祖鸠摩罗多，二十祖阇夜多，二十一祖婆修盘头，二十二祖摩拏罗，二十三祖鹤勒那，二十四祖师子，二十五祖婆舍斯多，二十六祖不如密多，二十七祖般若多罗，二十八祖菩提达摩，故云二十八代西天记等是也。

建法幢，立宗旨，东土祸根从此始。毒流四海浪滔天，何曾遇大风而止。

法东流，祸胎生也，**入此土**。猛虎当路，**菩提达摩为初祖**。珊瑚枝上走玉兔。**六代传衣天下闻**。闻名不如见面，**后人得道何穷数**。甜瓜彻蒂甜，苦瓠连根苦。

梵语菩提达摩，以云觉法。西竺为二十八代祖，此土为初祖。南天竺国，香至王第三太子也。遇二十七祖，知其密迹，发明心要。乃记之曰，未可远游，且止南天，待吾灭后六十七载，当往震旦，大兴佛事。汝往南方勿住，彼唯好有为功业，不见佛性，汝纵到彼，不可久留。听吾偈曰：路行跨水复逢羊，独自凄凄暗渡江。日下可怜双象马，二株嫩桂久昌昌。师在本国，破彼六宗邪解。自南天竺泛海，经涉三年，时普通八年九月二十一日至广州。刺史萧昂表闻，武帝诏至金陵。帝问，朕自即位以来，造寺写经，度僧无数，有何功德？师曰，此但人天小果有漏之因，如影随形，虽有非实。帝曰，如何是真功德？师曰，净智妙圆，体自空寂，如是功德，不以世求。帝问，如何是圣谛第一义？师曰，廓然无圣。帝曰，对朕者谁？师曰，不识。帝不领悟。十月十九日，潜回江北，十一月二十三日，届于洛阳，当后魏孝明帝太和十年也。寓止于嵩山少林，面壁而坐，终日默然，人莫测之，即禅宗初祖也。后九年，时有僧神光者，旷达之士也。久居伊洛，博览群书，善谈玄理。每叹曰，孔老之教，礼术风规；庄易之书，未尽妙理。近闻达摩大师住止少林，至人不遥，当造玄境。乃往彼，晨夕参承，师常端坐面壁，莫闻诲励。光自曰，昔人求道，敲骨取髓，刺血济饥，布发掩泥，投崖饲虎，古尚如此，我又何人。其年十二月十九日夜，天大雨雪，光坚立不动。达明，积雪过膝。师悯而问曰，汝久立雪中，当求何事？光悲泪曰，惟愿和尚慈悲，开甘露门，广度群品。师曰，诸佛无上妙道，旷劫精勤，难行能行，非忍而忍。岂以小德小智，轻心慢心，欲冀真乘，徒劳勤苦。光闻师诲励，潜取利刀，自断左臂，置于师前。师知是法器，乃曰，诸佛最初求道，为法忘身，汝今断臂吾前，求亦可在，遂易慧可。光曰，诸佛法印，可得闻乎？师曰，诸佛法印，非从人得。光曰，我心未宁，乞师安心。师曰，将心来为汝安。光曰，觅心了不可得。师曰，我与汝安心竟。从此悟入，为二祖也。二祖得之于初祖，皆以衣钵相传，摩传可，可传璨，璨传信，信传忍，忍传能，乃曹溪六祖大师也。至此不传其衣，但传其道。自是以后，成佛作祖者，水涌山出，梵刹招提，棋分星布。故云后来得道何穷数。法东流，入此土，开天门，辟地户，利人天，成佛祖，拟思量，何劫悟。

真不立，天晴日头出，妄本空，日高花影重，有无俱遣不空空。顶门只眼亚双瞳。二十空门元不着，虚空放出辽天鹤，一性如来体自同。闽蜀同风。

妙性圆明，离诸名相，本来无有世界众生，因妄有生，因生有灭，生灭名妄，灭妄名真，真既不立，其妄本空，有无俱遣，不空亦空。昔如来破二十种执有之见，因成二十空名，今明一性之理，不同二十之空，故云元不着也。一性如来体自同者，迥出外道异见，即与般若妙心冥合，故云体自同。

真不立，妄本空，一句全提不露锋。西涧水流东涧水，南山烧火此山红。

心是根，一翳在眼，**法是尘**，空花乱坠，**两种犹如镜上痕**。打破镜来却许相见。**痕垢尽时光始现**，一心不生，万法俱息，**心法双忘性即真**。此去汉阳不远。

人禀真如之性，假名曰心，从心受法曰尘，缘真如不守自性，能随染净缘，故云"心是根，法是尘"，此两种犹如古镜上之痕垢，笼罩光明，不得发露，故云"痕垢尽时光始现，心法双忘性即真"。古德云："一翳在眼，空花遍界，一妄在心，河沙生灭，意销花尽，妄灭证真。"故云性即真也（上按意销花尽之意，当是翳字误）。

心是根，法是尘，八两原来是半斤。笑把两头俱拽脱，蟭螟眼里跨麒麟。

嗟末法，恶时世，阔八尺，长丈二，**众生福薄难调制**。真不掩伪。**去圣远兮邪见深**，海枯终见底，人死不知心，**魔强法弱多冤害**。脑后见腮，莫与往来。**闻说如来顿教门**，成者自成，**恨不灭除如瓦碎**。坏者自坏。**作在心**，多喜少嗔，**殃在身**，少喜多嗔，**不须冤诉更尤人**。眼底无筋一世贫。**欲得不招无间业**，识法者惧，**莫谤如来正不轮**，无云生岭上，有月落波心。

这一段意，永嘉嗟叹末法中，时节恶薄，纯朴既散，嚣浮日盛，薄福众生，不务道德，如狂象奔驰难制伏也。何况诸大圣人过去已远，邪见转深。于正法中，返生冤害，如达摩落齿服毒，二祖被害。圣师尚尔，况后人乎？或有学者，各局已解，各禀师承，彼此干戈，互相攻击，得少为足，自不知非。闻说如来圆顿大教法门，返以为非。恨不灭除，瓦解冰消。所以因此妄心，所造无量无边黑业，如影随形，故云殃在身。所感无量无边苦果，皆是自作自受，非他人之所致，故云不须冤诉更尤人。谤法之罪，如经具明，欲得不招无间重业，休谤如来正法轮。正法者，十方如来悟此，而成无上正等正觉，六道异类迷此，而轮转三涂。天龙护持，谤而不信，则其罪可知矣。

嗟末法，恶时世，不信如来第一义。身心碌碌不知非，苦海茫茫自沉坠。

栴檀林，举一不得举二，**无杂树，**放过一着，落在第二，**郁密森沉师子住。**手把夜明符，几个知天晓。**境静林间独自游，**行人更在青山外，**走兽飞禽皆远去。**万里望乡矣。

栴檀林，喻一真法界，唯此一是实；无杂树者，余二即非真。盖一乘菩萨境界，非二乘小机所能杂也。郁密森沉师子住，即法华云，深固幽远，无人能到，到则山青水绿，不是人间。唯接上根，中下之机，卒难悟入。境静林间独自游，盖师子游行，不求伴侣，等闲哮吼一声，直得百兽脑裂。故云走兽飞禽皆远去。即法华退席者是也。

栴檀林，无杂树，大用现前只这是。鸟窠拈起布毛吹，会通当下便悟去。

师子儿，出窟了也，**众随后，**捕影追踪，**三岁便能大哮吼。**不许夜行，投明须到。**若是野干逐法王，**字经三写，**百年妖怪虚开口。**乌焉成马。

所言师子儿者，喻菩萨初发心时便成正觉，超过声闻缘觉诸小乘众，故云众随后也。三岁、表见性之人，圆修三法，即空假中也。空者泯一切法，假者立一切法，中者统一切法，空不定空，空处当体即中即假；假不定假，假处当体即空即中；中不定中，中处当体即空既假。此之三法，不纵不横，不并不别，一处常三，三处常一，所以云"三谛三观三非三，三一一三无所寄，谛观名别体复同，是故能所二非二。"悟入之士，圆修三法，所说法门，皆中道实义，故云三岁便能大哮吼。二乘凡夫诸权位人，不能明见佛性，所说未实，开口终无所益也。故云若是野干逐法王，百年妖怪虚开口。

师子儿，众随后，一句当机绝朕兆。有时拈出示时人，眨得眼来先蹉了。

圆顿教，相逢不指出，举意便知有，**勿人情**，眼生三角，头峭五岳，**有疑不决直须争**。过蚁难寻穴，归禽易见巢。**不是山僧逞人我**，我唤作火，汝不得唤作火，**修行恐落断常坑**。海上阵云横。**非不非**，古之今之，**是不是**，今之古之，**差之毫厘失千里**。猛虎入闹市。**是则龙女顿成佛**，无云生岭上，**非则善星生陷坠**。有月落波心。

圆顿者，非渐次也。教者，载道之器也。勿人情者，为生死事大因缘，非世间常情之比，须是洞悟诸佛心宗，透彻衲僧巴鼻，两眼相对，针芥相接，方有少分相应。若有纤疑未尽，直须决问。昔无尽居士始参东林照觉总禅师，得平实之旨，自谓百了千当，及见兜率悦，悦问侍郎于心不欺，吾宗门有一千七百则机缘，还有疑不？无尽云，其余无疑，但疑德山托钵因缘而已。悦云，于此有疑，其他安得无疑！只如德山末后句，是有是无？无尽云有。悦大笑归方丈。无尽一夜疑着，至五更起来，踏翻脚凳忽然大悟。天晓，呈偈云："鼓寂，钟沉托钵回，岩头一捋语如雷，果然只得三年活，莫是遭他授记来。"悦方许可。自此，如倚天长剑，谁敢当锋。永嘉自谓不是山僧逞驰人我之心，切恐后人错用身心，堕落断常二见。能陷人，故名曰坑。非不非，是不是，乃明是非之相分明，不可错乱也。非岂不是非，乃真非也，是岂不是是，乃真是也。不可颠顸佛性，佻侗真如，故云差之毫厘失千里。是则龙女顿成佛，非则善星生陷坠，重明是非之相也。昔日灵山会上，有一龙女，献佛宝珠，世尊受之，而为说法，悟无生忍，即往南方无垢世界，坐宝莲华，成等正觉，号花鲜如来。又有比丘名曰善星，念得十八香象驼经，不解佛意，生身溺陷地狱，谓不明佛性，返成谤堕，故引以警后人也。

圆顿教，勿人情，翻身踏倒涅槃城，威音那畔至今日，一段风光画不成。

吾早年来积学问，贫人思旧债，**亦曾讨疏寻经论，**不是苦心人不知，**分别名相不知休，**愁人莫向愁人说，**入海算沙徒自困，**说向愁人转见愁。**却被如来苦呵责，**一状领过，**数他珍宝有何益，**死款难翻，**从来蹭蹬觉虚行，**脚不点地，**多年称作风尘客。**要知山下路，但问去来人。

此永嘉自叙少年历诸讲肆，听习天台教观，深明经论，精严律部，然后参寻知识，抉择生死，非宿有乘种，安能如是。复云分别四教名相，不知休歇，譬如入海算沙，徒自疲困，因思佛呵阿难，汝虽历劫熏持诸佛如来秘密妙严，不如一日修无漏业。如人数他宝，自无半钱分。从来蹭蹬觉虚行者，从无量劫来，奔驰生死险道，徒自虚行，于涅槃路上未曾踏实，譬如飘蓬为客，家乡转远，故云枉作风尘客。

树头树底觅残红，一片西飞一片东，自是桃花贪结子，错教人恨五更风。

种性邪，病眼见空花，**错知解，**空花结空果，**不达如来圆顿制。**

常忆江南三月里，鹧鸪啼处百花香。**二乘精进勿道心，人贫智短，外道聪明无智慧。**马瘦毛长。**亦愚痴，亦小騃。**同坑无异土，**空拳指上生实解。**好掘虚空一窖埋。**执指为月枉施功，**捕影追风，**根境法中虚捏怪，**自买自卖。**不见一法即如来，**蚌含明月，玉兔怀胎，**方得名为观自在。**两彩一赛。**了即业障本来空，了，未了应须还宿债。**败。**饥逢王膳不能餐，病遇医王争得瘥。**师子咬人，韩卢逐块。

种性邪，非正因为道之士，乃是外道种子，依附邪师，生诸邪见，故云错知解也。不能了达如来圆顿法门，于无量劫中受无量生死，皆因邪师而然也。二乘之人，断三界二十五有尘劳，超出分段生死，如獐独跳，不顾后群，故云勿道心。西天外道，极有聪明，不明佛性，心外求法，名曰外道，故云亦愚痴，亦小騃。大人无智曰愚，小儿无智曰騃。随语生解，自生执著，如空拳指上生实解也。修多罗教，如标月指，若还见月，了知所标毕竟非月。学道人不明佛性，于根境识上妄生知解，故云执指为月枉施功，根境法中虚捏怪。不见一法即如来者，诸法从本来，常自寂灭相，则有无俱遣，六根互用，故曰方得名为观自在。到者田地，了达罪性本空，无有罣碍，楞严经云，一人发真归源，十方虚空悉皆消殒，况罪福之相耶。僧问古德云，了即业障本来空，只如师子尊者与二祖大师，是了不了？德云，不见道本来空！肇法师云，五阴元非有，四大本来空，将头临白刃，一似斩春风。故云本来空也。若不了悟，执法不忘，因果历然，如影随形。故云未了应须还宿债。从上诸圣，递相出兴，开方便门，示真实相，良由众生自信不及，不能悟入。譬如世间饥饿之人，得遇王者之膳，种种美味，即生怖畏，而不敢食。又如久病不瘥，得遇医王，反生疑惑，不服妙药，甘受病苦。故云争得瘥也。

种性邪，错知解，向外驰求还自昧，回光返照便归来，廓彻灵根无向背。

在欲行禅知见力，三九二十七，**火里生莲终不坏，**他家自有通人爱，**勇施犯重悟无生，早时成佛于今在。**溪边杨柳影，不碍钓舟行。

　　若是宿熏乘种，佩大愿轮，须处五欲八风之中，不被五欲八风所转，挺然特立，如火中莲花终不坏也。如裴相国、杨无为、东坡、山谷、无尽、子韶，诸公是也。僧问古德："欲界无禅，大德云何言有禅定？"德云："阇黎只知欲界无禅，不知禅界无欲。"到者田地，治生产业，皆与实相不相违背，故云知见力也。过去久远，有一比丘名勇施。忽于如来禁戒有所缺犯，既犯四重根本之罪，欲自清净，即将三衣挂在锡上，高声唱言，我犯重罪，谁为我忏。如是唱言，至一精舍，遇一尊者，名曰鼻鞠多罗，令推罪性了不可得。勇施比丘豁然大悟，即往南方世界，成等正觉，号曰宝月如来，已至于今。故曰勇施犯重悟无生，早时成佛于今在。"在欲行禅知见力，白日青天轰霹雳，摩诃般若波罗蜜，甚深般若波罗蜜。

　　师子吼，雪岭泥牛走，**无畏说，**虚空咬着舌，**深嗟蒙懂顽皮靼。**聋人争得闻。**祇知犯重障菩提，**贪观天上月，**不见如来开秘诀。**失却手中楖。**有二比丘犯淫杀，**黑牛卧死水，**波离萤光增罪结，**癫马系枯桩，**维摩大士顿除疑，犹如赫日消霜雪。**八十翁翁入场屋，真诚不是小儿戏。

　　诸佛菩萨，演说大乘，自在无畏，犹如师子吼时无所畏也。深嗟，极叹之词，蒙懂，非聪慧也。顽皮靼者，即牛领粗厚皮也。此喻小乘钝根，闻大不悟，发其叹也。祇知犯前四重罪业，障于如来正法眼藏，不能了罪性空也。有二比丘犯淫杀，波离萤光增罪结者，昔有二比丘，山中结庵修行，坚持净戒，无有缺犯。一日，一比丘出，一比丘在庵禅定，忽睡着。有一樵女偷犯净戒，乃内心不悦，至同庵僧归，具说上事。其僧怒，赶逐其女。女惊怖，堕坑而死。比丘转加烦恼，共往大德优波离尊者处，求乞忏悔。尊者以小乘结罪。时二比丘，心疑不决，转生烦惑。时维摩大士，呵优波离不善观机。此二比丘久修大乘，何得将大海纳于牛迹。故云萤光增罪结也。大士云，穷罪性了不可得，不在内，不在外，不在中间。前际不去，后际不来，中际不住。二际推求，了不可得。二比丘忽然顿悟，获无生忍，犹如赫日消霜雪。

师子吼，无畏说，万窍怒风翻一舌，狸奴白牯尽潜踪，露柱灯笼生欣悦。不思议，解脱力，一点水墨，两处成龙，**妙用恒沙也无极。**寸不如尺。**四事供养敢辞劳。**有甚毕罗馇子快下将来，**万两黄金亦消得。**独掌不浪鸣，两手鸣掴掴。**粉骨碎身未足酬**，没来由处有来由，**一句了然超百亿。**匝地清风有何极。

不思议者，不可以心思口议，故经云，假使满世间，皆如舍利佛，尽思共度量，不能测佛智。盖佛智不可测度也。须是洞悟自心，与从上诸圣，同一见闻，同一受用，世出世间，打成一片，呵笑怒骂。

皆是佛事，故云妙用恒沙也无极。到者田地，堪受人天供养，故云万两黄金也消得。四事者，一衣服，二卧具，三饮食，四医药。古德云，上座，若也实悟去，变大地作黄金，搅长河为酥酪。供养上座，未为分外。其或未然，粒米一丝，直须拖犁拽耙还他始得。粉骨碎身未足酬者，如常啼菩萨，敲骨出髓，买花供佛求法；释迦世尊于因地中，舍身求半偈，顿超弥勒十二劫；乃至先辈诸老，一言之下，心地开通，一轴之中，义天朗耀，故云一句了然超百亿。如经具明，文繁不述。

不思议，解脱力，亘古亘今明如日。达摩十万里西来，却对梁王道不识。咄，切忌钻龟打瓦。

法中王，头顶天，**最高胜**，脚踏地，**恒沙如来同共证**。千闻不如一见。又云也是无风起浪。**我今解此如意珠，信受之者皆相应**。虚空包不住，大地载不起。

王中法王，位过百王之上，高超三界，独步大方，故云最高胜也。恒河沙数过现未来一切诸佛，皆证此法，始觉合本觉，自觉觉他，故云同共证也。我今解悟此法，如如意珠，出生无穷。四祖谓牛头融禅师云，百千法门，同归方寸，河沙功德，总在心源。一切戒门定门慧门行门，悉皆具足。神通妙用，并在汝心。烦恼业障，本来空寂。无三界可出，无菩提可求。人与非人，性相平等。大道虚旷，绝思绝虑。如是之法，汝今已得，更无欠少，与佛无殊。但信自心自在，莫作观行，亦莫停心。荡荡无碍，任意从横，不作诸善，不造诸恶。行住坐卧，触目遇缘，皆是佛之妙用。故云信受之者皆相应。

法中王，最高胜，横按莫邪行正令，太平寰宇斩痴顽，纵遇佛来也乞命。

了了见，无一物，日面佛，月面佛，**亦无人，亦无佛**，东涌西没，南涌北没，**大千沙界海中沤**，**一箭落双雕**，**一切圣贤如电拂**。蹉过了也。**假使铁轮顶上旋**，胡孙上树尾连天，**定慧圆明终不失**。垂手过膝。

真如界内，绝生佛之假名，平等性中，无自他之形相，故无人无物无佛也。三千大千沙界，在觉性之中，如水之浮沤，乱起乱灭。故云空生大觉中，如海一沤发，沤灭空本无，沉复诸三有。一切圣贤，递相出兴，转眼过了，如石火电光，卒难摸索。故云一切圣贤如电拂。假使铁轮顶上旋者，昔有一魔王，谓诸菩萨言，汝当退位，汝若不退，我飞热铁轮旋汝顶上，碎汝形体，犹如微尘。尔时菩萨，以定慧圆明不思议力故，不失其位，时诸魔众，反自退失。此永嘉引喻学道人，纵遇逆顺境界来前，如不闻不见相似，始不被生死阴魔所惑也。

了了见，无一物，当阳放出辽天鹘。三千刹海绝遮拦，万里虚空只一突。

日可冷，月可热，眼底无筋，皮下有血，**众魔不能坏真说**。一口无两舌。**象驾峥嵘谩进途**，兵随印转，将逐符行，**谁见螳螂能拒辙**。撩棒打月。**大象不游于兔径**，听取号令，**大悟不拘于小节**。临济德山，只得一橛。**莫将管见谤苍苍**，钓鱼船上谢三郎，**未了吾今为君决**。千里万里一条铁。

日性本热，宁可说冷；月性本冷，宁可说热。十方世界中，唯此一事实，余二即非真。吾此一真之说，虽众魔不能坏也。大涅槃经云，佛说四谛，不可令异。故永嘉引此为证，谓菩萨所弘大乘法门，众魔不能为其障碍。譬如象驾峥嵘而进，岂螳螂小虫而可拒其车辙耶。昔齐庄公出猎，有螳螂举足，将搏其轮。问其御者曰，此何虫也？对曰，此是螳螂也。庄公曰，而以至微之力，而拒大车，不量其力。今永嘉略引为证，使令易晓，故云谁见螳螂能拒辙也。大象不游于兔径者，表大乘圆顿境界，岂涉人天小乘之蹊径哉。大悟不拘于小者，见性之人，贵要根本谛当，智眼圆明足矣，于世疏略，出语无文，此为小节耳。多见今时兄弟云，不可以持犯戒律所拘，此错说也。三世诸佛，历代祖师，乃至天下善知识，阿谁以行染度人。故笔此以攻其谬也。圆顿大教，唯接上根，若小根小器浅识劣智，欲窥大乘境界，犹握管窥天，日天小者，非天之咎也。故云未了吾今为君决。末后一句，始到牢关，大用现前，不存轨则，揭示空劫已前，岂离而今时节。不见道无位真人是什么干屎橛，这一句，也有照，也有用，也有权，也有实，也有宾，也有主。若人检点得出，许伊亲证阿字法门。

禅密薪传

其或未然，三十痛棒自领出去。

日可冷，月可热，诸佛同出广长舌。世间唯有此一真，天上更无第二月。

元南巢竺源兰若法惠宏德禅师注颂

参学门人　德弘　编

下部　密宗

第五编　医宗了义

贪道口诀

生圆次第纲要

悦西喇嘛 讲

刘立千居士 译

生起次第

生起次第分粗细二分。粗分生起者，随意大小作观之次第也。细分生起者，则观整个依正坛城于如一芥子许大之境中之次第也。初业者修法，将整个坛城分部作观，一一练习明显（能整个起观固善，否则一部一部起观，将一部练熟观明，再观数部以至整个坛城），再观整个坛城。如能于一刹那将整个坛城观明，如在目前，而无依稀恍惚，是为如仪合法。如上能经一昼夜之四分之一时定住，不动不变，是己坚固之相。粗细皆同。如上能维持定力于任意之长远如若干年月日，是为究竟之相。

生起观自作本尊，所以净除我执，尤需改变外境使变作庄严净土，方合生起之要求。外境本非吾人之力所能变者，而此之改变，实系于意识加功耳（中观不承认有八识，只承认有意识，禅宗亦然）。

　　按：无上部密宗之生起，系修自生，凡外内密之供养，亦系供养自尊，注意。

又生起通有五相，一观空，二月轮，三种字，四印契，五本尊身，此金刚鬘论之所说者，非漫言也。

此上，就现品而言，尤须进修空品，使现空不二，是为生圆不二次第，亦即生起次第之极则也（现与空为生起之二轮，不可缺一）。

不空智按：生起虽云要明显坚固，然同时即现即空，如水月，如空虹，虽显而无自性。虽无自性，而历历明现，如在目前，方算现空双融，若将现与空分作两橛修之，反成戏论，此红白两教之正见也。宜知之。

圆满次第

圆满次第之修持，在使风能入住融于中脉。风入中脉，则外呼吸断绝。风住中脉，则丹田坚固饱满而不动陷。风融中脉，则有显增得，亦即白红黑之觉受。

圆满次第亦如生起次第然，一面固为现品之修持，一面复为空性之证入。如仅修中脉之风性，则外道亦多，尤其印度之外道，以修气之故，能起无量功德，飞空神变，然仍不能究竟解脱，不生不灭，故非佛道。是以现之与空，实为圆满次第之二轮，取一舍一，皆非是也。

圆满次第之内容有六。一身远离，二语远离，三心远离，四幻身，五光明，六双运。亦有一二两次第合为一次第，共为五次第（如五次第论与建立次第论），及一二三次第合并，共为四次第之说法（如明灯论第一品将初二次第皆摄入心远离中，名缘心次第），然内容仍无别也。又集密后续说圆满次第为别摄等六支，当知别摄与静虑二支，身远离摄，命力支，语远离摄，执持支光明中摄，随念与三摩地二支，双运中摄也。

身远离者，乃以生起次第之本尊身为基，而进修风之入住融于中脉，因生四空智之光明（即明［显］增得净之白红黑蓝四光），至出定之后，能以之印合外境，使外境皆现空乐之境而灭除凡庸之身相也。

密教地道建立云：由生起次第转入无上加行道时，即得圆满次第之身远离。由于定中修习风入中脉之乐空智，出定之后得位中，能以乐空印证一切所见境，令现为百部诸尊等，行相之瑜伽，即圆满次第之身远离。言身远离者，谓所远离之身，即自体所摄之蕴界处等，以圆满次第之乐空印定，令远离于庸常现执，现为清净天相之瑜伽，故立彼名。总身远离，通生起圆满二分，宜知之。

语远离者，以已证之身远离为基，进而使周身微细之风皆转成密咒。换言之，即以金刚诵之方便而作入住融之修习，以生四空智之谓也。

从自因身远离圆满后所生犹未生心远离以前之第二次第瑜伽，即语远离之相。语远离，释名，谓语之根本最微细风，远离其庸凡游动，令风咒和合，不可分离之瑜伽，故立彼名。差别，分安住者脉，行动者行风，安布者菩提心及命力瑜伽等。

心远离者，以已证之语远离为基，运用内外方便，打开心中脉结，全身所有之脉结，因之亦尽得开解，而收微细之风入于心中之不坏空点之谓也。内方便者，即金刚诵也；外方便有二，或为业印，或为智印，随行者自己酌用（业印指双身，智印指观想双身），以之而生四喜智（此四喜智于生起及身语二远离皆有之，但以打开心中之脉结而生者最为殊胜），皆能达心远离之目的也。

得心远离瑜伽之时节，如克主大师云："从初修语远离，乃至未能尽解心间脉结以前，所有四空，皆是语远离。若时依止内外方便，尽解心间脉结，由风于心间中脉不坏空点入住融化之力，引生四空，即立为心远离之四空。"总之，风任于中脉何处融化，皆能引生四空，然如于心间融化所生者，于他处融化，则不能引。若金刚念诵未解心间脉结之前，所有风融入心间者，虽是融入心间中脉，然非融入不坏空点。若时心间脉结尽解，由彼力故，则余一切脉结，亦皆随解。心远离须待内外二缘，其外缘是否业印与智印随一即可，诸具慧者当更释。语远离虽有明增得与光明，然仍立为语远离与语金刚摄。如是身远离时所有者，亦安立为身远离身金刚摄。

心远离之相，谓从自因语远离圆满后，所生自果幻身以前所有明增得三与光明定，随一种类之大乘加行道，即心远离之相。训释，谓由远离生死涅槃根本心及分别所乘之风，现起空乐无别体性之瑜伽，故立彼名。修道时之明增得等，亦非一座便能生起，必须数数修习，方能相续生起也。

如是证得心远离后，复依内外方便，数数修习整持及随灭二种收摄次第，令住于骨节之遍行风等，如临终之次序，皆融于心间不坏空点，则从幻象乃至光明之众相，真实现起。如是之光明，即心远离譬喻光明，其所乘微细风，即修幻身之究竟所依。以第四次第胜义光明所乘之五光风即清净幻之所依，此二道理相同。

当证心远离时之空性总体，是为譬喻光明。以此光明为缘而与五光风合所显之身，是为不净幻身。此幻身之现，有由内而现（即中脉内红白和合之不坏明点中现出），由外而现（即由不坏点红白分离后而现）之说，亦有谓两说皆有堪能者。而现时则在白红黑蓝，又由蓝黑红白逆现之后。此幻化身之修法，为成就报化二身之基础，若仅修空性而证法身，终非圆满之佛。且由空性而证，显教皆同，即小乘亦然：惟此幻身之修法，乃密宗之特别不共法，若得金刚上师之传授者，即身证佛不难也。无上密宗有父母二续，父续着重幻身，母续则重光明。而父续中讲幻身最完备者，当以集密为王；母续中讲光明最完备者，则当以胜乐为王。

依幻身又收风入中脉心中，与整持或随灭收摄次第相顺，则现胜义光明，亦为亲证空性。至出定时，风动复起，光明逆现，以胜义光明为缘与五光风合，则证清净幻身。

密宗地道建立云：从心远离转入幻身之理，谓从前说心远离究竟位譬喻光明定出时，风略转动，现起逆次之近得。与彼同时，以彼光明所乘之五光明风为亲因，以光明心为助缘，如鱼出水，离粗质异熟身，别外现起相好庄严之幻身。如是成就幻身，由修习力，虽使粗细二身分离，然不必别各分别，离其方位，此时无此能力故（幻身先于旧蕴方位心间中脉中成就，后离旧身之方位，于身外而住）。成就净不净幻身时，非但成就一身，是现能依所依圆满曼荼罗。幻身有五差别，一因差别，谓具足心远离明增得三因；二放光差别，谓身放五色光明；三所依差别，谓从五光风修成；四自体差别，谓唯以风心为体，现为金刚萨埵相或相好庄严之天身；五受用差别，谓具五支风，眼等诸根俱全。又此幻身，非是色质，如心远离时之天身，则尚是微尘所集之色质。

幻身成就之时，如因位中死有光明灭与中有生同时，则道位中光明灭与幻身成就亦应同时。故说逆次之近得，与成就幻身同时也。

幻身之释名，谓由幻等十二喻所显最细风心之天身。由此身烦恼障未净，故亦名不净幻身及有漏智身。现识所依身，虽有大种所成之粗色身与细风身之二，然不成为二相续，不须离粗身方位细身别住。安立补特伽罗名言之主要所依，虽是风心二法，然说粗身是彼所依，亦不相违也。幻等十二喻，谓幻事、水月、光影、阳焰、梦境、谷响、寻香城、眼迷昏、虹、电、水泡、镜像。以从风心所生之金刚持身，虽具足一切枝节，而离风心更无余物，故如幻人；复能遍现一切处，故如水月；由无骨肉等质，故如光影；由其刹那摇动，故如阳焰；唯从风心所成之身，犹如梦中，离粗身外，别起梦身；虽与异熟身同一相续摄，而现别异，犹如谷响；此身之能依所依曼荼罗，如寻香城；仅是一体而现多相，如眼迷乱；身分五色，无碍无杂，犹如虹霓；安住异熟身蕴中，如云中电；从空性中倏然生起，如净水中忽生水泡；圆满一切枝节，如镜中金刚持相。修幻身时，非但修自身，是一切众生皆如是修。

幻身转入胜义光明之理，谓将风点收入心间，由二种静虑，随顺光明之所缘行相，能使幻身转入光明。下降上升之喜乐，到达心间时，以俱生大乐智，现证空性，即是彼界也。如斯瑜伽，即真对治庸常执著一切烦恼障之无间道。胜义光明之相，谓庸常执著之真对治，第四次第瑜伽。尔时定无幻身，以前之幻身，如虹消灭，清净幻身犹未得故（融所缘行相于光明而云如虹消灭）。现胜义光明时，微细二取相灭尽，全无戏论垢喻，如虚空现虚空之行相也。

光明依假说可分为二，谓境光明与心光明。初与空性义同。心光明中，以总相通达空性者，即譬喻光明，现证空性者，即胜义光明。譬喻光明有多种，谓三远离与第三次第幻身者之譬喻光明等。胜义光明中，有正对治烦恼障者，已断烦恼障者；正对治所知障者，已断所知障者等。

此譬喻光明胜义光明，亦名乐空无别之智。又譬喻俱生智，以总相通达空性时，未能灭尽微细二取相，仅以胜解作意，和合乐空为一味；胜义俱生智现证空性时，灭尽微细二取相，方能圆满和合乐空为一味也。言胜义光明者，谓以俱生乐心现证胜义谛光明境，由此智能灭尽世俗戏论，故立是名也。

总之，一切圣教之根本或总聚者，厥为集密经。如明炬论云，"能仁说法蕴，有八万四千，集密是彼器，故是续根本。"此说八万四千法蕴要义，皆悉摄入集密经中，非但说明以无始来，恒常相续最微细心为所依事，作法身等流因，更致力说以微细风为所依事，作色身之等流因，较此说更无究竟说故。

胜义光明与清净幻身合，是为色法二身双运。双运有二十一或二十三种之别，然总分为二。一断德双运，即断除烦恼我执而得之双运，非究竟地；二智德双运，即去所知障而获之真正双运，至此即佛，别无修证矣。

地道建立云，从身远离渐次修进，至第四次第胜义光明转入有学双运之理，谓从胜义光明定逆出定时，光明定中，风息微动，同时以光明所乘之五光风为亲因，以光明心为助缘，现起清净幻身。即此无间断尽烦恼之断德与清净幻身，双运俱转，成就断德双运，离粗身外，异处而住。若约人身而言，则与彼同时成光明逆起之近得，胜义光明谢灭，已得断尽烦恼障之解脱道，成阿罗汉果，转入第二地，证得大乘修道等，均属同时也。尔时已得断德双运，而尚未得双运中主要之智德双运。五次第论说二十一种双运或二十三种双运，亦皆摄为断德双运与智德双运，尔时即得断德双运。故次由近得，乃至渐起阳焰之物，即后得位。转入智德双运之量，谓已得断德双运者，复专注空性，现起光明俱生智时，身是清净幻身，心是清净胜义光明，身心一体，即得双运中主要之智德、双运也。此中明增得三心，皆是分别。安立断德双运之理，谓清净幻身，是约净烦恼障而立，断德亦不离彼幻身，彼二和合一体，即是断德双运。

其已断庸常执等烦恼障，而能断庸常相等所知障之第五次第瑜伽，即有学双运之相。

断所知障之理，从三远离渐次入者，以见修道断烦恼障，渐断九品共所知障，不共庸常相渐损其力，最后顿断。如斯有学双运位，虽无初未曾学新学之道，然已学者，仍须修习。谓复住于粗身，为断所知障故，数数修习二种静虑之收摄次第等。

此时证得八种功德，约而言之，能合有情世间器世间生灭（谓瑜伽师能变化收摄彼等也）。随意所想即能达到（是为周遍）。光明威德映蔽于他（是最光明，即表示为一切众生供养）。有治罚摄受有情之权（是为自在）。随欲能得种种功德（是为随欲转）。欲得之义，即能获得（是为坚固，即随欲安住也）。经六月而得最胜悉地，即已得有学双运者也。又有果位八种自在，如宗大师明炬注中云，一身自在，谓能顿现无量化身。二语自在，谓随无边有情各种语言，而能顿说一切法门。三意自在，谓无分别而能了知一切所知。四神变自在，谓略起意念，即能示现无边神变。五遍行自在，谓能周遍一切时处。六处自在及随欲自在，谓略动心念，即能圆满所欲。七出生自在，谓略动心念，即能出生情器世间种种色类。八功德自在，谓成就十力等功德。

现证无学双运果续之理，由无上部道，于行者五蕴上成佛之理，总有二说，一谓由善巧方便，销尽此异熟五蕴，与蕴尽同时而成正觉。二谓即于此异熟五蕴内而成正觉。初是时轮规，次是除时轮外余无上部规。

凡以无上部道决定一生成佛者，必是南赡部洲之人身。所谓中有成佛者，是于成就中有之时，改为成就幻身。于幻身成佛，则俱非六道所摄。此时有幻身与粗身，入光明时，幻身灭。粗身不灭，故其经生成佛者，则有人天二趣也。其得有学双运者，由修根本后得善行为依，现起前说众相时，于后夜分，以内外方便引生二种现证菩提，亲证胜义光明，此光明之第一刹那，是有学最后之胜义光明，作所知障之正对治；此光明之第二刹那，已断所知障，即有学双运之等流后念转成无学双运身，证得七支和合位也。七支和合，如宗喀巴大师云，"相好庄严圆满报，和合常受乐空味，无缘大悲离静边"。谓于大乘法皆得自在，异熟相好之所庄严，是为圆满受用身。现双身相，永无分离，名曰和合。意具

　　　　　　　　　　　　　　　　　　禅密薪传

微妙无上无漏大乐，永不超越大乐之本性清净身，与离垢清净身，常恒无间，受用无住寂静妙味。虽于众生不起实执分别，而视如一子，大悲遍转，终不弃舍。由舍离寂静边，非唯断三有之灭。是不住三有，寂灭二边之涅槃。明炬论云，"受用身定具七支，化身则不决定"。又云，已学圆满次第道与彼行后，成就无学双运之理，谓如前说。由内外二种证菩提门，于后夜分亲证光明，转成究竟法身时，则有学双运幻身转成无学双运身，尽生死际，住彼二身不动也。其如斯二种清净之光明境，即无为法身，其光明心，即智法身，亦名大乐身。此所依唯由风心成就之色身，即受用身，此二种身，实是同体，唯观待成异，故彼色身，亦名无二智身。此双运身（即受用身）能示现胜应身等无量化身。复可约化身立为双运，故双运身可有二种身之建立也。

安立地道之理，龙猛菩萨师徒说，生起次第究竟，可代替第八地前半期，以圆满次第之身远离及语远离配第八地后半期及第九地，心远离与幻身配第十地前半期，光明与有学双运配第十地后半期，安立无学双运为第十一普光明地。是摄行论之意趣。无学双运，即是持金刚地。至安立者道之理，下三部者，与波罗蜜多乘地道相同，无上部中，生起次第，由于法性未得止观双运故，立为资粮道，圆满次第自身远离至幻身，立为加行道。第四次第胜义光明，立为见道，从彼近得至有学双运最后心，立为修道，无学双运，立为大乘无学道。

总之，无上部道，是以贪为道者。又如修诛逐降伏及护轮，因位发起是大悲心，作时发起则起粗猛心及于魔碍有损害心，而此贪瞋烦恼，又必与烦恼愚痴相应而生，故亦可云以三毒为道。为令于斯道生定解，当知佛以无学双运为极，无学双运之因，须先得有学双运，有学双运之前，复须光明，不净幻身，明增得三相，语远离，身远离，粗细生起次第及先修共道等。

又守护清净三昧耶，发大菩提心，于善知识安住佛想，尤为基础之基础，较修任何深法俱为重要，不可不知。

下三部中多修命勤之法，能将色身长久住世，而修习空性，然无幻身之修法，终属徒然，不能究竟成佛。

此无上双运之道，能即此五蕴之身，一生成佛。但一生成佛与即身成佛有别。例修夺舍者，如夺舍而得解脱，因其不经三有，旧识习气纯迁，虽异身而不异生。故仍可谓一生成佛，但非即身成佛也。

上准善慧布施大师所造之密教地道建立，听悦西喇嘛讲授作记并扼要引原作而整理。

附　韵音喜慧大师着"体三身建立显明灯论"对于生圆二次第建立理趣之论述

生圆二次第所净治事，虽无差别，然生起次第者，是以因位时之死有、中有、生有三者为净治事。其能净法，以依次配合此三者观修，死有为法身道用，中有为报身道用，生有为化身道用，及修其支分等，令相续之死有，中有，生有三等清净已，随顺如彼三者之相而现证三身。圆成次第者，则以随顺如彼因位时之三法为道，能直接净。此三种彼复于死有光明之相云何相顺？即是身远离、语远离、心远离、幻化身，有学双运等分位之现增得三及光明等。于中有之相云何相顺？即是三次第之不净幻化身及有学双运之清净幻化身。于生有之相云何相顺？即净不净幻化身等重入旧蕴为通常所见者是。用彼圆成次第诸道，净治生死中有之三。其正行之理趣者，修圆成次第之瑜伽者，于自相续极细风心无分别体之一分。即极细之心，于同类辗转相续，用三摩地力遮止死有愚蒙光明之所转，修与彼相相顺之道。转譬喻及胜义光明，与果时光明为法身，是死有清净之理。修圆成次第瑜伽者，于与

202

彼相同之极细之心，于同类辗转相续，用三摩地力，遮止死有光明愚昧所乘之风息能现中有之身。以令转成与中有之相相顺之不净幻化身及学无学双运之清净幻化身，是中有清净之理。如是之幻化身成就，中有毕竟阻止，以由遮彼力，则以惑业入胎受生之生有亦被阻止，随顺中有于母胎受生之相，以幻化身重入旧蕴，说法或修以上之道，是生有清净之理也。是以真能夺取生死中有三者之根本，厥为能得幻化身正因心远离究竟之譬喻光明。由彼正能阻止死有之力，中有及生有自能阻止故。从如是譬喻光明而成幻化身之时，中有自然能被阻止，因现起中有之极细风已转成幻化身故，中有毕竟阻止，则是不由惑业取生之因。故得幻化身，即决定即生成佛也。

不共幻身义

幻化身修法，有共与不共之别。共中分二，一者不净幻身，即就此五蕴之躯之身语意皆是缘起性空而修持之。若能了此虚幻妄执，境过即空。刹那起灭，原与我本性无碍，何须与之生分别。若不分别，即离执著；若离执著，即无烦恼；若离烦恼，即证本性也。二者清净幻身，乃于定中修本尊身与所显坛城如幻（出定之后，亦应深解境如幻），亦可就其身语（咒音）意而观察之，深体其皆是缘生无实，此为对治修行人得力时所生执著过患也。

至不共幻身，上师口诀云，圆满次第有二，一以气摄心，二以心摄气，此不共法，为心与气合所显本尊。内又分二，一有学双运所显，二无学双运所显，皆属遍胜一切处行。

修法，身七支坐，修气脉明点等讫，自身如金刚，口唇微相着，心观当下一念，过现未俱离，心极清净，斯时法尔得气收入中脉，气收后，即现地水火风觉受相。初地入中脉，内外一切现如烟，此时不自觉有身，但心有此境耳。次水收入火（按显明灯云，四大前入于后之理，各各前大种能依识之力收已，后者之能力趋于显明，说为前大种入于后大种，非前一大种转为后大种之自性也），现如阳焰。火收入风，显如萤光，风收入识，现如青天无云。识收入显，如青天现白光（如月）。显收入增，如光转红色（如日）。增收入德，如黑暗。德收入光明，显现离月日及黄昏三染缘之黎明晴空状，见自己本有智，即俱生光明。

按：显一作明，一作显现，增一作增长，德一称近得，以上显增德属顺流灭，此即法身（大致属于根本定）。

又按：显明灯论，地界收入之内相如阳焰（即夏季日光射于沙上，显现水状，现起薄长之蓝色）。水界收入之内相如烟（如烟囱出烟，蓝色之聚涌出）。火界收入之内相如萤火（如由烟实中涌出青烟，中间红色火星熠熠之状，或如锅底烟煤上红色火花闪烁之状）。风界收入之内相如灯（如灯炬分开顶尖分散之状）。四大收入之后，八十自性遍计之心，显现白道之心，增长红道之心，近得阁道之心，死有光明之心，是识蕴类五法，此等应依次现起。八十自性遍计心，与彼所乘之风二种，应于显现白道之前收入，彼与显现之心，二者执取之相不顺，粗细之差别极大故。显现同时无如彼之粗心故。是以与八十自性遍计所乘之风，始收入于显现之时，如灯明之显现出生。被收入于显现俱时之相，如秋空清净之时，夜月初升，光遍空际，极为清朗，长空无翳，光明显现白色之相现起。如是现起之缘，乃自心以上左右二脉诸风悉入于中脉上端，以其力解开顶上之脉结。其中有由父所得之白色明点，作 阿字头向下之形，具水之自性。故向下行，未到心间左右二脉六层脉结之上，中间即有如是光明发生，非外月光等之光明现起也。于此名为显现及空。其后显现与所乘之风收入增长之后，增长之心现起之时，如秋空清净日光遍满，较前尤更晴朗，长空

无翳，现起红色或红黄色光明。彼之缘为心以下左右二脉之风悉入中脉下端，以彼之力，宝之脉轮之结与脐之脉轮之结次第解开，

脐之脉轮之中，有由母所得红色明点，作竖立短 ཨཱ ཿ 之相，具火之自性，故向上行。未到心间左右二脉六层脉结之下以前，现出如是之光明，非外日光等现起之光明也。于此名为显现增长及极空。其后增长与所乘之风收入于近得之前分时，如于清净秋空，边际浓阴遍满，晴空黑道光明现起，此是中脉内上下诸风摄于心间中脉之内，以其力故。心间左右六层脉结解开，上之白色明点下降，下之红色明点上升，心间都帝之中，有不坏明点，红白如盒相合，二者入于其中，由彼合之缘，出生如是之光明，非外之黑暗等之显现起也。于此名为近得及大空。彼复近得之前分，境与光明俱生，而近得之后分。任何之境亦不忆念，如失念闷绝，暗中摸索而行，次由极细之风心中，忽然出生之风心悉皆停止。从初因中本具极细风心之念未养成以来，于此近得之后分，有此失念，其后极细风心之念养成已，则现起死有光明也。又遍计动摇及收入之中间出生如净秋空月光遍满，晴空白道显现虽起，而其余之粗二现悉不现起之意识，是光明增长之性相。遍计动摇与收入中间出生如净秋空边际浓阴遍满，晴空黑道现起其余之粗二现悉不现起之意识，是光明近得之性相。近得收入光明，光现起之时。近得之后分失念觉醒，粗粗现纤毫亦无，如清净秋空，日光月光黑暗三助缘悉离，黎明虚空本具之色，长空晴朗之显现，似现证空性等住之显现生起。如是现起之缘，亦由红白二明点收入不坏红白明点之内，中脉内之诸风，亦悉收入极细持命风，从初因上所有极细风心现行。故有如是光明现起，非外虚空晴朗之光明也。于此名为死有光明及一切空，此乃真死，亦称彼为因时之法身。于彼晴空，称为因时之自性身，于缘彼为境之慧心，称

为因时观慧法身。

此后生所显三逆流，（由黑而红而白），由光明（即一切空）生近得（黑，大空），由此生增长（红极空），由此生显现（白，空），由此三与气俱而生相好庄严之幻化身。

现中有理中曰：光明消失，正近得时（此时气稍动转），而成中有。即于三者同时（指现逆次之近得，死光明停止，中有成就，三者同时），于中有一刹那即现增，于增之一刹那即生现，由此现生八十分别，显现中有之一切。故成幻身亦在此时也。

又六法引导曰：依凡夫身口意，三业作如幻修持者，为共义幻身（由实际空见观一切法，均无自性，尤为切要）。依本尊身相修令明显坚固，并以空见摄持而修本尊身如幻者，为别义幻身（此即生起次第）。入光明后，起心气所成之如幻本尊身，为密中密意幻身，乃幻身之精华也。

入光明道起如幻身法，当修气收中脉，现生四空，从四空上显现心气所成之幻身，或修气收中脉，现生四喜，由俱生上起如幻身二者。前者，观本尊身如幻，心脉络中，显现心气体性所成之蓝色吽字，放五色光，于此专缘，随力修持瓶气，由气收入中脉；依次现生烟，阳焰（准前显明灯论，应阳焰在初，烟次之），等相及现增，近得光明等，次本尊身及吽亦依次收于光明，即于光明上竭力入定。出定，一刹那间，仍观心气所成之如幻身。后者，缘本尊身及吽字修瓶气，由气收入中脉，生现四喜，依次观本尊身及吽均收入光明，即于俱生智上竭力入定。出定时，复起心气所成之如幻本尊身。

如尚不能修观，应依二静虑而修持之。（一）持气静虑，谓观本尊身及吽字，心专缘吽字，随力持瓶气，后如镜中呼气，观身上下一切，皆收吽字，吽又收于那打，那打无缘，心专缘于此，多持瓶气入定。（二）后灭静虑，与以上修持相同。其不同者，器世间化光入有情世间。有情化光入自己，自己化光入吽，吽化光入那打等同上，如是入定。

此两种静虑，可随意修持之。后由无分别光明上以刹那间起心气所成之如本尊身。持气专缘入定。次应学习如前之入光明道及本尊如幻身。经云，一切收入光明上起心气所成之如幻本尊身者，为幻身之菁华也。

圆满次第心中心

本编为有相圆满次第根本中之根本，真大力与忿怒母皆是此法之异名。原标拙火定，乃就此中，最为主要之降燃熔乐观修而立。其实即是脉气明点之观修，乃圆满次第之心中心，故以名之。

贡噶上师开示曰：拙火定中具足四种手印：（一）阿杭交合为三昧耶手印。（二）观他身修为智光母手印。（三）脉气明点得自在时，依他身实修，认证四空四喜，为羯摩手印。（四）乐空不二即光明大乎印也。

此后由浅入深，共分六章叙述之。

第一章　身之调整

初：取七支坐法（详后禅定要门后要口诀），或取左足在内右足在外之向下盘夕坐法。

次：观顿成本尊，住于光明遍满之净刹中，内体如空囊，通明透亮，乃至手指足趾之甲尖，亦无不中空，内无一物，犹如吹气鼓张极薄皮膜之气球然，内外空通而明，莹澈无碍。随观此体渐大，至于无外，入定。又观渐小，至如极小芝麻，而身色肢分，仍了了分明，住定。

又次：观本尊身中有中脉，下抵密道，上齐梵穴，正直而空，鲜艳光明（如亥母法，当观红明直空四相）。初观如箭杆大小，渐渐增大如柱、如山，以至充周法界。同时观尊身亦随之增大，至于无外，举体全空，虽手指足趾之甲尖，亦皆此中脉充贯无遗。又观身渐小，小至如极细芝麻，而中脉有如百分之一发，其他如身色肢分，亦当了了分明，随力住定。

第二章　脉轮观

脉轮之观修，方法不一。

如观音本尊法，一般观外形透明，如红纱幛，内间空明无质如气球，中脉鲜蓝端直，上有${\color{black}号}$明点如水银，下有阿洗（${\color{black}\prime}$）红色明点，左脉白色，右脉红色，较中脉略小，上至鼻孔，下至脐下四指与中脉会合。顶轮三十二脉，白色向下；喉轮十六脉，红仰向上；心轮八脉，蓝色下覆，脐轮六十四脉，黄色上仰；密轮三十二或二十八，绿色平伸。顶现痴之体性白${\color{black}字}$字，喉贪红${\color{black}字}$字；心嗔蓝${\color{black}字}$字；脐慢黄${\color{black}字}$字；密嫉绿${\color{black}字}$字。是为三脉五轮。若加观顶髻轮四或九脉，白色平铺，则是六轮。再加观杵轮四脉，共为七轮也。

如修亥母本尊者，则三脉中蓝、左白、右红、顶绿三十二，喉红十六，心青八，脐黄六十四，密蓝三十二，与上法相较，亦仅顶密二轮不同耳。

又中脉上端，观由顶上屈达前面两眉间，于修明点较胜，此为白教特传。

按胜乐法中，四轮各脉，增观内层，即脐化轮，内八脉，外六十四脉。心法轮，内四外八脉。俟报轮，内八外十六脉。顶大乐轮，内八外三十二脉。此出大乘要道密集上乐轮法中。

第三章　修气秘旨

气曰风，曰能动，曰动他，乃能对身体起直接变化之唯一妙品。

修气与人之身龄无大关系，但身体强弱不同，生起之功能有差。不过大多数过三十六岁则稍难。若于衰损得补筑之法，行持有权巧之术，则年龄与体质俱不足为障碍矣。

修气之处所，务要无烟尘，无秽浊，以空气新鲜，水洁林茂，高山之地为宜。若灵山圣地，古德修持成就之所，尤为超胜。

修气之时间，当知子午二时，易令气入鬼脉，半夜尤甚。若入鬼脉，则有见鬼及恶梦等迷害，故忌修气。饿时修气，易发头昏而疯狂，饱时修气，能令细脉有胀断之危险，亦宜忌之。

又若右鼻出气多时，则不宜修气。俟自觉左鼻出气时再修方好。若左多于右则吉，若二鼻出息相等之时，则修气易成。此外任何时间，皆可为之。

若右鼻出气时，以左手扣右腋下，以右手扣右颊，右侧而卧，则气可转至左鼻矣。此乃上师所示之转气秘诀。

又若欲二鼻相等出气之时，凡未同行者，宜将其同边之肩向上侧卧，则可令其通达，不可不知。

次须胜解此能修之身，当为生起次第成熟之观想本尊身。所修之气。当为生起次第定功所摄之微细平匀气（其条件有二，一为二孔同时，非偏于一孔等；二为二孔之中央气。因二孔之气，各分五方，上方属风大气，下方近唇属地大气，依鼻梁行者为水大气，外方行者为火大气，惟中央行者为空大气，此气与智慧气相应，故非此气行时，当依法调整之）。所依之境，当系生起次第本尊之坛城观，远离平庸秽劣之想，是为至要。

一、九除浊气

九除浊气，亦有作九接佛风者，其意似偏重于佛风内入之加持边。然果以加持为主，而又以九数限之，实嫌不足，故当以白教之命名为正——即本名。

安身正坐，先用鼻呼出内气，缓缓呼尽，或三，或七，或九，或二十一次为度（即注意出，不注意入）。

次观自尊三脉五轮，两手结金刚拳印而仰，以腕背压股际动脉，身端直，腹鼓出，眼平视，闭口，安住光明刹土，其中充满地水火风空之黄白红绿蓝五色佛风，乃一切佛、佛母、金刚、菩萨之功德智慧神通威力之总聚体，以鼻缓缓吸入，满贮中脉管，至认各轮各脉，想身中血脉之断者得续，壅者得通，轻安无比。随将左拳上起，伸展指按左鼻孔，想仗上师诸佛加持力，将病魔罪障，无明烦恼，一切恶业，化为恶气，由右鼻孔放出，消灭净尽，右鼻孔同时出轻长气以相应。次将左食指松开，仍由两鼻孔缓缓吸气，吸足，仍按左鼻，由右孔出气，稍重略短。三又松指吸气，按住，由右鼻出极重短气。再换手，以右食指按右鼻，由左鼻孔出气三次，与上左右相掉而行之。又次以双孔吸气出气亦三次，轻重如前，三三共九度呼吸，此每日初座必修之法也。余座不修此，恐多，反感气涌头痛等病，只用二鼻同时随意匀出三次足矣。

此九除浊气之修法，每出气，必须吐尽不留，除浊毕，手指舒展，掌置夕上，想身中浊气已放尽，身如水晶，极为光彻。

按此外出气，系专去气之过失，故不必打拳。若去脉与明点过失，则须兼修拳法，以肘击胁等，余处另详。

二、灌气

凡禀赋不强者，先宜多修灌气。

灌气者，随自气力所能，灌注于拙火位而保存之也。其法，即随时吸气灌下至脐下四指处稍稍凝住。即任之自出，不必久住。但随出随灌，不断行之。

此法着重在入气微住，其注意点在脐下丹田，出气则不管他，宜深体之。

又此乃柔和瓶气之前趋，由灌气渐住而为柔和瓶气，由柔和瓶气又渐满渐久，则为刚性瓶气也。

三、柔和瓶气

凡瓶气皆有久住意。乃令微细业劫气集中力量以为趋入中脉之准备者。此中有引满持散四作业。

引者，导气内入也。以生起次第之坛城观成熟，则处所为佛之净土，风息为佛之加持。极微细，如光芒，然其中火大具暖，风大具动，地大具定，水在具润，空大具智，一一含摄，乃胜义光明之加持力，能引发众生本具之智风。众生诸佛，息息相通，深信无疑。即放出浊息，两拳随之下覆，沿腿向前下伸至极点，再伸展手指，皆须用力；放竟，随引息入内，匀细如丝，缘左右二脉，会合于小腹脐下四指之处，两手同时屈小腕，令各与上肢成直角，手背即压于二胯间之烦恼脉上，使气终止于小腹，不复漏散于下肢。

满者，满足体用之风息也。上气既下压至小腹脐下四指之前，下气亦应上提至小腹脐下四指之后，使二气充满融合，趋入中脉，如函盖相如，形成一圆底大腹之宝瓶形，右挺下腹，令其充实无间。语其究竟，须外无可入，内无可出，外内一如，周遍通澈，方谓真满也。

持者，令风心交融也。心不动则气不动，如上满已，心沉于下，想气旋绕而入住中脉，以行融化（真能融化者，必有法身光明焕发）。则气自下聚而不动，心当住于宽坦轻松之空性定上（此时已入深定，外气已断，内气充实）。愈久愈佳。须知心定则气定，心持则气持，内外气不通彻，众生与佛分隔，内外气通彻，则心佛众生三无差别，故持息功德甚大，当励力行之。

散者，放气外出也。持至心气不耐取定时，即将气由两鼻放出，初细，中粗，后细。但气应略存少许丹田，不可尽放。同时观气由中脉上端之眉间腾腾而出，两拳亦向前下伸出，指节皆用力，上半身颤身以助之（如有气渗漏病者，则不宜颤身）。如是本座最后一口气，更宜将下肢之双跌用力打下，是之谓散。须知外内无别，佛风入我，我入众生，三者循环，无非法身光明之周流，散出之风，即是佛风。我入佛风，即是佛入我风也。如当出气之时，观想芥子许大白色明点，为吾心气之集合体，由中脉如矢上射，直趋梵穴而出，其功可当破瓦，是名射气。但仅可于座初修一次，多则恐生过患，切宜留意。

　　按：此柔和瓶气之主要观修，唯是吸五色佛风至脐下四指之前，下气同时提至脐下四指之后，使二气充满融合，趋入中脉，如函盖相扣，又如圆底大腹之宝瓶，持之久住。至不能再持，即放气出，初细，中粗，后细，同时观气由中脉上端之眉间腾腾而出。气不可放尽，应略存少许于丹田为要。

　　又按：诺那活佛小气功口诀，睁目、提肛、鼓小腹、抵舌尖，四者同时运用。此亦柔和瓶气或中住气之类，因睁提太紧，则易生火，故宜抵舌生水，鼓腹沉气以调整之。四者之中，要以鼓小腹为最无流弊，调整水火，在乎各人善于运用耳。

　　四、刚猛瓶气

　　刚猛瓶气，仍分引满持散四作业。其中引散二者，与柔和瓶气无差别，惟满与持，微有不同。在满中，先充满脐下，身向后仰，腹左右鼓按，令气下沉积集，同时肛门略兜上，令下气亦集中于此，形成一一圆底大腹之宝瓶形。此即内喻理趣。盖由此处充实，则其下压之气，方有力进逼，令成大用，故于脐下充实之后，应用力下压，随引随扭动两肩，如倾谷入桶，左右拍动，令谷下沉，能多入谷。次将胸部拟出，颈部上仰，令气满及喉管。及至气欲流溢而出时，复以上唇助鼻孔上缩，如嗅物然，使缩气充满脑内，与喉管之气相连。如是将颈伸直，以额压住喉结。此时如有口水，即利用之吞下，使气下压。如上作法，非心在定中，气息微细者，决不可行，害多益少，不可不知。

如上满已，心沉于下，则下气不上涌，上气欲出时，以鼻吸短气压入之。复由齿间漱入微气，随口水吞下。肛门不可太提紧，心不可随紧张之气而紧张，而当放置于轻松之空性定上为要。

按：刚猛瓶气即由柔和瓶气，扩充至遍满全身即是。此法不宜多行，益少害多，应知之。

又乌金口诀摩尼鬘，莲师开示命憋气入中脉法曰，气出已，猛吸，气向脐下压，心专住于中脉下端三脉会合处，气任运，不假功用，可入中脉。持气法者，其未曾娴熟之脉，一经气鼓，必当不安。于彼对治者，气复少许内吸，跳抖其身，后向下紧按。如此不乐相生，复稍向内吸，而为抖跳，此如空袋盛物，当令充满，则以棒等向内紧插，复拍顿其袋，以棒再插，气鼓胀圆满，不令间褶，亦复如是。脉处以前未满者，以小吸镇压抖跳等，不令外出，生起猛利对治力，气无出处，必自觅住处。如是气未行处，脉弯曲处，干枯处，气必挤入，气由是平等充满其身，则明点净分，生乐炽然，梦中见星宿日月。如脉种性不佳，则所见觉受不能坚固。如上气不散，向内猛吸，励防护，气由二脉入中脉，由此通达初地不颠倒智。以入住融三者言之，初入，得初地功德，于彼心气安住，生起二地功德。于彼中脉，与心气融合无间，二取分别如虚空清净，一切智诸功德增长，暂得长寿无病，行如风速，是故一切功德，所依者厥为瓶气。移喜，一切气中，皆以瓶气为主，汝其善持之。

又六法引导广论曰，若最初修刚猛瓶气，除得现在微少功德外，未见于究竟功德有何裨益，且障碍百出，故应依柔和瓶气修持为主，障少善多，其利无限，乃至柔和瓶气未熟习前，绝不可修刚猛瓶气。且初修柔和瓶气八度或十二度，中应无间，修持毕矣，方可休息。以后如次增多并持久，但除不得已时，气不应由口出入为要。

至宝瓶气之量。一般以持气时间能达三十六（下等及年老体弱者）、七十二（中等）至一百零八节（上等）为准（以左手拍左夕、右夕、及额，再加一弹指为一节。三十六等，达此量，即可进修明点之征）。但须善自审之，不可过劳。至宝瓶气之究竟成熟量，须能令气入中脉，能入中脉之相，腹不动，心无念，外气已停灭，内气无乱动，散时无气可出，是谓内消。能内消者，即是入中脉之相。真能内消者，必能于事印上不漏明点，于睡眠上能见法性光明。如确已入住融于中脉，则能于定上见法性光明，即此可以通达光明大手印。

五、和软气

如修刚性定瓶气后，必须修和软气。

和软气者，即将五色佛风缓缓吸入送下至丹田（随吸随送，非是二截），少住，不提下气。终复缓缓送出，仍留少许于脐下。如此连修七次后，复修宝瓶气三至七次，轮替修之。

按此与灌气约同，但灌气重在入气微住，不管出气；此则入住之外，兼重缓缓放出也。

又此气乃端为调和刚猛瓶气而设，宜知之。

六、中住气

中住气者，即平日行住坐卧四威仪中，俱将气存入丹田少许，观照清晰也。此为修气最胜之法，有益无损，功德无量，宝之勿忽。

按乌金巴大师有云，最殊胜功德，厥为中住气。若单将气吸入鼓出，尚乏功德。必平日行住坐卧，俱将气存入丹田少许，观照清晰，有此念力，则殊胜成就。因此气不断，极易生定，故能获殊胜功德也。

又乌金口诀曰，身要跏趺坐，上气稍下压，下气稍上提，中气在脐平面鼓出（目看上空），如是，智慧自然在本净上显现（心体本净）。身修起分，心修光明等，由此自然有光明为助伴。明点持提散自然成办。与气相合，二取自然清净，昏掉散三无有，眼根少光病无有，胆胃等病不生，腹内无胀无响，无有传染病，旧病亦清净，寿命与日月相等。

又按此中住气，别无修法，惟在行住坐卧始终不弛丹田之少许存气，明观不忘耳。此与道宗之凝神调息，调息凝神，观妙观窍，二而一也。亦即修气当中之无上上乘所谓柔气功也。

七、金刚诵

贡师心中心要云，身七支坐。先观气即一切佛身金刚体性之白色 [梵字] 字，吐出浊气一口，然后吸气，使 [梵字] 气由鼻孔吸入，想声如嗡音，吸至脐下四指处，上压下提。住气时，想一切佛语金刚体性之红色 [梵字] 字，即缘此间字明空而住。如不能持而放出时，观十方三世一切佛意金刚体性之蓝色 [梵字] 字并吽音从鼻孔出，至前面虚空，放无量光，变生无量化身佛，遍满十方世界，作解脱六道众生之事业。

此金刚诵，不论座上座下，昼夜六时均可修。修时，一面观想，一面闻声。师云，二三口气后，不再观想，惟闻声即可。二鼻孔呼吸气，以平持为上，如不能平持，则入气由左鼻，出气由右鼻孔亦可。如是观嗡阿吽三字入住出，初修七或二十一遍，以后仅缘声音而修。如修时长久，则以平常气息出入缘嗡阿吽三字。依上修持，则凡夫一日夜二万一千六百业气，悉皆转成自然智慧之气，功德说不能尽。以持气最能令人长寿，故金刚诵修持时，持柔和瓶气或软气均可。

按大德陈健民云，金刚诵属无生心气无二系统。其注意之点在中脉，当安住空性中为之。灌气属大乐心气无二系统，注意之点在脐论。但若兼以瓶气或和软气修之，则又当别论也。

总上七节，除浊是预备法，和软气是调剂法，金刚诵是特别法，故主要观修，唯是灌气，瓶气与中住气三者而已，宜知之。

第四章　修明点口诀

明点者，明者智慧，点者精华。故明点实即五智五大之精华。又就人身而论，从父所得之白菩提，藏于顶轮，从母所得之红菩提，藏于密轮，故红白明点之观修，尤为重要。

一、修白明点

观中脉上端直达眉际，有竖立之三角形，尖向上。中有明点，白色、清凉、光滑、转动不已。

次配瓶气。持气，观眉间清凉明点；放气，明点上升至顶上；吸气、观明点降至丹田，如铜丸在铜管中溜下有声；持气，明点安住丹田不动；出气，点随上升至顶；又吸，观点反至眉间；持气，点安住眉间。如此反复修之。

此运用白大之初功，最少应修二七日（即在眉间三角骨生法宫内入明点定一七日，配瓶气又修一七日也）。

二、修红明点

观脐下四指，三脉下端会合之密处，有立体三角生法宫，上平下尖，中有短阿体性红明点，形如阿洗（ཨ），量仅极细芥子许，红明、暖炽、自在（性空无碍），转动、触物暖乐（红暖空乐）。修瓶气、满时，想气由二脉相续贯触阿洗，如风箱然，愈增红炽；持气时，观余气皆收阿洗；出时，想由阿洗上出，与暖俱入中脉内（至于心脐之间）。此为根本修持，应专修引火令燃，以丹田生暖为准（验）。倘丹田不暖而余处暖者，为暖未成相，不可急于下修也。

若暖未生，可用六灶印起火。即两臂交叉（左内右外），以手按肩，则成三个三角形，如 ⋈ 形，每一个三角形为一灶，腿亦左内右外，交叉坐，又是三个三角形，于是肘膝相接而坐，是为外六灶。内脉亦如之，为内六灶。气亦如之，为密六灶。以此引火。或更以附子、肉桂、鹿茸、红铅等药为丸助之，则丹田之火，无有不生者矣。

若火已生起，每一口瓶气，将火引长（即高）半指许，渐增至三指四指间（即脐轮），此为修持暖乐之基础也。

火升至脐时，两拳按膝，旋转脐腹，左旋三次，右转三次，想火势炽燃，由丹田任运贯入脐轮六十四脉，将不净之脉结，悉行烧化，转成智慧明净脉道，脐轮六十四脉既净，则所属之细脉亦净，而成成本尊智脉也。若欲下座，仍将火收至丹田而住，火亦化空。如此连修三日。

次修火增长至心轮，至已，仍两拳按膝，左右扭肩各三（亦可左旋三次，右转三次），想火入心轮各脉，烧除不净脉结，转成本尊智脉。亦连修三日。

又次修火增长至喉轮，既至，仍两拳按膝，前左后右旋顷三次，反之亦三次，想火入喉轮各脉，烧除不净脉结，转成本尊智脉，连修三日。

又次修火增长上达顶轮，仍两拳按膝，以头前俯后仰，左偏右偏各三次，想火入顶轮各脉，烧除不净脉结，转成本尊智脉，连修三日。

初修分日，至火满身后，各轮一座修，仍须次第旋转扭摇腰肩颈头等部，以运火力，而资熟练。下座时，仍将火收归丹田，火亦化空为要。

此修暖打脉结也。

三、修红白明点和合

初观火升至脐轮时，热力上达于顶，顶上有白明点之 ཧཱུྃ 字，

其下复有一倒悬之 $\check{ω}$ 字，流出白色甘露，滴降至喉轮生喜，遍身生乐。如是修三日。

次修白色甘露降至心轮生喜，遍身生乐，又修三日。

又次修白色甘露降至脐轮生喜乐，亦修三日。

以红白和合故生乐。初分日修，至菩提遍各轮后，亦应各轮一座修。至下座时，仍将菩提收还顶轮而入空定。

此为修乐增满菩提也。

复次，以气鼓火上溯，由密而脐，而心，而喉，而顶，至火达顶上时，全身通红，红明点暖遍全身，惟余顶轮倒 $\check{ω}$ 白色，继由杭字降甘露白明点，触于火尖，火转下返，甘露白点，续降不已。火亦不停低降，由顶而喉而心而脐。至白菩提遍满全身，全身通白，异常安乐，惟余丹田忿怒火明点红色。火又上溯……如此一升一降，往复而修。收时，仍还原。

此为升降菩提融暖乐也。

按此法亦名追逐。另一观修法，明观密处河洗，顶轮杭字。以火力上升融杭，降白菩提如油，滴注火上，出炸炸声，火热益炽，火炽，菩提益降，不断降燃，至火焰达顶轮，红白菩提相合，不断流注红白色甘露明点，融生安乐。先满顶轮，次喉心脐，各各配合瓶气扭转等拳法而修之。火力同时渐低，至完全收归脐下。复次，下火增炽，逆提（运）菩提，由密而脐、心、喉、顶，亦配合瓶气拳法修之。至菩提收杭而入空定。

此降燃融乐之修法，出六法引导广论。至瓶气配合具体办法。由密处起火，每一吸息入体，火升半指，经八息而至脐轮；又经十息，作暖乐充贯脐轮六十四脉及其支脉之观修；又经十息，作暖乐下充下体以至足趾甲梢之观修，共为二十八息。再火向上溯，暖乐随之上充，十息而抵心轮；十息而达喉轮；十息而达顶轮。

连前共五十八息而上及于顶也。至斯又经十息，作融化杭字，周润顶轮之观修；又十息，作周润喉轮之观修；又十息，周润心轮；又十息，周润脐轮；又十息，全身上下无不周润，即手指足趾之甲梢，亦皆贯到而无余。此镕降之五十息。连前共成百零八息，为一座之观修。初修一昼夜六座，嗣后可减为四座，但住息时间，亦已同时随之而长。

如上四轮观修，不能令乐增长时，可加观中脉下端，直达杵摩尼道间，并观密处大乐轮三十二脉平铺，与上共为五轮。火融明点下降，不断充满密轮诸脉络，想生无量大乐。且密根应多提伸而修习之。

或观顶上 字，分出一 字，下之火力上升，其吽字即降落，如手捋乳，即觉清凉，直降至己之密处。是时即应两手交腕抱胸，蹲踞，以足趾着地，令无漏失。持瓶气一口，想吽字住密处，极清凉，气向丹田上提，一提一送，令气活跃，至不能持气时，徐徐放气，观吽字徐徐向顶上升，以两手握拳抵胸，以脐吸气靠脊，两目合而上视，口中徐徐轻念吽——吽——吽——（长音），俟明点收至顶上时，即以白色五股羯摩杵封闭顶门，住于无分别。

此为顶髻修法，所谓迫将菩提严顶髻也。

依上若再不能生宴乐，于观五轮外，明观智光手印母，于此生起大贪，依次趋入双融事业，并以气鼓忿怒母火融化杭字降菩提等法如前。

此为令乐增长之修习，五轮观修亦然，日常则惟依四轮观修为善。

乐生若不能持菩提时，应猛提下气，想吽字返上入杭字，及火鼓菩提逆溯收入杭字，杭又出顶外四指虚空处而住。以上法亦不能持菩提时，则以右足后跟坚抵密脉，念极长吽声。尔时上气稍持于外，或随上气出入，应猛提密下气，且微微上提丹田多次，腹与脊椎相抵，足手指屈，四洲（即四肢）用力，颈稍曲，舌抵上颚，目仰视，心缘于顶。如此七次或廿一次等，提持菩提，且应行狮子抖尘拳法（另详拳法章）。想菩提分遍全身一切脉络。

此为乐生防过法。

结尾，应不缘脉气明点等，心性朗然，离诸认识。

此即是以无分别大手印，摄持暖乐证光明。应身如山（不动），气如弦断（不语），意如水磨之水枯（不思不想不整理），本有体性，如青天无云。当下离一切，无能遮障碍物，水不摇自澄，心不整自明，见本有自体，即与光明自性相合，即任运而不动转，以增长契入光明大手印。

四、生乐概况

（一）若身柔软，随触一切，皆感快愉，为身脉娴熟安乐相。

（二）于全身或一部分觉如轻松搔痒状之快愉，倏然消灭，为气安乐相。

（三）于全身或一部分觉暖与乐同时兴起，为红体增长安乐相。

（四）倘于身所感快愉，如贪心所起安乐状，遍满全身，此为忿怒母火融化菩提之安乐相。

（五）若气趋入中脉与收入中脉所融之安乐，则是四空四喜空乐不二之觉受，证到自知，毋庸拟议。

附一 大德陈健民论拙火

总而言之，丹田暖气为阳气及世间定力所出生，此仅为拙火定之基功。于此基功上，再加中观见，空性成就，方有拙火定之正位。于此正位，再加空乐无二之妙观，然后发掘如来藏中忿怒母，乃有拙火之正因，于此上由空乐双运之大悲大智，融合事业之基本红菩提心，然后方为拙火之道及果云云。

附二　上乐轮方便智慧双运道

玄义卷所述拙火定之气脉明点

观修纲要

拙火定者，观脐下卒暴发火而定之义，乃依三脉，四轮字种，火焰，提谷道而修之也。

如欲风息归身（生暖），有五种拙火。即观三脉短阿；三脉乱迸火星；三脉发炎碎火，三脉迸粗火与三脉迸细火也。

欲风息归心（生乐），亦有五种拙火。即观焰流注；观将欲滴明点；明点降火焰；穿透明点与注如蛛丝菩提心也。

又于眉间，杵尖，或顶轮三处，观豆量风识相，融之光明灿烂白色明点，反复作观。经七昼夜，定心坚固之时，并以气支配之，活跃上下于三处，亦是要门。

欲风息归真（起无分别智），有三要门，即修灌气入定；持柔和瓶气入定，与持柔和瓶气兼闭目入定也。

附三　甘波巴大师依米拉曰巴修拙火除障记摘要

甘波巴修拙火七日，即不必衣。倦而眠眠而醒，感觉冷，以白师。师曰，不必理。甘波巴如前再修七日，又可不衣。乃见五方五佛，以白师。师云，此为能持五大气故，相好亦非，不好亦非，当如前修。如是复修三月，黎明见师所住房屋转动，昏厥作呕，以白师。师云，此为左右二脉初入中脉相，相好亦非，不好亦非，当如前修。甘师继修，复见大悲观音甚多，相叠顶上，各有月轮，以白师。师云，此为明点甚多住顶轮相，相好亦非，不好亦非，当如前修。甘复于黎明见黑暗地狱杀人相，以白师。师云，上半为提气入中脉相，下半杀人者，汝之修带太紧故，相好亦非，不好亦非，当如前修。甘复见六层天人，互食其上层所降甘露，甘母在天不得饮，以白师。师云，左右二脉明点已降，中脉则未开口，此后当行拳法，相好亦非，不好亦非，当如前修。甘行拳法一月，身惊抖，口长叹，以白师。师云，心轮已到多数明点，当再多行拳法，相好亦非，不好亦非，当如前修。甘从此不甚用饮食而自饱，见日月相食，惟余一浅黑色，以白师。师云，此为左右二脉入中脉之相，相好亦非，不好亦非，当如前修。好者将至。甘再修一月，见红色喜金刚，以为此即师所谓好者，以白师。师云，否，相好亦非，不好亦非，此为红菩提到心轮相，宜再励力。甘复见胜乐金刚抱亥母，然皆白骨无肉，以白师。师云，此为白菩提到达脐轮之相，相好亦非，不好亦非，当如前修。甘又修十四天，日落时，身忽等同虚空，六道众生，皆在其身中，一牛饮月乳，一牛饮日乳，口发乌乌声，直至明日拂晓始散，以白师。师云，此为明点入全身脉络之相，相好亦非，不好亦非，当如前修。甘复见自上午起轻烟相，渐次浓厚，直至下午，目不能见，匍匐而行，以白师。师云，住此再修，气向下压，如是烟散，相好亦非，不好亦非，当如前修。甘于日落时，见全身是骨，无有皮肉，骨上脉缠，以白师。师云，修气太励力故，相好亦非，不好亦非，当如前修。甘于是于夜三时中，上半念诵，中夜启请，下半夜修拙火，未尝眠。师告曰，此后汝可归矣，幸勿以告人。

第五章　修拳法

即金刚拳法，亦称不死运动，乃行气，通脉，运用菩提之主要支分。凡欲即生即身现证大乐智慧之不死虹光身者，于此宜特别留意也。

一、诺那活佛开解脉结基本气功拳法

（卅五年丙戌八月初四日　陈传）

陈居士云，密宗拳法，种类极多，然最根本最扼要者，厥为此法，能精修之，可获一切拳法中应有之效力而无余矣。

其法。预择一坚实木凳，高约一尺二三寸，以天王坐，两胯得平为度。上铺软厚垫褥。入座，即用天王坐法，安坐于上，自成本尊，住刹土中。继即合掌启请曰："敬请，诸那上师佛降临"。以上师法身，周遍法界故，随感来临住于对面之空中。即虔诚祝祷曰："弟子某，为令法界一切众生，悉离苦得乐，圆证无上正等正觉果位，故修持上师开解脉结，基本气功拳法，敬祈垂赐加持，开解全身脉结，于金刚无死虹身三昧耶，即身得证与尊无异。"即念"嗡阿吽，别扎古鲁，乘理匠磋，沙尔瓦，悉地吽"。不计其数。随观上师放五色佛光加持，开解身中所有一切脉结，作九除浊气，观光明入体，所有不净过失，罪障病苦等，皆化作黑气，随呼而出，自身转成清净光明紫微透亮之虹身。最后，上师化光成明点，由我顶门融入，与自尊合为一体。

继入正行。修宝瓶气，想对面距鼻十六指处（约七八寸许）之空中，有表五智之五色光明佛风，以鼻缓缓吸入，渐至丹田，微提前后二阴，使下气亦上入丹田，贯注充足，而遍于各脉各轮，纵毛发爪甲，亦皆充满无隙。即以头微前三点，微后三仰，微左三偏，微右三偏，内气与外形相应，想顶轮各脉结，尽得开解。次以项为轴，由左而后而右而前，三旋转，再由右而后而左而前亦三旋转，想喉轮各脉结，尽得开解。三以胸背为轴，左旋三次，右转三次，想心轮各脉结，尽得开解。四以脐为轴，左旋三次，右转三次，想脐轮各脉结，尽得开解。五以密处为轴（小腹鼓出），左旋三次，右转三次，如上想密轮各脉结，尽得开解。

五轮解结已，即足臀同时用力，齐身上腾而向下抛坐，两手同时结期克印（各以大指按中无二指梢节之指甲成环，拿指与小指用力伸直，即念怒印也），以肘拍击两胁而向前上穿抱（右手在外，左手在内，交抱于胸前）。同时头目上仰视，两足用力踏地，臀尾用力坐垫，足臀同落以震动全身。愈上腾而猛抛落愈妙。尽力作三、五、七、九腾抛落坐后，即两手落下，向左、右、前侧微下方抖伸（期克印亦散开，掌指皆用力伸长），两足同时亦向左右前侧下方斜伸。此抖劲由丹田发出，从内至外，抖动全身，头亦随动。同时将停闭之气（即丹田持住之气）由口鼻作哈声放出，想全身所有一切脉结，不分大小，无不开解。

继修和软气七度。又复持气行拳如前。

每座量力行三、五、七、九以至廿一等次数为则。总以有余力而无过劳为善。

此后一切放下，心境一如，无修无整无散乱，尽力足下去。至不能定时，始出定，仍现本尊相。

若修功已毕，即回向解座。

二、亥母拳法精髓

（一）那诺六旋法

跏趺坐，自成本尊，三脉会合处之生法宫内，有如毛细一指高忿怒母，具乐明暖动四相，自心与此无二。观面前五色佛风，以鼻吸入。诸气相合而入中脉之火上，火更炽燃，持瓶气，想外空行、内身、密脉，一切无碍，如水中月。

即两拳俯置膝，腰腹右转三次，左转三次。再扭身，臂时伸挺勿屈，使右肩左肩交换前耸，各作三次。三，两拳仰置两胯根，头向右后左前圆转三次，反之亦三次。后仰三次，前点三次。四，散开，跳而向左侧身，以左肘尖支地，左拳虎口平贴左乳胸部，右足顺足尖方向直伸向空踢出，足面须直，右手随之伸出，随即内曲收回，足踵打臀，虎口触肩，臂肘夹肋，三者同时一致行之。如是连作三次伸屈，再换右侧卧，左手足如右行之。五，复跏趺坐，右拳在腹前，左拳在背后，两拳同时挨身上擦一次，再换左前右后上擦一次，三又右前左后上擦一次。即停住一下，两拳转向下擦一次，再换左前右后下擦一次，三又右前左后下擦一次。六，即两手大指伸直向内，余四指成拳，于臀之两旁蚀地（大拇指各向身内），以手下撑之力，将身全部悬起约五十许高，臀微后摆，随即两手骤松，向前上收悬，使身突然下坠，以震解全身各脉结。总之，两手之下撑上收，皆须以弹力灵活迅速而行之，身之起落方得势。是为小跳。须连行三次或七次为要。最后，两手期克印交叉胸前，如金刚持状，同时膝微上起，再手膝同落，大哈抖身。同时想拙火热气从一一毛孔出，周满四千摆（每摆五尺，共约十一里有零，以后每大哈抖身皆然）。气随哈声喷出。

（二）修身三十七拳法

踟跌坐，持瓶气，想三脉会合处之火，较前更炽，忿怒母如豌豆大，热焰遍满六轮及一一细脉轮，明亮之火光，充满全身。

1. 两拳俯置膝，左右转腹各三次。2. 左拳置右拳上，右左转腹各三次。3. 右拳置左拳上，转腹右左各三次。4. 左拳虎口贴左乳上，右拳绕头拍胁，仰拳向右侧方平伸出，连作三次。换左亦如右手行之。5. 右掌向左前平伸拍左掌，头偏左，目视左手，右手随由左手之内内擦至右乳际，以右臂时拍胁，仰拳向右侧方伸出，次以左手拍右掌亦如右手行之。如是交换各作三次。6. 左拳俯置右肩，沿臂时之外直擦至手背五指之尖，再仰拳沿右手心及肘臂之内，直擦至右腋窝，连作三次；换右拳擦左手亦同。7. 小跳三次，散踟出气，大哈抖身。

（三）梅纪巴拳法

梅纪巴亦译麦哲巴，印度祖师名（乃传马尔巴祖师集密金刚法者）。

踟跌坐，持瓶气，观生法宫忿怒母二指高，三湾炽燃，照三脉各轮，身成紫红色，如红绫帐篷内燃灯，内外莹澈。

1. 两拳俯置胯根，头向右左转前后偏各三次。

2. 散开，跳而跪，身胯直，膝着地，左拳虎口贴左乳，右拳绕头拍胁前仰伸三次；换右贴左绕亦同。

3. 两手翘大指，向后撑地，臀部空举，右足足面伸直，向前上空中伸踢，再内屈足踵打股，连作三次，换左亦同。跏趺三跳，散跏出气，大哈抖身。

（四）忿怒母雪山狮子拳法

跏趺坐，持瓶气，想五轮明现 ꧋ 字，为佛母体性，脐下密处 ꧋ 字发火，烧脐间 ꧋ 轮，变成绿火；绿火又上烧心间红 ꧋ 轮，变成红绿火；此又上烧喉间黄 ꧋ 轮，变成红绿黄火；此又上烧顶际蓝 ꧋ 轮，变成红绿黄蓝火。依次烧尽四母种字，火遍全身。

散开，足左内右外交叉支地成仙人坐。两手左仰右覆握小臂之中部，而抱膝外微下处，右左转腰各三次（转腰与转腹不同，应腰转多于腹部）。右肩骨向前而下而后而上，圆转三次，再反上圆转三次；换左肩亦同。头从下至上，腰背随之用力，上伸三次。

两手臂交叉，左手在内，各以食指勾提足大拇指，以身向前倾摇，两足踵着地，臀部乘之微微离地，继之身向后摇而仰，臀部因之着地，两踵亦因之离地，是为一次颠跳，如是三次。散开，大哈抖身。

（五）六灶印拳法

跏趺坐，持瓶气，想忿怒母如闪电，遍满全身，热不可支。

散开，足右交左成仙人坐，手右交左握上臂之中部，肘置膝上，久持瓶气。散开，大哈抖身。

（按此与起火之六灶印观想不同）

（六）狼眠拳法

跏趺坐，持瓶气，想忿怒母放光遍全身，如灯燃玻璃瓶内，内外莹澈。

散开，跳而右卧，屈双膝，右掌按左胁，左掌抱双膝，持瓶气尽力。再跏趺小跳三次。散开，大哈抖身。

（七）狮子游戏拳法

跏趺坐，持瓶气，观拙火上升至杭，红明点遍全身。继由杭降白明点至脐下，火渐渐小，白明点遍满全身。

两拳散开，以手摸膝至胸，结拳拍胁，双手大指按耳，二指按眼，中指按鼻，无名指与小指按口，以臀为轴，全身前右后左三转，再反之亦三转。散开，两手结独股杵印（即两掌相合，大食无小四指互相交叉屈握，右大指在左大指上，两中指相并前伸也）。两足左内右外向下盘，藉两足掌之蹬劲，使身上腾，两臀离地尺许高，同时两掌根收回，紧贴心窝处，继即身向下落，两手向右侧方伸出以平衡之，与落臀相应。次再蹬劲腾身，同时收掌贴心，再身下落，两手向左侧方伸出以平衡之。三再腾身收掌，随落错，两手向中前方伸出以平衡之。凡手伸之时，口呼"马哈哈"声出气。是为中跳三次。再大哈抖身。

（八）狮子科频呻拳法

菩萨坐式（即散跏后之坐式），观杭白明点中脉下降至密处，白明点满全身。再由此上升至杭，红明点遍全身，顶门用十字杵封固。

以左足抵肛门，以右手扪右足心，左手扪右足背，头向右、左、中各一遍看，念"哈"；换左亦同，大哈抖身。

（九）狮子抖尘拳法

跏趺坐，入拙火定，想阿杭交合，遍满全身。

散开，用力中跳六次。跳毕，大哈抖身。

附　拳法首尾加行

专修拳法者，于下之首尾加行，宜酌取用。

（一）除气过失法

跏趺坐，成本尊身，两拳仰置胯。吸气，持瓶气，想二手掌中有◌字，变成弓形蓝色风轮其中义有◌字。二足心有◌字，变成红色火坛三角生法宫，其中又有◌字。

于是以两掌之◌风，拍两足之◌火（两手掌向下向前拍擦而出，须以弹力迅速而为之）。凡三次。想第一下出烟，第二出火，第三火轮围绕全身，将全身罪障，烧除净尽。即上肢交叉胸前，如刚持势，西临微上起蓄势，两手足同时散开（两手向前下分开向左右，膝落跏解）。跳而左侧，以左臀作支点，就势伸右腿于左前方。两手一拍右臀，再沿右腿之外擦至右踝骨，即抱右足屈内如结跏状，再两手沿腿胯之内面，向内回擦，至胯缝，腿即随之仍伸于左前方，是为一次，如是连作三次；再跳而右侧，右臀着席，伸左腿于右前方，如上拍擦三次。跏趺坐，两手合掌向前平伸，两掌分开一合拍，再前后搓擦五、七、九下，再两手离开，对向下抖，如洒水然，须两小腕灵活而有弹力以出之。右拳擦左臂（右拳之内面，由左肩沿膊臂之外面，直擦至左掌背以至指尖，再沿指臂之内面擦回至左腋高，是为一次），三次；左擦右亦同。两拳向前平举，再猛向内收，以虎口捶胸乳之部，一捶即弹开，迅以两肘挟拍两胁（皆须以弹力出之），左掌擦前额，右掌擦后脑，再两拳捶胸拍胁，换右掌擦额，左掌擦脑，再两拳捶胸拍胁，换右掌擦额，左掌擦脑，再两拳捶胸拍胁，易左掌擦额，右掌擦脑，共三次。

两手之指相接，由上向下擦面三次。

两手由额际，掌根支颐为轴，十指左右分开外绕擦过两耳而下行，再合擦颈项而下，亦三次。两掌左内右外相叠一拍左胸乳部，向下直至左胯际；再右内左外相叠一拍右胸乳部，向下直擦至右胯际，如是互行，各三次。右拳由胸过心下擦至密根，左拳由背心向下擦至尾闾，前后同时动作，再左前右后下擦，再右前左后下擦，共作三次。以双拳虎口贴按左右正侧方之软腰部，以腕为轴，圆转揉擦三次。小眺三次。大哈抖身。

（二）九出浊气者

此专修拳法之九出浊气。双趺坐（天王坐亦可），摄心入定，自成亥母本尊（其他本尊亦可），三脉四轮明显，两手握金刚拳俯抵胯根动脉处。先伸左拳及其第二指（食指），从右膝抚升（以指尖擦之而升），至左乳，乃以左臂肘尖拍左胁一次，随即左外仰伸复绕转，以第二指按左鼻孔（左手绕转至面前，以脉腕为轴，由前而下，转前而上至内，再接左鼻孔上）。由右鼻孔出气，想无始来一切，黑业罪障及气脉明点过失，一齐出尽（此第一口亦气，宜细微）。次松指吸气，想五方佛，五方空行之功德威力所显五色光，并无量勇父勇母，如数赴膻，如日光生，从鼻孔及一一毛孔而入，作不共加持，再按右孔，右孔出气，较第一口微粗。又吸气，观想同上，又出气（极粗猛），共为三口出气。又吸气补满，即左臂时夹拍左肋一次，左拳仍俯置左胯。再以右拳如左而行，出气时，想将现在之黑业罪障及气脉明点一切过失，三气出尽（初细，中略粗，后极粗如前）。吸气之观想，如前不赘。三以两拳俯置两胯，左右鼻孔齐出气三次，仍初细，中略粗，后极粗，想未来之黑业罪障及气脉明点，一切过失，一齐出尽。出后，吸气之作法与观想同前。至三一口出气时，两拳随伸出至膝，指亦伸开，然后沿腿抚回，至腰腹两旁，再翻腕握拳而仰，以腕背抵胯根，腹直肩平，同时吸气三口（连吸三口气，使气充满无缺），修宝瓶气。至出气时，大哈一声，两掌向前下方伸出，同时全身颤动（即抖身）以应之。（此节不散跏，注意！）

（三）洗脉清净五肢

跏趺坐，持瓶气（无观想），两拳从膝摩至乳际，捶胸拍胁前仰伸，三次。右拳擦左臂三次，左亦同。两手前伸，合掌，拍撒三次。两拳捶胸拍胁，左掌前，右掌后，横摩头一次，同上捶拍，右左掌交换，共捶胸拍胁摩头各三次（即共为六次）。右拳前擦腹，左拳后擦背，同时向下，再易左前右后，三仍右前左后。擦下不动，改向上擦，先左前右后，再右前左后，三次上擦。再手结期克印，作金刚持式蓄势，再散开，伸右腿，两手由股拍擦至足心，再沿内擦回胯根，腿随屈伸，三次。换左亦同。左足微前伸，右足略屈置胸前，左掌置立足心，右掌置右膝，头向右左上各一看；左右手足交换势，再向左右上各一看。

跏趺小跳三次。大哈抖身。

此上三拳，为除障加持之前行。

此下结尾三拳。

第一，除前过失

跏趺坐，两拳俯置胯，想对面空中，现大绿色 $\bar{\mathfrak{J}}$ 字，其左右肩旁，各现中等 $\bar{\mathfrak{J}}$ 字，如 $\begin{smallmatrix}\bar{\mathfrak{J}}\\\bar{\mathfrak{J}}\end{smallmatrix}$，头向右左上各一看，同时念"哈"，想无始来罪障及修气脉明点过失，从九门出，收入上之三哈上，如磁石吸铁，吸尽一切垢染。散开，乎结独股杵印向上伸，中跳三次，同时双手至胸（参狮子游戏拳法），大哈抖身。

第二，结归

菩萨坐（即散跏后之式），两拳置膝，右左耸肩六次，想气脉明点，一切障难除尽。大哈抖身。

第三，吉祥

菩萨坐，两拳右压左置前地（拳俯），头向右左中各一看，念长"吽"，想下降之明点，上提坚固。大哈抖身。

第六章　羯摩契印

此为运用脉气明点之至高至密作法，乐上空，空上乐，乐空不二，转毒成智，能打开心间中脉之脉结，现证胜义光明，密法中无上甚深方便，无有更逾于此者。

一、上师口诀

贡师慈示曰，观想双身与密供养，皆此法之初步，若欲真入羯摩契印，则必须脉气明点修持自在。其主要观想，唯是"自生金刚杵，内具吽与呸（吽字头向内，呸字头向外），母宫红色莲，三瓣含短阿，阿呸两相触，大乐朗朗出，乐与空不二，佛陀果自成，降持提散诀，亥母深导存，扼要胜乐法，大印无等伦"云云（师谓此法亥母甚深引导最详，胜乐金刚下方口诀最略而扼要。至最高之修证法，当以由光明大手印而入者为最极无上云）。

二、胜乐金刚下方口诀

（麻巴祖师单传法之一，陈健民居士传）

此中分二：

（一）五善巧

第一，降善巧

如铜匠打镜。大热则其铜化水，大冷则不能打。此事大猛则落明点，太浅则不生乐，当缓缓行之。如彼乌龟，太阳照则出头，雨水滴则缩头。

第二，持善巧

如水池塞孔。凡得灌顶及口诀者，必择性相具足之空行母。次令生信心。次灌顶成熟，为之说即身成佛之理，使生深刻信仰。乃择无人踪处，闭关而修，与伊同床，作本尊观，加持二密，加持脉气明点，各成勇父空行众，如是缓缓双运。乐稍生，即住定心于明体上，松松而住。乐退，复如前缓缓行。如上辗转为之，乐必增长，脉气如火，明点如夏日之雪，将生不可忍之妄念，当用持善巧，如水池塞孔，使明点不漏，漏则不生功德。此中当具四要义。一、眼上翻。二、猛提下气三次，上气不管。三、海冲须弥。四、明体宽坦，心如虚空等持，一切不管。

按亥母法中云，其观想，上根者，则缘离一切戏论边际本来清净见上；中根者，观想顶上吙字，如拴马桩；下根者，观自顶上现上师勇父勇母，如水晶光，内外莹澈。初修业者，若立刻泄下，则脉之要点，应以三指如梯，按会阴处而持之。

乌金口诀云，持者，上等身心松缓，身不动，心住本净无功用，认持无疑。中等以气持，下气松，中气伸（即脐腹稍向外张鼓出），目视肉髻，是气持要诀。

第三，提善巧

如桔槔吸水。亦具四要诀，一气钩、即提下气，二吽绳，口出吽声，三水上溯、肠等贴背挤上。肠如田沟，明点如水溯，亦称海冲须弥，须弥指背脊，海即气海也。四与前三要诀相合，想密处明点白朗朗，以如筒之杵，提吸上升，凡三次至脐，又三次至心，乃至顶上，心即定于此上。

第四，散善巧

如田沟分水。当行狮子毛狗等拳法，于臀、手、足、肩、头五处颤动，明点必不生障碍。

第五，大智善巧

如虚空云散，心即定于无分别上便是。

（二）遣除明点过患

首以各轮三转方便，以遣除上气过失。次以跳臀伸屈手足，除明点障碍，是名转方便轮。

如上行者，一生决定成佛，极密极要，心中心口诀，不可令普通人知之。以前此法，代代只传一人，最宜慎秘。又附耳而传，故又名耳经。

又陈居士开示云，事印虽有多种，然简要口诀，惟是胜乐金刚下方口诀，最妙最扼要。

不空智按大乘要道密集中之上乐轮方便智慧双运道玄义卷之欲乐定，即是本法之详译，当与合参。

三、单传四喜福慧智修法口诀

（瑜伽士朝米著，陈健民大德译传）

敬礼金刚上师！敬礼智慧空行！

敬礼三处空行！请于所述，忆念加持！

欲界具有视、笑、执手与双抱之四贪，故生死轮转，不能解脱。调伏之法，在显教唯是守护净戒，修不净观，但如石压草，不能究竟彻底解决。其在密宗，则以贪破贪，转毒成智。

初当知脉如房舍，为内空行，脉空明显，可摄持女人；气如主人，为内之勇士护法众，气修纯熟，可摄持男性（陈健民居士云，男性脉表方便，气表智慧；女性则脉表智慧，气表方便）。明点为钱财，为内之福德受用，保持不漏，可增加福德受用。

次修本尊吻口法（此自身方便，亦即智光手印母观想法），观本尊身空脉亦空，气稍任持，密处现吽，吽转五股杵，杵尖复有吽字塞口佛母密处现阿，阿转四瓣红色莲花，口有吽字。杵入莲中，猛力抽掷，贪火上燃，顶罕化点，降入中脉，渐满喉轮，以一刹那生起大贪，即当观其本体，与空性相契（乐上空，空上乐），认识欢喜智（如不能认识，则为普通贪）。此后杵莲复猛力而行，菩提下降至心，充满心轮诸脉络，觉身心喜乐，当生大贪，即观其本体空性，认识空乐无二殊胜智。此后复励力抽掷，菩提至脐，充满脐轮诸脉络，贪心更大，遮止粗分别，喜与不喜等持，观其本性，空乐和合，是为四喜智。此后又如前而行，明点下降密处，乐不可支，观其本体，空乐双运，是为俱生欢喜智。

若上之观想不能生起贪欲者，当如仙人坐，手指生起五种空行，揉摩密杵，使明点下降，尤当缓缓从容而行，依次于各脉认识四智，米勒所谓降如龟走也。至下降之量，米足巴师云，明点半出半能存在时，于弹指倾俱生智现前。那洛则云，到杵半节时，空乐甚大，俱生智现前。忿怒下门大乐自解脱谓到杵根，俱生智现前，即当上提明点。此皆指具大力之纯熟行者。若初修业者，到脐即当上提，否则明点有坏失之虞。如觉不能摄持，当现杵孔三吽相叠而遮止之，同时以食中无三指紧接前后二阴之间，再行逆提，肛门张开，四肢猛缩，下气上提，腹靠背脊，舌抵上腭，向上翻视，全身之气，完全向上，于下二门间，用力提升，同时以长声呼"吽、吓、审"三字，心缘于彼虚空法界之上，想密杵明点，如波翻涌而上，或观顶有竿字，明点如星箭，洗洗有声，射入于顶竿之内。最后心住本体，与虚空契合，宽坦安住，是为回转散布最要之法。此逆提之时，明点到达脐间，生第一欢喜，心第二，喉第三，顶第四，各各依次认识空乐不二之智，是为由下向上之四喜智也。此后当行狮子散尘拳，心缘明点甘露遍于全身。

终修具相手印母（原谓钝根观想，佛母不能生贪心者用），选具足性相之母，于寂静处，与彼为伴，各各生起本尊身。初于色（视其色）生起贪心，于本体上观照色空，由欢喜而满足贪心。次以笑作各种贪语，于本体上观照声本空，由笑语而满足贪心。此后两两戏弄握手，互相拥抱，并摸其乳，于本体上观照触空，由握手而满足贪心。又后彼此相抱，杵莲和合，平等相契，佛父母生起不可忍乐，于脉之四处依次认识四喜智，其降持提散之所缘，与上相同。

按视色原作"于色生起大贪心，于本体上观照现且空"。

又更深提升之法，观佛母来顶，渐次高升，齐彼虚空界，心缘于母之莲花，专一而观，此为特别口诀。

若明点下降不能持提，至于漏失者，自与佛母同观莲花转本

禅密薪传

尊坛城，于彼行秘密供养，念根本咒后加"麻哈万卡，不扎古鲁和"。念已，开启喉（即杵）口，以手、贝壳，或海螺盛之，趁热置舌吞下，供养五轮空行勇父众，彼等喜悦，自身智慧现前，不成罪过，此新旧密派共许之法。饮已，所余少分明点，涂于额喉心脐四处，同时于根本咒后低声念"嗡、噶雅班札，雅扎雅扎嗡。哇噶班札，雅扎雅扎阿。止打班札。雅扎雅扎吽。沙瓦班札，雅扎雅扎啥"。想四处嗡白、阿红、吽蓝、啥绿，放光至十方世界，供养十方诸佛，诸佛欣悦已，若放身语意金刚智慧光明，一切功德威力神通等精华，皆摄入于自尊之四轮，此为守护菩提心之要诀。

此后事业聚合者。譬如自修红观音，与亥母相合时，贪声哈哈嘻嘻，扬彼虚空，想十方诸佛来集。诸佛入自佛父身，诸佛母入自母身，菩提心本体入于中脉，佛及佛母大乐增盛。红白菩提降至莲窗，会成红啥字，放光清净众生愚痴罪垢，返摄入啥，转成红观音佛，形相如己体性佛父母。从彼变化，遍满虚空，净除众生愚痴罪障，转成红观音佛父母，化光摄返佛母莲宫，成为红白菩提甘露。此后上引行气及拳法，以杵上引，如吸取乳汁，充满全身，得身成就，安住无缘。如是自成莲花种观音，复由父母功用摄语功德，其次自成金刚观世音，复由父母收摄意功德。次自成为事业观世音，复由父母摄事业成就。自身复成圣红观音佛，与白度母契摄寿成就。与绿度母契除诸怖畏。与叶衣母契除传染病。与那木争吓契除诸病。与忿怒契救诸苦。自转马头金刚习定。与古汝古勒相合放光，收摄世间之自在。自转大黑天依怙习定。

四、贪道要义摘华

陈健民居士曰，此道修持次第，得大灌顶。念人身难得，寿命无常。因果是真，众生是苦，深庆得闻大法（此为共加行），励力修大礼拜，供曼达，施身，百字明。上师瑜伽，各十万次（此不共加行），再修生起次第，至佛慢已明显坚固而自在。圆满次第，使风息能入住融化于中脉，尤要心契般若，回绝色尘，方可实修智慧，双运幻身，由视色闻声，至执手双抱（正修次第，建立于母佛九种姿态及意趣上，修习色空不二，声空不二，香空不二，味空不二，莲外之触空不二，莲内之乐空不二）。脉与脉合。气与气投，点与点融，光与光化，息息常通中脉，时时不舍幻观，入住融，三事递显，显增得，四空骈臻，用遍行气以开心轮，运幻化身而契先德，悬点摩尼，登欢喜初地，还明顶髻，证净满报身也。要知脉是智脉，气乃佛风，明者智慧，点即精华（五智融化五大精华曰明点）。若徒依凡身业气暂止放射非提，精未经定慧力融化非点，息风未及停搏，安能入中。拙火弗遑化精，焉得契智。因地不真，果招迂曲，外表虽同，南辕北辙矣。

单传口诀曰，明点下降即生乐，能认识本体，空乐合而为一，此密宗所述之大手印。

至尊解脱依怙密传曰，不契贪道不成佛，不入莲花不净贪。又曰，御女而不生大贪，则难契道，一切佛果，皆依贪获。又曰，一切有情，依异性而御，瑜伽士依三印而御，佛果则依法尔心，安乐身，自具佛母而御。切知为心所显，当于此生起决定。又曰，三界有情，以漏明点流转交媾，佛与菩萨等，以不漏明点，于寂静涅槃中交媾，世出世一切法，唯是法尔交媾之表示。

又曰，与之吻，抚其乳，交抱之，是瓶灌；师佛父母等持，令观生贪，饮双运合流之菩提，是密灌；交女与密密相契，上按乳，下插莲，大乐生，明点流，观察认知，与空相融，是慧灌；由念吽字，明点上升，遍身安乐，是四灌。又四灌中各有四灌。执手瓶，淫语密，抚乳慧，吻口胜义，此瓶灌中之四灌也。上师父母平等住瓶，闻莲杵抽掷声密，因此明点下降慧，生起欲御贪心胜义，此密灌中之四灌也。抱少女瓶，互弄莲杵密，抽掷慧，明点降，大乐生，胜义，此慧灌中之四灌也。红白明点协合上升，于四轮依次遍满，以之认证四喜四空，此胜义中之四灌也。至事业母之性相，以见色闻声触体皆安乐，深住密法，能守秘密，既无妒心，复见智慧，于人不损贪，于己不悭吝，特于彼瑜伽士及其他瑜伽，信心甚坚固。如此，老少皆可靠。若于色声香等不生乐，不堪容受甚深甚秘之密法，则纵少艾绝色亦无用。又初甫一瞥，女即表示欢忻为可依，如欢忻等表示丝毫无有则不可依。此外，年轻、貌美、莲肥小，热炽甚，男杵刚健强大，堪能精进行双运道，亦为其重要之条件也。

乌金口诀摩尼鬘曰，莲师开示移喜错加持提散三要诀曰，持提散三中，以见安住本净为主要，能无功力成办。枯本净见不知，则由有相法作持提散，当知意至气至，气至明点亦至，病障等出生之对治，亦复如是。因与母行时，不持本净，则成为贪行，于彼相续上，错乱出生，明点如岩落石（一去不返）。是故当以持本净为最要。明点降时，如龟松缓而行。身生乐时，当认识乐之本体，识在本净上松缓安住为要。如此则贪自解脱，是为甚深至要口诀。持点之法，人或谓下气提，腹贴背，四肢收摄，目翻舌抵等，此实为提法，并非持法。持者，上等身心松缓，身不动，心住本净无功用，认持无疑；中等以气持，下气松，中气伸，目视肉髻，是气持要诀。提者，具足六加行（即目翻舌抵等）而行合气。散者，如羊抖身，金刚波等为主要。其共者，以本净见摄持为要。

按智慧理趣中有曰，散中殊胜之法，即安住本来清净见上，可成空乐自解脱。此即无缘本净，离一切戏论。此见如墙基，受持四种事业，皆为此无缘本净体所摄，此当切知。

乌金口诀莲师开示男女事印以大乐修长寿法曰，总言之，明点不坏，辗转增上，即是长寿根本。别则依事印而修长寿者，一刹那自成薄伽梵无量寿佛，身白色，一面二臂，持长寿宝瓶，具报身庄严，于彼怀中，佛母业印，白衣天女，身红色，手持长寿瓶，具报身庄严，抱佛父。父顶中日轮上有无量寿，白色，一指大。佛母脐日轮上，有佛母长寿母，红色，亦一指量。由彼等心中叶字放光，照情器及上师本尊空行三根本寿精与余寿自在成就诸持明众之悲心等，勾入于佛母脐上长寿瓶中，父母工作间生乐，母寿瓶开，涌出长寿甘露到卡卡母卡脉尖（即杵尖），如吽形相而提，供养顶上白色长寿佛，想此一指无量寿佛，亦抱红色佛母，密处工作放光，勾寿精等如前。由是指大佛父母寿精充满，降于顶轮，稍动生乐，依次充满五轮。最后想所抱白衣母，融化为红色甘露，以吽声由杵孔提上，身一切脉不死甘露充满，自与无量寿佛无二。此后离母，持瓶气，心住本净，身抖，修空乐无二定。此为依佛母修长寿最深最上最要秘诀。佛母具三昧耶，常于命勤气努力，行五空行拳法，明点不错乱，大乐增上为要。

乌金口诀月中分日配合五轮修习法。每月之三十日，白日，父当以水洗足，足心涂芝麻油与红白檀香，初一、初二、初三日，魄魂命等住于膝胫以下，当擦密处（指足心所涂者以擦密处，余轮例知，未赘）。父母工作，密轮甘露充满时，当用力行密处拳法，下身力可以增广，病少，外内，缘起增大善巧。初四五六，命等住脐中（擦脐中未赘，下同），想脐上莲花空行红白和合，乐遍脐轮，行脐拳法。佛所说十二分教，不学而知，外能摄持莲花空行及一切世间女，内乐密暖，皆可摄持。初七八九住心间，佛空行如前当行，生起无分别，除尽错乱妄想，作相似疯狂行。初十、十一、十二，住于喉间，宝生空行如前等当行，摄持饮食自在，无方分布施。十三、十四、十五住顶，金刚空行如前当行，净分水界增盛，如月圆、十五月，现证秘密禁住行。顶上八指处，剃一指量发，擦如上诸物（即指足心所涂者），能生力量。从十六乃至三十，明点下降，净分增长法，如前应知（指每三日一轮，依次下降也）。三十到足心时，月不现如晦。

亥母甚深引导智慧理趣曰，行事业手印，欲令明点增长者，当用十六岁莲乳皆肥者，腰细，令男生不忍乐。观自他本尊明显，三处三字，脑红啥字，安住莲月座上，自顶天灵盖下，脑髓皮肉间，白罕向下如水银，明点十六。如芥子围之，项上肉髻莲日上，上师金刚持父母工作间，降红白甘露入梵门。到罕，鲜明增广，红白光明充满，明点十六降喉，乃至心，持命八明点，即安住于此；余八降脐存四为持命明点；余四降客处，存二持命；余二降至杵尖，与贪自法尔解脱之绿黄色呸字相触，身中脉处，明点充满，此为持气所缘工作甚深法，为全身安乐广大之要诀，与亥母密修脉界本尊同时工作，黎明不断而行，力大根明显，脉界不乱，主要教授即此。

又曰，于具性相前，加持自他密处，最后不存平等凡夫想，二根相合，作种种贪行，身心松缓安住无缘本净上，此为如池塞孔真实教授。动摇初修者，乐起，即当持于乐。知量而动摇，乐生不动，松缓其心为要。当如龟法，水池中冷，慢慢而外行，一遇太阳太热，慢慢向池内行，此为上师口诀善巧之法。如太猛行，则如悬岩落石，不能返矣。当如上喻，身明显本尊，心松缓无执，安住本净为要。

又曰，由上降下有四喜，由下升上亦四喜，又配双运四喜。自顶十六明点降喉为欢喜，为瓶灌为通达明空（空原作点）双运；从喉降心为胜喜，为密灌，为通达空乐双运；到脐为离喜为通达第三灌，舍喜执著，断二边分别，空色如离云虚空，法身显现；到密处为俱生喜为四灌，为通达空乐俱生智，上根即于法身本体上认持，若能安住于此，提散功能，自然具足。中根中气鼓腹，具身要，目视顶罕，净分可反，以羊抖法，令遍全身。又由下升上四喜，明点在杵尖不流失，升于三脉集合处，处有 ３Ⅴ 字，彼为大乐般若佛母，此明点集合第一种空色，如离云虚空，通达胜观见，大乘见道登地，此时中脉结开；从此至脐，明点上升，次第为二地三地，其功德具清净正见，为诸佛（一作续）所许。明点充满脐轮时，脐上住父音母音，佛所说十二种教授，无碍了知。从脐以下，为具足莲花种性功德，此后到心，安乐充满，心间脉开，法身智慧力增大，无分内外，光明显现，身脉界，如四肢能显四洲，离能所修，通达修道智；此后到喉开脉，得报身成就，佛所说一切教义辩证，皆得自在，不同诸语言，皆能通达；此后到顶大乐轮，现证无学道光明，到华藏世界，地道一时圆满，通达道种智及十地见；由此到肉髻，充满其中，中脉三十二脉结令开解已，一刹那圆满断证功德，得从本以来普贤王如来位，现证十六地无上智。从上降下四喜，为资粮加行，世间之道。由下升上，为出世道，一生成佛。即此甚深女子（应云双运）之道，专一精进为要。

大圆满仰的脉气明点观修法

一、共同前行密修有相持心法

上根利智，能断除三门（身语意）九层（三门各分外内密）之作业，住于本然，斯为最胜。否则当依有相方便法持心。此又分二。

（一）缘点持心法

若昏沉重者，即于眉间前方一箭量虚空处，观白色明点，量如白豆，自心不乱，专注于此，不为境转而定。若撑举重者，于脐观想黄色光，量如拳许，专注而定。若能自然安住者，观自心理天青色光，量如豌豆，不散乱而缘。若能明住，则宽松而住于本然，然对未断分别中，如前修持。

又想自身内空，于心处，为心气会合之体性，现明点，如中等灯光，赫耀，色极鲜蓝，所触暖热心专缘于此，明当显露。若有妄念散乱，复如前观。尔时若心混沌，观想不明，是为风界所生之相（过患），应断除甘美食物，稍弛所缘以为休息。则能遣除。若生厌倦，起不悦乐，是为曲心思想，应观古德传记，发出离心等。

（二）缘气持心法

此复分二。

1. 缘宝瓶气。加行同前，身七支坐，两手镇地印，由左右二脉管呼出浊气，想自身一切罪业如蝎子状，由鼻而出，以前面智慧火顿然烧尽。此后吸气，如吞唾涎，压于脐下，不修任何观想而定。不能持时，则行喷出。

2. 缘金刚诵。加行身要同前。喷出浊气。于吸气时，想将三世一切诸佛之身业加持，现白色嗡字吸入。住气时，上气下压，下气上提，至脐下，盘旋合鼓，于中停住。想将三世一切诸佛之语体性现红色阿字，如无自性之明空然，随明住定。于气不能持放出时，想将三世一切诸佛之意体性现蓝吽字放出，变无量化身不断为饶益众生事业。如是于吸气成嗡，住气成阿，出气成吽之自性，心无散乱而缘。常时修持，名为无生金刚念诵，如每天昼夜行息二万一千六百，尽其所有，悉收于三字之体性，则其功德超越言表也。

按上为持瓶气修，如用中住气修亦可。二者皆最能令人长寿。

又上师口诀，气之出入俱以鼻，并想有三字之音，即修时，一面观想，一面闻声，二三口气后，不再观想，惟闻声音即可。

二、不共显示特别隐密之口授

此分二支。

（一）修无贪之气

此又分五。

Ⅰ　气色。具七支坐。顿成金刚心，九除浊气。初缘眉间白色极鲜明圆形明点，仅芥子量为一切气所集之体性，心缘于此，常时而修。次又于头上如前而修。此后全身乃至自身之高外附近一切处所。后三千等所显一切，悉成遍满白色，心于此安住，数数修习。于所得相，身如树棉，轻而无蠹，语力如火炽然，喉舌纯和；心如安三摩地者日益增长。

Ⅱ　气形。坐法生起除浊如前。观气明点圆形蓝灰色，仅豌豆大，住于眉际，或于鼻尖，以目注视，专缘于此。气缓缓极长，向外呼出，想明点徐徐随出，身心极空寂，随即吸气，此明点亦入眉际，身心住定于极清爽之境。若身大分寒重或寒颤者，想明点有极暖相以调之。

Ⅲ　气数。坐法等同前。气出入为一数，每座分次而修，于一百息间，心不散乱为要。此后妄念分别，即能安住，气出入徐徐加长，由此后能长住，身感安乐，不觉内外行气。若气能随处安住，是为娴熟之量。

Ⅳ　气去来。坐法等同前。观自身鲜明而空，如薄纱帐，外内俱明，脐现颅器，外白内红，于彼内观气之蓝色杵，仅麦粒大，放气时，想杵由鼻远出，吸时，源源收入颅器中，心定于极安乐，随力持气。此后若妄分别甚微，约鼻端仅十六指处，常习此杵与气之出入，放出吸收为要。由是身感极安乐相，是为娴熟之量。

Ⅴ　合瓶气。坐法等同前。如上气收入颅器之内，气之金刚杵，一切融化，想于脐变成 字之自性。气满肚脐，谷道上提，想气与一切身界如雾消散，放气出时，心气与空相合，想成空寂并与无分别相合而修。由此不觉有身，能知气所去地，心不着于衣食，寻伺自灭，随其所丰种种功德，视为娴熟之相。

此上修气有二利，一者能断世间现前贪着，二者能速证出世功德。

（二）修依贪明点

此又分二。

Ⅰ　依明母修。余外应知

Ⅱ　依自身修心气安乐。此复分四。

1. 明缘三脉而修忿怒母。作六灶印。顿成金刚心本尊，观身鲜明而空，如薄纱帐外内俱明，于自身空之中，现中脉如柱，上抵于顶，下抵脐下四指处，与左右二脉，互不相触。量如麦秆许，具足空明光耀，左右二脉上端，由脑内通鼻孔，下端抵脐下四指，与中脉连成如 ㄊ 字之下部，于三脉会合处，复观忿怒母短阿字，热可炙手，其色鲜明。由左右二脉吸气，以气鼓火炽然，直达于脐，如是心、喉、顶依次以智慧火遍满，想身住安乐暖相。

2. 忿怒母炽然降注明点。身要如前。明缘三脉，想中脉顶端月轮处，现白色倒 ㄏ，忿怒火如前炽然，触于顶杭，从此降菩提甘露。遍满顶轮，认识初喜智；又由火炽降甘露满喉轮，认识胜喜智；如上复降于心轮，认识离喜智；如上复降脐轮以下，认识俱生喜智。想一切身界，以白点遍满，生空乐智慧之极乐，于此即应习定。

3. 三轮本尊父母融成明点。身要如前。明缘三轮等，于顶为罗列顶种轮，观想毗卢遮那佛父母；于喉为摄集诸味轮，观想阿弥陀佛父母；于心为罗列念种轮，观想金刚萨埵佛父母。如前忿怒火炽然，化为明点，想明点光遍满全身，毛孔如露珠然，由是习定。

4. 融化五轮本尊父母。身要如前。明缘三脉五轮，于顶上大乐轮，观毗卢佛父母；于喉报身轮，观无量光佛父母；于心法身轮，观金刚萨埵佛父母；于脐化身轮，观宝生佛父母；于密处守乐轮，观不空成就佛父母。如前以忿怒火炽然，依次变成明点，融化成光，遍满一切脉轮，想身充满空乐，暂住于定。

此上修明点之利益，能使身生空乐，能断衣食爱贪，亦能专一安住明体。

如上修气与明点，不特为妄分别多者宣说之方便，其于将修现前明体时（指妥噶），则清净大种，殊为易易。宜知之。

大圆满禅定要门口诀

择远离尘嚣，易生静虑，能观无常，不为修障之山巅岩阿，林下海边为修处。

胜喜金刚云。春地大力强，宜山巅林下海边修；夏火大力强，宜雪山中修，饮食清凉，栖息草舍；秋风大力强，宜半山岩阿中修；冬水大力强，宜地道山洞稠林低处修，饮食衣服宜温暖。

莲师云，不能住山者，亦听其便。

本要门有三。一空乐定，由明点之调正而得。二空明定，由气之调正而得。三无念定，由脉之调正而得。此后依次分述之。

一、空乐定

（依缘明点滴燃。）

空乐定者，杂尾朗把祖师传与莲师者也。

上座，念人身难得，寿命无常，因果是真，众生是苦。先修金刚萨埵上师合修二仪轨。观现有生起为无上明朗刹土，自身生起为金刚萨埵，如虹色。左铃右杵，诵百字明，头顶莲花日月中，有总摄上师普贤如来父母相，蓝色，跌坐，平等印，放射无量光明，尽天空界，皆现为报身刹土。想根本及传承上师本尊空行等，相互溶入，启请于心，生起法性了悟，即想顶上从发际向后八指处有大乐轮门，轮形若伞，周具轮齿三十二，名不转金刚身轮。

喉间有受用轮，若伞倒立，周具轮齿十六，名报身轮。心中有法身轮若伞，具轮齿八。脐中有化身轮，若伞倒立，具轮齿六十四。四轮二俯二仰，在顶喉心脐间。观明显后，又想身中有中脉管，蓝色，端直若柱，贯穿四轮，其旁脉右白左红（观左白右红亦可），与中脉并立而略小，下起密处，上及顶门，为大乐轮所覆盖。初观中脉，如小麦杆，次渐大如箭杆，如竹筒，终观大如全身，细薄明润，观己，于此略定。以凡夫气不融通中脉，则易昏沉，此想功德，使全身气均可通畅，能调正无过失者，一切病患皆除也。

次想中脉管正对脐间，有红色短ᢀ阿字，拙火燃烧，火细如发，焰直上升至顶上大乐轮门，有如豌豆大小之白色倒ᢀ字，为焰所触，下降白红色甘露（为白红菩提，即明点也），先灌满顶上大乐轮，次喉间受用轮，次心中法轮，脐中化轮，次第灌满，周遍全身。观己，又想心中法身中脉管内有浅蓝色ᢀ（榜）字（一作青灰色），于时先修宝瓶气，将气压伏脐间，迫由ᢀ字降下甘露，特别滴到ᢀ字，又由ᢀ字滴下，入自心中，自得妙乐。久之，想ᢀ字渐渐缩小，而至于空，脉管亦空，身心妙乐，无着无观而住。（无缘境中，宽松而住），是谓空乐定。精修进诣时，则本有空乐无边智慧可以印证矣。

先修宝瓶气者，谓吸气一口，压伏脐间，然后观甘露降ᢀ字，由ᢀ没入自心，应无着而观而修，勿作凡夫平庸想。身得安乐，心无放无收，则智慧境界自然清明普遍，如虚空天，无遮无障之光明现前，而空乐光明大圆满胜慧法性之真面目亦得显现矣。明点秘密集云，"大乐金刚不可思议，即是光明如天空境界"。

依此而修，相应境界有四。一明点增长。二所见一切，均感愉乐自在，若昼若夜，行住坐卧，均不离此空乐殊胜境。三一切恶苦病难，均不为碍，因常在大乐中故。四空乐法性真面得见，故光明智慧与不可摇动之大悲心，悉得增长显现。至精进时，天眼天耳等通亦可得到矣。

二、空明定

（依缘气之颜色。）

此法加行等同前。惟观左右两旁脉于密处钩入中脉管中，上端循头顶从右左鼻孔通出。于是由鼻出气，口微开，想病魔烦恼等随之呼出。又由鼻孔徐徐吸气，想十方三世诸佛功德，本尊坛城，均变现五色光明，随吸而至密处。用宝瓶气功，谷道上提，入中脉管，又入心中，于时五智光明灌满全身。一出一入各三次，至最后入心中时，即依心中之五光风团而定。斯后光团渐细入空，宽松而住。

此法甚深最密，修至纯熟，能现空明无念之光明（此自心清净光明法尔显现，法性本体智慧之真面，亦见到矣）。诸佛功德可得，息增怀诛四法，均许随修，一切胜妙要门皆可获得。以此光明境界，能清净世间一切有情之垢障也。

初修由中脉管灌入光明智慧之气；次入全中脉，上至顶门，下至密处，四轮各脉，乃至全身，无不充实。定力强时，可住若干日。又次全身充实略定后，观三千大千世界五智光明，遍满无余。凡此皆配宝瓶气，上压下提，持息入定。至不能持，将气徐徐放出，有余不尽，复吸气入中脉，上压下提，持气入定以修之。调匀五智光明气之境界，见四周悉现光明，如灯如月，如星聚，如云缦，或现佛菩萨相甚多。此时自心清明，不可辄喜，可圆见禅定智慧不二，若灯与光，无有分别，已为入双运道矣。

修此相应境界有四。一见色尘如梦如幻，不起实执。二昼夜无分别。三识心清净，智慧增长。四无人我相，以证得法性真面故。又以气之调正，殊胜禅定既得，可得神通，见无阻隔，一切实物，不能为碍，已合般若之义矣。

三、无念定

（依缘注视清净天空，心不散乱。）

无念定者，修加行观脉轮同空乐定。惟修法有三。

（一）放。观想中脉管内，正对自心，有五色如豆之圆光或白色ཨ字，大声念ཨ字二十一遍，观此圆光或ཨ字由中脉上升，出大乐轮门，渐上渐小，入空不见（初七ཨ由心出顶，次七ཨ入空直上渐小，终七ཨ愈高愈小，至不可见）。念已，身心宽坦，一切自然放下，毫不着力，刹那间，不可说之光明显现（即生起无念明朗智），即无着而领受无念觉定，如此多多修习之。

（二）持。于气候清明时，背日光坐（午前看西方，午后看东方），两目自然注视清净天空，气由鼻孔徐徐而出，觉得心随气出到清净天空，即将气持住，不出不入，心无乱散而定于清空之境。惟不可着力，常常修习不间断者，一刹那间，心中空明现前，可得无方所，无遮障，内外如一之境界（此为缘起道理）。自心进诣时，可以摄三空为一，即以光明外天空为缘，引起自心无念空明，更由是而显现法性本空之真面矣。此为莲花戒论师修业次第（嘎马拿喜拉）中所说口诀也。

（三）修。法性本空境界既见，数数无间修习，将此境界，绵密打成一片，视一切如虚空，所见山河大地，有情无情，皆自然不着。即眼见实相，不执实相，乃至自身亦空，如云消散（知一切无有实法）。此时外内皆空，根尘不着，无分别，亦无方所，无边天空境界，自然现前，非故作也（即内外中三者皆成空界，于无有分别天空境中，不动不散，坦然而住）。是为诸法本来清净之究竟真实境界（即生起一切法无念，本身解脱之法性本净智能境界）。普成经云，"得见此境界者，则如大鹏凌空，飞行任运"。此乃正行光明口诀也。

此定相应境界。一由放收不断，气入中脉管，所得智慧，见一切外境，悉如玻璃透明。无遮无障，无粗重分别心。二昼夜行动，均无念而定。三烦恼三毒不起，无美恶，调柔不动，即起念头，亦无分别执著。四诸法自性空，不生不灭之理，通达无余，无求无得，一切任运。得此定者，能得天眼等通，深生悲智，证得止观双运道，可由十地五道而直趣佛果矣。

根桑上师云，乐明无念三定，分修合修皆可。随修习者之根器意乐而决。倘定得下而无乐者，则修空乐，不清明时，则修空明，散乱心重者，则修无念，此则从工夫上说也。

后要口诀

此中述不相应境及其对治之方与助长之法。

第一，不相应劣境，或为过失，或为障碍。计：空乐有十。所修而生者五，即一贪乐境。二认空乐为自心。三视空乐为究竟道，鄙弃余法。四以空乐为究竟果，不知诃过进求。五不觉察乐由贪毒和合而生。此属修法误认而生者也。能修而生者亦五。一明点因乐而漏，二堕入凡夫贪欲。三贪妄炽甚而掉举。四因漏身心不适。五贪境（指异性）不舍。此属于自身之障也。

空明有十。所修而生者五：一贪明境；二认空明为自心；三视空明为究竟道，鄙弃余法；四以空明为究竟果，不知诃过进求；五不觉察明由瞋毒和合而生。此属修法误认而生者也。能修而生者亦五：一气粗急而生不正光明；二堕入凡夫瞋欲；三瞋妄炽盛而发颤栗；四气盛昏眩；五散乱不能安住。此属于自身之障也。

无念亦十。所修而生者五，一贪无念境。二认断空无念为自心。三视无念为究竟道，鄙弃余法。四以无念为究竟果，不知诃过进求。五不觉察无念由痴毒和合而生。此属修法误认而生者也。能修而生者五，一虽不思善恶，无观照心，落无记空。二无念而内心无明慧。三无念而内境不清明。四内外俱不清明，不能止观双运，作意成空。五落断灭空，虽无善恶分别心，而所起之空，堕于一边，无普遍光明境界。此属于自身之障也。

第二，对治之方：普通对治方法，应将发生不相应界之相，一一认识清楚，然后以正智力了达色心不二，一切诸法，自性本空，以为调正，当得遣除。特别先须念诵根本上师仪轨，请求加持，上师智慧入于我心，与我不二。更想障从何生？障在何处？谁为能障？谁为所障？分析、推求、寻找，终于了不可得，则自心自然通达无碍，自心自然光明显现，一切障碍，即究竟觉，所谓烦恼菩提不二也。因所显美恶苦乐，胥由心生，种种心生，种种境生，知此义故，障碍得除。如不能彻底解了，更当如教精进修习，一切放下，不为境界所夺，亦得矣。尊者云，"对治自心，即是对治障碍"。此为大圆满要门所特别开示者也。

第三，助长之法：

上根者，知一切法无自性，障碍是幻，成佛亦幻，当住般若离垢境界为上。

中根者，总说，如生障灾，应自心观察病根所在，即从起处对治之。如从空乐而生者，仍以空乐定对治，则不特不能为障，反为空乐之助，余二例知。此以定力转障，使定障不分，定力反得增长，乃以楔出楔之说也。别说，如修空乐所起之前五后二，后五各障，根本由贪心生者，应观察贪心所在，推求寻找，了不可得，则贪心空而障除。如明点漏者，应想密处中脉管中，有蓝黑ཧྰྃ吽字，如米麦大，出火，将全身明点烧空。掉举者，多修宝瓶气功，观脉管明显。因漏不适者，想中脉对脐处短ཨ拙火燃烧，上升大乐轮门，触白色倒 [字] 字，降下甘露，灌满全身，又想全身明点如酥，遍毛孔中，皆为拙火融化，自得乐境。如修空明所起之前五及后二各障，根本由贪或瞋心生者，对治如前。气急昏眩者，修宝瓶气，观照心中光明本体，极其清明，惟不可太着力。瞋炽发颤者（即气粗），闭目观心中白色短 [字] 字，气由鼻孔徐徐而出。妄念甚多，不能安住者，想心中有金色莲花或金色金刚杵或羯摩杵，如以绳系悬，由心中徐徐下降至金刚地基，稳固不动，多修，自易入定。最为重要。如修无念所起之前五障，根本由贪心生者，对治如前。如后五中不善不恶，或落无记，或落断灭，应起清净心观照即解。因有观照心，则本来无念之清净真心自现，而寻求痴心，痴心亦不可得，痴心障碍自成法界体性智矣。如内昏外昏或内外俱昏者，应于上座时，两眼放松，目定空中，或观自心有白色光团，如鸡蛋大，极光明，上升顶上一弓远之处而定。此皆胜喜金刚口诀也。

下根者、身仪。总说则七支坐（即毘卢遮那如来之坐法。七支者，一跏趺坐，二腰直，三两手定印，四头微俯，五舌抵上腭，六目下视，七口唇自然徐徐出气也）。或修拳法，或静坐徐徐出气以调整之。别说，则空乐时，坐等相同，惟两手相抱，互握其上肘，左右随宜，则明点漏障可除。空明时，头微仰向后，两手置膝，两目开视，则气得调整。无念时，亦用七支坐法。又修空乐时，饮食宜滋补剂，药物以蜂蜜为丸。如尚不得乐，则当求修气功好者之般若体性以为补助。修定明时，饮食宜清凉剂，住地宜在高山视可及远处。修无念时，饮食须温补剂，行动须安详，住宜树林围绕之温暖处。须知乐由贪毒和合而生，明由瞋毒和合而生，无念由痴毒和合而生，非即究竟不生不灭法性真空之本体，不过借此功用，精进修习，可以证得真空耳。故曰，譬如火，火

禅密薪传

从柴生，非柴即火，亦如真心由乐明无念而证，非乐明无念即真心。总之，一切美恶境界，不贪不着，最为得之。希求得定，防止生障之心，亦为切忌。因自心本来空明无一念，须一切放下而修，则障碍不生，生亦易得解除也。洒尔哈祖师语录云，"美恶一切不管，心有所住即不是，应舍离他"。当知一切境界，皆由自心所现，应以空明无住之心。时起观照而定，为解除一切障难之总诀也。欲乐定，别明。

调整结果，得六神通，现证三身，是究竟果。

圆满　吉祥

解脱赫日

抉择见

贡噶上师 讲授

弟子　韩大载笔记

不空智补按

见者，于内外轮寂一切法，决定其体性而印持之，无有动摇者也。各因其种姓知解而有种种不同，试略述如下。

一执实见。凡夫于一切法，执为真实，而起爱、憎、取、舍，坚固缠缚，为生死因，不得出离。

二外道见。如数论、方论、时论、断论、常论、自然论、胜身论、神我论诸师，略有六十二见。及诸邪执，于一切法，横计其体性所由来，与妄度有无等而起爱、憎、取、舍、坚固执著，为轮回因，不得出离。

三人无我见。知补特迦罗无有自性，依此修证，得解脱果，而于佛法四谛，十二有支等法，则执为真实，取住偏空涅槃，未能究竟解脱。

按丘连五居士曰，小乘俱舍破人我执，但仍执有微尘存在，亦即承认有色法。

四唯识见。知三界万法，皆为自心所现影像，正破外道小乘心外实有诸法，即无境唯识义也。依此多门观察，转舍转得，而证佛果。

按丘居士曰，唯识破小乘俱舍曰，既有微尘，不问其为何等物状，必有方分。既有方而能对分为四，则汝所认为之微尘，非微尘矣。依此类推，永无止境，非究竟见也。故曰，一切万法，皆唯自心，宇宙万有，俱不过自心所生之影相耳。

五中观见。亦名无生见。知一切法无自性，不生不灭，不断不常，不来不去，不一不异，藏识影像与世出世法，俱无自性。用多门观察，破外小唯识，显诸法本不生故，依此修证而得佛果。

按丘居士曰，中观宗破唯识曰，汝曰万法唯识，是汝承认有识，识为能生，法（包括精神与物质）为所生，今谓无法而仅有识是能所不相应。夫有识而后有万法之影相，亦犹有母牛而后能生牛子。今万法既无，亦犹牛子不有。牛子既不有，母牛之名，无从成立也（而且证诸实际，罗汉灭身灭智，外界山河大地依然，并不不存）。唯识家曰，汝见云何？中观宗云，我谓万法皆有，树木、山石、人物飞蛰，无一不存。然则与俗义何别？曰，我所谓有者，乃缘起故有；所谓空者，乃自性本空。夫唯缘起，所以性空。亦因性空而能缘起，不空则一切皆成死物，而欲生生不息难矣。

六俱生智见。亦名法身见。知一切法为本明，即此无生明体而保持之，相续坚固，便成正觉，不用转舍转得诸对治方便，又不用八不等多门观察，一切法即是俱生智故。

七本净见。亦名大圆满见。本来佛陀法尔如是，一切法本来清净，无有生死涅槃取舍等垢染，无缚无脱，无修无证，任运而住，自生自显之上，即修即行即果也。大圆满者诸法起时刹那圆满故。

以上抉择，略得七种，至红白教古德，依心印与表示而成就者，则无见可言，不立文字，此为最胜。上述六七两种，盖依口耳传承而建立耳。

按普钦法师曰，藏密红白黄萨之见，皆建基于中观而微异其趣。红白教之见。完全一致，萨迦道果见亦略同，俱认众生本来是佛。六度万行及种种修持，俱不过为成就之助缘。黄教则以六度万行，积福净障，乃成佛之因，由之以渐证佛位。因果颠倒，成就之迟速，遂判若天渊，且若能直下承当"我即是佛"，深信不疑，纵造恶业，亦可遮止三恶道之堕落而不久得证佛果，若反之，则纵修六度万行与密法，俱成有漏之因，轮转六道，了无出期也。

又东密之见，据大日经云，"云何菩提？如实知自心是"。疏释云，若见本不生际者，即是如实知自心，如实知自心，即是一切智智。又云，觉自心本来不生，即是成佛。自显教言之，宇宙万有，无非自因缘，生起者，缘生之物，皆无自性，无自性故，本自空寂；密教以为万有虽从因缘而生，其因缘又复从因缘而出，如是推求其因缘之因缘，辗转无穷，卒不能寻出万有之第一原因。于是不得不谓万有为无始本有之存在。既无始者，亦无有终，是万有皆远离因缘造作，而本来不生不灭也。是为阿字本不生之理。又曰，宇宙间纷纭万态，变化无常者，皆现象界之事，其不生不灭之实在本体，显教谓之为真如，究属于离言无相之空理。密宗则谓宇宙现象，不外实理之活动显现，大凡一物存在，必有其体，既有体性，必有相状与作用。此体相用三者，本来具足不离，非有本末能所之关系，任举其一，而他二者已具其中，现象之外无实在，现象即实在也。即生灭而不生灭，即转变无常而不转不变也。此密教特殊之教理，所谓即事而真。又立十住心论，谓三论宗心境双遮，有空不立，自较法相为胜。天台宗心即是法，法即是心，境智俱融，无相无为。然此犹有现象与实在差别对立之感，以其所谈，不出事理无碍之域也。华严宗若理若事，举体无性，诸法缘起无碍，相即相融，然亦尚属遮情之空理。在显教为极果，在密宗为初门。而密教乃直以真理为佛陀，见万有差别之相，均为佛境界之万德，心内之无尽宝藏，完全开显者。综上可知其见基于中观，混融天台华严，而与禅宗及大手印见，极相切近也。

萨迦、 尼马、 伽居三派见差别

大印与中观，无大差别，只能谓显与密有差别。于一切法离戏论空性本体上，显密相同，除中观更无超越者。如其有之，则成有戏论分别见，非正见。唯空上显密无异，明空上则有不同，欲证明空双融，非依无上密部见不可。依此可称无上密法见高于中观。中观全依多门理观抉择，有取有舍，离开四边乃至十六边，然后证毕竟空；大印举身心内外一切法无余历归本心，不用理观抉择，不加取舍，任运无覆契一切法，即于本来面目而得究竟。因此判为比量证得与现量通达，如佛亲授诸法本性然。由第三灌用自身他身殊胜方便，或依第四灌授以口诀而有速证空性堪能。显无殊胜方便，唯依种种教理抉择而后证得空性，万一中间误入顽空，于空执空，起断灭见，如人不善巧弄蛇，反为所噬，则成退堕。黄教说密宗见与中观见无二，其他宗派谓有差别。

此上论密宗见与中观见，下分论。

一、萨嘉派

道果见。中分两种。甲、依三境（清净、不清净、觉受）说中观见。乙、依三续说轮涅不二智慧大印见。

其中观同应成派。道果分共见与为大密宗行人说不共见（即明空无着见）。又名轮涅不二见。此见即通达本心见，明者心相，空者心性，无整是心本体。一切法以心为主，心觅生住灭相不可得时，确有明了一切之心，而说不出，想不到，全由领受自知，能通达此者，即得心功德三分之一，是为心相（乐、明、无念之名，不加观察，纯由定出。红白均许萨伽为应成派，有许萨迦为唯识见者，认密哇巴大师道果多依唯识立宗，其实未必）。相续修习，通达本无生住灭相本来空寂，此即通达心性，证得心功德三分之二，是为心性。既证得空性已便知非绝待之空，一切法便是明所显现（明上显一切法）。切知空即是明，明即是空，通达双融，无有整治，证得心之本体圆满功德矣。是为心之本体。于此明实不二上任运而住，不分别沉掉染净，便能渐渐通达本觉智，彻底究竟。许因位见具毒，道位见离毒，前者虽通达诸法无自性，而犹有微细执实（平常妄想）。故云具毒。后者依三四灌方便，乃修生圆次第所得之智慧，令微细执实澄清，故云离毒。

二、尼马派

显教中观与伽居同。1. 性相，于现在心离一切戏论，明朗湛然，假名为明体，斯名大圆满见。2. 释名，藏名堕把（圆满）清波（大）。梵名马哈生的。有为无为凡所显一切法，于无染无覆自性明体上刹那圆满，故名圆满。一切解脱方便中，更无殊胜者，故名为大。3. 差别：（1）噶马派，由印度翻出之经相传至今者，为远派。（2）迭马派（近派），取出库经而传承者，又分南藏北藏，二者又各分小派，外有领体（一作宁提）各派。（3）打朗派（近派），亲见莲师或其他本尊口授而传承者。此中无大差别。

又尼马密宗，分作部、行部、瑜伽部，是为下三部，金刚萨埵所说。马哈瑜伽（父续）、阿鲁瑜伽（母续），阿的瑜伽（不二续），是为上三部，普贤王如来所说。今所说者为阿的瑜伽，即大圆满。内又分三，一器心得（外），译为心部，即一切属心现。二朗陇得（内），译为大法界部，即一切法属空性。

三桑们阿格得（密），译为口诀部。此中第一，外所显境，皆为心之变现，此即本觉智，故轮涅诸法，均未超越此本觉智。第二，此一切法本未超越本觉王母法尔大空性，于此大空性上，实无善恶好丑，亦无修证得失。第三，远离取舍，以能所无别之智慧，无余印契轮涅诸法，汇归于离诸边执法尔大空体性之上；就轮涅诸法，任何不加分别，如实通达，一切外境，皆是自心明体所现；以是故于金刚炼相续身中，能令成熟解脱。此名为要义上解脱，又如于扼要处而施针灸。本体清净（嘎），自性任运成，大悲普遍，盖一切法本来无生，故名清净，本空上显现不灭，故为自性成。其力能显现清净与不清净依正境界，故为大悲遍满。第一智空不二；第二明空不二；第三显空不二。心与明云何差别？答，依无明增上起诸客尘妄想者为心，不为无明所染，离二取系，能了知无执明空之空者为明。中分渐顿二类，渐修者，先决定收境于心，次决定收心于空，后决定无二双融；顿修者，依上师口诀，指示自心本明，凡所显现，皆了知为赤露明空不二之本面。总之，于当下离垢本来明空无着上，宽坦、任运，于四威仪一切所显，不加取舍，不辩好丑，保任赤裸明空。如此修持大圆满心要，为莲花生大师无上密意之精华云。

三、伽居派

共者中观见，宗龙树传承之月称，寂天二师，月传至那洛巴，梅纪巴、而汇归于马尔巴，彼传弥纳，俱属应成派。不共者大印见。甲，性相，随所起念，即是远离三世分别之无垢本觉自明智（远离分别，为与中观不同处）。斯为大印体。乙，释名，凡轮涅诸法，未曾超越此本觉自明智，如轮王印，印诸政令，谁何不能违越，故名手印，较前三印，更为殊胜，故名大。丙，差别，分根道果。根大印者，为真俗一切法，离取舍断证之体性，即是实相般若（显乘中人不易认识保持，此依口诀，可能顿现）。道大印者，分见定行三，见者，先依有戏论第三灌喻智所领之觉受，依师第四灌口授云，此第三灌所领纳乐空不二之觉受，即是第四灌道大手印之见。复有上根利智之人，得遇不共大成就师，即可不依第三灌，直依金刚智慧加持自心灌顶。如那洛巴经帝洛巴只履加持。三业立时与师无别，此谓离戏灌顶，亦属道大印见。中观无灌顶方便，故迟滞难成。萨嘉班支达普喜幢云，非依二次第，不能传授大印，汝等不依刚波巴口授。随便传授者，是与大印相违，此不应理，以伽居派有离戏灌顶，不必经过二次第也。定者，具不散乱，不修、不整，唯一保任当下一念，离于分别，无覆赤裸而住，于保任上随起何念，不管。于外境色声香味等。亦依三不口诀而住。行者，四威仪中，不忘明体，一切外境，汇归明体是为超胜一切处行。果大印者，依见定行通达断得不二，根果不二，是为果大手印。用大印见分渐顿修，渐修者，先收境于心，次收心于空，次收空于任运，次任运收于本自解脱。顿修者依有戏第三灌，或依无戏金刚智慧加持，顿然通达法尔本自解脱。证离戏者，不一定起神通变化，以重在通达诸法实际，如灯初明，光焰不大，如日始出，其辉亦微，唯真证得者，临终决定母子光明会合。不出神通变化有三障，一异熟身覆盖网难破；二所知显现覆盖网难出；三无始时来杂染清净诸识（以第六识亦属杂染，第八识染净俱故），覆盖网难以澄清（即身障，所知障，心障）。

宁玛派密法略述

法尊译师　原著

不空智　摘述

宁玛（即尼马）藏语旧意，故宁玛派是旧派，指西藏前弘期密教，亦即红教而言。法尊译师曰，旧派密法，下三部与其他派无有差别，惟无上瑜伽方面，如无垢友论师弘传的幻变密藏和心部等法；莲花生大师弘传的金刚橛法、马头明王法、诸护神法；静藏论师弘传的文殊法；吽迦罗论师弘传的真实类法；驮那罗乞多弘传的集经等法，都是本帕特有不共的密法。在怛达罗（即经典）方面，本派有大圆满菩提心遍作王、金刚庄严续教密意集、一切如来大密藏猛电轮续、一切如来遍集明经瑜伽成就续、胜密藏决定、释续幻网密镜、决定秘密真实性、圣方便绢索莲花鬘、幻网天女续、秘密藏续、文殊轮秘密续；后续，胜马游戏续、大悲游戏续；甘露，空行母焰然续、猛咒集金刚根本续、世间供赞修行根本续等十八部根本经典。奉行文殊身（毘卢）、莲花语（弥陀）、真实意（不动）、甘露功德（宝生）、橛事业（不空成就）等五部出世法，及差遣非人，猛咒咒诅，世间供赞等三部世间法。

本派传承，依经典方面说，有：一幻变经的传承，即幻变秘密藏类；二集经的传承，即遍集明经，集密意经等根本续类；三大圆满的传承，即心部、陇部、教授部等类。尤以大圆满最为不共殊胜。其中心部（亦称心品）的经典，有先后二译，共有十八种教授，先译是遍照护译师所传，有五种教授；后译是无垢友论师所传，有十三种教授。陇部的经典，即是等虚空续，广本分九段义，两万卷，藏译止有略本，亦分九义，即见陇、行陇、曼荼罗陇、灌顶陇、三昧耶陇、修陇、事业陇、地道陇、果陇也。教授部分二，即甚深大圆满宁提（无垢友所传）与空行宁提（莲花生大师传）。此外尚有所谓埋藏传承、甚深净境传承。前为开藏取出，后为定中示教，但内容上大体略同。

宁玛派的教义。判一代佛法为九乘、声闻、独觉、菩萨为共三乘，属显教，是化身佛释迦牟尼说；事部、行部、瑜伽部为密咒外三乘，是报身佛金刚萨埵说；生起大瑜伽，教阿耨瑜伽、大圆满阿底瑜伽为无上内三乘，是法身佛普贤所说。又分密教为外续部和内续部，说外续的事部，是释迦牟尼佛说，行部和瑜伽部，是毘卢遮那佛说，内无上续是金刚持说。又说无上乘法，是法身普贤如来现起圆满报身为地上菩萨永不间断的自然说出，所以这个法门没有限量，也没有数量，传布于人间的，只是由极喜金刚等得大成就者所弘传的一部分而已。

查旧派"黑茹迦格薄经"等所说的修行过程，与新传密法的六加行（时轮法）五次第（集密法）道果（喜金刚法）等教授，极相符合。又幻纲经的六次第、三次第等解脱道，密点等方便道的教授，集经的任运修，八部经的五次第等法门中，也有很多与新译密法相同的解说。不过此等法在旧派中尚非巅顶。而惟有大圆满的见修，方是最深最密成就最捷，至极无上的不共成就大法。

大圆满是指众生身中现前离垢的"空明觉了"（即是内心的清净分。众生心中本有染净二分，染分叫做心，净分叫做了）。此中本来具足生死涅槃一切法，所以名为"圆满"，为解脱生死的最上方便，再没有能超过它的，因此名为"大"，亦即谓众生身中无始本有的清净心性为大圆满，众生因迷此而流转生死，若能悟此，即证涅槃。

又大圆满心、陇、教授三部，虽然都说"明空"（也就是深广义），但心部偏重于深"空"，教授部偏重于广"明"，陇部则两部分平均。

按贡师讲授，谓阿的约噶分三部，一外心部，讲一切皆心显现，不契者易落有边。二内界部，计无因无果，无修无得，误解者易落空边。三密口诀部，讲非有非空，显空双运，是大圆满六百四十万部卷中最殊胜之修持口诀。以此证之，上说似有出入。

心部说，无论见到任何外境，都是自心，自心现为自然智，所以说离自然智更无其他法。这派修法，多为大印相似，只大印派是以心印境，心部是直观心性本空，故有不同。

按，根桑上师云，大圆满与大手印，同而不同，前者依体而行，当下即空，任运而住；后者则依相而行，念念观照，知为自心，差别甚微也。

陇部说，一切法都不离法性普贤陇，破离法性陇，更无其他法。这部最重视光明，与新译密法的五次第相似，然讲说意义却有区别。五次第是由五风的作用，现起幻身空色影像，再用"整持"和"随灭"方便令入光明，所以是有功用道；陇部则是由安住于永离所缘甚深无功用中，用深明双运智修成虹身的金刚身，所以这个方便是很深的。

按由此段证之，当是陇部偏重于广"明"，译师前文，殆笔误也。

教授部说，以永离取舍双运无二智，把生死涅槃一切法，都汇归于离空执的法性中，所以能都不分别生死涅槃，即以"明了性"现证"法性境"，而成就自证金刚锁身。这个法门，是专注要点，如针灸治疗，从一处施治，而能愈各部的病。又师重超越境界，与新译的六加行相同，不过六加行是将五种风缚于中脉，由此现起空色境界，是渐次进修有功用的大乐道；而这个法门是断绝一切思虑，自然现证诸法实性，所以和六加行不同。又这个道修智身虹身，与陇部也不相同，它不是先化粗分三业为微细净身，是由究竟"尽法性光明"将粗细三业完全销化于身智中。

本派谓无始真理本来无生的空为"体性本净"，又称为"了空无别"。空性的色相不灭为"自性任运"，又称为"明空无别"。具有功力能现起净不净境为"大悲周遍"，又称为"现空无别"。

又心与了不同，随无明力而起种种杂念分别的是心，不被无明所染，远离二取戏论，认识明空无取的空理的是了。心的行相"现分"为生死，心的体性"空分"为涅槃。生死涅槃在自心体性

禅密薪传

空中，本来无有分别，因此说"生死涅槃无别"。

在修行方面说，若由知境为心，知心为空，知空为无二双运，而通达一切法都是"了空"的，是渐悟者认识"了"的界限。若现世没有能够现证"明空"的道理，但由修行的功力，在中有位现起那种真实智德的，是超越者（顿悟者）认识"了"的界限。

若将现前明空无取的无垢自心"了"性，不加拘束（不执著）任其散缓，任它起，什么分别境相，都不去辨别好恶破立，直修"了空"，即是大圆满的心要。

总之，无始真理，没有被生死涅槃心念所接触过，没有被错乱垢秽所染污过，真理独露，不曾迷惑，不曾通达，都无所有，一切能生的，这是因境。把这现前的"了"性舒缓安住时，都离善、恶、无记三种分别，空虚如清净虚空的，这是道行。由已现证一切修道功德，无明错觉都自消灭，现证法界，这是果德。

查本编摘自法尊译师所写"西藏佛教的宁玛派"，初稿完成于乙巳古五月二十二日，因译师是黄教信徒，原稿对于红教特别不共之法，采轻描淡写态度，难免误人慧命，余已一本师授而改正之，明眼者鉴之。

大圆胜慧密修法

贝马补打上师密传

本法因缘。余既学密法于贝马补打上师，一日于旧书店中（重庆南区马路）得见根桑上师之大圆胜慧本觉心要修证次第石印本，心甚喜之，以问师，师曰，大圆胜慧为红教至高无上之大法，目前虽有书籍，但修诀仍存口授。余因向师礼请传授，师曰，因缘未至，须待异日。师又曰，诺那上师于南京千人大会上传授此法，然得领受者，仅有数人，余则如聋如瞽，上师自传此法后，即不再为人灌顶，纵有专程请法者，亦仅摩顶传咒而已，表示大法已行也。余自斯以后，即不断面请函乞，欲领斯法而后快，但师总不许，如是者屡屡，至最后，师始允三年以后再传（师云，三年以后，我年晋五旬，当弘斯法①）。后余至蓉，适遇根桑上师，因得听讲大圆满前行次第，又复领受陇青领体派（亦译陇青宁提，即是广大心要）大圆胜慧大法，然同时亦不断向贝马补打上师通函预约此法。又后至缙云学藏文期间（已是三年以后），余又一再礼请，务必领受诺佛所传之大圆法，师始于绿度母五本尊大法灌顶后，密传此法（师传此法，余为第一人领法者）。余之不惜如上缕述等，于以知大法之难闻也。

敬礼金刚上师。

敬礼三宝总聚之贝马补打大恩根本上师。

蓝色无边大空中，顿成第六双运佛。

于宛如中秋蓝碧无边之大空中，自身顿成阿打尔马双身佛，住于莲花日月净轮之上；佛父天青色，一面、二臂、定印、金趺坐、裸体、束髪；佛母白色，一面、二臂、定印、抱佛项、莲花坐、裸体、披发。母头向右偏（即阿佛之左方），故发披垂于佛父之左方。

按此即由法身起修如幻，于无生清净法界刹土无灭明空之明点中，自心不整之明空顿现阿打尔玛双身佛，住于莲花日月轮上。此种观想法，与其他一切共道不同，所谓"自性大圆满界中，二显诸法本清净，光明自显遍一切，如日法尔遍虚空，明体双运本性体，显现无整自明点，不由因生顿然成，因缘不坏金刚身"也。

高居顶端具种字，放光默念而安住。

居于大空最高之顶端，佛母心中有短白阿，佛父心中有极大

---

① 又曰，密法首重传承，上师若不成就，弟子亦决不成就。我目前不传大法者，正欲俟自己觉受增长，摄受弟子方有力也。

禅密薪传

光明短天青色阿，身放蓝白二光特多之无量无边五色光明，默念阿字，相续不断，于脐下中住气所至处，微持中和气以相应。

按此五色光明，白表贪气妙观察智，红表瞋气大圆镜智，蓝表痴气法界性智，黄表慢气平等性智，绿表疑气成所作智，五毒为用，五智为体。又曰高曰顶，皆是方便观想，其实此空是离对待，绝二边，不生不灭，不能拟议的。亦有观虚空中央者，如"虚空中央我安居，兴大瞋恚而怒目，以无缘慧而观察，所见一切皆法身"，亦是方便，因有中即有边，与真正清净法性虚空大远在，当知之。

遍界有情本阿佛，光明交互相摄入。

想尽虚空遍法界一切有情，皆本是阿打尔玛双身佛，各放五智光明，交互相摄相入。

按此为心佛众生三无差别之法界平等观。

持咒作观随力定，法界总此心无余。

一面持咒，"嗡，阿打尔马打堵阿"。一面作光明互摄互入观，随力住定。眼前即法界，无欠无余。

此兼以密咒加持法界。

化光融返摄心印，久住契空是归宿。

观尽虚空遍法界诸阿打尔马佛皆化光明融入自尊，自尊亦化光明而摄集于心印天青蓝色短阿字，尽力持之入定。

此为大圆满阿字观。

此后阿字融空，与法身大遍满之本空光明相应，尽力长久修习之。

按至此即已契入且却，故宜尽力修习。

啥，嘎如朗，拉盖支打，挡玛玛约，札当哈海约，嘎嘎那札札。

念三、五、七遍，想热呼纳大护法欣悦，为我承办一切事业。

愿以此功德，回向无边众，皆证大圆满，速成阿打尔马。

按本法为入大圆满之最密前行，依之修持，能直入且却妥噶之堂奥，以心一境性为且却，于且却上任运显现光明即妥噶，乃无上法宝也。

又本法偈子，词句之间，曾多次变易，直至现在，方能圆满表达。上师之传授而无遗误，尤其观修之主要说明与按语分开，使法之本身更臻精纯，组织严密，当无更逾于此矣。

又普贤王如来轮回涅槃自解脱，最高方便，即是本法，而在观修方面，微有不同，本法尤为圆顿深密，其勿忽。

附　普贤王如来轮回涅槃

自解脱最高方便

无生清净法界刹土无灭明空之明点中，自心不整之明空所显莲花日月轮上，自成阿打尔马佛，天青色，一面、二臂、定印、金刚跌坐、裸体、束发。法尔普贤王母，身白色，一面、二臂、足莲花坐、披发裸体，双手定印抱佛颈，安住无量无边五色光中，心上短𰵀，天青色，具极大光明，口念阿字，相续不断，脐下中住气所至处，微持中和气，念诵尽所能堪。念后，观情器尽成五方五佛刹土，念五方五佛咒，"嗡阿吽娑哈"。念毕，住于无缘上。久住后，回向下座。

按大圆胜慧正行，余于 1943 年间初蒙根桑上师传授，至 1949 年春，复蒙贡噶上师汇总陇青宁提，噶马宁提及尊宁提，空行宁提大灌顶。又证以韩大载老居士之开示（居士曰，灌阿打尔马佛顶修本尊，是大圆胜慧加行，真正大圆法，是没有本尊的）。方知本法尚是大圆之加行，然甚重要，因修本尊得加持，开悟成就自速，此密法之所以不同于禅者；贝马补打上师谓度母五本尊法尽是大圆胜慧精髓，又令我修莲祖金刚法一百万，以后即可直修大圆胜慧大法，亦此意也。

心地法门

诺那金刚上师原授

韦见凡、秦仲皋二居士转传

本法因缘，诺佛在渝传七七灌顶大法，秦仲皋老居士未得参与，及佛转蓉，居士知之，随兼程奔蓉（当时未通公路），请补领斯法，诺佛念其专诚，因传此大法。佛传法时，曾取电筒四处遍照，曰，心当如斯如斯云。

前行

敬礼金刚上师。

敬礼与诺佛无二之韦秦二居士。

思维，人身难得，寿命无常，因果是真，众生是苦。

此点平时即须彻知决定。

启请皈依求加。

金刚上师诺那佛，法报化身我皈依。我今受持心要门，为度众生愿成佛。所有众生诸罪障，我入地狱而代受。所有一切诸善根，尽施众生成正觉。上师曾发如是愿，弟子亦发如是愿。惟愿上师垂加被，弟子修法速成就。

嗡阿吽，别札古鲁，乘理匠磋，沙尔瓦，悉地吽。

此诺那上师咒，宜多念。

嗡阿吽，马哈古鲁，沙尔瓦，悉地吽，阿。

此历代祖师咒，随力。

正行

刹那成吽字，身土三无别。

一弹指间，由法然本性炳现天蓝色吽字，清净莹澈，字面向左，放五色光，遍满虚空法界。深体此即阿打尔马佛及佛母不二之佛土。且诸佛之身，诸佛之土，众生之身，众生之土；自身之身，自身之土，亦皆唯此吽字五色光明，无二无别。此观不收，不动不变，持之入定。

此法身观。

蓝色金刚心，五光遍空射。

至觉有我（出定），复刹那自成天青蓝色金刚心，半跏坐（左盘右垂），左铃（倒内靠左腰，黄色），右杵（向外靠右胸，水晶色），二目，愉悦（寂善）状，如水月，如空虹，金刚心亦身放五色光明，遍满虚空法界，微定，不收光。

此报身观。

上有阿打尔马，师佛菩护列。

自尊顶上有八狮子所扶金刚宝座，座上有莲花、日月轮、轮上跏坐天蓝色阿打尔马佛，体性即承恩根本上师，二目、单身、定印、微怒相、一丝不挂。周绕第一层，为历代传承，此法诸祖师；第二层为十方三世诸佛；第三层为十方诸大菩萨；第四层为金刚、佛母、护法。俱面目向前。只需如此观想，清切与否，不必拘泥。

此为上师相应。

光端化身佛，说法不稍辍。

观自尊、顶尊、及坛城诸尊，原有五色光明（自尊之光根本未收，顶尊及坛城诸尊，亦皆于五光中显现），遍满虚空法界，一一光端，各有化身佛说法度生，所度尽转成化身佛，又各放五色光，光端有化佛说法度生，辗转相续化度，度尽所有众生，皆成化身佛。

此化身观。

继修金刚诵，光明皆互摄。

不出声念嗡（入气短），阿（住气久），吽（出气长）。同时

266

观五光互摄互入，尤其出气，须光明遍照法界一切化身佛，与法身大遍满相应，如是反复尽力而行之。如于住气时，观密处现短阿字，字面向左，红明，极小，不动，持之入定，可作拙火修持之方便，亦无过失。

此修金刚诵气功。

融化外内收，师我存为则。

诸化佛化五色光明，收入顶上之四层，再金刚、佛母、护法诸尊化五色光明，收入十方诸大菩萨。诸菩萨又化五色光明收入十方诸佛，此又化五色光明收入传承诸上师。此又化五色光明收入阿打尔马佛，不再收降。

此收摄观。

随阿尽入空，无智亦无得。

以一气念阿……至最后一阿，截然而住。同时观阿佛化空，自尊亦空。

陈健民居士曰，一声长阿，坐断三际，字唵阿吽，气入住出，尚安在哉！故只觉当体如如，一片空明，平淡自在，如柴荽断，宽坦而住。无希求心，无防护念，亦无持续想，是为法尔智慧解脱。

此通大手印，当参且却。

秦居士曰，阿字之后，惟是寂照，诸佛当年传法时，特于床头寻取电棒向四处照射而谓之曰，如是如是。

诸佛云，从阿字下去，昼夜六时，恒照无间，经四十五日，地水火风空等，非有非无，如空中云，如梦如幻。切知众生苦重，慈悲增上，少有疑悔。于生佛不起分别，于现世衣食安乐等，无有贪着，优游知足，如乳足婴儿。而为众生心切，恒起精进担荷之想，此明本心之门已开，初学用功之结果也。总之，一切惟心，心非有非空，无来无去，永离分别，唯是澈照，一明一切明，所有一切神通功德，皆可由此而证得也（详见诺那上师付属语）。

陈健民居士又曰，本法宜名大圆满金刚萨埵法金刚诵，乃诺那上师心血，欲以开显我等体性身者也。大矣哉师恩也，妙矣哉法宝也，幸矣哉吾人得而遇之也。苦矣哉彼则未曾之遇，吾则或遇而不修，或修而不知，或知而不透也。

嗡，班札尔萨埵萨嘛雅，海夏呼夏，来盖唉（A），拔夏雅杂杂。

想善金刚大护法欢喜，为我承办一切事业（念三五七遍）。

附　诺那金刚上师口授金刚诵起分

端坐如常，口诵皈依。次为一切众生至诚发大菩提心。一刹那间，法然本性，炳现天蓝色光明吽字，清净莹澈，即阿打尔马佛及佛母不二之佛土（即一切众生本来佛及佛母之身土）。次观金刚萨埵（即自身），青色、一面、二臂、半跏趺坐、花冠璎珞，相好庄严，右执杵当胸，左执铃当胯（铃口向内），其相如水中月，空中虹，心放五色光，遍满十方。顶上有八狮子拥戴之莲月座，上座承恩根本上师，即阿打尔马佛，青色、一面、二臂、双跏趺坐、法界定印、裸体（表无罣碍，无执著，非有非空），瞋恚怒目，外有历代祖师围绕，均身放光明，光端现出无量应化身佛，普度一切有情，即诵嗡（短入）、阿（久住）、吽（长出）三字。反复多诵。后，复次，观顶上佛祖心光，悉聚合于阿打尔马佛心中，即诵"阿"尽力。诵毕当体如如，如柴梦藜，宽坦而住。

原注云，此皆据欧阳翰屏老居士抄本。

大圆胜慧七七灌顶成就大法

诺那活佛原授陈新孜上师传

本法因缘，诺佛在渝传此大法，领法者皆系经佛预先审核允许，始得参与。后每传一节，随修七日，经七七四十九日而圆满，此之灌顶不同共道，乃是口耳相承，心心相印。当时弟子请示法之名目，佛曰，不可说，不可说，修此即成佛云。及今观之，实即专修大圆胜慧之亲缘前行也。

敬礼金刚上师。

敬礼与诸佛无二之新孜金刚上师。

原颂

观我身，成吽字。（1 日）

钻五大、化虚空；穿我身，化无形。（2 日）

游六道，视痛苦；朝十方，礼金刚。（3 日）

大无外，等法界；小无数，如芝麻。（4 日）

化为杵，火焰飞。（5 日）

开五轮，调气脉。（6 日）

思来去，住何处。（7 日）

上为诸佛原传，新孜上师作颂。

任运已，合光明。显三身，入法性。此不空智呈请 上师印证许可而续，以成大圆满法之全璧者。

演绎

不空智敬演

师为白蓝金刚体，五轮夹灌令成熟，师我无二亦无别，化光降提集于吽。

自成本尊，观对生上师金刚萨埵，白色，坐于白莲日月座上（与蓝金刚为不二），放寂静如秋月之光或五色光，遍满虚空法界，五轮自上而下有 ཨོཾ་ཨཱཿཧཱུྃ་སྭཱ་ཧཱ（嗡阿吽娑哈）五字，各作白红蓝黄绿色（字面正对或左向俱可，以不外一心故）。再由上至下，五处各放出一小字灌入自尊之五轮，后萨埵化光缩小由身顶门入心，自身遂成金刚心上师，默念五字（此五字即五方五佛咒）不计其数，而定于本尊之内外形色上。继自尊化光入五字，此又由上而下，由下而上，依次化光而收入吽字之内，吽字愈增光耀，放虚空色光明，遍满法界。又想诸佛菩萨之智慧神通，无边功德，皆化五色光明，如甘露洋溢，充沛法界，完全摄入于自吽之内，光耀煊赫，庄严无比。随唱念十吽咒。"吽阿吽阿吽——阿。吽吽吽。吽吽吽。吽"。唱第一句时，显示欢欣鼓舞，赞叹诸佛功德。二三句三吽连念，迎请诸佛加持。末尾一吽，急重声，短而截，想放火光（大小随观），摧灭一切魔难障碍。

师曰，吽即幻化身，实即红白相合之明点。吾人临终之时，若上白下红二明点摄集于心，转成吽字；或红白色明点中有吽字，念吽字三声而出顶门，即念呸字一声，大放光明。此时若能定住不动，不为一切外境及巨声怪异之所转移，即得成就。度亡，观死者有红白明点合于其心，或观亡者身相转成金刚心，红白明点收入心中，转成吽字，三声出顶，呸放光明亦同。

此修上师相应，灌顶加持，清净四大而成无漏光明之幻身。

顺逆颠倒钻五大，净土地狱无不遍，金刚威力大无伦，随意所至化虚空。

丹田持气默念吽字，（一字一念），疾重而短截，想自蓝黑吽字，大如山，迅如电，声如霹雳顺逆颠倒，纵横自在，粉碎一切，化为虚空（意到即破，平等平等），外物空已，吽字亦空，微定（修此劳神，如觉不支，宜服牛肉汁，奶酪等物以济之）。

由上复显五蕴身，外有吽字赫然明，骤来遍穿筋骨肉，契入大空获自在。

顿现五蕴尊身，想身外有五寸许蓝黑色吽字，微声疾重念吽（一字一念），脐下持中住气以相应，想吽字由空而至，围击遍穿全身，化为虚空。

此二段破外内色尘，能使外显清净，身化虹霓。

吽我遍游及六道，无实毕竟皆苦聚，悲心菩提油然生，六字大明作普度。

长音徐念吽字（一字一念），想尺许吽我（心气身三者合成）行如之字曲折，随意周游山川城市，名胜古迹，尽满所愿，无有遗余。又遍游六道，观其痛苦，悲心勃生，为念六字大明，尽转四臂观音，境成清净刹土。

净土及金刚宫殿，种种庄严以为供，吽字变现无边量，礼拜皈依及咒诵。

想有无量无边庄严净土，及三种人头合成之威猛火炽金刚宫殿（人头枯者为基，坏者为墙，鲜者为额），中有各种寂善忿怒本尊，眷属围绕。以外、内、密及魔王之心肝血髓为供品，连二吽快念，想吽字化为无量吽字，飞入其中，复各化成无量天女，各各礼拜，皈依，献曼达，密供养，领受加持灌顶，与各寂怒本尊无二无别。随念：

五佛咒：嗡阿吽娑哈。

六道金刚咒：阿阿嘎萨嘛哈。

莲师咒：嗡贝玛别扎吽。

六字明：嗡嘛呢贝咩吽啥。

绿度母咒：嗡达唎，都达唎，都唎娑哈。

喜金刚咒：嗡，得瓦比主，班札尔，吽吽吽，呸，娑哈。

忿怒莲师头鬘勇咒：嗡阿吽，阿者勒者，南无榜嘎瓦得，吽吽，阿吽吽，呸呸。

普巴金刚咒：嗡，别札格（以哩格）以拉雅，沙尔瓦，比嘎哩，榜吽呸（札吽阿）。

腾乐金刚咒：嗡、啥、哈哈吽吽呸。

马王金刚咒：嗡、啥、贝嘛打则，别札竺打，哈雅者瓦，虎（午）鲁虎（午）鲁，吽呸。

狮子金刚佛母咒：阿嘎萨嘛喇（哥）札（阿），夏达喇（哥）萨、嘛喇雅呸。

大黑天吉祥天母咒：嗡嗡马哈嘎拉，雅恰，别打咧，吽咱。

此二段修神游世间，六道及净境，消除习气，念轮回苦，发大悲心，并为往生净土之因缘。

十方摄返合为一，放大收小复变多，吽声不断而念出，气心色三成一片。

各各宫殿之无量化身摄取加持，各成吽字，此又完全集中，汇成一字，略定。随五吽连念（默念亦可，纯粹作观不念亦可），观之渐渐涨大，至大莫能外（等法界），略定。又观之，渐渐收小，至小莫能内，亦略定。一放一收数数修之。又七吽连念，想一字化成名字，辗转分化，至吽字如芝麻聚，充满虚空。法界，色非色等，皆成吽字，除此无有一物，略定（或想吽字，分出无量吽字，立于众生之头上作加持，所有众生，皆成吽字，然后字复生字亦可），又由多合为一，亦略定。一复变多，数数修之。

此假修大小一多，自在无碍，清净外色内身，作成就报化之因缘。

总上皆修语清净摄。

聚集而成九股杵，中有吽字威火炽，三字连念巨火飞，杵钺普巴更猛烈。

想无量吽字汇成蓝色九股杵，大如三千世界（或等法界），杵身充满蓝色吽字，杵内外火焰炽然，随用急重声三吽连念，想放黑红色炽然猛火，破除一切内外魔障，更或兼放吽字，九股杵、钺刀、三棱杵等，调伏一切天魔外道。修此可用金刚立式，即两足踵相接，两足分向左右成一字形（一传两足跟相抵，足尖着地），两膝下曲，两手合掌，右大指交叉于左大指上（一般合掌亦可），置于头额之上。疲时则改金刚坐，即腰端直，头微俯，两手合掌于顶上，两足掌相合近密处也。

此修清净身业，降魔除障，成金刚不坏之因。

继解五轮之脉结，先左后右平立旋，气调身轻如虹霓，脉解心通智慧出。

刹那转白金刚，三脉五轮，两手结金刚拳压胯缝，初以头前左后右三旋，相反三旋，想内气随之左右平转，开解顶轮诸脉结。次以头前俯后仰，左偏右倒为一次，如是三次，想喉轮之气，随之而动，尽开解喉轮诸脉结。三心胸背由前下向左而上，至右而下，立旋三次，相反亦三次，想气随之立圆而转，开解心轮所有之脉结。四腰脐为轴，左旋三次，右转三次，想气平旋，开解脐轮一切脉结。五以密处为轴，由左而上，至右而下，立旋三次，反之三次，想气立圆转动，开解密轮所有诸脉结。因此修气脉，使气调身轻，犹如虹霓，无有质碍；脉解心通，智慧涌出，明彻万法。

总上二段乃修身清净摄。

身随所安寻心迹，何生何住何处灭。到底踪影不可得，本净光明周遍澈。

于是放松身体，专寻心之生住灭（一称来、去、住），觅至者不可得，宽坦任运而住（觅生住灭不可得，自见法报化三身）。师云，寻心之功极要，必努力为之，务须见出端倪，不可倘恍含糊，寻至杳不可得，任运而住，即已契入且伽定矣。真能如是圆融者，无入定，无出定，无时无地而非定，则大成就也。又曰，最要是应二谛圆融，俗谛即是真谛，真谛即在俗谛。轮回涅槃无差别，即轮回而涅槃，非轮回外别有涅槃。世出世平等，世间即出世间。耳之所闻，目之所睹，心之所思（一切根尘相触处），皆为法尔妙用。若不如此而自生差别之见，则纵有成就，品必不高，难云等觉正觉也。

此修心体性清净摄。

按此上原传，共分七节，每传一节，随修七日，至七七四十九日而寻心见道，故名七七灌顶成就大法。

师云，此法七七修圆满后，连串修习，静默数分钟即成。斯时除开五轮身微有动外，不特外形无迹，即当念吽字之处，亦系以观想念诵代之矣。

现前一念即本心，不着不伏无收纵。心与心所两不行，任运而住且却证。

此一颂摄正行之且却分，详见此后之且却口诀篇，并可与禅宗汇通。

此修大手印大圆满。

心气不二合光明，乐明无念胜慧启，悲光显现三身境，根尘尽灭入法性。

此一颂摄正行之妥噶分，详见此后之妥噶黑关诸篇，乃于大手印上所建立之不共气脉修法。

此依且却修虹身之不共大法。

不空智按佛密中无量法门，不外解脱道与贪道之二者。前者以修心为主，后者以修气为主，然气与心为不二者，故亦可谓前为修心摄气，后为修气摄心。解脱道中之无上上乘，要以大手印大圆满为至极，但纯粹修心，于四大之变化较难。是以红教于且却之后，必以妥噶辅之。而妥噶法之内容，虽系建基于且却之上，而其实质则是以心修气也。白教之修大手印者，十九俱兼修本尊气脉，如：贡师慈示由上师亥母法而入，贝马布达上师亦令修莲祖法，念诵百万后，接修入大圆胜慧密修法，其用意在此。贪道中心中心要，总不外脉气明点之观修。不过有相观想，最易执著而昧本元。故必以生起为前导，兼修三种幻身，尤谆谆于空性光明之契证。否则逐末忘本，止于有相有作，不契本分境界，与魔外何别，此佛法于见地之是否彻底，特别注重，不准含糊者，正在此也。

本法为专修大圆满者之最要不共亲缘前行，其要旨在运用一吽字。虽是具戏观修，然内中含摄甚广。如上师瑜伽、幻身、脉气明点、破外内色尘、清五蕴四大、降魔除障、修慧集福等，应有尽有。较之入大圆胜慧密修法，心地法门二者，虽微嫌支分过繁，然与噶马巴祖师之观修五色阿字以转变五大成五智慧，固有异曲同工之妙。

又一般密法观修，虽以圣易凡，以净易不净，依修生起圆满，然隐隐中尚有身执存在。而此法成吽字，破外内，既往净域，亦入六道，大小一多，任意自在，杵火伏魔，转轮调气，其破除情识，独超物表，皆有异共道修法。而能显示大圆满之特殊不共精神者，诸大德皆谓红教长于观想（白教长于气脉，黄教专重讲经），于此信然。

总之，大手印或且却是成就之根本，脉气明点是转变色质之必要支分，此七七灌顶法，于根本外之必要支分，特别注重，尤重离情顿超之旨。故凡分别心多，烦恼较重之士夫，有必要修前行者，则此固对症之良药也。何况大圆之法虽一，而传承则有种种不同，加持力亦非一辙乎？故特郑重整理，以备拣用，当与密修心地二法等量齐观也。

附　大圆满心中心要前行分口诀修身法

先取坐姿。二足掌相合（表阴阳二气），业气（平常由右鼻孔出阳气，左鼻孔出阴气，合出表阴阳不二），在智慧光明上清净。二足跟抵密处（表贪心根清净），身直不转动（消掉举杂气），二手离顶合掌（须安正，表清净身仪），腰直，下颚压喉结，心观自身成蓝色炽然金刚杵。观对面虚空有一具足五色光明之明点，光圈内有历代根本传承上师集体体性之普贤王如来或莲师像，裸体、着打拳之三角裙、金刚杵立姿。观毕，虔诚祝祷，恳乞上师加持，令我速证大圆满。祷毕，自己金刚杵立姿（两手合掌置顶，离顶少许，腰直竖，两足跟相抵，足尖着地，二膝张开。上三钻表体性空，自性明，悲心普遍，下三钻表法［空］报［明］化［空乐不二］三身。腰直连着，表且却与妥噶不二）。观上师化光为蓝色

ཧཱུྃ（吽）字，入我脐间，而为庄严。心专缘吽字上。随观吽字化光，与自己明点无二无别。念祝祷偈咒（偈三五七遍，咒至少二十一遍）。念毕，不思不想不观察，安住无分别定上。此时色身已转成蓝色金刚杵，放射火光，一切魔敌，不能侵害。于三钻杵不能支立时，随势倒卧，稍息，再起立如前而修。精进者之觉受相，肉会颤动，身体轻安，三业清净。因修金刚杵姿势故，魔怨不能损恼，即身可证金刚身，断四生之门。修毕，随意倒卧，常常明体觉照。以后在某一时期中，可得上师现前指示，立即开悟成就。

祝祷偈

一切诸佛总集体，上师尊前敬启请，光明大圆满真义，愿速得证祈加持。

普贤王如来心咒

ཨ་ཧ་ཤ་ས་མ་ཨཱཿ　　　　种字 ཨཱཿ

普贤王如来一百本尊咒

ཨོཾ་ཨཱཿ　ཧཱུྃ་བཛྲ་གུ་རུ་པདྨ་སིདྡྷི་ཧཱུྃ་བཛྲ་ཨཱཿ

五部佛咒

ཨོཾ་ཨཱཿ་ཧཱུྃ་སྭཱ་ཧཱཿ

大圆满真言（即大圆满六字大明）

ཁྱཻ ཨཻ ཀྱཻ སཻ མཻ ཏཻ

本觉大明真言

ར ན ཀ འིང སོ མཧྰ

闻解脱真言

ཨ ཧྲཱི ཧ ཧྲི ས

此上皆是大手印大圆满之一般概论及入门方便；自此以后，则是二者之正行修持口诀矣。

且却口诀

韩大载居士曰，密法中之念诵，供养，观想等为证得本来面目的前方便，去粗重分别，打下定慧基石，非本分事也。乃至观一ཨ（阿）字或ཧཱུྃ（吽）字，亦是敲门之具。广大仪轨和繁复行法，为意乐广行者说；年事大，资缘劣如我辈，惟有开门见山，单刀直入，迂回彷徨，非所取耳。法尔智慧解脱无上之道，信者希，淡然漠然，似无咀嚼处。但见食谱五味杂陈，而不知无字食谱之天厨味永也。念诵等应在能所本净上行之，以无始来本无能所故。又曰，大手印，大圆满，吃着不尽。余法摄尽（自性无贪即布施，自性无犯即持戒，自性无瞋即忍辱，自性无间即精进，自心不动即禅定，自心明彻即智慧，皆本来如是，非关造作）。若错过宝中宝而他求，三藏教海，淹没了多少好汉，可惧可怕。

陈性白居士曰，密法中所有一切观想念诵与及禅宗之参话头，皆不外堵塞六根，断除识神（六识）。惟有大手印，大圆胜慧二法门，乃即六根之门而修，转识成智，空色两融，最为殊胜究竟，除此都是曲径或权法，殊笨拙耳。

陈健民居士曰，大圆满本具，即是大佛慢；念念大圆满，即是大坚固；事事大圆满，即是大明显；此上摄起分。大圆满明空，即是大明点，大圆满遍住，即是大中脉，大圆满智慧，即是大智气，此上摄气功。心绝无明故，故能摄光明。一切如梦故，故能摄梦观。法性绝中阴，又名大往生。六法皆摄尽，故名一能百也。

第一，决定正见

见须离戏，方为究竟，故陈健民居士曰，离戏瑜伽究竟见。

恒河大手印曰，能离二取（能取所取）执计是见王。

椎击三要诀释曰，夫彼一真法界，离绝戏论之法尔如来藏心，无垠广大界中，无量显现染净诸法，彼诸一切，皆亦圆满具足法尔之平等性义。如是而了知，是即见宗之最殊胜者也。故法先当澄清随境而转之粗妄念虑（即万缘放下，一念不生，又曰歇即菩提），然后即于凡夫心识上不散乱，坦然安住。

根桑上师大圆胜慧曰，尔现前一念，即是本心，不着不伏，不纵不收，自然而住。

诺佛传观音瑜伽大圆满观曰，无修无证无证者，无取无舍任运住，真实体性真实观，所见一切皆法身（一作所显悉为本体性）。法性自性互涵摄，明体之上无生佛，瑜伽者于此认得，即是本来大觉王。

永嘉证道歌曰，君不见，绝学无为闲道人，不除妄想不求真，无明实性即佛性，幻化空身即法身，法身觉了无一切，本源自性天真佛，五阴浮云空去来，三毒水泡虚出没。

此无为而住之自心性（即无念而知之心体），即是智慧光明，亦是俱生正智，离生灭有无诸边，超绝言思分别之境（无能所是非分别），即是不共正见，亦是第一义谛。

贝马布达上师慈示曰，显与下密，极重因果因缘法；无上义谛，非因非果，非因非缘，亦因亦果，即因即缘。但体性究竟空。究竟空，如实不空。

贡噶上师口诀曰，离开过去，现在未来三际之当下，明明朗朗，无思无虑，无证无得之际，即大手印。

贡师又曰，心注眼，眼注空，为一切要中要。即眼注清净虚空，心离三时妄念分别，无有缘，无有修，惟不散乱，以适意、安定、明显宽松四要素而成三虚空相应，密密密。因此智慧光明可在虚空上显现，因乘上证得十地果，及密乘生起圆满次第，均可于是修持而圆满，如大地之水集中归于大海也。

大圆满教授曰，一切众生现前离垢之明空觉了，即大圆满。生死涅槃一切法，皆本具于此明空觉了之中。由了知此心性本来无生无灭，具足一切功用，安住在此见上，远离一切善恶分别，渐次消灭一切无明错觉，最后证得永离一切戏论之究竟法界，即是成佛也。

虚云大师云，你我现前这一念心，本来清净，本自具足，周遍圆满，妙用恒沙，与三世诸佛无异，但不思量善恶，与么去，就可立地成佛，坐致天下太平。

韩大载居士曰，大手印，见为根本，此后修行果三，唯是见之实践过程耳。

附 且却妥噶三虚空会合瑜伽修持法不共口诀

第一，三虚空者，即外内密三虚空。一外虚空，即是无云晴空，名无为离尘虚空。二内虚空，是海中金太阳出生之玻璃管，同白柔脉光合一之体性（海是肉团心代表，金太阳表本觉智，似管状，白柔脉光即是光明），各密中脉虚空。三密虚空，即是在肉团心光中不能破坏，离开戏论，五层五种清净中间之白色明点，名明体法性虚空。何谓三虚空会合修？身七支坐，或法报化三身三种坐，眼注视无云晴空，因此关系，内虚空白柔脉光在外虚空会合，如射箭中靶，密虚空，亦随内虚空白柔脉光而会合，换言之，即是内密两虚空于外虚空一齐融入。依此修持，自己无分别智本来明体可以当下证得，即是证得且却。并得增长究竟，妥噶境象显现，此名三虚空会合修持。最好择山野高旷清净处所修之，易得成就。

第二，修之口诀

修或定，是行住坐卧，皆保任见地。故陈健民居士曰，专一瑜伽以配修。

恒河大手印曰，能不散乱即修玉。又曰，住于任运境界中，定从系缚证解脱。

椎击三要释曰，复次起住皆适可。此等持之理趣，当令心如河流，任运自然而住。念起时，不管贪嗔苦乐，皆以此见印之，知为法身（即智慧）之妙用。观照时及一切时，皆契此如河流之瑜伽，无有毫毛修整。然刹那亦未驰散，常恒不离此无修之大自然住，亦即不离此本定法身见，无能所是非等分别，自然任运保任于惺惺寂寂之境。

韩大载居士慈示口诀曰，不起念时，凝然太虚，诸佛口授"拉到"，就是一切不管，不分别，宽坦任运，如柴蒌断。念起，森罗万有，一味平等，无定散可言。此是见，亦是修，保任见地，印一切法，而无印者，斯名大印，又曰，若有一个中心的我在，哪怕背诵理解百万颂般若经，还是凡夫唱莲花落，无济大事。

陈性白居士慈示口诀曰，有不异空，空不异有，有即是空，空即是有（以有为缘起有，而非永恒有常之义，空为自性空，并非断空寂灭之义），此有空不二之真理，即是佛法之无上正见，保任此见而不离即是修，修即无修，无修而修（无缘无修住自然），随时随处而不忘，即是行也。又曰，大手印又着意，又不着意，

禅密薪传

亦不不着意，完全自然不怕念起，惟宜觉照，远离分别，离亦离之，但亦非断灭。

仰的曰、住时，身趺坐不动，如须弥山安住。眼缘一矢量直视虚空不动，如无波海安住。心离三时妄念分别，定于本然法尔上，无整治明体安住。则心生之遮修、善恶、取舍等戏论，随即清寂，而能安住于明空俱生智慧本来之自性。动时，认识散乱妄念分别，为法尔本心之所显，如海波由海而显，未离海水。由是随起分别，不遮不随，惟仍住不散乱，宽坦任运，无有前后去来，则能于自显之上而自消灭（解脱）也。

圆觉经曰，居一切时，不起妄念，于诸妄心，亦不息灭；住妄想境不加了知；于无了知，不辨真实。

第三，行之浅深

悟后须修，修有程限，须明解脱自性为要，故大德陈健民曰，一味瑜伽以配行。

恒河大手印曰，能无功用（即无作求）为行王。

椎击三要释曰，若无解脱智之道力，唯住休息之行持，仍不能超越于色无色界。法当护持起灭，使动静无分，谓于凡所生起粗细妄念，不纵之使炽，亦不以念治念，唯不离自然本体以观照之。妄念所现，知其皆是法身妙用，则妄自解脱。以知妄念元空，则随起随灭，如水中绘图，即绘即消，而本皆清净（念起念灭同时而本皆清净）。故瑜伽行者当念生时，初认识妄念之相，其相随灭，如遇旧识之人相同；次则妄念必自然灭，如蛇结然（自结自解）；最后，妄念亦无利无害而隐灭，如盗入空室然，是为解法之最妙要也。

韩大载居士曰，妄念任运而起，缘念作意而起，皆是心之本相，本自清净。

又恒河大手印曰，行者初得觉受如瀑流，中如恒河畅流而闲缓，后如平水子母光明会，此亦显示行解浅深之相也。

莲师开示曰，修深般若波罗蜜，了知诸法犹如梦幻。心不执著，身随所安。妄念起时，无随无制。缘境违顺，尘影好丑。不起爱憎，惟常觉照。而妄觉照，佛心自心。本自如如，我见破尽。心一境性，即是成佛（以知一切皆无生自解脱故，则舍分别，已而修无分别者亦无也）。

第四，果之究竟

行满果自圆，故椎击三要不谈。

恒河大手印曰，能无所住即证果。又曰，无希本有即胜果。

陈健民居士曰，无修瑜伽究竟果。因一味纯熟，无修持之垢染，能于果上行一味，是即双运无学位。又曰，初知大印无次第，次知证量有浅深，故清净自性为离戏，坚固自性为专，一、解脱自性为一味，圆成自性为无修。又四者连环，如离戏之中有专一、一味、无修；专一之中有离戏，一味无修；一味之中有专一，离戏、无修；无修之中有专一，离戏一味是。

附　莲华生大士应化因缘经要语

尔时藏王太妃礼请大士开示即身取证简要之法。大士告太妃言，因果业报，须信非虚；生死事大，无常迅速，应求解脱。先寻择金刚喇嘛以为依止；虔诵四皈依，誓心不退；发大菩提心，广度有情；严持净戒，以立根基；常观十二支因缘，明生死本。次习禅定，内观自心，本来清净；修深般若波罗蜜，了知诸法，犹如梦幻；心不执著，身随所安；妄念起时，勿随勿制；缘境违顺，尘影好丑，不起爱憎；惟常觉照；而忘觉照。佛心自心，本自如如，我见破尽，心一境性，即是成佛。

附　南岳大师大乘止观

所言止者，谓知一切诸法，从本以来，性自非有，不生不灭。

但以虚妄因缘故，非有而有；然彼有法，有即非有，惟是一心，体无分别。作是观者，能令妄念不流，故名为止。所言观者，虽知本不生，今不灭，而以心性缘起，不无虚妄世用，犹如幻梦，非有而有。故名为观。

附　无垢子心经注总偈

法本从心生，还是从心灭。生灭尽由谁，请君自辨别。
既然皆己心，何用他人说。直须自下手，扭出铁牛血。
芒绳蓦鼻穿，挽定虚空结。拴在无为柱，不使他颠劣。
莫认贼为子，心法都忘绝。休教他瞒我，一拳先打彻。
观心亦无心，观法法亦辍。人牛不见时，碧天光皎洁。
秋月一般圆，彼此难分别。

不空智汇辑

且却讲录

贡噶上师在上海讲

且却，只要在一切法显现上，于当体明空不二之刹那上，无修无整无散乱，定住，明明了了，觉照认识。这个就是自己本心，勿令间断。即如过去诸佛，均是得见此自性而成佛，除此之外，便无再殊胜之法可修。若错失了这一刹那，第二刹那上起了执著，即是妄念识心，若依此妄心上去修且却，犹如煮砂欲令成饭，永不可能。是故我人须于此一刹那，不想过去未来现在，明明白白，认识此，明空不二之体性，就是吾人本心。能所一体，无过现未三时，无东南西北上下大小长短之分，无青黄赤白之色相，犹如虚空一切法就在这虚空体性上任运明现，能显是这个，所显也是这个，即吾人自心。一切法均是同一体性，内既明了证得，外境自然也同时明白证得。所谓一点水具湿性，一切水皆具湿性。如到金洲，一切东西皆是金子。凡所显现，皆自明自显，当下解脱，连这解脱二字，也是假名相。这样以自明自显当体上本来解脱故，毫无能修所修，当体认识，是名且却，与大手印相同。无修之修，乃最殊胜之修，一切烦恼，于自显自解脱上根本清净矣。

贡噶上师大手印口诀

莫干山法会密传

十方三世一切诸佛所成，即吾辈所祈求者，明心见性是也。离开过去、现在、未来三际之当下，明明朗朗，无思无虑，无证无得之际，即大手印。心即光明，不追过去，不求未来，当下一念，即是空。初修，宜于清静处所，绝缘少事，次多时短而为之；后则渐至次减时增，且到闹处修之；以至行住坐卧，常持无失。

若资质较钝，宜多修上师相应，祈请加持而后证；若再不相应，则当修四加行（皈依、发心、金刚心、供曼达）。亦可得之。

本诀由黄文叔老居士传

贡噶上师椎击三要诀集述

贡噶上师原传

不空智谨述

敬礼金刚上师。

夫彼一真法界，离绝戏论之法尔如来藏心，无垠广大界中，无量显现染净诸法。彼诸一切，皆亦圆满具足法尔之平等性义。如是而了知，是即见宗之最殊胜者也。故即于此吾人现前之一念，离去一切妄想，不擒不纵，坦然安住。此无为而住之自心性，即是智慧光明，亦是俱生正智。若其住分有着于乐明无念等境时，当厉声呼一急促猛利之"呸"字以顿断妄想之流，即能洞然了达于彼离生灭有无诸边，超绝语意分别之境，而自安住于离绝言思之智慧性境中，此见宗也。

既识自性以后，行住坐卧，入定出定，上座下座，皆保任此见。念起时，不管贪瞋苦乐，皆以此见印之，知为法身（智慧）之妙用。观照时及一切时，皆契此如河流之瑜伽。无有毫毛修整，然刹那亦未驰散，此真定也。

三当认识于解脱体智。凡所起妄念，不纵之使炽，亦不以念治念（即起任其起，不作遣除），惟不离自然本体以观照之。妄念所现，知其自相，即可护持起灭，使无连续性；如水中绘图，即绘即消，绘与消同时故，念起念灭亦同时，而本皆清净，自起自灭，密密绵绵，相续不休，得任运矣。如是长久串习行持，则妄念自起调治，动静无分，能得无坏住。极其功用，虽现喜忧疑虑等妄念与凡夫同，然不如凡夫起成坏之实执，集诸行业，而随贪欲力为转移。故瑜伽行者，当念生时，初认识妄念之相，其相随灭，如遇旧识之人相同；次则妄念，必自然灭，如蛇结之自结自解然；最后，妄念亦无利无害而隐灭，如盗入空室然。是为解法之最妙要诀，亦即行之理趣也。

此上三要，乃自性大圆满本清净之无失要道，为过现未诸佛密意之中心，一切乘之顶巅，一切心要之王，金刚心之要道门中，实无有较此至极果义再殊胜者，故曰三世如来虽聚议，较此无有他胜法也。

又乐明无念等相，能遮本元自面，故当力念方便能摄之ㄨ与般若能断之尺二者相合之ㄨ尺字，猛然从上落下，即破坏贪着功力之皮壳矣。若妄念纷起时亦然。此一呼ㄨ尺声，万缘放下，仅惟一念，不落散乱，不落昏沉与无记，最为胜上，亦即无修无整无散乱之真正大手印最上法门口诀也。

满空法师曰，贡师云，能依亥母略轨行持后，即按修椎击三要，成就之速，莫逾于此。

诺那上师付属语

（乃诺佛于传心地法门之后所开示之正行。）

敬礼金刚上师。

从阿字下去，昼夜六时，恒照无间。经四十五日，地水火风空等，非有非无，如空中云，如梦如幻。切知众生苦重，慈悲增上，少有疑悔（少作多少之少解，亦即无之次量）。于生佛不起分别，于现世衣食安乐等，无有贪着，优游知足，如乳足婴儿。而为众生心切，恒起精进担荷之想，此明本心之门已开，初学用功之结果也。

正分有四，一决定见宗，二用功方便，三断除障难，四拣知果相（即不喜成佛，不惧度生也）。

一、决定见宗者

有二。（一）先知一切法从心出，如镜中相，非有非空，所谓般若大空，身心器界，犹如昨梦，此外无有实法。已觉则诸法皆空，六部中说自心初菩提心，如镜本觉，一切法从自心生，如树由根生。（二）次知佛不生不灭，如金刚，离一切执，诸法平等，觉为佛，迷为众生，如盲不知方所，则无有方所。自心现一切法，内外不可分别。任何境起，任运而照，自心不动，即菩提心，为成佛之道，此见宗也。

二、用功方便者

观五大众生不可得，本来空寂。如是思维一月，照了本心与五大众生俱不可得，非有非空，不可口说，原来是佛，心悟则一切悟，法不自悟（即悟不从法意），爱憎平等，斯名为佛。执则为六道生死之根，佛云世界皆是自心所现，花开云起，不必追求思维。所谓照者，初明白（此二字动词）心现离（现即离，本无故）

于分别执著疑惑；以本心为真有而真照者，自名为佛，此亦是执著。本心空者，大般若二十二品云，自心寻求自心，寻求不得，不分别诸法因缘，不舍不取。无此心（指寻求不得等之心）不能度众生，明此心即为佛，前明理，此即用功之方便也。

觉迷之途，以三法观察，为由外耶？为由内耶？为由内外中间耶？为过去耶？为现在耶？为未来耶？为黄青赤色耶？为大小方圆不等形耶？念起为有空俱非耶？念起为由皮骨毛发血肉出耶？如是深观，既不可得，而戒定作业息增怀诛等行法，从初地乃至十三地半成佛，真有定法耶？如是思维，亦不可得。于是大苏息处，恍然一切法原来本空，起大惊异。次第九云，生佛思维（即思维分别生佛之义），不外本心，寻求不得，还是照下去，乃知无戒可守。本心是戒，心外无有一物，即息增怀诛等利他功用，亦从本心现出，非从外得，则一刹那间可至十三地半。盖确知本心是佛，成佛不外本心，一切染净、生佛、善恶、分别影相，由本心出，皆不可得。如是照了，明白的当，则一切解决。有经几日，或几月，或几年而达斯境者，迟速不等。

平时用功者于清净处，绝缘少事，宽坦畅怀，跏趺坐，身直。师语云，自心本净，不思不着、不疑，于佛、地狱、饿鬼等不起爱憎，法佛如是。第一部云，观念起处不交涉，不随不取，此真成法佛处。既照明己，师复语云，本心如太虚，本来清净。坐卧随意，身不修整；言无拘束，语不修整；任何不想，意不修整。任何唯照，无觉无悟。非今修成，本来如是。如失儿忽亲见爷娘，非别有也。自心不生，本净，无来无去，若分别名相，则须经三大阿僧祇劫。一心照澈，决定无疑，如女恋男，专注不二，如浪由水成，还归于水，妄想分别，还归自心，不忘不求为要，此外无他法也。若于总相不堪照了，则于地水火风空贪瞋痴等，次第观空亦可，略过缓耳。觉则成佛，迷则否。休息休息，或观山水等亦可。总之，顿悟一切为胜，渐入次之。既证悟已，一切佛功德，须臾可得，还是照下去。天、人、僧、俗，修学不出此也。

三、断除障难者

三毒等应作不应作为普颠行（对贪瞋痴起应作不应作等分别时。即当作普颠行），一切言行无分别；五毒即五佛，平等了知，无事不可为；当前受用，无分别爱憎之心，境来心应，境亡心亡，一切如云梦等，还是照下去，烦恼起即照，贪即为阿弥陀佛，瞋即为阿閦佛也。显教主改变对治，作不净，作母；下部密教作本尊；无上密教则看本心以为主人，不改变，不对治，不管不伏，何时中不分别好丑善恶，不分别内外（犹如小儿），知一切相即佛心，一切事相即本心（佛心自心，本自如如，而一切显现，即是自心显现，亦即是佛心显现）。因此省却事相，而事相自在其中（如有分别，则以辨事相为要。——性白居士云，辨字是否离字之误？愚意作推求事相之生住去了不可得解亦通，不过非大手印本空顿空之旨耳）。佛说多喻（佛曾说已说），足以为证，盖令其断疑也。有疑（分别至不能了知解决时，或分别不得解决时为疑），则不分别染净而作普颠行，为加功令其速觉耳。五地、八地、十三地等，虽如是说，若本心澄然，无分别执著，则可为一地。又三身系于一心，本来不动者为法身，明白觉了者为报身，分别种种者为化身。神通不求自得。正行中种种相现，万不可执取，顿满诸地，方为了事。有人谓无佛无地狱，拨无因果，此为邪见，其罪浮于外道。常恒礼敬上师，发菩提心，了知因果，不重实修而重知解，其说大谬。如妄指女为男，指男为女，指第二日，均属倒见。本心明白，自不作恶。如梦中事，空有地水火风等现前，一概不理。昏迷时，可游戏弹琴，登高望远，休息休息。妄想纷起时，不以为紧要，直看本心，妄想越动越看，此是好相，如火有烟相。若妄想定后，空净现前，还是照下去，不可生欢喜心，喜则如苞被束不开，宽松则如睡时将觉，渐渐开朗。观本心如何生起？如何照（此二句实属用功方便）？有一法澈底，则一明一切明，如地冻解，一解一切解也。

四、拣知果相者

初气力小（修持功力微弱），次渐坚固，空有爱憎既空，法住法位，言动进止，如云如梦，无有定法；如狂如痴，无有分别；梦时觉时，一相一如。以无执著故，则轮回根绝，自心如晴空，决定无疑，神通自现，希求恐怖二心齐泯，自成佛矣。法身既现，报化二身自然从神通出（自然具足显现之意），如冰溶于水，任运而成，是为至要。若心生疑则迂回，不疑则速成也。

以上要门，诸佛祖口耳相传，修一句，传一句，受者不过五人。生谤轻法，过愆甚大。轻传则天龙护法作殃。行者视之，应如保自心，自宝自用，不可轻说于人，如是，则成佛不远矣。

按本法余于一九五七年古正月廿六日，曾请陈性白老居士为我辨正析疑，心中豁然，如云开日出，修之定之。

附　陈韩二居士法语

陈性白居士曰，只此数页（指付属语之原传），皆从自性境界流出，至深无上，与文字般若，口头三昧相隔天渊，真至宝也，已可无事他求矣。因三藏十二部，皆是方便法门，使人寻文解义，悟入心宗。今既直示心地，已握佛法之总枢，其他种种说法，文字容有不同，而真旨决无二致也。

又曰，一修一切修（一摄一切），一成一切成，故曰大圆满，以修法身而报化自具，若单修化身者，则不见报法，单修报化身者，亦不证法身。若由化而报而法是为渐法。大抵法身可以摄报化，报身可以摄化身，反之则不能也，可以右图表之。

又曰，康藏人修持，大多以等却，亚弥达迦，喜金刚等为至宝，执著观想坛城，气功念诵。诸师教人，初亦由仪轨入，但变化多端，大都由繁趋简，损之又损，以至于无为，根器利者，则直入大印之门。诸佛曾明示大手印，大圆胜慧法门较金刚法为殊胜，汉地根器利者众，宜入此门，若在康藏，则非有二三十年之加行，不语及此，不契无益故。

又曰，依大手印道而欲即生即身成佛，必具二种心。一者信心，即深信自己本来是佛，不过为无明遮障，若能去净遮障，立证佛果（永嘉曰，但自怀中解垢衣，谁能向外夸精进，即是此意）。二者决心，即自己深信自己决定能祛除遮障，不假他求也。

又曰，成佛并不难，以众生本来是佛，故可成佛，当明体现前，即是真佛，惜易为缘牵，不能久耳。此当积渐以求，初虽刹那，次稍能久，日就月将，以至整片纯一，则究竟成就矣。

又曰，大印无作无为，何等简易！然最简易事情，即是最难事情，谁信谁行！余若不遇，诺那上师，几何不没溺于秘密乐空之域，而认为唯一无二之途乎！言念及此，师恩难忘也。

又曰，就乐空不二的原理上说，因为空中有乐（色），故能乐中有空（乐即是空），因而乐亦能空，并且乐能证空，如乐不能空，即不能证得乐即是空。

又曰，仅求空乐不二，虽气脉功夫不到，亦可用对相以实证之。

又曰，凡修大手印及大圆满者，于方便法门，以上师瑜伽为首要，金刚萨埵法次之，其他可略也。

又曰，所有一切观想念诵，以及禅宗之参话头，无非堵塞六根，断除识神；惟有大手印，大圆胜慧二法门，乃即六根之门而修，转识成智，空色两融，最为殊胜究竟。

又曰，有不异空，空不异有，有即是空，空即是有，此有空不二之真理，即是佛法之无上正见。保任此见而不离即是修，修即无修，无修而修，随时随处而不忘，即是行也。

又曰，空有不二之理既彻底明了，即当于清净处所，绝缘少事以实证之，静能有得而坚固，再于尘缘扰攘之中以任运之，至无入定无出定，无定无不定，其庶几矣。

又曰，大印修持，有由静至动，及由动至静之二途，前者先于静处作修，至功力日深遂以心印境；后者入手即以境印心，耳闻、目睹、意思，念念知为自心，动如斯，静亦无不如斯矣。后者乃是险着，惟大根器人，方能行之。

又曰，今之所谓唯心者，皆是唯识（意识了别）、唯觉、唯感，或唯观，与真正佛法之所谓唯心，不特无有丝毫吻合处，而且恰是两极，天渊悬隔者也。

此下韩居士法语。

余（不空智自称）尝问韩大载居士（按韩与陈性白为至交兼法友），显教般若之见与大手印见有何分别？居士曰，般若中观之见，由一异等多门观察而决定为自性空，大手印见，则由已知自性空，本来如是，而不需观察之后，始行决定。二者结果相同，但般若为上根人说法，大手印为上上根人说法。至黄教之中观见，谓自性空，实质不空，果如是，神通即无由发生。大智度论有曰，心与心所不行，即见诸法实相，不行者，不起作用之谓，诸法实相即涅槃相，此何等明白！乃黄教徒常于定中观察，分别思维，此即是心所行，心所既行，何能见性乎？故红白教之修行，必由分别而至于无分别，由无分别而至于无上分别。亦即究竟空，空也空（佛称空王）。则心与心所皆转成智慧，所谓缘起不碍性空也。金刚经云，应无所住而生其心，生者显现也，非本无今生，其指阿耨多罗三藐三菩提，此理与禅宗无二无别。余（韩居士自称）曾以莲花戒论师与汉僧之对辩事问诸那活佛。佛曰，汉僧之论，即莲华生祖师口口相传之见，顿悟成佛，舍此莫属，莲华戒论师破主唯识，盖以藏人悟性不及，故由渐门而入也。二者本无是非之判，但有顿渐之异耳。余（韩）曾学黄教多年，只觉益增束缚，距解脱愈远，章嘉第一代亦云，众生本来多束缚，依宗喀巴大师之见，更增众生之束缚。若谓心与心所不行，即入断灭，则八地以上之菩萨，皆是断灭，诸佛亦无也。须知诸法性空，由于缘起，而所缘亦自性空辗转推求，至微尘者不可得，何来实质之戏论耶。欲知此究竟空之理论，应详究般若、中论与大智度论。十二门论，百法论亦宜读。禅宗顿悟成佛与红教同，惟误认而成断空，与恶取空者亦甚众，此乃众生自误，于法无咎也。又凡小乘，至无分别后，往往执无分别之相，不能究竟解脱，此不敢承当究竟空之过也。诸佛口诀又云，果证自性空，则一切烦恼自然不起作用，亦不至造业，所谓烦恼菩提无别，生死涅槃无别也。无上密虽有种种说法，但至仰底而诣极，即心中心大手印也。总之，此究竟空之真理，惟入山坐证，乃能知之，非口笔文字云可了者。

大手印摘要录

不空智　谨摘

敬礼金刚上师。

普钦法师代传杂杂恳波修大手印口诀曰，寻心之生住灭，了不可得，而此寻心之心仍存，此明了之心，即本体心也。须知心即真正上师，果能把握当下一念，即可见外境一片空明，更进而外空与内空，合成一个，是之谓心境一如（能证无漏果），宽坦任运，明照不失，是为至要。此法重在修定，然小乘与外道亦有定，其分别何在？曰，小乘定灭受，外道定灭想，可以辨之。

俱生大手印导引曰，以帝洛巴六法，安住三寂，离却三际，于最后一刹那忽然契合俱生智者，谓之大手印。始觉与本觉不二，不尚言说，惟明本觉，非渐非顿，无证无修，依且却妥噶趣入者，谓之大圆满。

所谓帝洛巴六法者，即不想（不想过去，恐增实执而作生死之因）不思（不思未来，恐增顾虑而障无分别智）不寻伺（不寻伺现在，恐追究一切法空，反起妄见）。不缘（不缘外境，恐于根尘相对而着美恶取舍差别，亦堕妄见）不修（内心不作明想，不作空想）住自然（心不动摇，安闲无事，如乳足婴儿，恬然自适，亦即随所显现。不取不舍，不为戏论所乱，离诸言诠也）。

按此即印度得罗跋大师之朵哈藏论总结口诀。一译"不思不想不寻伺（不思过去，不想未来，不寻伺现在，亦即离开过去未来现在之三际也），无修无行无得失（即无修无整无散乱意），我执心行自解脱，即达原始法性义"。

所谓三寂者，即身寂（大日如来七支坐，亦即跏趺，等持印置脐下，脊直，肩张，颈曲压喉，舌抵上颚，适宜视量，而身住自然）。口寂（以九节风除浊气，禁口不语，口住自然）。心寂（心于过去不追，未来不行，不计有所为而为，不观空为空无，于现在根尘触对，勿起任何是非分别，心住于内，不为境迁，如乳足婴儿，安恬而住，虽一刹那，不容散乱。月光童子云"住不散乱一切佛之道"，即心住自然也）。

所谓三际者，即过去，现在，未来。惟离却三际，身心脱落，方能与本分境界（寂光真境）相契。有人疑过现未三际不可得时，岂非断空？不知过现未之三心，乃妄心也，妄尽真显，如云开日出相似，身心脱落，正此时也。到此，十方虚空阴入界处，一一销殒。尽大地，遍法界，莫非自心现量，莫非本性光明。此时所现神通，悉系自性境界，不用造作，一切现成，谓之道通，亦称无依智通也。

果仓巴云，心不散乱即无修，于无修上不散乱。大手印所摄者，仅不散乱、无修、无整之三解脱门而已。不散者，心住本明，但不忘失，毋庸观想。任现何境，置若无关，如牧者然，随彼牛羊，任寻水草，不加管理，自能照顾，不致远遗。无修者，心住本明，能修所修，两无交涉。无整者，心住本明，凡所显现之明暗，即此现上，不必特加治理，任运而住，烦恼即是菩提矣。

如其所起妄念烦恼，毋庸遮断，亦不令其增上，随所显现。纵任不着，但于生之一刹那间，应即认识，不加截止。而令住于自然，即此不遮断中，空性自显。因之一切违境，悉可取为助道之缘。以认识妄念无自性已，即能了达解脱及断与对治无别，此名金刚乘修持心要，亦名反修。

反修者，与前三部及因乘所修相反之义。如水入耳，再灌以水，其水乃出，如被火伤，更炙以火，其伤乃愈。反之意义，亦复如是，故能以一切违境取为助道之资。五蕴即五佛，五烦恼即五智，贪修忿怒母以合大乐，瞋修幻化以契无我，痴修光明以证法身。依此种种方便，了知妄无自性，远离颠倒，安住明空，是为最胜。须知性相乘之于烦恼必用对治者，如未得持咒之力，不敢饮食毒物。金刚乘之第四部种种方便，则反以毒物为滋养品，此譬如空室无物，贼何所窃，法尔性空，不生不灭，若真若妄，悉为本体，何烦对治，故名随显无取舍道也。

莲花生大师云，妄之体性即是空，自性之空即妄体，空与妄念原无二。此即本来之法身。若已识动之体性，即能领会妄自性，行止坐卧在其中，礼拜念诵无不可。凡所修生起圆满诸次第，悉为通达诸法本无实质之空慧，而为入光明大手印之方便也。

马脱降巴问于鲁穹巴曰，子为修大圆满者乎？答曰，吾不知何谓修。曰，然则子竟未修耶？答曰，不识余心散乱者为何。修大手印者如鲁穹巴，则得于无所得矣。

大圆满次第四上师集云，"修未领受又未离领受，即无所修亦无所谓离"。随所显现，致心变迁，即为散乱，故无领受如未离领受，而安住本明，无修之义如是，不离之义亦如是也。

凡行者已识得生死涅槃，皆为本性空智所显。则行止坐卧，语默动静，无非自性，何烦劳苦，求证本明。溯自皈依、发心、三学、三慧六度万行，乃至二种次第，无不自称法性。不特此也，即起居饮食，日用寻常，农工商贾，资生事业，亦莫不然，焉能为碍。最殊胜之方便，孰有过于此者。至矣尽矣！叹观止矣！

妥噶秘旨

韩大载居士曰，主显法身为且却，主显净色身为妥噶。妥噶专为迅速显现报化身而修，可以速成虹身。但报化身由法身出，白教祖师不修妥噶，亦能显现净色身，以大手印具一切功德故，特较慢耳。又曰，妥噶是有相修持，但不是作意行，是在且却相当火候上修的。亦即是在且却得到觉受以后所修之不共道。且却是明白本心，三虚空相应法，正为此事。空心（法身）现前，则妥噶自现。妥噶乃自然出现，但先有调整身、意、气三，使不倾动，而真空见上修妥噶，乃有办法。否则是定，而不是本心显露。妥噶中法尔五光遍满，全是本分上事，叫他空，或叫他不空，他不要亦不拒也。其中变化多端，要自己认识而调理之，为莲师不共之法，属阿的约噶以内，而且是最后不共中不共之道，与集密等法，大不相同。只有一位尼马祖师说可顿修妥噶，余师都不许。伽居派祖师，一致认妥噶难修，故必先于且却多多用功。

按此上大载居士之法语，乃余多次向韩居士请益之所开示者。此下则系贡噶上师大圆满心中心要讲录关于妥噶修法之口诀，由黄钦哉老居士所整理者，根桑上师所传亦已含摄在内，故不别及。

妥噶者，顿超义，比且却（且却者立断义）尤殊胜。仅修且却，不能圆满十方佛土，度尽无余众生，不能化外内五大（外即一切情器，内即自身五大）为五智慧光明。而妥噶能证到真实究竟，如莲华生大士、帝洛巴、拿若巴诸上师，均即身化为智慧虹体，而证无余涅槃（由大印化虹身，每余毛发爪甲，证妥噶者则完全化光蕴身一无所余）。故仅修且却，只能通达智光。但为内心之光明，而不能显发本具智慧与光明，以妥噶具足殊胜因缘方便故也。

妥噶理趣

凡夫之心与所依之气，原本无二。因虚妄执著，不能融通，遂分为二。实则凡夫心与智慧气原是一个。本来智慧光明，原在肉团心内，而妄念（如无足之人）与乱动之气（如无目之马）穿在肺中（凡夫四大出生）。如无足之人乘无目之马，心气互相依靠，狼狈乱跑，六根六尘，交相虚妄，烦恼以生，受尽轮回，均由此起。如善定住乱跑之心，则乱跑之业气，不至乱动。如上心气，均从智慧根上虚妄出生，假使将智气定住，则虚妄之心气不会发生，可循正轨圆满显现。故应知智慧本体本觉智光，原在肉团心上安住，依靠殊胜轨道方便口诀，可将天然六种光明连系圆满显现。此智光如何安住肉团心耶？肉团心中央有一蓝色命脉，从命脉前后左右分出四大之八脉，如扯帐篷之绳索四方分布。前面东方，分出圆形白色水大之脉（智慧水）三根；右面南方，分出方形黄色地大脉一根；背面西方，分出三角形红色火大脉三根；左面北方，分出半月形（月牙形）绿色风大脉一根。脉色均光亮莹澈。四方各脉的中间，有明空离喜如芥子大世俗菩提心之各色明点，各如其脉之色。八脉中央命脉中间，有五种清净明点，层层而入，四大之脉非智，妥噶所说则为智。一外一层地大清净明点，形如白色丝线（约马尾四分之一）；二里层水大清净明点，形如红色银朱；三里层火大清净明点，形如日光照射在镜上之色相与觉受（金黄色）；四里层风大清净明点，形如黄金藏于地中而光腾上面所现之色相（绿）；五中央里层空大清净明点，如真空管，无色相，此真空中，有一五种清净之集体，明空不二，无能破坏，其体性离开世间一切戏论，一切妄念。棱角圆形之明点，即五方佛五智慧之总体自性。凡夫具之，因虚妄故，即从此体性出生五毒五烦恼（真实即五智慧，虚妄即五烦恼）。此内具足五光明，从四方放出。所谓青色大遍满之内界清净光，即由智慧明点所反射。内界清净光，又另具足四种光。凡夫肉眼所不能见，东面白色半月形，南面黄色四方形，西面红色圆形，北方绿色三角形。

从命脉中分出之八脉，为分八识之根本。中央如来藏，东方阿赖耶识，依靠法性脉，南方意识（第六），依靠智慧脉，西方末那识（第七）依靠功德脉，北方合前五识，依靠本续脉，虚妄出生之本心八识，是如此出生者。所谓清净奥明刹土，即在此根本上天然圆满具足。顶上五十八忿怒本尊武坛城，心上四十二寂静本尊文坛城，以及全身明点佛菩萨坛城，亦从此根本上反照显现出生。

本觉智光，从本以来，住于肉团心中，未曾离开，一切众生因虚妄遮障，不能证得，须依靠以上之理及妥噶口诀之指示，可将内心光明从六种光明连系指导在虚空上显现。

此六种光明为何？

（一）肉团心光，亦名肉团心宝光，即吾人肉团心中智慧气脉，为本觉智慧隐藏处。

（二）白柔脉脉光，即由肉团心经两耳后通两眼之智慧脉，是光通过之路。

（三）远通水光，即在普通四大所生之眼处智慧脉，连白柔脉光通眼根中间，如门一样，经此能远见虚空，是所通之门。

（四）界清净光，如无云晴空，即所依之境，将来本觉智光依此显现。

（五）明点空光，外如投石水中所起波圈，即内界清净光中所显出之本觉智体。

（六）本觉智光，即明点空光之原体，依明点空光之变现次第而出生本觉智光之四种显现。

本觉智光即是吾人本觉智慧，具足体性本空，自性光明，大悲普遍三者。体性空者，谓从本空寂，喻如灯体，自性明者，喻如灯明，大悲普遍者，喻如灯光遍照。空为体，明为相，大悲为用。修者遵照上师所传种种要义，此本觉智慧，得依靠前五种光明智脉现量显露。本来面目之圆满三身，即时证得。初此本觉智慧依肉团心光，循白柔脉光，经远通水光，于界清净光中，显现明点空光，此光即五智光明体，如五色虹光。显现时，如石投水中，水上所现波圈。心犹如镜，镜若摇动，不能照物，镜若不动，始能摄相，心如得定，能见明点空光。故修妥噶，必须先将且却修好者，即此故也。

前面所讲令脉中央无过失之明点，放出凡夫不知青色大遍满之内界清净光，即ཨ界，表空（不坏）；明点空光即ཧ界，表乐。ཨཧ不二，即空乐不二，一切法皆包括于ཨཧ界，证童瓶身佛陀果。

五门要义

修妥噶，当依身口意门境五要义，譬如蛇有足，平时不易见，紧握之则显出。妥噶亦如是，须依五门要义，明体乃显。

（一）身要义。此复分三。一、法身狮子坐。两足相对，平坐地上，背直，二手金刚拳相并，置二大腿中间地上（即足跟与密处中间），项直，头抬，压后颈，目向上视，不动、不瞬、专缘虚空，舌抵上颚，如是足平阴阳乱动之气（心动则气动而风亦动）。

身直，令气自然安住，头压后颈，则妄念消，置拳，令四大调和平等。二、报身象坐。二膝合并抵胸，足趾勾屈、跪伏地上，肱着地，二手托腮，二眼左右斜视虚空，如瞄箭。膝抵胸，令暖乐，明点增长；肱着地、调平阴阳气；托腮，消粗气；趾屈、消昏掉之过失，安住等持。三、化身仙人坐。身蹲、膝足相并踏地（根桑上师传两足交叉平踏）、膝抵胸、直脊，耸肩，气内吸，海贴须弥，二手交叉抚膝，右上左下；或交插两胁，右外左内；或握拳托腮。蹲坐调气脉；足平踏、制伏水大；脊直，则心气趋入法性；膝抵胸，腹贴脊，则风大火大转成智慧体性，断妄念；抚膝消热疾；插胁消寒疾；托腮并消二疾。平时双手互握手腕，右压左，抱双膝盖上亦可。

（二）口要义。口离言说，勿谈世间语言，即经咒亦勿念诵，诵则气动，气动则心动，心动则外境不现。呼吸平匀，气由齿隙出入，令智气出入。出气时，在前面虚空稍住，然后吸入，吸不令尽，可使空中显现境象。谓之于虚空中持气。

（三）心要义。心不散乱离开三世妄念，于第四份（不住过去、现在、未来，谓之第四份）第一刹那无分别念上而住。

（四）门要义。法身狮子坐，目向上看自己顶髻，则法身显现渐增，轮回习气消灭，证法性眼；报身象卧坐，眼左右斜视，则智慧显现，轮涅平等和合，证智慧眼；化身仙人坐，目向下视，证般若眼，可使一切幻化显现，尽归于清净刹土之显现中。

（五）境要义。修持处所，应在高山，于夏末秋初、冬末春初，离三违缘为宜（境无风雨阴霾云雾之违缘，人无嘈杂之违缘，根无眼病之违缘）。初观日下一肘，渐至二肘，午前观东方，午后观西方。以后观熟，可反向而看（即午前西，午后东）。坐仪，午前狮，中午象，午后仙人坐。但初修者，以专修狮坐为宜，以其易得显现也。

师云，五要义之外，又有气要义及明要义两项。

气要义。六成就中云，闭口、气由鼻孔出入；大圆满中，则鼻孔不出气，但由口出入，因无四轮障碍，故气易入中脉。又须离身语意之外内密九种作为。身三者，外无作世间杂务，内无磕头绕塔，密无观佛结印；语三者，外不谈世间言语，内勿诵经咒仪轨，密不诵吽字；意三者，外不想世间俗务，内不想本尊护轮，密不想心法止观（光明见时，身语意九种事业无为）。

明要义。如上身口意九种不作，休息而后，看虚空中蓝光，特别清明，即界清净光，其中五色光及明点具足，内界外显，方便在日光上显现境界，名白引导。另有黄红花黑四种引导，黄引导依狮子坐，注看月光，可直视月球中央，看熟后，可渐离月球而显现境界。用白黄二种引导交换而修，可调和眼球，不受日光过度刺激损耗。红引导晚间看灯光，以用仙人坐为宜，但以灯位之高低而定坐的姿势，初看时，灯光应极强烈而近，以后可光弱而渐远。花引导用极薄之绸纱蒙眼而看日月灯光，上下午用狮子坐，中午象卧坐，黑引导容另讲。

进修次第

分四段显现；（一）法性显现；（二）觉受增长；（三）明体进诣；（四）穷尽法性。此下分述之。

（一）法性显现。依上几种要义修持，自己本来清净光明本体根普贤王如来，如灯光相似，从肉团心光，经白柔脉光（路），远通水光（门），二光等连系，而映射显现于虚空。当其现时，最初如无云晴空清净光明现出，即是界清净光，以后逐渐具足五种光彩，如五彩缎撕开丝纹，每纹又如孔雀毛美丽闪烁的虹光显现，均是界清净光之显现。次又现如石投池中所起波圈，大小不一，成两个、三个等之集团，具足五色，以红色为主，是为明点空光显现。以后明点空光逐渐坚固扩大，显现如马尾串珠之弯曲珠炼，每一弯曲处现出特别两珠，最急抖动，此名金刚练。最极明亮之金刚练在明点空光中，逐渐安定坚固，明点空光等，出生更明显之显现，是为自己明体流露。此时自己心体，感觉明亮，澄清，安定，如玻璃罩中灯光，明朗不动。乐明无念之觉受增长，是名本觉智光。就其力言，即进入且却觉受增长阶段，此境界即是登地菩萨境界，智慧大开，一切经典意义自然通达，轮回生死已断，烦恼不能损害，得到解脱。

当初界清净光未现五色光以前，因姿式不调整不一定发现五色。如白光多，向右看；绿光多，向左看；红光多，向下看；蓝光多，向前中央看；黄光多，当向上看（白右绿左红向下，蓝多前中黄向上）。调整后，五色虹光明朗显现，然后明点及金刚练即得明现。虽不于日光，但于定中，亦能显现。在妥噶中为第一现象，名现见法性显现。

（二）觉受增长。金刚练最初闪动甚快，欲使安定，噶嘛心要有一口诀，两眼注视眉心，观如藏文拿路形（Y）五色虹光，缘此看出，此名能持之钩，可使金刚练安定，觉受增长。界清净光中之虹光，形样复杂，显现各上不同，如横流、直流、三角形、宝塔形、网形、莲花形、半月形、羯摩杆形、圆形、方形、长方形、变化无穷。再须调整，方形多向下看；横直竖直俱当向前居中看（方右圆左半月上，三角形多向下看，横直竖直前中视，依形调整古德传）。调整后，明点空光显现渐增，初金刚练走动如流星之快，渐缓如飞鸟之疾，再缓如山羊麋鹿之奔驰，终缓如蜂采花蕊之盘旋，皆自己觉受进步。明点空光三个五个之集团，渐渐增大如盾，再于五个集团中，先睹佛髻，次面目，次至半身像时，即是自己具足智慧五方佛之体性，依莲师之指示，此时即是觉受增长究竟。依比嘛拉麦札之指示，外境显现，一切均是五色光体，而明点空光显出五个集团，即是觉受增长究竟。此境界现前时，即使寿终，不经中阴，而于报身刹土成就，直证得报身佛。如气脉明点修好者，此时可现微小神通，以后不必依靠外境日月光明，随时随地，可以显现境界，此名觉受增长究竟。

（三）明体进诣。此后明点空光增大，现出佛全身像，乃至尽法界诸佛刹土均显现，不净之秽土不存，凡所显现，皆佛之依正二报庄严，自己五大变为光明虹体。此时心住何处，无论任何庞大情器，均可动摇，山河大地，不能遮障，入火不烧，入水不溺，无穷尽的神通，均能出现，此名明体进诣境界。再细分析，此明体进诣，可分身心二种进诣。一、身明体进诣，如上说，一切均是五方佛刹土，观五方佛心光，如日光从窗格射入，融入我心间白ཧྰུྃ字上，得到大光明灌顶。再从十方诸佛，放眉间白毫光照耀我顶，集中于面上，如盘大之光圈，堆集五层至九层，为我成佛肉髻之根本。自己内心光明，由毛孔放出，一一毛孔，均成佛之清净刹土遍满，四十二尊之寂静坛城，于是显现。再观光由顶轮通出，则五十八忿怒本尊之武坛城，即在上界空际显现。二、心明体进诣。八识清净成五智慧体，除极微细之最后一分所知障外，烦恼所知二障清净，此为十地菩萨境界。

（四）穷尽法性。本觉明体，已于前三种阶段，显现尽矣，如下三部密乘之生起次第然。此后摄收，如圆满次第，如镜离日光而五色光仍收归镜体不外射相似，如每月三十日之日光，外不显现而内不丧失，外面一切显现，已悉收归自心。此时外所有净不净幻化境相，内身心一切幻化妄念密所有智慧光明，均已收入法性，能所皆离。于此境界，身是智慧光明，语是离言法身，意即是无生法身。此时如愿意常住度生，如莲花生大士，身成光体，永久不坏，时现有缘众生之前（时藏王赤松德贞向之礼足，头竟触于椅上，向之献衣欲抚其体亦然）。如不愿住世，化成金刚虹体，离去时，如有缘众生三千人，专诚注视，见其身相光明，刹那均可成就。即应堕无间罪者，如其有缘，得见身相光明，亦得解脱，即圆满证得一切佛身语意功德事业，具足应众生之缘，任运等流，随类应化，度生无尽。

每日修持功课

（一）是精进修。天才明即起，先修上师相应，继修脉气明点，再修且却，有得，乃宽坦任运而定。日将出，则修不断之常课。日出，则看妥噶。中午，休息。饭后经行。下午又看妥噶。日落，观无常自惕（甚相应），供护法布施。晚饭后，修共加行（十间、八暇，细体四轮苦等）本尊念诵。睡前拙火（金刚坐，观密处红吽字，持瓶气，燃火上升，历心喉至顶，次观顶轮白倒吽字降白菩提，在心间会合，遍满中脉全身，打拳全身生无限舒适意乐）。反省作业。入睡，修光明（跌坐或狮卧，观心与顶各有白吽字，中间连系无数小吽字，明亮如水晶，两端大，中间小，观明，由顶递收而下，入于下端阿字，收已，中脉莹澈光明，依此光明而入眠，是为修光明最胜之法）。醒即速起，跌坐，发哈哈哈三声后，观白吽字分出一吽字至空中一弓量处，稍定，如前次第而修。

（二）不精进修。以且却妥噶为主，修上师相应，供护法，修本尊（脉气明点）余自决择。

后要口诀

（一）三种不动。1. 身脉不动。2. 眼不动。3. 心不动（明及气不动，可以显现明体）。

（二）三种住及持相。1. 外显现不摇动住。2. 内幻化身住。3. 密心不动住。依此梦相及真实相兆可显现。上等精进，清净无梦，中等梦中知梦，下等得好梦。真实相兆，即身语心随功加深而益见清净解脱自在也。

（三）立定三得。1. 外于所显得自在，故一切所现，均清净刹土。2. 内于五蕴得自在，故身体转成光体幻化身。3. 密于心气得自在，故虽无间罪人，经其观照，能使得到解脱。

（四）四无畏解脱量。1. 对成佛不希求。2. 对不成佛不恐怖。（此1和2知道自己明体就是佛，故最胜）。3. 不恐惧堕轮回。4. 不希望不堕轮回（此3和4知自己本来明体未曾迷乱过，故无轮回，是次之）。

附　大圆满心中心要正行分

噶马巴祖师且却妥噶有相修持法口诀

依清净五大体性五色ཨ字修且却，则五智当下现前。其法，身金刚七友坐，最好持宝瓶气或中住气，脐向外突，呼吸平匀，由牙隙出入，心离妄念，于无分别自性上安住，观修ཨ字，可使五大转变成五智慧。

（一）观心间有蓝色ཨ字，如拇指节量大，是空大之清净体情，一心专缘，此ཨ字入定，则空大及空大之业气得清净，法界体性智，即此无生ཨ字。

（二）观顶轮中有绿色二个ཨ字重叠，入定，则风大及风大之业气清净，成所作智即此无生ཨཨ字。

（三）心间观白色三个ཨ字入定，则水大及水大之业气清净，大圆镜智，即此无生ཨཨཨ字。

（四）观喉间红色四个ཨ字入字，则火大及火大之业气清净，妙观察智，即此无生ཨཨཨཨ字。

（五）观暗间黄色五个ཨ字入定，则地大及地大之业气清净，平等性智，即此无生ཨཨཨཨཨ字。

以上修法，是非常不共方便，为噶马巴祖师耳传口诀。

又修持中间，因由且却转变五大，容易发生过患，其对治之法如下。

（一）地大过失出现，则昏沉体重，观想不明，须持瓶气，观顶上深绿色 ཧཱུྃ 字，质轻快，出气时，观 ཧ 字出烟，于虚空上散灭。视当时消除过患情形而定修持次数。

（二）水大过失出现，则发冷颤抖，观喉间红色 ཨ 字，质炎热，同时吸气持气，观脐下四指处有红色 ར 字拙火上升，与喉间火种相连（ར 字先燃，ཨ 字后燃）热遍全身，发冷过患消除。

（三）火大过失出生，则发热，皮肤刺痛或头痛，或喉肿牙疼，眼红等，观心间白 ཧ 字，质轻（清）凉，持瓶气，观 ཨ 字如冰样冷，如不能持瓶气，则持柔和气，放气时，从牙隙嘶嘶放出，可使身体还凉。

（四）风大过患发生，则散乱掉举，头晕，背筋扯痛，可持气，观脐间黄色 ◯ 字，质沉重如石，风大过患可除。

（五）原传未及空大，余函陈健民大德问其故，蒙慈示云，空地皆不易生过患，他书曾道之。然经验证明，空大过患，即毛孔常出汗不止，其对治之法，即依地大之坚性，于各孔观 ཧཱུྃ （吽）字封固，脐轮上观一方形黄金锭，质呆重，则漏汗可止云。

大圆满黑引导七日成就大法

此妥噶最极心要黑关修法，乃仰的最后不共中之不共大法也。

又本法原为四周修（一周属无勤勇自显虚空瑜伽，二周为有勤勇自要义海瑜伽，三周为特要义有勤勇修持，四周为所显令增长之方便）。此处则系根据上师之七日修法口授为主，兼附其余。据云贡师于三十七年在昆明所传，即为此一周之修法，然依修之者，无不感应神速，而觉受方面，地水火风空识之六大并日月二者（指六大显增等觉受），绝对显现，因此八者本具故。又云，在关中不显觉受者，无须他求，只观与普贤王如来无二之具恩上师，住于自之顶上，虔诚诵咒，恳请加持，无不如愿云。

关房建筑

于下有空层之房基上建黑房，一摆（两手平伸为一摆）半量见方（约八九尺），高一摆并一肘（约七尺）。内墙平刷无缝。门高四扎（大食二指张开之距为一扎），关闭无缝。房中央置座，附近开透气之窗洞，外辟弯曲甬道出口，道口开门。复于地板任何处挖一洞弃屎尿。特别于且却及白日瑜伽未曾修习之初业者，当具窗户，使能日修白瑜伽，夜修黑瑜伽，如是交换修，方不生障碍。其规矩，当于自己视线平处之东方墙开一长方形窗，高二扎，宽一扎（此窗兼作送食之处）；于南方与胸平处，开一正方形窗，量可容头；西方平脐开一半月形窗（如⌒）；可容一拳。北方开一圆窗，可容拇指量等。皆须具窗户，能开能闭。如不能办到，仅开东方一窗亦可。行者入关，住于具软褥之座上，除去三门九层（身语意各分外内密）之作业。初修业者，日出时向东方洞看，午前向南方洞看，午后看西方，黄昏看北方。身依三种坐法及凝视式，特于北方洞中修金刚练，直至成就已，再入黑关，无有过犯，且能增长。若有堪能者，则最初即入黑关亦可。

正修观想次第

跏趺，或半跏趺，或交叉坐（即仙人坐，当一头、二肩、二眼、二耳、鼻、舌，均向上拉。可摄五气，尤其眉间之眼尖、鼻尖、心尖、三者应摄成一片。上气下压至脐下八指，下气上提至脐下四指，心专一于且却之上定住）。均可，两眼向顶上二十指处望（即目缘眉间而向距顶二十指量处直往上视）。

上座前一天，应修皈依、发心、烧黑芸香。观想自成马头金刚、身红色、忿怒带喜，以尸林之物而为庄严，二臂持钺刀颅器，站立于火光之中，心莲日轮上现红字，诵咒，"嗡、啥、贝嘛、打则、别札竺打，哈雅者瓦，虎噜午噜，吽呸"。同时想全身放射火光，驱除魔障。

又观想自己金刚萨埵，顶上普贤王如来，亦即自己承恩根本上师，诵咒祈加，从彼受四灌己，融入己心，与上师不二。以两手指捏小眼角，观心入无缘定。再看上面三十分钟。

第一天　独一智眼无垢染

观自头顶上，如玻璃碗螺宫（原仪云，体如五色光明摄为一丸然）倒覆，眉间圆眼，蓝色，外五色光（如虹）围绕，往后看（原仪作直向上凝视螺宫）。

陈本（指陈健民大德知恩集中之所载）云，观自己天灵盖如螺越量宫，由外看，内显现，由内看，外显现，皆无有自性。想眉间自毫处有忿怒智眼，天青色，以五光旋绕，注视螺宫（原注云，如螺越量宫，其大无比，智目凝视螺宫，心直视，目不必睁）。

二周修法。于彼现鲜红明点（透明），如豌豆大。

三周修法。眉间明点转智眼（杂色智眼）明炯向内颅宫看（后脑有洞，大如麦秆，凝视而向脑后观察），与向外看之两眼相反。

四周修法。颅宫中央有白明点，内白嗡字庄严，外虹光围绕。

第二天　超越二显分别心

自己两眼变成忿怒圆眼，黑白分明（原仪作忿怒智慧圆眼，最极明显，陈又云杂色），外五色光围绕，向后看，通后脑磕有两光筒（正对彼之后脑左右处有二孔），如通后脑开天窗然（二眼视线直通无碍）。

陈本云，想自二眼，圆动忿怒。

二周修法。于肉团心光蕴中，明观寂静四十二尊。由心与眼有脉，如白丝线相连，自肉团心仙人即可依脉直上，由眼而出，自显自见也（陈作以自显自）。

三周修法。右耳上之眼向内看（此原仪法。陈本云，于右耳后现神眼向内看。又一本云，由心放光，直射于顶，光至前额，至脑后，至右耳背，至左耳背，想光如蛛丝，旋绕于螺宫，彼此上下互看）。

四周修法。想此心紫色摩尼，如在红纱帐篷之中，摩尼中有天青色明点，外以五色光旋绕（陈本又云，天青色明点，白红明点，上看螺宫轮之明点，且缘明点以红白光为主之五色光旋绕。又想彼端后脑左右有二眼，无有窒碍，后脑中间，亦有一眼）。

第三天　三明镜清之清净

想前三后三，六眼对看。

原仪作"三明洁净最清净"，观眉间之眼及二眼对后，亦相通有眼。

陈本云"三明极干净清净"。想脑后有三洞，为三圆眼，与额前三眼，彼此对看。

二周修法。于天灵盖螺宫，观有五十八忿怒本尊（作扬舞状）。

三周修法。左耳上之眼向内看（陈本云，左耳后现神眼向内看）。

四周修法。观颅宫中央有白红色明点，且以红白为主之五光围绕（陈本又云，想眉间白毫处有天青色明点，以五光旋绕，于左右二耳背，亦想有明窗之二洞）。

第四天　增长犹如茶滤然

耳背后脑，又生两眼，连前六眼，八眼互看，视线相触，发生声光，身体内外，现刹土光明。又观想八大眼外，全身皆眼，耳尖，鼻尖，乃至脚心，全身有眼，五色光纵横。

原作"迁移有如茶滤然"。

二周修法。观身蕴界处皆智慧眼闪烁，以五光自性之眼，于身外内上下，悉皆来回互视，放光线如网，全身界亦如网如茶滤，眼皆遍满。观全身一切脉界，皆勇父勇母遍满，如芝麻剖荚然。

三周修法。后脑正中之眼（脑后现神眼）向内看。

四周修法。观眉间有白明点，虹光围绕（陈本又云，于后脑洞中想明点，以五光旋绕）。

第五天　看视肉团心仙人

心尖向上，尖上有红眼睛，仍五色光围绕，向上螺宫中之一白眼看。此眼又向肉团心红眼看。并看其他八眼。

原仪作"观察肉团心仙人"。陈本又作"观察于心之端正"。观自心如紫色摩尼上，有玻璃圆盖帐篷，帐顶犹如门开之中，有一红色眼向上凝视如倒覆之碗螺宫中心具足白色威光之智慧眼，智眼亦向下视心摩尼之红眼（即二眼对看）。又想额前脑后之六眼及二耳后之二眼，共八眼。向下视心之智慧眼，心之智慧眼亦向上看螺宫之八眼。

二周修法。螺宫中央眼向肉团心注视，可显四十二尊寂静坛城，外下界寂静尊遍满。

三周修法。颅宫中央之眼（顶上现神眼）向下看。

四周修法。观后脑中央有白色明点，虹光围绕（陈本又云，想心如意宝有明点，五光旋绕。想自心白色八瓣莲花中［心住于心摩尼中］，有天青色明点，五光旋绕）。

第六天　光如掔盾击钹状

心间眼看各眼，各眼又看心间之眼，内外全身之眼又互看，声光往来，如掔盾击钹。

原仪云，"犹如掔盾（上下动）击钹（左右动）状"。观自己天灵盖，螺宫如覆玻璃碗之中，有白色威光智慧眼向下看。肉团心眼向上看。又螺宫八眼亦向下看。如是十眼及全身各眼均皆摇动，一一对看，视线相触，五色光及明点内外遍满。

二周修法。想肉团心眼向上注看，螺宫内各眼向下注看，以互看关系，外上界忿怒尊遍满（陈本观二眼放出遍三千世界之饮血诸本尊）。

三周修法。"心内觉证超意识"。谓心中一道光芒，放射上顶，此光从前面射后，又由右耳射左耳，光如蛛丝，于颅宫内如塔印模然，来回看视。

四周修法。观心间白色八瓣莲花。花脐间有蓝色（天青色）明点，外虹光围绕。

第七天　观息紫色长寿佛

心内紫色莲花，花上有日月轮，上坐紫色长寿佛，天衣璎珞，手结定印，持长寿宝瓶，极为喜悦。然后眼向上，无缘入定，不着任何相。

原仪作"如大金仙蹲踞坐"。眼向上无缘凝视，尽于所住中，不作整治，亦无一刹那之散乱，定于本净之且却定中。

二周修法。观心为乳海，上现自心八瓣带茎白莲，日月垫上，现长寿佛，报身庄严相，手执钵，内有长寿瓶，满盛乳色甘露。

三周修法。如盾掔钹击，全身均有眼遍满，放白光互射，上下来回如盾钹，则所显一切，均变清净刹土。

四周修法。观紫红色透明心中，有粉红色八瓣莲花，日月上现阿弥陀佛。身红色，相好庄严，定印持钵，全身光明，炽然照耀，内外莹澈（陈本云，明缘无量光佛相，观自心摩尼之中，于莲月日座上，有无量光佛，身紫红色，结定印，托钵，身内外光聚炽然，莹澈无碍）。

结仪

依上修持，当现十相（地水火风等），若现本尊大道，极远海洲，天、大山、塔、莲华、垒峰、人尸种种魔碍，乃不净脉内积气之所显，当转动视线即灭。若现金刚明点练等善相，为轮脉智慧气所显，不可喜悦执著，当不散乱而定。若见身内外及房内外无有障碍，乃中脉水晶管能执持气所生，于好恶宜平等视之。若有病及大种不调，应启请上师，修空性，行持放松，按摩行拳。若气涌于顶，如煮沸发痛，或空洞跳动，顶如欲裂，当朝下看，且修白关。若觉无有密处，或密处作烧发痒，必漏失菩提，当修引提拳法。若心如火烧，必有痴狂之险，宜随安乐而定。若上身如钉上，筋脉疼痛，当放松观想，并作拳法。总之显相甚多，皆不可生厌倦、弃舍、怖畏、矜持等心，应修如梦如幻为最好。

密护法阿苏妈真言

嗡、妈妈、挨嘎札底，札喇恰，宁喀喇母，如鲁如鲁，吽觉吽。（三、五、七遍）

想阿松妈大护法欣悦，赐我迅速成就。六十函心中心妙口授，密中密，心中心之黑关，为除迷乱隐藏之仪轨，愿具堪能如子者遇之，于彼未堪能者，应九秘。

附　大圆满黑关七日成就观想次第

独一智眼无垢染。

两眉间现蓝色圆眼，外五光如虹围绕。向后（即向内）注视螺宫。

超越二显分别心。

两眼变忿怒智慧圆眼，外五色光围绕，向后看，通后脑壳，有两光筒，如通后脑开天窗然。

三明镜清之清净。

一作"三明洁净最清净"，想前三后三，六眼对看。

增长犹如茶滤然。

耳背后脑又生两眼，连前六眼、八眼互看。又观八眼外，全身皆眼，耳尖、鼻尖、乃至脚心皆是。五色光纵横。

看视肉团心仙人。

一作"观察于心之端正"。心尖向上，如紫色摩尼，现红眼，五光围绕，向上凝视倒覆之碗螺宫中心之具足白色威光智眼，智眼亦向下视红眼。又想螺宫八眼与心之红眼互看。

光如掣盾击钹状。

一作"犹如掣盾击钹状。"心间眼看各眼，各眼又看心间之眼，内外全身之眼又互看。声光往来，如掣盾击钹然。

观息紫色长寿佛。

一作"如大金仙蹲器踞坐"。心内紫色莲花，花上日月轮，上坐紫色长寿佛，天衣璎络，定印捧长寿宝瓶，极为喜悦。眼向上无缘凝视，入定（住于所住中，不作整治，亦无一刹那之散乱，定于本净之且却定中）。不着任何相。

圆满　吉祥

椎击三要诀胜法解

大善解功德主大师原著

贡噶法狮金刚上师传授

弟子　释满空译文

敬礼无比大悲主，具恩根本上师前。

敬礼于彼上师前者，今欲演说见定行三要诀之行持理趣，上师者，为三宝之总集体，唯于彼乃有所皈处，故首须敬礼之。

见宗广大无有量。

本法门之初祖无垢光尊者，别号广大无量。凡诸所有演说义中，开首应知一切根本传承诸上师者，与我自心无有分别。即凡见定行一切行持，都总摄于彼而无余故。今演说见定行三要，首当与根本传承上师之名号尊义相合演说。且初言见者，夫彼一真法界，离绝戏论之法尔如来藏心，无垠广大界中，无量显现染净诸法。彼诸一切，皆亦圆满具足法尔之平等性义。如是而了知，是即见宗之最殊胜者也。

定即智慧之光明。

本法门之二祖名智悲光。如上之见宗。离绝诸戏论性，唯有般若之光，可以智慧观照而抉择。然彼空性，不离大悲，般若与菩提，等持双在，住于一处。故必空悲双融，方为正定也。

行即如来之苗芽。

本法门三祖名无畏佛牙。于具如上见宗及正定者，契合诸佛出生之苗芽。即是菩提萨埵行趣一切利他之六度与万行也。

如是受持修行故。

如是受持修行见定及行之人，谓之能得劫者。谓能得贤劫之善机也。

即生必能证妙觉。

复次，行者能依寂静山林等处，放下现生世间之一切事缘，而一心精进，惟道是修，必定能于即此一生，本净心体，得正解脱，而登妙觉。

否亦心安阿拉拉。

即或未能，但能一其心向于此见定行门者，应善了达一切生趣于恶缘道中者，即不当起任何贪着嗔等于此生世之诸作业及罣碍。于未来世，亦能由乐转乐。阿拉拉、叹美意，又自在意。

此下依次演说具得如上利乐之见定行三要诀。

见宗广大无边量，椎击三要诀扼尽。

初说见宗行持理趣者。此谓椎击三要诀行持之法门，能断惑妄之命根，即于未得见宗者，亦具直指之方便。其在性相乘之见宗，乃以教理抉择。即在共道密乘，亦只依第三智慧灌顶之譬喻智，而令趣证第四义之真实智。是诸教义甚多，惟本法门，则为诸已成就宗祖大德所印契，立超而直指自心实际之法门也。

最初令心坦然住。

夫心当妄念起伏生波时，因随境而转之粗妄念等，遮盖自心本相，虽直指之亦不能见。故当先使粗念澄清也。

不擒不纵离妄念。

无为而住之自心性，即是智慧光明。若以有为为道而修，必不能了悟本元。故表诠者，谓此为自心无所俱生智。但初修时，虽欲此心自然住定于本元境，然所住分，仍不能超越于贪着乐明无念等功力之境中。

离境安住起执时。

故当遣离贪着如是等功力境，顿然安住，方可现出赤裸了澈自性本元体。若万一于乐明无念起执著时。

陡然斥心呼一"呸"。

当急促猛利，厉声呼一"呸"字，即能顿断妄想之流，熄灭粗妄心所。如是住定，是为最要。

此声猛利"也马火"，一切皆无唯惊愕。

也马火，惊叹词。如是既离彼夺攀一切法之境，其自性分，明澈赤显，离心智慧，如如现住。

愕然洞达了无碍，明澈通达无言说。

禅密薪传

即能洞然了达于彼离生灭有无诸边，超绝语意，分别之境，而自安住离言思之智慧性境中。

法身自性当认之。

如上要义，即指法身体性智，亦即瑜伽本净道，离绝戏论之见宗。若不识此妙谛，其间纵令如何修行，仍未离心作用及有为之见，必与自性大圆满道，天地悬隔，不能获得无修光明轮。是故首当了知此妙谛为最要也。

直指本相第一要。

如是之义，乃是椎击三句要之初要也。若于见宗未获印证，虽修亦无保任之境，故当以印证见宗为首要。后可印证自住之智慧，是即住自本性故，非由他求，亦非昔无今有。

复次起住皆适可。

次说弟二要，等持之理趣者，令心如河流，任运自然而住。观照时及一切时，皆如是故。虽有起伏，亦不作成立与遮遣，即得法身之自相。若心起时，但知多智慧之功用，观照时及一切时皆如是。是即放逸不修者与勤积修习者，法性原无增减也。

嗔恚贪欲及苦乐。

夫由妄念所生集谛之贪嗔等烦恼及苦谛之苦乐等感受，若知此等自性皆是法尔，即得法身之妙用。若无此见宗，以印证修持，不达自然任运者，必妄念纷驰，仍落凡愚，此为任妄念作主，而被缚于生死之法，与自性分离，即与凡夫同道。故应当常恒不离无修之大自然住。

恒常及暂一切时，旧识法身认知之。

无论何时心有起伏等，只以一法对治，不可于各各妄念，各各作调伏对治。故惟认识上面直指见宗一种，则一切尽摄也。

今昔光明母子会。

又凡所起妄念与烦恼，即是法身智慧相。其自性，亦即是法身本体光明之真实。知此者即名本体住之光明。由前上师直指自性光明之见宗，能熟其自相，便名行道之光明。若能任运于此二无分别之体与道两光明之自相，即是光明母子相会也。

住于无说自性境。

若能恒久忆念认识见宗自相之光明，于其境界功用中之妄念烦恼，更不起任何遮遣与成立，及取与舍等，斯为至上之要妙也。

所现乐明数数除。

又若恒久护持如是之境，初学者，有由乐明无念诸功力遮盖本元自面，当揭去此等功力之皮壳，则自性之相，方可赤裸呈出，是为智慧由内明朗者也。如笃哈语录颂曰，瑜伽修习频除妙，泉水汹涌激流妙，即此义也。

猛施方便般若字。

复次云何除法？谓将生乐明之力及现喜乐愉快等相时，要力念方便能摄之 𑖞 与般若能断之 𑖨 二者相合之 𑖞𑖨 字，猛然从上落下，即破坏贪着功力之皮壳矣。

按此合成之字即为吥，其所合成之两字母，一为帕，一为扎，旧译音泼咤。

出定入定无差别。

如是由一切时能保任离绝道验之关要，无可言说之自性了澈者，则入定出定，行持无有差别。

入座下座亦无别。

又入座时静体之修持，与下座时动作之修持，亦无别也。

恒久住于无别境。

如是者，乃不修之大修，自住等遍之智慧，如河流之瑜伽。无有毫毛修整，然刹那亦未驰散。如颂曰，未曾修习未曾离，亦不离无修习义。

然于未得坚固间。

于此自性大圆满之根本道，有成如ㅎ字之器者（谓于圆满法如量得解者），或顿闻而得解脱，则为色心大离体所显一切法身之妙用，无有能修所修。其他起现妄念，为他力所转之下机渐道凡夫，于未得坚固中，尚须修习。

须勤舍离愦闹修。

如彼修习，自应具足禅定固聚，方生道验。故于愦闹及驰散之处，纵如何长久修习，道验亦不生也。

且须闭关专行持。

如上言修习时虽出入定行持无有分别，然在初机，于根本定之自地道验智（即道力证验之智）与后得智（或出定之后得智）未能相融时，虽常勤行道，而行仪上，仍易生习性之染污，故必闭关。

恒及暂时一切处。

闭关修持者，虽有护持依赖于根本定体之行持，然不知长养后得，使与行仪相合者，则徒以对治法，仍不能克制他缘，致被妄想之缘牵引，反入于凡愚障中。故长久护养了澈于后得，尤为最要也。

保任唯一法身用。

其时亦不须另觅他法，唯不离此本定法身见，无能所是非等分别，自然任运保任于惺惺寂寂之境。

决定信此无他胜。

此之行持，诚为无分别之止观，离戏论之本元瑜伽，无为俱生法尔之自相。能保任者，即得金刚密乘本续中一切行持之心要，四灌顶义之智慧传承，摩尼妙宝之胜法印藏，新旧宗派等之稀有密意也。如是而生决定信心，则不垂涎于其他要门矣。如彼象置家中，而于林中觅象迹，以分别心入有作为之网者，无有解脱之时也。故于自之行持，须决定信之。

一决定中坚决定，是为第二关要者。

此实即法身自住之赤露智，本未曾迷之觉性心，决定信之，护持其相续，是为第二之密要义也。

是时贪嗔及喜忧。

今第三，广说行之要。如上所说，若无解脱智之道力，唯住休息之行持，仍不能超越于色无色界，因其不能克制贪嗔之缘起，亦不能断诸行之业流。以未得决定心之道力故。若于喜欲境生贪爱，于不适境生嗔恨，于顺缘及受用等生欢喜，于逆缘及病等生苦受，如是所起一切，要知其皆是自性功用之显现，故认识于解脱体智，为至极切要。

妄念忽尔无尽者。

又行持者，若未得起灭之要，则心所渗漏之妄念，皆是集积轮回之业因。故无论起粗细之妄念，须要起灭随无而善护修，是为紧要。

旧识境中无连续。

谓于凡所生起妄念，不纵之使炽，亦不以念治念，唯不离自然本体以观照之。妄念所现，知其自相，即可护持起灭，使无连续性。如水中绘图然。

知是解脱之法身。

是时妄念虽自灭，而未为清净。盖仅了知妄念，而不能断惑乱之业流。若了知彼时，且同时即认知显见自知之智性，则自然而住。妄念灭处，清净随得，是更为重要。

譬如水中之图画。

如水上绘图，即绘即消，绘与消同时故。念起念灭亦同时，而本皆清净。自起自灭密密绵绵，相续不休，得任运矣。

自起自灭续不断。

是以对于所起妄念，不作遣除，起者任其起，其所起者，皆为本元清净性中之道行。修持者应知之。

所现明空赤露食。

食喻受用义。盖依于妄念调修法身。则所现妄念，皆调现为自性之妙受用。即五毒妄念所现之粗者，皆能令具自性解脱之光力，明空成受用也。

所起法身妙用王。

又凡所起一切妄念，皆为由自性通澈之境所起之妙用。以无取舍心而护持之。因其生起及灭，固未能超越于法身妙用王之境也。

随妄本净阿拉拉。

阿拉拉，自在也。妄念虽具无明色相，而其自性未出智慧法身之清净中。故于广大不断之光明所照中，一切妄念所起，自性元空也。

现相与串习相同。

如是长久串习行持，则妄念自起调治，动静无分，能得无坏住。

解法殊胜最妙要。

极其功用，虽现喜忧疑虑等妄念与凡夫同，然不如凡夫起成坏之实执，集诸行业，而随贪欲力为转移。故瑜伽行者，当念生时，初认识妄念之相，其相随灭，如遇旧识之人相同；次则妄念必自然灭，如蛇结然（自结自解）；最后，妄念亦无利无害而隐灭，如盗入空室然。是为解法之最妙要。

无此修解皆谬道。

颂曰，"知修不知解，与禅天相同"。若不具如是解法妙要之修习，虽心坚住禅定，亦落于上界之禅定。或有以了知妄念起住为足者，此与下劣狂惑，有何差别。或偏于空性，求法身印契等思量，然遇恶缘时，则所修持不能解除，而反自现过失也。

具解无修法身境。

起灭、自灭、定灭等，虽如何立名，然皆是妄念自灭，随妄本净。此灭解相，即自解脱现量唯一之要。亦即自性大圆满殊胜，法门不共要妙。若具此要者，无论所生烦恼妄念，皆显现为法身，妄念净为智慧，逆缘成为助伴，烦恼成为道行。不舍轮回而住清净，解脱染净之缠缚，无功用修整而任运也。

解道坚定第三要。

若无此解法之道力，虽骄矜有至高尚之见宗，甚深之修持，而实于心无利，烦恼之力未退，非真实之道也。若得此自起自灭之妙要，虽至高见宗之持法与甚深修法之缘依微尘分亦无有者，其自性亦决然能从二执之缠缚得解脱，如到金洲时，求他石了不可得。任何所起之动静妄想，皆唯现成真实定境，复求迷乱自性者了不可得。如是解法，方为判别得要不得要之准绳也。

具三要之见宗者。

如上三要，乃是自性大圆满之见定行果四者，自性了澈之境中，总摄为一面行之最极心要。亦是即定即行之要门也。其他宗论，皆于所知境中，以教理正语种种度量而抉择见宗，本法门不取于彼。于何时了悟赤裸之智慧性，即何时得其自性智之见宗。见与定虽分述而体实一。故于行持中，分演为见定行之三要，亦无失也。

融合智悲之定者。

夫如此行持自性大圆满本清净之无失要道者，实为九乘之顶巅。如王行时，必有眷属侍卫，随从而具。其余一切乘之道，即随从而为此道要之台架与助伴。

万法即真如，真如即义法。

尤有进者，若见本净自性般若光明相时，则由定所生般若功用更炽。其智慧广廓中，如夏水瀑流，由空性之本注起现大悲，入无方悲悯，是亦法尔然也。

随契佛子一切行。

如是空性大悲双运之要道，若现证时，其他六波罗蜜道所摄之佛子如海诸行，一一自现作用，如日之与光。如是与福德资粮合作而广为利他之行，以圆成真实之见宗，而为无染寂乐之助伴。

三世如来虽聚议，较此无有他胜法。

如是见定行三要，乃过去现在未来诸佛密意之中心，一切乘之顶巅，一切心要之王。金刚心之要道门中，实无有较此至极果义再殊胜者。

自性妙用法身库。

此方便所说义，实为传授要门之心血，文句虽少，然此述作，皆由于自性所起妙用也。

智慧藏中宝库藏。

上述等义，虽修慧无多及，然于上师示教，能由闻慧断增益，思慧善抉择，即具修慧，实一切智慧之宝中宝。

不同他石诸精英。

非同于世间之库藏，仅解暂时之贫乏而已也。

胜喜金刚遗嘱教。

此三要开示椎击三句义，为化身胜喜金刚入涅槃时，由天空中示与上师文殊知识，文殊知识契合祖心，印成无二无别之要门而传出承之。

三种传承之心印。

复分三传：（一）于如是方便要义。了解妙要之遍智法王祖师，即身现证一切本净法门之密意，而得妙觉圆满如来心印之传承。（二）于持明无畏洲示现智慧身，以持明表示摄受及传授与无畏洲祖师。（三）于吾等具恩根本上师。以口语耳传方便直指即见法尔现量，即现在所住之众生功德主（指大德上师）。

付与心子记持之。是诚深义与心腹，是诚心语义扼要。义要

不可轻弃之。慎勿漏失此方便。

如是口诀，乃库藏之精英，心之明点。于不行持之人，示之可惜。然如彼能行持要义，且能即身成就之人，若不示之，又殊失悲。故此口诀，总应如保生命而护持之。

大善解功德主少分演说之胜法解圆满。

贡噶上师，椎击三要诀撮要口示

（心注眼，眼注空，为一切要中要。须参仰的）。

三要者：

（一）知自心相。依妄念缘念之起而观察自心本相，认知法身自性。"见"（于起之一刹那即观，起观同时故）。

（二）决定信之。溶妄念入法身妙用，熟识法身。"定"。

（三）坚固定之。于念灭上坚固而定，念无连续，法身之见不忘。"行"。

满空法师追随贡师甚久，得其口授，转告同人云，能依亥母略轨行持后，即接修椎击三要，成就之捷，无逾于此等。

恒河大手印直讲

谛洛巴祖师原授，贡噶金刚上师直讲

大手印之名，显教虽亦有之；然真正堪称大手印者，则依萨迦大德贡迦尔将挫所云，非经密乘第四灌顶所授之大手印，不能称为大手印。

甘波巴大师为广事导引摄受弟子故，说有两种。（一）于具普通根性者，令由菩提道次第，渐次趣入大手印。此谓由中论等学而渐入者。谓之实住大手印。于具较胜上根性者，令依密法得受灌顶，修习气脉明点六法等道，以了达取证于本觉智，契合于大手印。然此二者，尚非上上。（二）最上之大手印，则并亦无须乎灌顶等修，但当恭敬礼拜，承事亲近于其上师，或仅观于上师微妙身相，即能立得证悟。如此由于无上恭敬顺信之心力，以依止于上师，更不假外物言诠，而能究竟了悟以证取之大手印，方是大手印之最胜义心传也。以故，上师观察弟子根机成熟，一鸣指间，令其通达法尔，彼所通达，即是真正之大手印。如口诀云，"不修不整不散乱"者，即真正大手印之最上法门也。此则不必如中论等宗，依多门观察而始得之。盖真正大手印，非观察故。彼多门观察之中论等道，原非上上大手印也。须知上师者，本已具足无上加持力。得其无上加持，不假方便修整等，立即证得真实法尔，真实法尔，即是真正大手印。彼多方观察者，为"班智达"派之方法。无修而修者，为"古萨里"派之方法。班智达，梵语，意云大师。班智派谓讲习派。古萨里，梵语，意谓行气。古萨里派谓实修派。以上为中论宗等与真正大手印之最大区别也。又西藏大多数之中观见宗，其究竟，亦不过观求一切法之体性真实空义，此心之体性，自亦当然在所观察之内，今则我修我之心体本妙明净，既为本妙明净，更何所观其为有为无，空与不空乎？是故一声"呸"际，万缘放下，但即保持本妙明净之常照体性。自不应更有何者之分别观察。是故大手印及大圆满胜慧两法门，实乃最极殊胜之以心修心上上法门也。祝拔宗之大手印四瑜伽，乃为循序专修于大手印者所说。此一呼"呸"声，万缘放下时，仅惟一念，不落散乱，不落昏沉与无记，为最胜上。但如未能如是常保明照之体者，又当依彼四瑜伽等方便而修行。要当须知彼四瑜伽等，亦皆方便，愿非大手印之真实处也。

梵文　嘛哈（大）穆德啰（印）乌巴得夏（口诀）。

藏文　大手印口授。

四种语中，梵为天语，故凡由天竺传译入藏土之佛典，类皆首标梵称，用示尊崇之意。其藏文译名中，于大印中加入手字者，此在藏文，手字为尊重佛典意。此手字为尊称，佛之手，表佛之如所有尽所有，及二无分别空乐智慧。印者，亦表佛之二无分别智。此智最上，最要，且最密。犹如印符。又如印契，谓一切轮回涅槃之法，无不一一契合于佛之如如妙智，更无一法能逾越此智以外者。大者，简小而言。口诀及口授等，谓言简意赅，具涵深理，且便口诵心记也。

敬礼金刚空行。

金刚空行母即亥母，为一切密宗之主体，一切口授之库主。恒河大手印，句句皆为口授，故先敬礼之。有四意，（一）除障；（二）加持令造作圆满；（三）为利众生；（四）以善因回向众生，令皆同证大手印也。金刚之甚深意，亦表佛之无空智。凡夫之俱生我执。须金刚智慧，方可断除。人若得金刚智慧，则一切异熟，空尽无余。金刚三摩地，能坏灭一切烦恼业惑而无余。又金刚者，有七义。（一）坚固；（二）精要；（三）不空；（四）不能断切；（五）不能破裂；（六）不可剖分；（七）无可损坏。是为金刚之七殊胜义。故常以金刚喻佛之三身四身等。能具四身如金刚，而为一切所不能坏之三业，则成金刚大持之佛体矣。今此恒河大手印口授之法，实为一切金刚所趣由之道或乘，所谓金刚乘者是也。又如称身为金刚身者，以其具足如上述金刚七义之一切功德，成就佛之四身及力故。又如称金刚坛城等，亦皆以其具上述金刚七胜义故。空为诸法之实性。行非普通行蕴之行，乃为般若之智行。般若之智行，常住于法性，亦常运行不息，故合言空行。此为胜义谛说。若以行表常飞行于空中，则是俗义谛说。空行有男女，或称父母。男者又称为勇父，女者又称为勇母，此中但云空行，意即指空行母。略去母字者，藏文续部中之通例也。

大手印法虽无表，然于上师具苦行，

具忍具慧那喏者，具种修心如是行。

此颂是谛洛巴祖称谓那喏巴祖而启教口授之首颂。谓大手印法虽本无可表示；然若汝那喏巴，对于吾谛洛巴上师，已具足种种苦行、难行、忍行，且具足智慧，实为具诸堪能种性之弟子，今且口授汝修心之要，应如是行之也。大手印有言声文字之能诠及其所诠根、道、果三者。所谓根大手印者，即一切众生之本心体性，与佛无别，平等平等，原本清净常住。虽忽然不觉而起无明，然其真心体性，仍自明净。纵在六道轮回，终仍不增不减。此妙明净性之本体，有时称之为本觉如来、普贤如来、本清净见等等，名异实同。即此一心，是即根本大手印也。旧派有说，以此普贤如来为元始佛（根元意），毋庸积集资粮，净除业障（同于无须头上安头之意）。如彼海水，因风掀动而生波浪，若更加以搅动，则更无宁息澄清之时。又如空中，云雾虽起，空中云雾散去，空净自见。云雾遮空，空性仍在，毫未减损。若吾人之心，本无明净之体性者，则以任何方便，不能净之。以心本具妙明净体故，斯可以方便拂去背觉合尘之妄念，而得背尘合觉以成佛也。所谓道大手印者，恭敬信顺于上师，而得闻于法。由闻而如理思维，得决定之正知见，又如理修行之，是即道大手印也。由闻思修之结果，一旦豁然，究竟通达，证得本觉妙智时，是即果大手印也。

又根本之大手印，超乎思量言说，非凡夫之分别妄心所能了知，非凡夫之言说所能宣说故。至于弟子于上师，必善依止者，有三义，（一）依止为因，（二）依止为缘，（三）依止为加持。云何因？谓如依止于上师，得闻于"不修不整不散乱"之最胜口诀，遂依教修持此三决定要义，即是成就之胜因。云何缘？谓以依止故，得具足一切忏堕集资之胜缘。云何加持？谓以依止上师，得口诀之胜因，及忏集之胜缘，恒常不断，精进以行持，自能凭伏上师无上加持力，忽然于一刹，通达实际本元之根本大手印，而得现证有如哑子食糖，不可言表之境地。是即依止为成就之加持义也。真欲得此加持者，最要于所依止之上师具至极之净信心，恭顺心。昔西藏大德当波桑结，有弟子求其加持，即示之云，汝必具至极之净信心恭顺心而后可。是故于大手印道欲得加持者，最极首要，对于上师具净信与恭顺之心，则诸佛如来即现上师之相为之加持。譬如欲从日光中取火者，则依火镜。火镜即弟子之信顺心，能生加持之火，以烧灭二障而得成就也。

那喏巴祖，在印度为六大善巧门已得成就者之一。降伏外道。于佛教性相二宗，研究甚精。但于静坐，心不能宁，乃遍寻求安心法门，欲专依止成就大德。闻谛洛巴祖之名，日日寻访。一日，至僧伽道场，忽见谛祖作疯狂状，在烤火房中，即甚奇之，以为必谛祖。时谛祖示现神通，以火烧鱼而食，一鸣指间，吐鱼复活，又一鸣指间，鱼腾空而去。那祖大敬之。虽他僧谓为疯狂无义，而己独于谛洛巴祖前，具至极无比最大之净信敬顺心，且具不可思议之苦行难行。如传所述，小大之死难，凡二十四次。今但举其一次，一日者，师徒二人同处于高大房屋之顶端，谛祖忽自语曰，若有弟子于其上师真具信顺者，当跃此屋下。那祖闻言，都无犹疑，一跃而下，肢节俱碎，几死，而谛祖徐下，呼询曰，痛乎？那祖曰，甚痛。谛祖即以手抚之，体还如故。

譬如虚空无可依，大手印亦无依境。

住于任运境界中，定从系缚证解脱。

此下，正示以种种修心口诀。多以譬喻为说。此颂以虚空为喻。谓如彼虚空，体性无际，无所可依。而此大手印之体性，本自空寂，亦无所可依处。故惟有于此本妙明净之心，离一切戏论及修整，任运宽坦而安住。则决定能从无始无明二障系缚上，得其解脱自在也。将此心顿然放下，明性自即现前。刹那妄念生起，刹那慧火烧除之，此心及妄念同时解脱故，应知生灭心之妄念与非生灭之明性，本来体无有二。如海水之波，夏天之雷（起本无起，灭本无灭）。然若未能通达任运，则仍当依白莲大师所著大手印法要中前两步之方便以修之。至尊米拉热巴示云，不整治以为修者，要须达乎三事：（一）者，烦恼及妄念不整治者则堕落；（二）者，乐明无念不整治则流转三界；（三）者，本心则不许整治。此则示人以未可误会为毫不修整之理。谓修真正大手印者，于原离善恶之本明心性，固不得分别修整。此如山瀑流下，清浊自分，或怒流急湍，自激自平。乐明无念等，即是一道清净，照寂而明定。但若烦恼妄念炽盛生发时，又必猛提正念，厉声一呸，束使还净。若为束之过紧，亦以一呼呸声，令安住于本明体上。如是者，不惟不致为烦恼妄念所牵而堕落，且使之成为助道之胜缘。至于乐受过甚者，亦必一呼呸声，令明得显。无念，不是无记，更当别于外凡，斯可免流三界。其第三者，本心不许整治，则为无以上诸病而得善住于自心明体者，自当无任何之修整，令得任运通达，证入本觉智境焉。

又贡师他时口示云，乐明无念三事当等持。乐特甚趣欲界明特甚趣色界，无念特甚趣无色界。此即乐明无念亦非可不有整治之要训也。

又解，此颂首句，虚空无可依之"依"字，有指示言诠义。次句大手印亦无依境之"依"字，有依之作修义。由是吾人虽常言虚空虚空，而真实之虚空体性，则离于指示与言诠所能表状者。同理，大手印之真实体性，既亦超乎思量言说境。则所谓修持于大手印者之修处，实同虚空，而亦无有可指示言诠者，是即所谓无修而修。第三句住于任运境界中，即是无修而修。谓如乳足婴孩，任运宽坦而入睡，则任何缠覆，悉归于法尔界中，任何系缚，决定解脱，萨啰哈大师云，若能决定了达此心体性，同于虚空，无可方物，则亦能知修者实无可修，而一切妄念，本自无有。又于此自心之实际体性上，勿起整治之作意。于善恶念兴起时，决不以爱憎心相应而着之，及以整治作意，重为其染污增上缘。则此自心即得任运安定于其本妙明净境（心不整治则自明，水不搅动则自澄）。此则尤为甚深之要义也。

譬如以眼观察虚空无所见，如是以自心观本净妙明心，一切邪妄分别消除证觉地。

譬如空中云雾散。本无住者及去者。分别识浪生于心，观心本净浪自灭。

譬如空离一切色，黑白等色不能染。妙明心亦离诸色，善恶白黑不能染。

譬如晴明日光照，千劫黑暗顿开朗。本净妙心放光明，多劫轮回业障消。

上段一颂，已以虚空喻说心之本体性。今再以三颂，仍就虚空表喻心之相与用。

初者，吾人于明净晴空中，惟见炳炳长空，都无一物。此喻人若能观得自性之本妙明净心时，其中原无一切妄惑颠倒，是即见性成佛也。次者，空中有时现有云雾，而此云雾何来？则缘乎地气，地气所缘，皆无非因缘所生之法，其自性本空，假有实无。当其生起，不可计执其住，及其散时，不可计执其去。依乎心起之妄念，亦复如是。妄念何由生？无非缘于种种情物为其对象。而此为对象之情物，又何一而非本无自性之因缘所生法乎？不惟倏起倏灭之妄念无自性，即此当前心念，能起所起，能灭所灭，皆无自性，且无一而能越于本明心体之外。达乎此，则立即可于本明心体，任运宽坦而定，其妄境妄念如心识之波浪者，自亦顿灭矣。第三颂，以虚空喻心，明其原不受任何之色染。所谓一切色者，此中但指形色与显色。形色为大小长短方圆等，显色为蓝绿红黄黑白诸种色。吾人见此界之天空，当其明净时，惟觉其呈现一种所谓天蓝色者，则因如对法论所云，此一天下，须弥山南，皆为吠琉璃色所映显，即此天青之蓝色。实则虚空者，不惟不可言其具何形色，并且不可执计其具何显色。纵于在某种因缘生起时，假现何色，但真空固无任何之色相。假有之色，自未尝染污此虚空。如是，善恶之白黑等业，实皆不能染污此心之真实体相，与此正同。此心之如来藏性，如如常住，在凡未减，在圣未增，即是此理。此开首诸颂，何以多引虚空为喻？则以此心本体，即是虚空之体，凡所有一切之色法、心法、心所法，皆为所包摄而无余（三界唯心，万法唯识，又空生大觉中，如海一沤发）。生死涅槃法，亦不外此一心。故金刚歌咏引萨啰哈大师之颂曰，"此心体性应求得，此如意宝我敬礼"。彼中释云，唯此心体，为一切诸法之种子。由心种子，现起生死涅槃一切法，明了此种现之法者，可得解脱，不明了者，沉沦三有也。复次，如日光明，能破黑暗，无论何处曾多经年劫之黑暗，但得日光一照，立即开朗。且其光明，虽有时为云雾掩遮，其明体固常在也。同理，此心本妙明净，本具本觉智光，纵属无始劫来在迷众生，流转生死，轮回六道，随业浮沉，其本觉智光，常存未失。不过有如云掩日光，一旦云散天开，则朗朗辉辉，大千炳耀，此则犹如由不觉而始觉，始觉即同本觉。生出子光明而合母光明也。

虚空言说强安立，虚空究竟离言诠。觉心虽亦强言释，究竟成就实离言。要知心性本同空，无余摄尽一切法。身离诸作安闲住，语离尘声空谷音，意离思量比对法，如竹中空持此身。心合超绝言思空，安住任运无取舍。无着心契大手印，恒修决证正菩提。

此无二于虚空之即此一心光明大手印者，虽可如上少分而说其表喻；又如大圆胜慧中撷要说为一切显现诸法，一刹那由自心圆现，一刹那圆满归于自性等，及大手印法常说轮回涅槃一切法，一一未越于法性等等之名言安立。但实际超绝言思，如入中论所谓一切法性，应离常断等戏论分别，实无名言可立可说。又虚空者，依世谛言，尚复可言其为真实，坚固不坏，及离一切抉择等；但究竟欲令指示此之实相，实亦不可得也。龙树菩萨赞心颂曰，"诸佛出生处，堕地狱未减，成佛原未增，应敬礼此心"。故如虚空，摄尽一切法，此如来藏心，摄具一切圣凡种子，而为众生所毕具。虽然如是，金砂虽具金质，未即成金，必经炼冶工夫；行人虽立见宗，自非不修能证。故此段后八句二颂，即显示三门之修法也。初，身修者，颂云离诸作，意谓世间非利益诸作悉舍离外，即他种出世行法亦当离去，而唯安闲宽坦，令身安住。次，语修者，无利乐之世间语应禁之，乃至咒诵亦宜休止，安静如谷。三、意修者，则离一切戏论思量比对之心想外，即观想作意亦宜休作（洽洽用心时，洽洽无心用）。令今此身上至头顶，下至足底，同于中空之一竹筒然。心等虚空，超绝一切之分别，又令等持，离一切掉举昏沉与无记，惺惺寂寂，灵灵明明，无取无舍无着之心，即此而定住于本妙明净之体性中，即是大手印定。如是恒常修持之者，觉得忽焉刹那如阇室灯燃，光明开朗，无上之涅槃自性，俱生本觉之智慧光明，全体毕现，而无上正觉之道，立时证矣。

密咒典及波罗蜜，种种经律与法藏，各各论义宗派等，皆非光明大手印。由生分别障明印，反失所守三昧耶，永离分别不作意，自生自灭如水波。若顺无住无缘谛，即守破阇三昧耶。若离分别无所住，一切法藏无余见。若依此义脱轮回，并能烧除诸罪障。此是教内大明灯，不信此义愚夫辈。彼常漂溺生死流，未出秽苦之愚夫。应哀悯彼令依师，得师加持而解脱。吁嗟乎？流转轮回者，毫无义利惟是苦。有所作亦无义利，观心最殊胜。

凡诸密乘咒道次第，以及修求诸到彼岸之法，乃至繁多契经调伏，性宗相宗，诸多派别支分，论教谈理，落于分别者，皆非光明大手印也。因其既于多所分别，即未免执著，不独显教为然。

禅密薪传

即在密宗，生起圆满诸般次第，及修气脉明点诸法，若落分别执著，非仅不见光明大手印，且一有实执，即为光明大手印之障碍，不得显现光明。又以分别执著障光明大手印故，以为守三昧耶，而实为破犯三昧耶。故惟永离分别，总不作意，如水生波，自流自息。又善了达于水上画纹，空中挥笔，水与空痕，云何寻迹之理，及一切法本不可住，本无可缘之胜谛，心一起于分别，即于知此分别为无实质自性以为修。同样一起于善，即于知此善无自性，一起于恶，即于知此恶无自性，乃至一切贪嗔等毒，即于知其皆无自性以为修。如是，毒药转成醍醐，烦恼即菩提，不起修整，然又绝无散乱以守护自心。能如是无住无缘，任运而不违越自心明净本体者，即是同于手执明灯，照破黑暗（原阙）。即是善能守护三昧耶。又分别执著，岂惟违犯三昧耶，直亦未为随顺于一切法教蕴，故惟永离分别执著而无所住（而生其心）者，方能见彻三藏一切教义真谛而无余也。如他颂有云，"离诸作意与实执，亦无修气缚自心，自心无整如乳婴，随自明体心作主，妄念起观其自性，应知水波二无异，离诸实执勿住边，则见诸法蕴胜义"。是故初修业者，应即修于无作之瑜伽，此有四支（一）专一；（二）离戏；（三）一味；（四）无作。能离一切分别与边际，不住常断一切之戏论，唯依第一了义光明大手印之无作，而得任运安住于自心本明净体上者，即可脱轮回之牢狱而契入菩提。仅能一刹那而如是定者，亦可烧尽无始所积之重罪。若能彻底明见此本心体之妙明净性，即成佛道，决无疑也。故此光明大手印，诚为教乘中第一殊胜了义之最大明灯。其有未信者，真愚人也。愚夫无信，而常恒不断为生死轮回之漩涡所漂卷而不能出者，有四因。一无明，二见（此谓邪见），三贪，四爱。有此四因，故其沉沦生死，常在秽染苦恼而不知出要。是以谛洛巴祖师哀悯此辈，且示大乎印学等，亦应发同体大悲之心，见有如此愚人，必当令其皈投依止于已善巧修证，成就于光明大手印自心体性无分别胜智之大德上师，由闻而思而修之。尤以切要，令其对师发起"如"佛"即"佛之敬信随顺心，则上师之加持力，可得入其身中，一得加持力入于其身，即如于掌中得观安摩罗果。本觉智之光明显现而得解脱，成就菩提矣。

此段末二长句（现分四句）总束以上诸义，而更重嘱无作之修，以观心为要。

若离执计是见王，若无散乱是修王，若无作求是行王，若无所住即证果。

越所缘境心体现，无所住道即佛道，无所修境即菩提。嗟乎！于世间法善了知，无常法如梦如幻。梦幻实义本无有，知则当厌离于彼。舍诸贪嗔轮回法，依于山侧洞穴居。恒住无作任运境，得大手印亦无得。

譬彼大树枝分可万千，举根倒断万千枝分萎。断心意根生死枝分亦全枯。譬彼千劫所集暗，得大明炬暗立遣。如是自心刹那光，多劫无明障顿除。

此下正示瑜伽行人修行之要诀。瑜伽之道，有四要门，见修行果是也。见必超离一切执著偏计、方为真正见中之王。修必于自心明体毫不散乱，方为真正修中之王。行必安住于自心明体，无作无求，方为真正行中之王。若言果道，此必圣凡，上下，涅槃生死，皆能无希求，无所住，真正无上之随缘不变，不变随缘。寂而恒照，照而恒寂，等同诸佛，方是果也。

复次，学道行人，心驰缘观，真体不得露现。心善巧于离观而观，离缘而缘，离修而修，是为善巧观修。又必无住而住，方为善住，无逝而逝，方为善逝，无成而成，方为圆成。无证而证，方为实证。必如此者，方是大圆满菩提佛道也。

于是帝洛巴祖师又喟然叹曰，嗟乎！世间法无常，如梦复如幻，本无实义谛。悉是假名相。智士应了知，而生厌离心。断舍贪嗔等，轮回苦因法，往彼山岩洞，离尘清静修，恒住无所作，任运住本明，证所本无证，光明大手印。譬如彼大树，枝分多无数，断其根倒地，枝分齐谢萎，断心意妄根，一切生死了。纵令久昏暗，一明诸暗消，刹那本觉明，照破多劫罪。

虽然如是，其尤要者，令身安住，如须弥山，令心寂静澄清，不为外境所牵。随处亦皆可修。处安身不安，处静心不静，亦是徒然。坐时，睁目可，闭目亦可。若心未善安止，则睁目非，闭目亦非。任运而住，心无修整。散乱无记不修整，则又非是。真能善巧安定身心而修者，不住茅棚，亦可修行。住茅棚而不免于散乱，亦无成也。

噫嘻！有心之法不得离心义，有为之法不得无为趣。欲达真实离心无为胜义趣，任运持心安住本明体。分别垢水自当返澄清，障修诸显亦各自寂隐。无取舍心光发而解脱，了本无生无始习垢净。亡诸执计安住无生境，凡所显现即是自心法。超脱边执得殊胜见王。越深广量得殊胜修王，离断边品得殊胜行王，能无所住得最殊胜果。

引申上段之义，更示转深之趣。于是复喟然叹曰，以有生灭心之法，不能得到超离心境之义谛；以有所作为之法，不能得到无为法之旨趣。若欲达到真实离心及无为之义趣者，唯当任运持心，令其安住本然，而定于离一切缠覆之本妙明净心体之上。如是任令彼妄心分别如垢水者，不加搅乱，自得澄清。对一切色声等法，似能显生而障于道行者，亦置不理会。更不一毫有所爱憎取舍，则如贼入空室，自形寂隐。如是无着之心，昭昭灵灵，一旦本净明心，曜然光曙，解脱现前矣。须知诸法之所显现者唯此心，能见其显现者亦唯此心。究此能见所见。体无有二，唯一空寂，本自不生，是即显空、色空、明空等双融无二之本觉智慧光明大手印道。此而证得之时，即见如来之身相，而一切无始以来业习垢染，一洗而空也。故颂中接云，亡诸执计之心，安住于本自无生之境。何以故？凡所显现，能见所见，原此一心之法。既了知其本自空寂而无生，则计善计恶，计是计非，或爱或憎，或取或舍，岂非以妄逐妄！如水已不清，更从而搅乱之，则永不能澄清乎？是故要在明乎此理，不修不整，无取无舍，心体妙明，方能显发也。故颂又接云，能如是超脱一切边见计执者，即得殊胜见之王，是为见之最要口诀。修持者亦须毫无计执，如根本智，后得智，真实修，非真实修，乃至此法彼法，或深广，或非深广，及他一切等量之计执。前曾云若无散乱是修王，今再转深，示以越深广量等，方为殊胜修之王。盖必如此，方能无散乱也。复次，前颂示云，若无作求是行王，今则转深，示令离断边品，方得殊胜之行王。离断灭边见品等，方是无作无求之正义，否则又恐行人误落偏空涅槃边。无所住道是佛道，前颂亦已言之，今颂进云能无所住得最殊胜果，则前颂为开示要门，今则进示深入此要门以至究竟得果证之地。故当与前颂合参之，而善得祖师慈悲之至恩意也。

行者初得觉受如瀑流，中如恒河畅流而闲缓，后如平水子母光明会。

劣慧异生未堪善安住，可于明点气脉诸要门，以多支分方便摄持心，调令任运安住于明体。

若依业印增现空乐明，须知加持双运之福智，尊自顶轮缓降不可泄，渐提令遍全身一切轮。绝离贪故空乐明方显，长命黑发相饱满如月，光彩焕发力大如狮子。

愿共速得安住胜成故，此大手印极心要口诀，具堪能种众生恒受持。

上来已详示最殊胜之见修行果。然为非上上根器之行者开示入道方便，则有如此段之三种。第一种为善慧根器行人之方便，即此中第一颂三句所言之三步。行者初修业时，每有妄念纷腾，如瀑流之觉受相，或较未修业时反多者，此为开始认识其前所不自察知之妄念故。当先修习断法，继调之以纵念法等（如祝拔宗大手印法）。善修业者，过此阶段，趋入第二步时，自能进而觉受其心念有如恒河畅流之水，视瀑流之倒泻急湍，为缓和闲暇多矣。但仍不免波浪起伏，思潮动荡，此则正当善巧精实修于上述种种口诀之法。善巧精进修持者，过此即能达到风平浪静，水面如镜之境。此时仍如上诀而善巧修持者，不久发放其子光明与母光明会为一。即得证矣。如上修持，以其要在无着无缘，无作无求，而唯任运安住于本净妙，故亦不固定时缘处缘及事境等，行住坐卧，皆可修持。

然有劣慧根器，未可于无缘无作等而善安住者，则可依于此段第二颂四句所示之法，或缘木石佛像，乃至金刚诵、持瓶气、观明点等法以作修持，令心得专一安止，而显生契入本觉智之光明。

若为时具堪能之异生，为令增长其觉受暖相空乐等，则可依于业印。此之方便，即欲乐定（诸大德开示多云，欲乐定重在气功，人之拣择，尤为严格，多生过患，不易修习，且助长对治之法甚多，非必从事于此，乃能成佛。至助长之大大，莫如忏罪积资，即所以集福净障，是又非励力于修念金刚萨埵及上师合修法两仪轨焉，不为功也。此根桑上师大圆满禅定休息要门密记中之警诫。贡师亦口示，业印不及光明大手印殊胜稳妥，故谨并附注于此）。此段后三颂，即为此方便之略述。此之业印者，极难极险，详必另从师授。此但略言梗概，谓修者最要必如法加持方便智慧，外内铃杵，各作本尊，方堪双修福慧。尤必特具不失之堪能，令菩提自顶下降，降而无漏泄，且必反提而上，散布全身，各轮各脉，无一而稍殊失。更必绝对非贪，否则立堕。能一毫无越而能修至空乐明现前者，现世即可长延寿命，面貌端严如满月，泽润如良玉，返老还童，力大如狮子。具得八种世间成就已，渐得不久证于空乐明，又此空乐明者，即本觉智之异名也。

此大手印口授，为无上成就谛洛巴祖师在恒河畔向其弟子已得善巧成就喀却班致达那诺巴（白教第三代祖）释十二苦行之究竟而特面授者。一名金刚大手印二十八颂（书中未必每颂四句，颂数亦不合二十八，但共一百一十二句，天竺例以四句称一颂，故总之而言耳）。嗣为西藏大译师人称之为声明王者马尔巴大士（白教四祖）亲承那祖之传承，并亲承口授此颂已，在将波哈哩地，经那祖亲示抉择之下而译为藏文。

戊寅夏仲之吉

释碧松补译原颂文句

观化庐主整理听讲录于江陵

有过求忏，有善回向，如母有情，速趣胜上。

卅二年古正月下浣　不空智敬书

奉持　于渝

附　大印教授（又名大印金刚颂二十八）

得罗巴大师造

法尊法师　译

此出笃哈八藏，即恒河大手印之异译也，故附之。

敬礼金刚空行尊。

大印实无可宣示，然修难行敬师长，忍苦具慧挈热巴，今对汝心作是说。譬如虚空无所依，如是大印无依处。松住无造本性中，能除系缚决解脱。如见虚空无所见，如是以心观于心，能灭分别得菩提。

譬如云烟于虚空，无有住处亦无去，如是从心起分别，能见自心分别灭。譬如虚空超色彩，不为黑白之所染，如是自心超色彩，善恶等法不能染。譬如日轮光明藏，千劫黑暗不能遮，如是自心光明性，长劫生死不能覆。譬如虚空设名言，然虚空性不能说，如是虽说心光明，无非名言所依处。心性本来如虚空，一切诸法无不摄，弃身造作安然住，无语声空同谷响。意不思维观法性，身无脏腑如空竹。心超思境如虚空，安住其中无取舍，心无可得即大印，修此能得大菩提。咒乘及到彼岸乘，各种经藏与律学，一切论义宗派等，不能见此大印性。心有所欲障光明，分别持戒失誓义。离一切欲不作意，自起自落如水波。弗违不住不缘理，即成护誓除暗灯。若离诸欲不住边，当见一切经藏义。住此能脱生死狱，住此能焚诸罪障，说此名为正法炬。愚夫不能信此义，故常漂没生死河，受无量苦殊可愍。欲脱众苦当依师，加持自心乃解脱。

嗟乎！世法无义大苦因，所作法亦无义利，故应观其义利法。能出二取是"见"王，能不散乱即"修"王，能无功用即"行"王，能无得失即证"果"。超所缘境心性明，无所行道得佛道，无所修境证菩提。

嗟乎！善观一切世间法，无常如梦如幻事，梦幻之事非实有，故当厌离舍于彼。割辞亲眷贪瞋缘，独居山林洞穴处。安住无修本性中，得无所得证大印。譬如大树枝叶茂，能斩其根枝皆枯。如是若能断心根，生死枝叶皆当枯。譬如千劫诸冥暗，一灯光明即能除。如是刹那心光明，能除多劫无明障。

嗟乎！依心不见超心义，作法不证无作境。欲得超心无作义，斩自心根赤裸住。澄净分别诸垢水，勿作破立自然住，无所取舍即大印，赖耶无生消诸盖，我慢不执住无生，心显毕竟入法性。脱离边际是"见"王，深广无涯即"修"王，离诸边方为"行"王，无希本有即胜"果"。初修业如涧中水，中如恒河徐缓流，后如众流母子汇（亦译后如众流汇于海）。若因劣慧不堪住，应以摄风及明点，观相持心等支分，精进令住于本性。能依业印现空乐，加持等住慧方便，令渐下降徐上升，周流各处遍全身，无执便现空乐智，寿长身健无白发，颜容鲜明力如狮，速证共胜诸悉地。愿此大印要教授，常存堪能众生心。

大手印要言

弥勒巴大师造

马尔巴译师由印译藏

弥勒巴亦译梅纪巴、麦哲巴。本篇由陈新孜老居士传出，法尊法师译笃哈八藏，本篇亦在其内，因系五言，不如陈传七言之明白易解，故不取于彼。

大乐定中敬顶礼，谨述大手印要言。一切诸法本自心，心外有物为迷心。等同梦境自性空，虽有心念之动相，实无自性气所使。体性空本如虚空，法身如空平等住，此即名为大手印。自心体性无可示，是以名为心自性，亦即大手印自性。于此大手印之上，本无整治无变动，任何人若解此义，所显一切大手印，即是法身大遍满。自心无整任运住，无想则名为法身，无觅全放即是修，觅修则仍是迷心。或如虚空或如幻，无修亦无有无修，无离亦无有无离，通达此义瑜伽士，于诸善恶之行业，了彼体性即解脱。烦恼即是大手印，如林助火助行者。无有行住与分别，净地修定无意味，不了前义焉通达，暂得利益不解脱。若能通达谁束缚，自心无散体性住，身语不整亦不修。所谓入定与出定，二者丝毫亦无有。通达谁显无自性，显自解脱即法尔，妄自解脱即大印，二无平等即法身。大江不舍昼夜流，任何作为俱义利，此即常常本佛道，轮回无境之大乐。诸法各各本自空，知此何来执空心。离心意识无所思，此即一切之佛道。于具堪能善男子，我以心坎要言告，愿彼无余诸众生，同时安住大手印。

无上密宗戒相论

不空智

戒者，为菩提相应而设。能纯一直心，不动道场，即是菩提。杀戮、偷盗、邪淫、妄语之为四重戒者，以其最不直心故。寂天菩萨人行论云，"我云何修行，修行惟护心，是故我观心，恒时而作护"。其中邪淫一项，因是与生俱来，尤为不易调伏。心有所思为贪，贪之不遂生嗔，贪而不已成痴，又是三毒并具之本根，故有万恶之首称号。又菩提者，即是觉性，而其所以能增长成就者，端赖明点之资助，若明点坏失，菩提不生，心多忧恼，身逐枯衰，故若不护持，无一而可。此事逆境易守，顺境难遮，美缘现前，旧习岂忘，为逞快于一时，已忘虑于长远，危乎险哉！讵可轻视。然则转毒成智，则又何说？云，畏而远之，卒遇终遭擒制，因恨反亲，串习渐成莫逆，外貌虽同，内性恰昔，于此糊涂，鲜不倾覆。思之慎之，毋贻伊戚！颂曰：

欲护心源净，当知我相空，诸法皆不实，缘生讵可穷。

邪淫三毒本，最是障菩提。明点一坏失，悔恼枯衰生。

贪道明异性，正欲伏其魔，非是顺其欲，堕入生死海。

自入娑婆里，饱尝爱河味，到头如梦幻。何尝有实际。

恋恋不能忘，皆是心之蔽，随缘能不变，方契真义谛。

眼前即法界，宁容分别起，六根放光明，此是般若炬。

圆满　吉祥

补　引言

余此次整录密法，共为三册，一为仪轨精华与赞颂诗歌合编；二为六法精髓附欲乐定；三为本编。

本编为密法贪道与解脱道二者之正行了义口诀。大抵仪轨为入门梯航，六法为有相圆满专著，而此则究竟不共口诀及大圆满秘授也。

余前辑医王篇，合仪轨与正行为一册，但为篇幅所限，椎击三要诀胜法解与恒河大手印直讲二者，未能列入，不无遗憾，此编已弥补之。

佛法分小乘大乘，小乘是不了义，大乘是了义。大乘中又分显教密教。显教中究竟了义，当推禅宗；密教中究竟了义，惟是无上部。无上部中，复分解脱道与贪道，二者就见地上说，与禅宗是共的，惟依空慧以显报身如妥噶，或由二次第以修虹身如二三灌法，则不与禅宗共。妥噶实际是修心摄气，二三灌实际是修气摄心。前为顿法，后是渐乘。途径虽殊，其致则一。且顿者不妨以渐为补助，渐者终必以顿为极则，故切忌门户自限不可不知。

实践修证工夫，不出以心摄气，以气摄心之二途。前者曰解脱道，后者曰贪道。以气摄心者，俱生大手印导行云，"由气息停灭，则由心缘境所引妄念，亦当尽绝。经云，心安则身安，心调则身调，欲心调而身安者，先在调气，气不停，心亦不停，停心须兼停气，使心与气合，则世出世乃至佛果一切功德，皆可由此证得"。又曰"气调则心调，调气如驭烈马，当以忿怒母气功等调气为先，心随以调"，此皆明示气治心治之义也。至以心摄气，俱生大手印导行云，"心调则气调，调心如习御术，以大手印心法调心为先，气随以调，此如善御者，自能策马归道，亦如醉象，先以钩鞭调伏其性，然后紧系于柱，久之，自然驯服"。又云，"不忘失取舍处，是为正念；独居时实知自心如何，是为正知；行者时时提起正知正念。若能系心，气亦随调，烟火、阳焰、萤火等相，逐渐显现，且生无上大乐，此时任遇何境，皆不能扰。如住虚空之无分别相，随生乐、明、无念三种觉受。乐者，皮肉筋管无不舒畅；明者，光莹，透视，有如天眼；无念者，行止坐卧，自在无碍。三者等齐，远离执实，且不起慢，方为适宜"。此又明示心修气修之义也。故心气虽曰两途，然实践修证，切忌画地自限，于此可以决定。更有进者，修气而不修心，纵得神通妙用，终属魔外，非是解脱；修心而不修气，形质变化匪易，且于五毒不能自在，成就不大。此余整理密法所以心气并重之旨也。修心有多途，至大手印大圆满而诣极；修气亦有多法，总不出刚，柔与中和。其中柔气功尤最为殊胜而无流弊，不过有时亦须以其他各种方法作调剂，互换轮替，取效方速。

依本尊修贪道，属修气摄心，完全是有作有为之法，亦是渐法，故次第最为紧严。本编生圆次第纲要中，已将其理论步骤，和盘托出。其实修之办法，亦已于不共幻身义，圆满次第心中心中，扼要述及，再以大圆满仰的脉气明点观修法及大圆满禅定要门口诀互相参稽，密法贪道之精髓，尽在是矣。

余初编贪自在原序曰：

狂心不歇，皆以贪致，无明之障，尽从贪生。因贪起种种虚妄分别，覆盖真如，然即此虚妄分别之本身，固莫非清净自性之变现，众生之所以迷而不觉者，只缘昧自本性，随缘流转，而不能当体识持耳。若能当体认识，则所有若行无行，有事无事，或语或默，一动一静，以至工农治生，兵旅卫国等，何一而非法事乎！无如众生逐处成执，于贪尤甚，故善逝设方便法，顺其驰外之情，以幻修幻，渐次导行，令证本觉。此犹敲门之具，航海之筏，未能见自本性者，于此无上方便，贪自解脱，转毒成智之甚深口诀。固宜铭之心版，依法实修，而证大乐智慧之虹身也。

（1965．乙巳，春正望日。）

密法素以方便擅长，以究竟了义之法是众生之自性真如，本分境界，根浅者不易相契。惟有用善巧方便之法，引人入胜，如观天身以至脉轮明点此转身之方便；各种咒诵，皆转气之方便；心注一境而不乱是转意之方便。他如事印幻身，亦莫非方便也。

本编解脱赫日由抉择见以至大手印要言，皆是红白两教大圆满大手印即生即身成证之究竟了义顿法，乃总合诸上师之心中心精髓口诀而成，至矣尽矣，叹观止矣。

余前编离垢炬原序曰：

一切有作有为之法，皆是戏论，莫非垢染。此则专讲识自本心，见自本性，本来现成，法尔如是之解脱口诀，乃一切众生之本有，远离垢染之境界，亦可名之为本分事业也。乙巳春正望日。

究竟了义之法，无法无非法，观想咒诵，脉气明点是法，衣食住行以及一切动作思维亦是法。所以古今禅德，不废治生。因若动若静，若有作若无作，谁知谁行，固始终未超越于般若之自性也。

大圆满、大手印，无法不摄，以所有本尊咒诵，脉气明点，幻身光明，皆本性中本来具足。故能一修无不修，一成无不成，世有上智，请事斯语。

禅宗之见修与红白教之大圆满大手印可以印证，余已另辑宗门语要、宗门直指，无妨互参。又心灯录甚好。此外真心直说，禅宗法要，证道歌宏德注等，亦可参稽也。

余整理道功，凡七易稿，至心气秘旨诀中诀，养生极则约注而诣极，虽是道家功法，大可与内道合参。又气功保健的研究和实践、气功溯源集东方绝学三稿，皆是我对道家功夫之精要纂述或整录。他如养生诀语、丹阳真人语录、金莲正宗记等，皆可阅读。

内家拳法中之太极拳、八卦掌、金家功夫，皆是近道之技，可与密宗金刚拳法互参，当大有帮助。余于太极有指南、传薪录，八卦有正义，金家有述略等，另详。

不空智识

第六编　医宗经脉

引　言

六成就法为无上密宗圆满次第之心中心，乃白教祖师之口耳密传。圆满对生起而言，乃生起次第之继续，因以脉气明点为主，对更进一层专以修心离戏为主之大圆满而言，亦称具戏圆满次第。

在藏密红白教中，俱以本来离戏法尔解脱为最高最密。但黄教则多专重二次第之修习。又圆满次第除以胜乐亥母系统之六法外，尚有集密系统之五次第与时轮系统之六事业。前者即身远离、语远离、意远离、幻身、光明。此中于幻身特别注重。后者即别摄支（取得日分六相火、日、月、杵、黑空点、圆圈；夜分四相烟、阳焰、晴空、灯光）。静虑支（取得前五通）。中善支（现量身见气脉明点住处秩序，外八悉地、任运成办）、认持支（能平五大，寿命自在）、随念支（能随粗细贪等烦恼自性空、不为所染、亦不断灭）、双运支也。

本编专论六法，以显明大密妙义深道六法引导广论为经，纬以那若巴歌、贡师讲录，甘露心要，明行道法，分类纂录，以便观修。

查密法最擅方便善巧，此具戏圆满次第，乃依死有、中有、生有三身而建立，尤为深密。然若未诣本分境界，终非究竟成就，此红白教之特重大圆满、大手印，而内地向传八宗，终以禅为最胜也。荆沙章华隐者之叙明行道，殆亦有感于此欤。故特附后，亦可有证于余之所论云。

不空智

1967 年 7 月 14 日

（古六月初七）

附　明行道六成就序

　　佛说一切法，为治一切心，若无一切心，何用一切法。诚哉斯言也。众生一念不觉，所以万虑齐彰，三毒开四生之门，十使引六道之路，五尘障成作之智，六思蔽妙观之境。致使大圆失光明之元照，平等转憎爱之情想。由是轮回，七趣无止，互转九有何休，往来火宅无安，漂流苦海何极，如斯痛苦，谁能拯拔？唯我释迦世尊，慈悲哀愍，为此因缘，出现于世，观机设教，应病与药，用大无畏之戒定慧方便，救济离苦？现至威德之法报化权巧，善诱得乐，教分大小之乘，法开显密之宗，普令饶益法界有情，随根荃以证果，契因缘而解脱。虽然，法门无量，定慧为本，妙行广大，止观为先。而显密中，求其圆成定慧，融通止观，堪作阿伽陀者。其唯此西藏所传明行道六成就乎。是法简而约，精而审，条理井然，次第朗然，依法修持，必得爱用。然者此于斯法，要加意着眼，夫明行道云者，究竟本心之法也，明者心之相色，行者心之用也，道者心之体也，合言之，即体相用三大之妙也。体即法身，相即般若，用即解脱，此三德秘藏之身，唯一本心所现。若能由止观而成定慧，因定慧以明一心，本心既明，德相可圆矣。其功要亦在斯六法次第修习成就也。且此本源一心，佛生同体，已悟已证者，所以为大觉也；自暴自弃者，所以为群迷也。果能猛省觉悟，透出重围。既说破，又跳过，即可转识成智，返妄归真，化烦恼为菩提。即生死为涅槃，二谛融通，五行具备，方便利生，可满菩提之愿，善传心印，用续慧灯之焰。大矣哉，明行道六成就法之妙，诚显密之要宝也。此法西藏至秘，汉曰密部，犹未前闻。何幸妙定居士，得其英文译传，重译以成华文，发大心愿，公布流通。岂惟普使修习密法者速证本尊之身，亦即所以续佛慧命，报佛殊恩者矣。然其法中，观想幽玄，理事渊深，应以菩提正念，微细熟习。大悲心量，精进修持，摄六根以清三业，显一心而净七支。切忌枝节横生，私心妄用；或多疑少信，一曝十寒，匪特佛法不能相应。凡诸事业，皆难成功。至若修习是法，由浅而深，由深而妙，由妙而玄，由玄而化，豁开金刚正眼，睹破未生骷髅，即生即佛，无欠无余，何妨宣扬教典。离文字相，化导群迷；离言说相，上求下化，离心缘相；乃至出息不涉众缘，入息不居阴界；如是佛法界不可得，众生相不可得，梦幻境不可得，中阴身更不可得，不可得亦不可得，于此不可得不可得中，正好安身立命，自利利他，初亦奚用如是之葛藤为哉！共或未然者，必须安而行之，利而行之，勉精进行之，以期放心而已矣。用赞一偈曰。

瑜伽无比明行道，六成就法最胜要，

知见不立真妙谛，何必拈花多一笑。

丙子结夏　荆沙章华隐者

本一盦谭

显明大密妙义深道六法引导广论

吉祥大师造

贡噶法狮子传授

开经偈及说明

敬礼上师与金刚持前。

二谛无分一切法实际，依慧方便无二空乐道。

显生现空无别三身果，能令证得金刚持应礼。

由修三寂手印诸要义，趣入三种瑜伽秘密道。

已得三种金刚胜成就，无等甘波大师尊前礼。

慧方怒母空乐幻化体，修梦幻化光明之体性，

中有幻化三身胜生西，已证修传诸上师前礼。

略摄解脱口诀要，深道六法所修轨。

饶益堪能故当说，密主空行垂悲念。

本法为具出离轮回心，并具足即生欲修得圆满佛陀精进位心力，于第二次第瑜伽获决定信心，于诸堪能者，令速证得三身果位，故释一切大密心要甚深道次第引导。总分三章。

第一章 释所依本质性理

据古德云，此为了知修持气脉明点之境及应须修持要义等，应知身本质性。通言，则应知六界金刚身初所成之理，中所住之理，后坏灭之理。别言，则应知身内所住之脉，所动之气，所含之菩提甘露等理。且为心理体性得决定故。亦应知心本质性，通言则应知心之性心之相；别言则应知显现八识为主，并粗分显现；根识与末那识，细分显现；八十妄念，极细分显现，显增得三种理及坏灭理。复次，为了知根道果要义，应知所净之境，所断之烦恼，能净之智及所得之果理等，均一一应知。

以上最初应依闻思等得其抉择为要。其详阅余经知之。

第二章　释修持道次第理

此分三节：

第一节　释次第引导加行

此复分二：

一、共同加行

据古德云，观暇满人身难得及思维无常等，如三士道次第，依次导引，并令生厌轮回，发出离心，及生慈悲，发无上大菩提心等，以建立法基。

二、不共同加行

谓令成熟上乐轮本尊等坛城之圆满四灌已，应修生起次第瑜伽等，净除凡夫所现执著。应修特别加行：为遣除懈怠故，修思维无常。为消灭障碍故，修皈依发菩提心。为积资粮故，应献曼达。为清净罪业故，应修念金刚心。为趋入加持故，应修上师相应法。以上各加行，或各修五日、七日等，须精进修持之。其念诵经文，详载余经。

按上师开示曰，本法前行，共者人身难得，寿命无常，因果是真，众生是苦；不共者，皈依发心，供曼达、金刚心、上师瑜伽，后二尤要。

第二节　释次第修持正行

此复分六：

贡噶上师开示曰：六成就法中，拙火，幻化为昼瑜伽，梦与光明为夜瑜伽，是为有相圆满之四柱。中有迁识为支分。若能依前之四等即身取证，则支分无用。

又曰：正行六种，以四种为根本，二种为支分。言根本者，随依此之一法，即可得即生成就，故曰根本。支分者，未得根本时，若得支分，亦可获得生西，虽非根本，亦次于根本者，即未能得根本，藉支分亦可了脱。此下分述之。

忿怒母精髓第一

贡师开示

贡师开示曰，拙火定（拙火定即忿怒母之别名）乃入道直趋之法，比如屋有中柱，此为根本。又曰，拙火中具足四种手印，即 1. 阿杭交合为三昧耶手印；2. 观他身修为智光母手印；3. 气脉明点得自在时，依他身实修，认证四空（空、大空、极大空、胜空）四喜（喜乐、胜喜乐、差别喜乐、俱生喜乐）为羯摩手印；4. 乐空不二，即光明大手印也。

那若巴修拙火歌

那若巴祖师为玛巴译师歌曰：为说住心的方便，见地拿稳。住身的方便，观修扼定。外现如幻的天身，内观三脉四轮，下有短阿拙火（即丹田火），上有杭字的字形，上下的风息大轮，用命勤与瓶息的修法，此中现起空乐的境界，这个命名为拙火教授。风息已达枢要否？大译师。

广论释道根本忿怒口授

一、未持令持

此又分五：

1. 修身空

修上师相应，殷重祈祷，令心生起了达忿怒母法。身要跏坐，或二足屈内相架而坐。手着定印置脐下四指处。脊直竖，直身如用力势。二臂腕放伸。颈稍曲压喉，舌抵上颚，齿无相触，唇上下合，目视鼻端，如毗卢遮那七法支坐法而坐。后观自成上乐俱生本尊或单父本尊等。观身中空，由顶至足，乃至诸指尖内，一切全如气球然。倘一时不能明观，则由顶依次分观。若观明矣，或观小身仅芥子许，或观大身充满世界，身中皆空。应精进修之，令观身空极为明显。

2. 修脉

观身空已，复于本尊身中，观现中脉，粗细如中等马鞭，右脉（茹马）左脉（江马），二者粗细如箭杆许。三脉下端，于脐下四指际脉内和一，如藏文 **ཨ** 字之下节形状。上端中脉由顶达前面眉间，左右二脉由顶达二鼻孔。其中脉外白内红，右脉红兼白，左脉白兼红，三脉相隔仅一矢许宽量。皆具中空、细小、晶莹、洁白四相。或观左右二脉如瘦羊肠，稍带旧状。或云中脉仅如矢许，左右二脉仅麦秆许。或三脉均麦秆许。中脉蓝色，左脉白色，右脉红色，及三脉皆外白内红，或三脉皆白与红等，其说虽多，但随观一种均可。有谓中脉上端直达焚穴，下端达密处孔道，但须照前者观想为胜。

此观明显已，观自本尊脐处化身轮、脉络六十四、心法轮、脉络八、喉报身轮、脉络十六、顶大乐轮、脉络三十二，皆由中脉发出。其状，脐喉两处，如伞柄与伞骨向上伸然，心顶二处，如伞骨向下伸然。又每一脉络尖，亦发许多细脉络，一一达毛孔中，则身内各脉络成网状，有如窗棂形。以上一切脉络，均观外白、内红、中空。又云，观脉色时，不观红色，则观黄色，或观脐喉二脉轮为红色，心脉轮为白色，顶脉轮为绿色，兼具杂色，随观一种均可。若一时不能观明、则依次而观。总之，决定应使脉络观明，极为切要。本法虽说有加观顶髻与密处二脉轮共六脉轮，及枝节诸脉轮，共七万二千脉络，加否随意，不加亦可。

3. 修气

最初为遣气过患故，观察气若由二鼻同行甚善；若未同行者为谁，即将此肩向上侧卧，令气通达，务令二鼻气息俱行。次约右鼻猛呼长气一次，后猛呼短气一次，及呼长缓气一次，共三次，如是左右各三次，二鼻同呼三次，共九次，想除一切病魔罪障。若未曾修习此，应右乎持拳压左胁，左手持拳，食指伸按左鼻，由右鼻呼三次，换左亦三次，两拳置膝上，二鼻同呼三次，但于每一呼出后，应竭力向内吸，颈稍曲，脐与脊之下半部微合，再向外呼出。此九次呼吸气，每日初座用之，若多，恐反感气涌头痛等障。于余座中，二鼻可同时随意匀出，或左右中缓缓呼三次。

此后修瓶气等：身具要仪如前。脊椎少微直竖，下门用衣物等竖高四指许。初吸气，颈稍曲，上唇抵鼻中根，由外向内，长缓竭力而吸之。次满气，谓吸气滑滑咽下，令气满脐，如上气未得熟习，下气只可微向上提，至上气熟习时，则丹田不动，下气直往上提，二气压合于脐下，是为满气。次消散气，谓竭力持气，至不能持时稍放，渐吸气，腹左右中三缓施动，仍持瓶气（此持气亦称均气，乃使气遍全身也）。次射气，若气实不能持时，头稍仰，由二鼻缓缓放出。是为吸满消散四法。其观想：谓吸气想距鼻端十二指外（约五六寸许），直吸五大气，如风气蓝色，水气白色等；满时，观由左右脉，如肠贯气充满，趋入中脉；消散时，想施绕而入往中脉；放射时，想心气所集白色明点如芥子许，与气同时如矢上射，直趋梵穴而出，但此只可于座初修一次，多则恐生过患，而常时应依古德所云，观气由中脉上端，眉间腾腾而出。有云此法应观四大气如虹光，其体性为气，相为三股蓝色杵，如青稞许，出入住均可如是观修。又有云，消散时，观气先满中脉，后满四脉轮及诸毛孔，如是溢泄而出。再有云，如此修持，恐得漏散气等病。

此法若最初修刚猛瓶气，除得现在微少功德外，未见于究竟功德有何裨益，且障碍百出，故应依和柔瓶气修持为主，障少善多，其利无限，乃至和柔瓶气未熟习前，决不可修刚猛瓶气。若稍熟习，放时，应修习留住微少之气于脐下，修持中住气。且初修和柔瓶气八度或十二度，中应无间，修持毕矣，方可休息，后如次增多持久。但除不得已时，气不应由口出入，并有烟地亦不应修气。

如上修持、气娴熟相等，谓满气后，二手随一拍膝与额三处，连鸣二指，共为一次（例用右手，先拍右膝，次拍左膝，再拍头额，再以大食二指作金刚弹指一声为一次，如是三十六次之时间，为持气娴熟相，一云无病士夫，气度优越者，能持一百零八次之时间；中等能持七十二次之时间；下等至三十六次，即娴熟相也）

复次，气入中脉相者：随时修持，二鼻之气决定同行，且行息极细，后极细息亦灭，至鼻中置鸿毛而亦不动摇。此中须防气沉与漏散之过患，若气沉令心不明，观想亦不明显，若气漏散，更无力观想。此乃与气入中脉之大有差别者，应当了知。

4. 修明点

观眉间中脉上端内有心气白色明点，光明灿烂、润泽、极圆、量如芥子许，或与中等豌豆相等。此不仅观缘而已，实观心之体性即明点。

此能缘己，后气入内时，想点住眉间，住时不动，出时随气上升顶上；再气入时，观明点如铜质筒中投放铁丸，直坠有声，由中脉降入顶脉轮中，住时心专缘此明点，出时，想仍具声而至顶上，再吸复还于眉间。此心能缘己，如前观修降入喉心及脐脉轮。如上修持能缘己，则配合瓶气修之，以五次或七次瓶气为则。及于座正行，观明点于脐脉轮中，修持瓶气五次或七次为要。

如此修持，能摄观想以得坚固之相也。

5. 修身

谓能解开身之脉结，引气与明点入脉内，疗养已坏之气脉明点，令其增长。且依此法为抉择能依心性要义，故应学习拳法，极为切要。于此座初与座尾间，应修那茹六类转动法为要，并余一切拳法，亦可加修。阅余所作忿怒母红引导法，则明晰焉。

禅密薪传

二、已持令固

身要，左足置右臀下，右足置左臀下，臀下实以衣物等，稍令臀高，及用修带等。时要，非过饱过饥、日中夜中，而为左鼻出气或二鼻出息均等之时。脉要，明观三脉四轮。境要，特缘脐下四指三脉合处生法宫中之短阿红明点，相状如火，性煖生乐，形如阿洗，亦如黄柏刺中断、粗细仅等马尾末端，高平一指，色红光炽，能令一切脉中发生暖乐，特缘于脐下，暖不可忍，热气融化，顿生安乐，且应深切了知此即心之体性。气要，持瓶气，于满时，想气由二脉相续贯触阿洗，如风箱之息逼炭火然；气消散时（当是持气时），观余气皆收入阿洗；气出时，想由阿洗出，与暖俱入中脉由内。以上俱应心缘阿洗为要，乃忿怒母之根本色。宜知之。

于彼法心得坚固已，后观吸气满气贯触阿洗，而阿洗炽然，火焰增高平二指，仅如细针许，形如青稞，或如刺猪毛，根尖皆细而中粗，并具地坚水润火暖风动四相，其暖不可忍，热气融化，顿生安乐，余消散与出气，理想如前。于是观火焰增至三指及四指间，为修时暖乐之基础也。有云须明观四轮字者，是为上乐与喜金刚意义。但六法续中，大都未如此说。

三、已固令增长

此又分五：

1. 令暖增长

（1）观想

观脐以上如火燃，下身极长，足达抵大自在金刚地基，可免足痉挛病障碍。

次身具要仪等如前。以气鼓火，依次燃升，增至八指，专缘生火处为主。如是火入中脉，依次想火燃升，至心轮以下，喉轮以下，顶轮以下。有云喉轮以上不观火燃，但此为令暖增长时，故观至顶轮下，亦无有过。

次观诸脉络内，火焰极细，如马尾毫末，充满等毛孔数诸细脉络内。如是依次观火，遍满心喉顶一切粗细脉络，想身一一毛孔，如炬火炖炖，身心严持观想，以令增长。后解座时，火收根本阿洗上。

若如上尚难生暖，或仅一部分生暖，则用六灶印，兼修刚气拳法。且于冷处，猛力揉之，长持中住气，观想身内一切脉络，以火及烟相杂，红黄暖热，充满旋绕。或不观脉，惟观一切身内，以火及暖充满旋绕。及观中脉内，火焰发极暖与烟气，由顶轮出外成伞形，与由密处出外或莲形，上下相接，将自身包含其中。又观中脉内火由顶轮出外，与由下密处出外，如铁钩形，于腰际处，上下钩一齐相钩，身住其中。乃至观一切毛孔，周遍出火如披火衣，外四方极热如火，犹如四日光照，与身内之暖相合，身如铁丸，投中融化，其热难堪，亦如硼砂置水腾沸。

以上观想，依次修持，心应专缘阿洗为主。火观虽有种种，一切扼要，此中已全备焉。依此决定能令增长也。

总之，猛勇修刚气拳法与忿怒母，虽速能生暖，但所得功德不稳固，利益甚微，须依次与自领受配合修持，徐徐发生暖热，则所得功德稳固不退，利益无穷。

复次，极寒亦不应穿皮衣及厚物等，极热亦不应裸体而修，应稍穿薄衣，后生暖时，依次弃之。切不宜与火、日光相近，及不宜吹巨号等。应常修中住气。禁口出气。应食生暖之鲜妙饮食，并护持菩提心露为要。

如上修持所生暖相：暖之发生于肌肉皮肤或全身不定，乃火气暴烈之相，应心悬缘细阿洗，如上观想，令气入中脉为要。若初由阿洗稍生暖热，徐徐渐炽，次以火观依次修持，令发暖热，后极浓厚，悦意，暖热遍满全身，此即忿怒母之暖热，能令红白菩提露增长也。

（2）修身

若如上不能令暖增长，应多修那诺六类转动法，其裨益甚大。卅七拳法亦甚重要。

2. 令乐增长

（1）观想

初观脐下阿洗仅一细针，及顶轮中菩提白色明点如豌豆许，雪白有光，极其圆润，后应持气，以火之暖热，依次融化明点降滴，想由融化，发生安乐。

次观明点具初月形与具那打倒ཧ字，其大小仅芥子许或仅马尾末，高量平一指，油润有光，具足安乐之相。以气鼓阿洗之火，而火暖融倒杭字，如从水晶生水然，降注菩提明点，流入脐下火上，而火渐增然。

又以菩提露涓涓滴注火上，其火微出炸炸声，后燃高一指许，想以暖乐顿遍诸脉处，生极愉快。如是依次观想然高降注菩提心露，充满喉轮诸脉络。后从杭字降注菩提（其滴之细，仅如马尾毛末），由中脉内下降而火焰渐小，菩提渐大而下降，想融生安乐觉受，乃至火细仅针许，菩提充满脐以上全身，想生无限安乐。解座时，想摄菩提入杭字上。此为依二轮修持观想。

依上生乐若小，或一部分生乐，复如前观火达喉脉轮，或触杭字，以火力鼓杭续降菩提充满顶轮诸脉络，想融生安乐，较前增大，稍定，守持觉受。如是菩提充满心轮诸脉络，及充满脐轮诸脉络，乃至充满等毛孔数一切脉络，想生无量大乐。稍定，守持觉受。次，脐下火细仅针许，复渐增大，逆提菩提至顶轮间，经四脉轮，如上融生安乐，稍定，守持觉受。如是下降逆提，应当修持。或如前观想，加观火焰与菩提相合，而且红白菩提相合，由上依次下降，充满四脉轮诸脉络，想生大安乐，后观火上燃，菩提逆提。以上一切法中，于气消散时，须腰端直，右左前后旋动，想红白明点，遍满一切脉络，暖乐生起。尔时，应行狮子抖尘拳法。此为依四轮修持观想。

修上法亦不能令乐增长，则复如前修持外，加观中脉下端直达杵摩尼道间，及观密处大乐轮三十二脉络。其修持如前，但以火暖融降明点，不断充满密轮诸脉络，想生无量大乐，且密根应多提伸。此为依五轮修持观想。

或者观由字分白吽字，经中脉内相续达住摩尼顶，而白吽字体即住于此，尔时应行提伸事业。

由上法若再不能生乐，如上观五轮外，明观智光手印母，于此生起大贪，依次趋入双融事业，并以气鼓忿怒母火融化杭字降菩提等法如前。为令乐增长故，乃观五轮或智光母修持，日常则惟观四轮修持为善。

依此若不能持菩提时，应猛提下气，想吽字返上入杭字及火鼓菩提逆溯入杭字，杭又出顶外四指虚空处而住。以此法亦不能逆提菩提，则以右足后跟坚抵密脉，念极长吽声。尔时上气稍持外，或随上气出入，应猛提密下气，足微微上提丹田多次，腹与脊椎相抵，足手指屈，四洲（四肢）用力，颈稍曲，舌抵上颚，目仰视，心缘于顶。如此七次或廿一次等，提持菩提，且应行狮子抖尘拳法，想菩提分遍全身一切脉络。结尾，应不缘脉气明点等，心性朗然，离诸认识。

如上修持，其生乐概况分四：（一）若身柔软。随触一切，皆感快愉，为身脉娴熟安乐相。（二）于全身或一部分觉如轻松搔痒状之快愉，倏然消灭，为气安乐相。（三）于全身或一部分，觉暖与乐同时具起，为红体增长安乐相。（四）倘于身所感快愉，如贪心所想安乐状，遍满全身，此为忿怒母火融化菩提之安乐相。此又分三：1. 男性安乐，谓由猛贪所生不可忍之安乐，稍稍难持菩提。2. 女性安乐，谓贪心力与不可忍苦较前小，稍易持菩提。3. 黄门安乐，谓贪心力与不可忍苦较前更小，而持菩提更易。

以上虽为忿怒母火所融生之安乐，但非气趋入中脉与收入中脉所融之安乐也，气趋入中脉及收入中脉之安乐详下述。

（2）修身

一般使菩提不漏，当明观四脉轮修那茹六类施转法。若修增乐方便而易漏者，当修明点拳法，令持、令提、令排布全身。后应行那茹六类施转法。

3. 令无分别增长

（1）生实际空性见

此法修持时度如前。诸观想座中，分半或三分之二时间而修持之。身要如上述，依和缓气事业，不缘脉气明点等，应修无分别定。

此种修法，若依前诸观想，已能摄持坚固，谓之稍能摄心。但尚应依外有缘之木石，内无缘之数息及满气等，如理寻求，摄持自心，住无分别。此上能办已，后以松紧法切实修持离过无相之止。后于彼中观察心之体性，为形色耶？为显色耶？或为住耶？且认识所显变相等，其心性离一切认识，本自明空朗朗，断除一切增减义。如是观察妄念之动与所显境相皆无，认识则妄念，动即是空，而所显即是空显，断除一切疑虑。后观察心之住与动之生住去三者，令心领受此随显之体性，本来无生。再应指示认识明空、声空、显空三俱生法。次于座中分半或三分之一时间持和缓气，专一勿散，定于心之体性上。于解座间，亦应持念勿散，凡所起妄念与显现境，皆归纳于道，其详见大手印引导广本，当知之。

（2）保持空乐定法

谓心生实际空性见己，即保持忿怒母修持根本之四喜觉受，定于乐空上，由此修脉气明点三种，为抉择心性俱生方便道。法以忿怒母火融乐，菩提降满顶轮一切脉络，且心专缘顶轮中，融生安乐，灭除随种种境转粗分妄念及认识喜乐与所领乐，其乐体本无，即空，自明显现，于此乐空双融之大手印上，仅一刹那，亦当勿散乱而保持之。如是想菩提降满喉轮一切脉络，心专缘喉轮中，融生安乐，较前为大，大多灭除细分别及认识胜喜乐等。想菩提降满心轮一切脉络，心专缘心轮中，融生极大安乐，灭除一切分别及认识差别喜乐等。如是想菩提降满脐轮一切脉络，心专缘脐轮中，融生无量大乐，灭除一切分别及认识俱生喜乐等。观想菩提逆行者，谓提持密处下气，稍持上气，心专缘各各轮中，想菩提逆行至脐生喜乐，至心生胜喜乐，至喉生差别喜乐，至顶生俱生喜乐，后想菩提收入善字。

若观五轮，由顶降喉生喜乐，至心生胜喜乐，至脐生差别喜乐，至密处生俱生喜乐。次菩提逆行时，想菩提由密处逆行至脐生喜乐，至心生胜乐，至喉生差别喜乐，至顶生俱生喜乐等。其座尾间，应持和缓气，不缘脉气明点，惟定于殊胜忿怒母心气无二体性之大手印上，仅一刹那亦不散乱而修。且于一切后得识与后得境中，须常保持空乐念头，凡显有一切，皆应取为乐空之道缘。

此心专缘诸脉轮中者，能令心气成一聚会，使菩提坚固，显现四喜智，且为修幻化身之基础。若能保持此乐空觉受，常常修持，由修习力，令气入中脉，融降菩提，次第充满诸处，显现四喜，如其显现而起认识。后依次气收中脉，显现四喜安乐与心体空性无分，而能认识，即四喜智。复次，初缘空性具微细心境二显者为喻智，后此增长心境一味者为理智。

又四喜中，一一分四，共十六喜，其微细处，殊难晰焉。

4. 指示与保持所得

觉受法

（1）指示忿怒之通达

由修持脉气明点道，融生四喜等乐受，其乐体明显，至不能以言词形容，即是乐空三摩地。云忿怒母者，谓勇猛忿怒，摧坏所断诸烦恼，及能生乐空无二智慧故。其作业者，总言之，以真实智火能烧除一切分别缠染。别言之，则外，生起次第忿怒母，能摧坏八万魔障；内，命勤忿怒母，能除四百四种病症；密，降住然烧忿怒母，能摧灭八万四千烦恼；离心真实忿怒母，能通达俱生智。或以外暖忿怒母摧坏魔障，内乐忿怒母遣除病症，密无分别忿怒母消灭烦恼，真实双融忿怒母令证俱生智。

（2）释除遣过失与保持法

忿怒母修持之三时，其主要障碍为四种违缘。

忿怒母修持之苦时者：

初以身脉未娴熟，则感病痛逼恼，或失去体力，且身体衰弱。若有宿疾，此时必骤然复作。以气不娴熟，则止气时，气不能止，常感气涌、气馁、疲乏等现象；以明点未排布全身，则心不明，觉受甚小；以所缘未能摄持，则心纷起，不能抉择修习之理；以不知修持方规，则气脉明点，当生重大障碍过失。以上因身心为苦逼恼，不能修持忿怒者，谓之为病痛苦之违缘。尔时想一切轮回苦，生厌离心，修持双运金刚身道，猛勇精进，纵极难行，心决不退，且应思维古之成就大德，并观其传记，以大奋励力修持之。复次，修持难行等，若过于刻苦，损伤身体，起不欲更修之念，而停顿不修，为无食精进修持违缘。尔时应食肥甘馔食，且当休息，俾精神恢复原状。

修忿怒母起贪时者：

谓由气脉娴熟，身体柔软，拙火增长，暖力兴起，菩提动摇，生极乐感；且菩提增长，必生极大贪欲，尔时若对治力薄弱，不能守持菩提，或于明中，或于梦中，或于定中漏失菩提者，为明点退失乐暖之违缘。尔时，心应励精护持别解脱戒，及观所贪不净而远离之；且观贪之体性，制止贪着。若菩提退失，总说，则不能生一切定之功德；别说，则断忿怒母功德之根本，故应严厉守持菩提，精修明点诸拳法。

修忿怒母生功德时者：

谓由气脉明点得堪能故，于心显现乐明无分别之贤善觉受，于身生脉气明点，一切功德，此时若将觉受语人及阙犯三昧耶戒，而诸功德竟如灰烬，或不更生功德，是为觉受语人及犯堕之违缘。尔时，于显觉受不起贪着，但习无覆实际空见，并思维此气脉现相，犹如虹霓，非自上师前，作者不宜宣说，应守秘密。若有阙犯三昧耶戒，应观诵金刚心以补满之。且于上师前盛请灌顶及自取受灌顶等以长养之。应断除无味之受用与名闻，及三种贪着，生起决定树立修持宝幢。

以上若彻底了知修持法理，依次修持，则障碍过失，不致丛生，但于诸劣根者及过猛持拳法者，亦有气脉明点之障碍，其遣除之方便，详忿怒母红引导法中，当阅知之。

又常时修持忿怒母应守之三昧耶者：

暖三昧耶，谓于修持座中，应不间断修气及修身，心不可怯寒畏冷，常持火观，纵极寒亦不宜穿皮衣及厚衣等，纵暖亦不应裸体而行；如火等不应以口吹灭之；不应饮食冷物。

乐三昧耶，应严持菩提，不应漏失，且应断除姜、椒、辣、蒜、坏肉、鱼肉、藿麻、酸咸极浓厚之饮食品等。

暖乐共有之三昧耶，不应坐火近处及日光中，亦不应无褥子而坐，不应赤足而行，断除日中寝眠与流汗事业等。

无分别三昧耶，应依寂静处，断除无意味事务。

5. 所显相与功德

（1）所显相理

总言之，于气脉明点修持者，依根机之次第及往昔所积善因之差别，生功德而不生相者有之，或现相次第不定及依生相次第而生功德者亦有之。

别言之，气娴熟相与乐暖炽然相，前已说竟。由修持故，于五脉轮有五烦恼之脉结如字形，以心气摄集其中，则生极重贪等五烦恼，且增中断魔与作损恼之障，及令起瞋心之仇视等妄念。于病脉魔脉诸处，以心气摄集其中，则一切病因之而起，或于明中，或于梦中，或于恍惚中，显现种种鬼祟，且心生疑虑。于六类脉字等处，以心气摄集其中，亦于恍惚中，或明或梦中，随机显现六类及病苦等。复次，显现种种怖畏。有此以上情形，尔时应生厌离心，集资净障，励精修菩提心等，并随力修持解脉结拳法。了知所现一切境象为入道之相，生大庆幸，更应将所对治法取为道缘，及修实际空见，除遣过失，令其增长。

其次，若气脉娴熟，能摄持地、水、火、风、空五大气各各住于自处及趋入中脉，则依次现如烟、阳焰、萤火、灯光及无云虚空之境象，此为夜五相。其次，能坚固摄持五气住自处或摄持自在，则又依次现月光、日光、电光、虹霓、及日月相合之光，或现如光之明点，此为日中五相。共为十相。复次，于能摄持气住自处，则诸相稍微不明，并不稳固，若收入中脉，则诸相明而稳固矣。再次，以摄持脉气菩提之净分住于顶等五脉轮中，则依次见白红蓝黄绿之佛刹显现。更有廿四境不可思议脉处等，以心气净液摄集其中，则现本尊、空行、护法及化身佛陀，声闻缘觉之刹土等。但于明中现，于梦中现，或于恍惚现无定。

（2）生功德理

如上修持，总言之，于心生乐明无分别无量功德。别言之，则生无别胜观空见，证悟心体本来不生不染自明圣智之功德。于身，由能摄持五气住自处或摄持自在，其生功德次第如下述：谓身当得坚强细腻，光辉丰盈，轻提不觉有身，高墙厚壁，均不能阻碍。若能坚固摄持红白明点于中脉，则生三种功德。（一）如月之工德，身具光明。无有色影。（二）如日之功德，能使他人不见。（三）周遍功德，能示现一切神变，共生八种功德。复次，地等五净分与心气入中脉所感各各相顺象，其依次所生之功德，能变地石为黄金；能于水上行走不下沉，身入烈火不能烧，而煖能融化雪山；且以一刹那能到极远他方世界及腾空行走，山崖无阻等。以上各种功德，由摄心气力大小为定，故有时间长短之差别，但摄集消散，则不能生此种种现象矣。

复次，以脉界与明点清净，故能显神通。以坚固能上提明点，故可阻江河不流。此心气摄一。故目视他人，可令其呆定。以摄火气自在，故能系定日球不西坠等。且以脉摄财宝自在，以气摄人自在，以明点摄非人自在等，功德无量，指难缕数焉。但应知以上各种功德，等于空中虹霓，无有自性，不应生矜慢心，断除世间贪瞋毁誉，利衰苦乐八法，即于殊胜忿怒母大手印不染本明上，勿散乱而保持之。此为令其实际增长也。

以下究竟功德者：谓此心无生大手印见，能令一切执著乱境，皆于智上清净，或光明俱生智界，且解脱身之一切轮回脉结，成无染清净智脉，消灭一切业气，或离障清净智气，及净除一切污秽有漏明点，圆满无漏安乐，登究竟十三地，则现证虹光双融之身矣。

附甘露心要十二级修法
那茹甚深六法甘露心要修持次第分拙火定之修习为十二级。
第一级，修思维人身难得，寿命无常，皈依发心，金刚萨埵。
第二级，修上师相应。

此两级属加行，此后正行。

第三级，观生起金刚亥母。

第四级，观身内空，明显三脉四轮。

第五级，修宝瓶气。

第六级，观修白明点。

此上属未持令持摄。

第七级、修密处（脐下四指）起火，量仅芥子，渐增长至四指，配那茹六施法修之。

此属已持令固摄。

第八级、修暖之增长、六灶印、加观顶髻九脉与密处三十二脉，共为六轮，以及手足十二大节脉各八支，手足指关节脉各四支，共六十支，由三脉合处生法宫起火，兼修那茹六旋，火由密而脐心喉顶之下。初每轮各修三日，以至手足各轮及七万二千脉络；后复摄火归密处，修三十七练身法。

第九级、乐之增长，修降燃，火升脐轮时，热力上及顶ཧ，降白点至喉轮生喜，遍身生乐，如此修三日，又降心脐，亦各修三日，及以红白明点满全身。

第十级、修追逐，先以红色明点遍全身，次以白色明点满全身。

第十一级、观ཧ字降ཏ点住密处，欲泄想吽字若箭飞而止，收入顶上杭字之内，以白色五钴羯摩杵盖之。是为追持菩提严顶髻。（讲录）

第十二级、修无分别增长，稍持和柔气（入气稍长，不提下气）。不起乐或暖否之分别，如柴薪断，宽松而往，修大手印实。

此上八至十二级，皆属已固令增摄。又第六级修白明点，据贡师六成就讲录，应先修游戏水月明点，即观中脉直达眉际，有竖立之三角形，尖向上，中有明点，白色、清凉、光滑，转动不已。再配瓶气运用升降明点，每次应修二十一次瓶气，下座时，明点住眉间，化为清凉之光明。

又第七八级修暖及增长，讲录为修暖打通脉结。初依瓶气，观忿怒母火如极细之芥子，如针锋。第二口气，将火引长至半针许（此为火已引燃者之常修言，若火未生起，应专修引火令燃，不可急于而下修）。第三口气，将火增长至二指许。第四口气，将火升至脐轮。如此修法，可接连修三日，在初修时，应以生暖为准，而暖以丹田为主，若丹田不暖而余处暖者非是。若火未起，可用六灶印引火。着火已至脐，当两拳按膝，旋转腰部，左右各三，想火势炽燃，由丹田任运贯入脐轮六十四脉，左旋三匝右旋三匝，将不净脉结，悉行烧化，转成智慧脉道，脐轮六十四脉既净，则所属之细脉亦净，而成本尊智脉色。若欲下座，仍将火收至丹田，即住此处，火亦化空。

次修火增至心轮，两拳按膝，左右扭肩各三，想火入心轮，左右旋各三，烧除不净脉结，如此接修三日。次修火增长至喉轮，仍两拳按膝，左右扭颈各三，想火入喉轮，左右旋转，烧除不净脉结，亦连修三日。又次修火上达顶轮，仍两拳按膝，以头前后摇各三，想火左右旋各三，烧净顶轮脉结，亦修三日。

初修分日，至火满身后，一座修之，仍须次第扭摇腰肩颈头等部，以运火力，而资熟练。又火满身后，若下座时，仍将火收归丹田，火亦化空。

又第九级，讲录属修乐增满善提，十级为升降菩提融暖乐，十二级为摄持暖乐证光明。

附明行道灵热成就法

灵热成就分三步修习：一、前行修习；二、根本修习；三、实验修习。

一、前行修习

此又分五：

1. 观外粗身空

作皈依、发心、修合上师等。观自身刹那变金刚亥母尊，通身放射智火光焰。内体则如红色空囊，通明透亮，乃至手指足趾之甲尖，亦无不中空。内无一物，如吹气鼓张之极薄皮膜气球，内外红色通明，方观其体积与自身量等。继渐增大，如房如舍如山，终至大等整个之宇宙，专一心念住此观，愈久愈佳。次观体渐缩小，黄小至较极细之芝麻尤小，但身色肢分内外一切，仍必一一了了分明。如是专一心念住此观，愈久愈佳。

2. 观内细身空

即依上观加观红明直空之中脉道，随身伸缩放收。

3. 观身拥护轮

趺坐，九出浊气已，作意观息，呼时，有无数无量之五色光芒，由一一毛孔向外放射，充满空中，吸时，又摄之由一一毛孔入自体，充满其中。如此七遍。继观五色光芒变吽字，仍具五色，亦如上由一一毛孔随息出入，亦作七遍。复次五色吽字一一变无量无数之五色忿怒金刚，右舞五钴金刚杵，左手当胸降伏印，两足右屈左伸而立，仅如极细芝麻大，随息由一一毛孔出入，亦作七遍。最后，观身之一一毛孔，皆有此无数无量之五色小体金刚，面朝于外塞驻之，如护门户然，谓之金刚甲胄，亦即成就行者之集拥护轮矣。

4. 灵息之训练

于中脉两侧观傍脉，上入脑通鼻，下抵密处与中脉合，此两脉亦中空，左有依序铺叠之十六母音藏文字珠，右有三十四父音字母，字画细于藕丝，俱红色，叠成一串，连续随息，由鼻出，由密处入，左右鼻孔替换呼吸其息以相应。此犹先治沟渠，乃能水流无碍，是为以真言加持左右两脉之要妙修习。

5. 灵力之加持

于中脉当心处（应是顶上处），观有自之传法上师，跌坐，其顶有历代传承此法之上师，叠成一串，如小珠，最上为金刚持（多杰羌），于是至诚恭敬，诵祈祷偈：

愿求上师赐加持，诸法入体成灵热。诸法了达皆如幻。诸法于我成净光。

诸法皆成净三身。使我地上转上胜。使我速成无上道。

三五七遍已，观诸上师一一融化入于传法上师，此又化至极圆妙无上安乐之净智光明，摄入充满自身，合体无二。

二、根本修习

此又分三：

1. 灵热之发生

此又分四：

（1）调身

双跌或单跏坐。

（2）轻调风息

初，九出浊气，先右孔呼吸，吸时，头随之由右转左；次，左孔呼吸，吸时，头随之由左转右；三，两孔呼吸，头不动。各三息，轻细不自闻声。再各三息，略可闻声。又再各三息，粗猛深长有声，共为三九、二十七息。

次柔和瓶气，分引满均射四法，参广论修气下，不赘。

（3）重调风息

即修刚猛瓶气，参广论修气节。

（4）灵热观想

此又分三：

（1）外灵热

修生起金刚瑜祇尼母，则外之灵热加持具足矣。

（2）内灵热

即于本尊空体内，明观三脉四轮，顶心二轮俯而喉脐二脉轮上仰。

（3）秘密灵热

于脐下四指三脉会合处，观有半阿字（ऽ），细如毫毛，长仅半指，色棕红、飘动，发如风吹绳索之蹦蹦声，有热触，又于顶轮千叶莲台处之中脉内，观想 ह字，白色，如欲降滴甘露之状。于是引入风息而摄灵力入于左右脉道中，此灵力下行膨胀，由中脉底端鼓入，上触细如毫毛之半阿字，令其加粗，且转鲜红，与均息相应，呼时，观中脉道中有蓝色灵力流与息俱出。又于保持住息时，理由红色半阿字发生火焰，半指长，上端尖锐，炽然上烧，此火焰亦直明红空，且速速转动，如纺椎之不停。每一吸息入体后，火焰即上升半指、经八息而至脐。又经十息，凡由脐轮中脉分出之各各支脉道中，皆充满灵热。又经十息，此灵势焰下转，令下体各部无不充满灵热，即足趾尖端，亦皆贯到。又经十息，灵焰复上炽，达于心轮处。

又经十息达喉轮。又经十息达顶轮。

又经十息，千叶莲台处中脉道中之 ह（杭）字为灵热力所溶化，滴降菩提月液，周润顶轮之各各灵脉穴。又经十息，周润喉轮之各各灵脉穴。又经十息，周润心轮之各各灵脉穴。又经十息，周润脐轮之各各灵脉穴。又经十息，全身上下无不周润，即手指足趾之尖端，亦皆贯到而无余，总共为百零八息。

初修一昼夜六次，以后渐减为四次，但住息所占之时间，亦即随之而加长。每日除眠食等外，余时皆须常作如是修习而无间，此为调摄身心灵力之主功，亦即灵热发生之主功也。

2. 灵热之经验

此分普通及特胜两种：

初，普通之灵热经验

凡出息展缓，使灵力与心识不散乱等，是为"持"法。依于持法，风息之往来次数减少者，是为"动持"；减少出息之时间者，是为"时持"；出息之力减少者，是为"力持"；明了息之色用者，是为"色持"；明了入息之诸大体德用者，是为"大持"。如是既得灵力之诸"持"，则灵热之波流，自得平定稳固。又心及灵力如各各得其本来平等境者，则灵力热亦自得源源发生。复次，当灵热初炽时，所有各灵脉穴，一时张开，由灵力载运菩提"月液"滴入种子于其中，遂有如媾精之微痛觉生起，斯时，生死六趣之境相有现前者，是为灵热经验之初期，或曰初转种经验期，或曰痛经验期，或曰暖经验期。此后灵脉穴即当一度萎缩，旋又开张，同时灵力载运滴入之菩提月液量亦增多，满灌其中，使之成熟。如是不久，即当生起极安乐之境界，是为灵热经验之第二期。或曰安乐生起经验期。此后不久，必为内安乐之所澄定，于是举观外界一切说法，无不安乐，是为安乐之正经验期，于是妄想波流，自然寂静，而心得其本自在境，即正安住或三摩地之境界，是为灵热经验之第三期，或曰无差别境，即修习者成功于第三步之境界。然而此之安住境界，并非一无觉受之境界，其时当有如烟雾，如幻城，如阳焰，如晦光，如灯光，如黎明，如晴空，乃至无数莫可备述之种种现相，每每现前于行者当此菩提月液三转之期内。然所现见之一切景相或瑞兆，行者不可漠然视之，但又不得于所未现见者妄欲求其现见，要当一向精勤修习于如上所述灵热发生之主功。至若行者之灵热作用已生效能时，则行者自能免除疾病衰老，及其他种种生理上丧损之作用，且能不久证得有漏之五通等世间诸胜果。

次，特胜之灵热经验

上述普通灵热经验，其灵力得入中脉，端赖行人自力，令外体之灵力活素与内体灵力活素，以瑜伽法使之结合，成为一如管形体之灵力活素聚，因以生起诸妙用者也。于此当知更有第二微妙功用，谓由脐下命门三脉会合处，灵力入于中脉道已，即贯通灵脉中枢之四轮，成为灵热之智体，此智体能渗透所有一切精窍之灵脉穴而开解其中之结系，此诸结系得开解故，于是有特胜之五相一一现前。五相者：一如火爆发之光明（光焰黄色），二如月光（白色），三如日光（红色），四如土曜之光（蓝色，星周有极强大之星聚光圈），五如闪电之光（光焰淡红色）。此种种之光焰，组成圆虹光圈，围绕行者之身。

复次，行者又必有其已得证于八胜德之经验。八胜德者：一、由于地大之胜德，行者当得有如"无爱子"（梵名那啰衍）之神力。二、由于水大之胜德，行者柔软光滑，入火不焚。三、由于火大之胜德，行者有镕解消散一切物质之能而入水不溺。四、由于风大之胜德，行者当得足捷身软，落地如棉。五、由于空大之胜德，行者当得空行自在，空际无碍，地水皆不能阻。六、由于月之胜德，行者举身透明而无影。七、由于日之胜德，行者粗色体质，皆已净化，举身转为各色光焰而不能为人所见。八、由于已获上述瑜伽成就诸胜功德，则身之九窍门闭，语之四窍门闭（喉、舌、唇、腭）而心之两窍门开（障于正意正念之结系得开解也）。于是，内则得证于无上安乐境，外则见闻觉知一切时处之经验，无一而非正三摩地之相续流，所谓胜安止境者，即此是矣（此即完全安止境，亦即瑜伽者身语意三轮之最胜调伏境，盖此时左右脉道日月两胜灵力调整者之土曜灵力已生妙用，贯满于中枢灵力脉道中故）。

3. 灵热之超胜

五蕴之灵力，表佛性之阳极，显于左方灵脉；五大之灵力，表佛性之阴极，显于右方灵脉。当人体灵力中所含佛性之两极，循左右两灵脉道降入而会合，转入中枢灵脉道之时，即得俱生之净智灵力，此即无上觉智之灵明本体，具有无尽之无漏大乐。又于脐轮中有业之灵力，能令业因与业果持平；心轮中有业之灵力，能使业果成熟；喉轮中有业之灵力，能令业行增盛；顶轮中有业之灵力，则能令一切业之因行果尽归寂静。又当菩提心月液下降，令灵热上溯，贯通四轮时，使彼彼业之灵力等，一时依次活跃，直至到顶时，顶际灵力脉中，乃生起无比之震动，而菩提心月液愈益增盛，此所以圣者于顶际必有其肉髻隆起色。此能生肉髻之顶轮灵热脉穴，得有由灵热力增盛之菩提心月液充满时，即是已澄得大手印俱生净智之大安乐，而获得大金刚法界之体性矣。方其如是体证之时，又有由极下端生死根原密处（即命门）发出之白色甘露液，盈溢至顶，灌溉周遍已，即于顶轮变成红色之甘露液，倾降而下，周润及于全身，直达手指足趾之尖端而无余。如是，灵热成就之根本修习，至此方达于至极超胜之境界。

三、实验修习

此又分二：

1. 获证热益之修习

此复分三：

初练身，交两小腿，右外左内，作蹲踞坐，修习各种拳法，小跳大跳等。

次练身，即瓶气之修法。

后练观，观空明之金刚亥母，三脉四轮，及脐下半阿字明显，后观两手两足之掌心各有一日，令此四日，两两对合（即两手两足各合掌）。又观脐下命门亦有一日。如是以手足心各对相搓，观有极热之爆生，此火生已，即触发命门处日轮之火，彼火亦即爆生，延烧半阿字，半阿字遂亦发爆生之火，延及全身，无处不炽然而有灵热之火勃然怒生，当呼息出体时，观此灵热之火，喷出充满空间，此须与拳法小跳大跳等配合而修之。除手足相搓时外，余应保持蹲踞之势。

2. 获证乐益之修习

此复分三：

初，观面前有极尽美妙之女体，生起欲乐。

次，基于已惯熟六体功法、瓶气及种种灵热观想，此时自身顿变蓝色之大集轮金刚，通体空明透亮，中有三脉四轮乃至半阿与涵字等。灵力触动半阿，发生火焰，上升至顶，镕化涵字，降滴月露，落于半阿字上。又当涵字一经镕化，即猛然一声爆炸，使半阿火焰，速速退降，至于脐轮中，涵镕愈增，菩提月露，沛然下注，令彼火焰益炽；复上升延烧于心喉顶各灵脉轮；最后涵字全镕，降落于喉轮。此时即有大喜乐生起，同时当有刹那即变之种种境相现前，行者即得安住于一切法平等之真空境。

随后菩提月液降达心轮时，当进而有上喜乐生起，即获证于一切善净业之正意念及正知见，而得安往于无边际之空境。随后月液降达脐轮时，更进而有妙喜乐生起，即获证于通体灵脉一时振奋，豁然而得入住于大自在之空境。最后月液降至脐下命门时，即一时获证于俱生智之圣喜乐。斯时极微细分之时间法性，亦皆了达。而得入住于一切空境，惟一清净光明，任何世间法皆不足以动此妙明真空之心境矣。此为依于菩提月液镕化流降入于四灵脉轮，而顺序获证于大、上、妙、圣俱生及四喜乐之微妙实验修习也。

后，秘密体功法，即那诺六旋等拳法之当修学也。

正行幻化身精髓第二

贡师讲录

幻化身为修之基础，对一切如梦如幻，甚要紧，若不知观一切如幻，即不了真空，不了真空，即生执著，不达缘起有之自性，而解了缘起与空无别之真义。

那若巴歌

那若巴祖师为玛巴译师歌曰：外虽有现如幻化，内起功证不可说，昼夜所现的变化身，这个命名为幻身教授，耽着已离否？大译师。

六法引导广论释道所依幻化身口授

总分四：

一、未持令持

初应修诸殊胜加行。

正行，每座以三分之一时间修忿怒。再发心为饶益一切有情故，依修如幻三摩地。欲得圆满受报身。

次观自身喉轮中现莲日月座，上坐上师报身金刚持。身红色，具佛毋，殷重祈祷求加，且细观一切有为坏灭无常之理，以为灭除实执之方便。

此后于现境修如幻者，身七支坐，总现山水，城舍等器世间及人与傍生等有情世间，分观自根识所现色声香味触等及尽其所显诸法，均由乱识显现，无有实成，犹如幻化。复次以八幻喻抉择诸法无有实成，虽现亦如幻，如梦（一切情器，胜义谛中无实体，但俗谛乱识之前，现此假相），如谷响，如色影（净镜中现人影，耳目所接，皆缘生有），如露，如沤（刹那生死，流动无常），如阳焰，如虹霓（皆无实性）。以上由实际空见观一切法均无自性，若得抉择甚善，否则初应观想如幻，于根本中修持一切现境如幻，于后得中现镜，学习如幻之念不失，断除坚牢实执，如幻化想，直至未得决定间，常如是观。

按甘露心要曰，跏趺坐，想一切诸法，均为无常，特于众生寿命无常，虽妻子、亲戚财物，都无实义。总之，生终当死，积

372

终当尽，伴终当离，亲终成仇，所养当坏，行气当断，亲终当离，财宝终为他人享受，蕴成臭尸。我不自在，任何都无实义，悉生厌离之想，惟有清净自性真心耳。

二、已持令固

此又分二：

1. 修习不净幻身

即于凡夫身语意之三种修习如幻也。

初修凡夫身如幻者：以净境现影，善知所现色影，由净境与人之中无覆障，因缘和合而生，实无色体。如是由业与因缘和合，虽现自身，亦于胜义谛中，无有自性，即现即空，且加前八喻修之。时而观镜影之衣物严饰，生悦意否？时而观镜影与己作斗状，生不悦意否？然于被中，未有悦不悦也。以此推之，身体之端丽与否，及冷热饥渴等，均观如幻，此悦不悦等，乃心所现耳。

次修凡夫语如幻者：作谷响观，知由因缘和合而生，无有实成，如是自他语业一切音声，皆因缘和合所生，其体性本无，即响即空。次往生谷响地，自加赞颂，因生赞颂谷响声，闻此颂声，看生悦意否？时又谩骂，观生不悦否？然于此未有悦不悦也。如是自他语业及一切音声，知其示无实体，均如谷响。如是于他人之毁誉，亦不应生悦不悦也，均应作如幻观。

复次修习凡夫心如幻者：作阳焰观，当阳焰满布时，虽显现如水，而从阳焰觅水不可得，仅假相显现耳。如是迷乱分别心，虽现种种能所执著，从中觅其实体，终不可得，盖亦假相显现耳，且观心迷乱分别，无有自性，刹那迁流，犹如阳焰。复观心一切分别，由心所现，而此心性本来无体，即明即空，得其决定，则知一切分别即明空，一切所显即显空也。复于悦不悦及得未得，称未称，乐苦等亦如幻抉择，乃至未得八法平等摄持间，应不断修持。于寂静处修得八法等持，应再往人众中练习，随顺八法，观生悦不悦否？倘有，仍应到原地励精修持。

于此有言可将一切有情身语意同时观如幻修习者，然于根本定中修心业如幻，观一切情器为自心所显，已包括无余矣。但于后得识等执自心外有显现相续之情器，尔时对此现境亦应修习如幻，且修一切有情之身语意，身观如色影，语观如谷响，意观如阳焰，如此励精修之，至为切要。有云修净不净幻身时，于镜影观察及以色影推究，修持自身如幻，不可以为依据者，此不明本法之不共利益，轻蔑诸大善巧之修持法规也。

2. 修习净幻身

此又分二：

（1）修现本尊坚固

此修生起次第明显坚固，为修圆满次第之基础，且为中有证得报身之方便，于此若未生决定，不得修梦法中之本尊化身能力。此复分二：

甲、观现本尊身相。初用彩绘鲜明之本尊相安放自己头上，于对面设净镜，使相影现于镜中，行者应观此由因缘而现，无有实体。次用布绘本尊相观察。初总观，心应明显，譬如恒日所见女人之形体，一忆即能宛然明显于心目中然。后依次观头明现及各别眼面等细分明现，如是观身姿势及手足等明现。最初总观相若不明现，则仅观相之喉以上部，令心明显，如是依次观手足等。总之，最初宜总观明观，后一一分别明观。

如上修观，于对生本尊若能明白观现，别依对生本尊而修自生本尊时，甚易明现，若不明显，宜恒日猛勇修持，不可间断。依此修持，上等成就者，现相较绘相明显；中等成就者，现相与绘相相同；下等成就此，现相微较绘相不明。

乙、本尊身相不随缘迁动次专一住定。七支坐法，眼观鼻端，不稍瞬转，心专缘本尊身相，由顶至座而缘，虽一刹那，亦不散乱，若起散乱时，亦当修现，令不散乱。复次，于总观及分观细观时，心未得稳固而住过紧者。则心生掉患，反成住定障碍，由是当少缓行之，又如住定过松，则心生沉患，心虽稳固不动，但失所现本尊，或现本尊不明，尔时心应稍为猛勇修定，以上为沉掉遣除方便。倘于总观得稳固住定后，则于分别观应逐渐加紧修定。若得明现稳固，方修松紧法，并于一切威仪中，任遇大小因缘，均与此观相合，令本尊观得明现稳固而住，至为切要。

（2）观本尊如幻

本尊身相已明现稳固后，须以空观见摄持而修如幻，方可得殊胜成就。此谓现证空见者，自心立刻领受所现本尊，亦仅假现而已，无有自性，现即空也，无容新生空见。其余未证空见者，于本尊显现时，即观察此本尊，无有自性，为自明所现，即是现空无分。复次，于根本定中，须保任本尊现空自明之念，刹那亦不散乱，于后得智与后得所现境，恒持此念。但先应学习现想本尊如幻，若无实际空见，于所现本尊身相，应观如镜中影相，无有自性，犹如幻化，细观修持之。此本尊身相，即现空无分，以十二幻喻表示：观察虽本无实体，而其枝节具备，犹如幻人；以一能遍于一切，如空中月现一切水中；骨肉等粗质无实。成如色影；刹那流动如阳焰；唯心所现如梦生；因缘所生如谷响；虽现无实体，如干闼婆城；从一现多，如云或如幻；眼色明净无疵如虹霓；无常迅速如电；刹那而起如浮沤，虽现无自性，如镜中影。

按六成就讲录曰，修习清净幻身，即为对治修行人得力时所生执著等过患。

三、已固令增

此又分二：

1. 修习本尊身如幻力

谓从修习本尊身如幻，心得大安稳后，即观此本尊渐大，乃至充满世界（应是法界）而定；普摄，小仅芥子许而定，再由一放二，由二放四等，乃至放出等于微尘数；复次一一收摄，至原来所缘本尊身而定。且于后得识与后得所现修习，观器世界及根识与心所现之山舍等，变成越量宫殿，情世界一切有情及根识与心所现一切有情，明缘成本尊眷属。复次，观所现色相即本尊，声音即咒音，妄念即法性，胜妙五欲即供物等而修，净除凡夫一切所现，以上所现一切，亦当作无自性观，以自明空见摄持之，并加前幻喻表示观。

2. 入光明道起如幻身

其主要为由自性光明上现中有时，能起本尊身，彼法与此法规相顺，故应修习。此中经云，须当修气收入中脉，现生四空，从四空上显现心气所成之幻身，或修气收入中脉，现生四喜，由俱生上起如幻身二者。前者观本尊身如幻，心脉络中，显现心气体性所成之蓝色吽字，放五色光。于此专缘，随力修持瓶气。由气收入中脉，依此现生烟、阳焰等相及现、增、近得光明等。次本尊身及吽，亦依次收于光明，即于光明上竭力入定，出定一刹那间，仍观心气所成之如幻身。后此缘本尊身及吽字修持瓶气，由气收入中脉，生现四喜，依次观本尊身及吽，均收入光明，即于俱生智上，竭力入定，出定时，复起心气所成之本尊如幻身。如尚不能修观，应依二静虑而修持之。（一）持气静虑，谓观本尊身及吽字，心专缘吽字，随力持瓶气，后如镜中呼气，观身上下一切皆收吽字，吽又收于那打，那打无缘，心专缘于此，多持瓶气入定。（二）后灭静虑。与以上修持相同，其不同者，器世间化光入有情世间，有情化光入自己，自己化光入吽，吽化光收入那打等同上，如是入定。此两种静虑，可随意修持之，后由无分别光明上，以刹那间起心气所成之如幻本尊身，持气，专缘入定。次应学习如前之入光明道及本尊如幻身。经云，一切收入光明上起心气所成之如幻本尊身等，为幻身之菁华也。复加前如幻喻十

　　　　　　　　　　　　　　　禅密薪传

二种表示法，观修相同。

　　准六成就讲录及甘露心要：圆满次第有二：一、以气摄心，二、以心摄气。此不共法，为心与气合所显本尊，内又分二：一、有学双运所显。二、无学双运所显，皆属遍胜一切处行。修法：身七支坐，修气脉明点等诀，自身如金刚，口唇微相着，心观当下一念，过去、未来、现在俱离，心极清净，斯时法尔将气收入中脉，气收后，即现地水火风觉受相。初，地入中脉，内外一切现如烟，此时不自觉有身，但心有此境耳；次水收入火，现如阳焰；火收入风，现如荧光；风收入识，现如青天无云；识收入显（亦称显现），如青天理白光（如月）；显收入增，如光转红色（如日）；增收入德，如黑暗；德收入光明（亦作净德），显现离月日及黄昏三染缘之黎明晴空状，见自己本有智，即俱生光明（此属顺流灭，亦属根本定，韩大载居士谓为生起次第临终八法）。此后（气稍动转）生所显三逆流，（由黑而红而白），由光明生德（黑暗、大空），由此生增（红、极空）。由此生显，（白，空）。由此三与气俱而生相好庄严之幻化身。此为由三寂任运住于已生之幻化身略摄修轨也。

　　四、指示与保持所得觉受

　　通言之，摄尽所有轮回涅槃一切法，虽皆无自性，犹如幻化，但以执著迷妄分别，显现实有，由修此如幻三摩地，净除一切执著迷妄分别，亲证诸法无有自性，犹如幻化等。为通达一切法之本来实际，且见轮涅诸法，本具如幻之自性。故古德谓为共义幻身。别言之，修持本尊如幻，即就此粗质异熟身中。虽有本尊之清净自性，但为凡夫执著迷乱所覆，由修本尊身如幻三摩地，净除凡夫执著所显，领受本尊与现空双融之觉受，清净气脉明点障碍，转成虹霓如幻身。故观身及本尊身与现空无分者，古德谓为如幻身之根本。又修持微妙本来清净身者，为于现在异熟身中，虽具有心气无分之身体，如金刚，离诸坏灭，但随无明业增上，未能显现，由修光明俱生智，净除业染，生如幻身，证离垢如幻报身。故入光明中，起心气所成之如幻身。古德谓为幻身之菁华也。此中所显现境象，与凡夫身口意三业如幻修持，古德谓为共义幻身。修持本尊身如幻者，为别义幻身，入光明后起心气所成之如幻本尊身，为密中密义幻身。

得幻身口授圆满已，须当永久保持所得之觉受法。有言于根本中修净幻身，及后得中学习情器如幻，但初依情器如幻修持，须得世间八法平等摄持。及于所显境得如幻觉受，然后于根本定中，可修持本尊身如幻。及此本尊放出收入，趋入光明，出定，复起幻身观，且后得识与后得境所显器世间，当观成越量宫殿，所显有情世间，当观成本尊身相。此法，有谓上半座惟修持忿怒母法，但即此修法中，亦可修如幻观。故此法为细明点修本尊身如幻瑜伽也。次于下半座持和缓宝瓶气，修本尊如幻之根本定，及本尊放出收入，趋入光明，出定，复起如幻观，裨益殊多。如上修持，经云，最初领受所现一切法无有实体之觉受，后现证无实体，不被水火毒及武器险地等之损恼，且得四种事业及八大共同成就，即生或于中有得如幻身，证殊胜成就。

附明行道幻观成就法大旨

此中分三：

一、认证不清净之幻色身为"嘛雅"

对镜自照，想称讥等八法加身，容颜随变，用以深察了解我及我所执著之非，且观察镜中幻相与我之幻身，原为一体，皆是缘生无实，以十六比喻法而观之（即如梦，如幻，镜花、水月……）。

二、认证清净幻色身亦为"嘛雅"

此又分二

1. 观想所成之清净幻色身为"嘛雅"

法以塑铸或绘画之本尊相映于对面之净镜中，专注一心以观之，久则能见其像活泼如生。继观自身与圣像无二无别，又继观所有之他身与圣像无别。又继观一切现见于眼前者，皆等同圣尊，所有一切情器世间，无一而非圣尊之游戏神通所变现，此转一切现见成本尊观之如幻修持也。

2. 圆满现出之清净幻色身亦为"嘛雅"

身七支坐，勿追念于过去，勿寻念于未来，亦勿寄念于现在，惟一心不乱专注于当前无尽之天空，于是心念之力，得随灵力活素安住于中枢灵脉。而一切杂乱心想，得寂静境，以至于此境中出生烟、阳焰……乃至五胜现相。尤有最胜者，于无云晴空之中，忽然而现出至极圆满相好光明之佛像，如水中映现清净月轮，或如镜中现出之胜相。如为净妙应化身，则三十二相，八十形好，一一了了分明。如增胜为无上报身，则光焰骤盛，未堪细睹分明。而行人犹能领闻至极胜妙之音声耳。

三、认证一切法皆为"嘛雅"

此真空实相之认证，谓当如实观察所有一切法如生死涅槃等。初似有其两边对待，究其实际，当体元空。故当两边无着，融为一道真实，无二无异。凡所有显表之一切义谛，克实言之，终不外正三摩地所勘破之幻法而已。能善了知于此实相，注念不移，持定不失，方可进而圆证于彼究竟真际之净光明境也。

正行修梦精髓第三

贡师讲录

修梦为知量，谓知成佛之量，得不退转，如知修持已达初地，或二地之位次，及梦中知到否生西等。

又曰，此修梦法，为圆满报身之方便，一切缘起所显皆如梦，上至成佛下至堕落皆然，以自性不可得故。故遇好梦不喜，恶梦不惧，惟了知而已，推之一切事皆能作梦观。如在浊世度生，了如梦观，则能堪忍而作饶益，故报身可圆。

那若巴歌

那若巴祖师为玛巴译师歌曰：梦境功力扰乱时，喉间有"嗡"放光明。欲想吾气相联结，遂至起现种种梦。梦见男子是阳鬼，梦见女子是阴鬼，梦见旁生知是龙。梦中欢喜乃心举。梦中不乐乃心忧。若不知鬼由心本生，则妄想的鬼永远无穷尽，示此任运泯绝善恶义。这个命名为梦境教授，已达法的本性否？大译师。

六法引导广论释道暖量修梦口授

总分四：

一、未持令持

此又分四：

1. 持梦之加行

谓须断除不能持梦之因而修能持方便。此中若阙犯三昧耶戒，应修金刚心以忏除之。并启请上师灌顶及自取灌顶以补之。若对上师及密法敬信心薄弱，应对上师猛烈生大信敬，供献曼达，于本尊应献供及修会供轮，于诸护法，应供献食子，并应于上师本尊护法前祈祷，恳赐于心生起持梦善业及成办顺缘，消灭违缘。若于诸物质执著过重，应舍弃之，断其贪着。若遇污秽与漏失菩提，应远离不净处所及伴侣衣食等，并保守菩提不泄为要。若散乱过多，欲念劣弱，应于最寂静之荒野等处严厉结界，断除妄想及所作一切事业等，想所理情器皆梦，数数生猛厉欲念，想象夜中必须持梦。

2. 持梦之方便

谓修不共诸加行已，每座分三分之一修忿怒母法，余二分修本法。发心之后，观上师于自喉中，诚恳祈祷垂赐加被于心，使能持梦及梦诸善业。后观喉轮现四瓣莲花，花中现白ᢀ字，前瓣

莲上现蓝 字，右瓣现黄 字，后现红 字，左现绿 字，各
字各色皆鲜明灿烂，具安乐状。若略则惟观莲心现红 字亦可，
且竭力持瓶气，专缘嗡字而修之，或出入住三时皆念嗡字金刚诵，
亦可。有云此法惟眠时可修，余座不可，此不知修梦之要义也。
若于醒时及一切座中正行如是修持，则心气摄集喉中，渐次娴熟，
于眠时容易摄集心气，庶梦多而明，并易摄持，为益良多，故应
依此专一修持。且依此法能令气收入中脉，由气收入中脉，则能
生现四空，极为殊胜。次于后得识与后得所显情器等境，皆想象
如梦，须猛持此念，语业亦想为梦，惟不可食味过浓厚之饮食及
过于饱食，做事过劳等为要。

3. 正持梦

谓醒时以气趋入中脉，能生四空，初依次认识眠之四空，次
应识持为梦，但此于下光明口授外述之。若以上修持，仍不能识
持为梦者，则依气力及欲念力种种方便，使识持之。此中持梦主
要时间者，大多黎明至日暖间。尔时食物已化，且饥饱适中，故
眠少而心亦澄清，容易识持为梦。但有痰病过重者，晚间睡眠稀
少，亦可于晚间持之。身要者，谓枕宜高，如狮卧，或屈足相架
靠背坐眠，随一皆可，衣宜少穿，被盖不可过厚。欲要者，谓应
于梦能识为梦，如是欲想七次或廿一次等。境要者，谓明缘喉莲
五字，即缘前瓣莲上阿字右旋，依次缘余字，眠时专缘嗡字。不
缘其余四字，惟缘红嗡字亦可。气要者，随力持瓶气。以上诸要
义，须眠时短而次数多，于每次睡眠，不论何时醒来，即观察能
识持为梦否，若尚不能，复如前猛厉生起欲念，祈祷知持为梦而
睡。若此仍不能识持为梦，则心应观缘修室卧具垫子衣物，以及
所见伴侣作业等，任何一种，均系梦境，尔时不舍此念而睡。以
上须经多日修持。尚未能识持为梦或睡眠鼾浓及所梦不明等，则

观喉中红嗡字或红阿字，放光充满身内，及一切现境，皆红艳鲜明而睡。或观两眉之间，现豌豆许之雪白光莹明点而睡。上述诸端，随缘一种均可，若眠少，则缘心脉轮中现蓝吽字，或现蓝明点，光明灿烂而睡。依此若眠过浓厚，则缘喉轮或密轮现蓝明点，如豌豆许，光明灿烂而睡。有云观手庄严莲花种子字及持光明等，种种观想各异，但一切心要，此中已全备矣。

4. 持梦不成修迁移法

谓以上口诀，虽恒日精进修持，尚不能识持为梦，则应住寂静地，裸体赤身，摇小鼓作跳跑舞蹈等种种方便姿势，并于崎岖可怖等处，观察大呼为梦。若仍未识持为梦，应猛厉生大惭愧心，于上师本尊前，殷重禀白祈祷，得识持为梦。及缘喉中莲瓣四字，各字猛厉右旋，口亦诵此咒字，后想诸字收嗡字，嗡变无量红光，充满全身。或想喉中现杵月刀，猛厉旋转，将自身截成细粉，变为智慧甘露，以供上师本尊，令六趣饱满，心观无缘而定。后又如前生大精进，识持为梦之欲想。又有云，眠时须助修者，用方便法，令于眠将醒时，识持为梦。更有言令作僧众共同事业及修桥补路等事业，并于荒野古墓等凄凉之地，行古沙里供施法，更应宿于寺门，识持为梦。如是云等，其为大概由积资忏罪，及心生怖畏而识持为梦也。虽可偶尔换修，但以择寂静处，如前所述方便，励精修持为要。

二、已持令固

此又分二：

1. 遣除分散过失

谓暂时能识持为梦，但不明或分散，不能恒持，此则于善业无力，故当遣除过失，修令恒持。此中醒即分散者，谓正做梦时，忽现醒象，及识持为梦时，忽立醒等，此应先欲想持梦时，不使眠醒，即醒亦不睁眼，想入梦境及于梦将醒时，缘心与密处明点两法，随一均可。复次，观易醒之缘，若因持心过紧而醒者，则心当宽松；若因身冷而醒者，则当多穿衣服；若因嘈杂声音而醒者，则当远离诸缘；如此又倏然醒者，则当猛勇集资忏罪。此中迷乱分散者，谓虽间一能持，但梦常迷乱，以当汲汲猛厉欲想持梦，且眠时应短，于醒时所现一切，皆严观如梦如幻，以止现行贪着。有云观自身住白红二明点间及观喉莲中嗡字，变成五智体之蓝吽字，持气而睡以遣除之。此中忘失分散者，谓由梦不明，不能识持，虽暂时能识持为梦，但无力摄持，则忘失之，此大半由自己眠重。及遇重大污秽与欲想少劣所感，且不应饮食过饱，及衣服过多，足当屈架坐眠等，使心澄定，并应于眠时汲汲生猛厉欲想及缘眉间红明点，光明灿烂而睡。若过重污秽，当行遣除方便。此中空分散者，谓由猛厉欲想，致眠不来，或眠来亦无梦现前者，心当稍松，且观心内或杵摩尼中现黑明点，后等应观喉中五字放光，充满身内一切脉络而眠。此中厌倦分散者，谓虽能稍持。但以欲劣勤勇劣故，生厌倦心，于此应厌弃轮回，猛厉修出离心，并精进勤求口授。复次，尚有念分散与相续分散等，仍与前对治诸方便要义相同，以上一切，若观察不能识持为梦因缘，应当了知欲念之松紧，其余衣食行道及食要等，亦须检点而修持之。且眠若过重，则观喉中或眉间现红明点或白明点，光明灿烂；若眠不来或眠少时，则观心内或杵摩尼中现蓝色黑明点；若梦不明，则观喉内现红明点，并放光充满全身，及遍一切微细脉络，所现皆红艳鲜明。此要义亦当了知，令持梦坚固。有言不必修持梦基础，更不必修遣除分散等方便，即行依次修持下述之梦中化梦中变等，然此观颇繁且利益极少。在未得持梦之自在时，焉有变化等能力。虽有不依口授，亦未精勤持梦，而能知为梦者，但不能恒持，仍须精勤修习持梦，且须恒久如是修持。

2. 学习梦现如幻

此又分二：

（1）识持恶梦

谓识梦现之火、水、野兽、鬼、罗叉、仇等怖畏时，当观梦中一切显现，皆无实成，为假现故。且想所梦之火，岂真能燃烧乎！所梦之水，岂真能溺人乎？所梦之野兽、罗叉、鬼、仇等，岂真能为人害乎？能知为梦，即于彼上一一践踏之，亦必无损，有言梦中所现之鬼祟等，观自成烧红之铁丸，投入彼等心中，此名为断除怖畏。

（2）识持善梦

谓了知平常梦现，尔时观梦中一切现境，皆无实义，仅假现耳，且观识持恶梦善梦一切梦现，皆与八种幻喻相同而修持之。若能将身口意三业依不净幻身现于梦中修持，极为殊胜，若此不能，亦当修习一切梦境无实如幻。

三、已固令增

此又分三：

1. 增修持梦力

谓得持梦安稳已，增修持梦之力。

初应修习梦化力者：谓识持梦中，将自化成帝王与婆罗门等，如是代现种种人类，及将自己化成狮、虎、大雕，灵鸟等，化成山、舍、树林、地、水、火、风等，化成种种自所未见之贵物等，并将情器所显，化使不现等。以上种种变化，均应修习之。后应将自己化成本尊，即此增大收小等为要。

次增梦中变力者：谓随梦现情器等境，将此境变成异境，譬如所梦傍生变成人，及地变水，水变火，一变多，多变一，有变无，无变有，应种种变现。后应修习墙、舍、宅等变成越量宫，及人、傍生等变成本尊。复次修习梦中增力者，谓随梦中所现之物质，即此一增二，二增四，如是递增，至百千万亿之多。后修习观自本尊放多摄一。复次，尚有不定之神变，如上身火燃，下身出水，及踏日月，以一身充满三千界等事业。以上种种能力，总言之，于梦化梦变等之一切能力，当于醒时与眠时，多生猛厉希欲，想于梦中得此能力为要。

2. 修习导入善业

谓随日中所修忿怒母法与幻身法等，即此修善业中而修梦法，且特言修梦口授之利益，为中有现证幻身之方便，故切当修持本尊如幻也。此中认识眠之四空者，由光明上将显梦时，以一刹那间起心气所成之本尊身如幻，于此入定，并观所现器界成越量宫，及所现有情界成眷属本尊等，次于眠空，将一一本尊化光，竭力入定。后现梦时，仍应观起如幻身等。若尚不能，当于持梦间，跟即观自成本尊身如幻，专缘入定，并修放多摄一方便，及器界成越量宫，有情界成眷属本尊，胜妙五欲成供物等，再加修前幻身处所说之持气后灭二种静虑，收摄于光明上，竭力入定。由出定一刹那间，起如幻本尊身等。上法，初须依次修，得前法觉受已，再加修后法，又得觉受已，方于每座中，将各法完全修习。经云，在前未通达眠空者，于此能少分通达，并依次明显通达，由此修如上所说之眠光明上起梦幻身，如是修持入定出定。复次，随梦之显现，以大手印见摄持之，并了知一切所现，本无好丑差别，惟以所显耳，且心性本来离生住灭三者，即自现自解脱也，应于自明体性无分别智上，专一入定，此为修梦之真实性，及为由梦趋入光明道。复次，于通达一切法无自性上，当了知梦之真实性，若仅知梦境即梦与梦境不实，尚不足也。如此修持梦法，复由气摄心际，灭除梦境，趋入睡眠，能少分了达眠空，复由此修力，更能明显了达。

3. 修持迁移上界

主要为修持迁移清净刹土，此当依次修持之。若以上能识持为梦矣，则观自成本尊如幻身于前所经过之山林等，想于梦中直去直返，犹如飞箭。复如是于梦中修习，往别地别境，及一切圣者与上师所住处，皆速如流星，直去直返。复想往三十三天，观帝释之眷属及受用等。总言之，以上欲随修一种，须先数数思维，此地、此城、此宅舍，以及受用等情形，于眠时，应猛厉生此欲想。若此娴熟矣，当于梦中修往清净刹土，此随自意于梦中修往毗卢遮那如来之奥明天刹土，或东方不动如来之现喜刹土，南方宝生如来之具德刹土，西方无量光如来之极乐刹土，北方不空成就如来之鼓音刹土等。但须阅经了知诸刹土之庄严，于醒时数数思维，次眠时，猛厉生此希欲，后识持为梦时，观自成本尊如幻身，犹如星箭，倏然而往，于诸佛菩萨前礼拜供养闻法，及观刹土庄严等。或者能识持为梦矣，则于梦中观想自所住处，即所欲往之佛刹，于此佛菩萨众前闻法等亦可。若于梦中修东方现喜刹土，眠时，须缘喉莲瓣上东阿字，如是欲修南、西、北各方之刹土，眠时，亦应缘喉莲瓣上之应缘各字，一一应知。有云由此修持，极易显现刹土也。复次，初于彼彼境界，未得明白显现，但以深信所梦见者，即是刹土，即是佛菩萨，体性无二无别，见佛即请说法焉。如是修持，后当明白显现。

四、指示所得觉受与保持法

梦中所现种种，汇归于道，名曰梦之口授，此梦中身者，乃依俗谛现在之习气，由心气所成，故名习气身。此梦之所现者，由缘俗谛之迷乱假相熏习故，求梦中显现无体无实之迷乱假相，此名迷中之迷。此中汇归于道之事业者，如修梦、知梦事业、修持如幻及修梦力等，利益虽多，但其主要，谓修梦即为证如幻本尊身之方便，后依习气修梦身梦境，及转成如幻本尊身与刹土等，为修梦善业之正行，以上皆应由眠空光明定上，以一刹那间，起心气所成之本尊身如幻，此为修梦善业之菁华。如修往刹土者，古德云，此为预备将来成佛之处所及未成佛前所生之清净刹土，仅为修梦口授之支分耳。由是，此口授之主要者，经云，于平常人死有光明上，显现心气所成之中有，不能通达生起本尊如幻身，尔时，惟瑜伽者能之，由此例推，则所现器界成越量宫，情界成眷属本尊等，均于此中有中显现。此后，长时保持梦之觉受法者，谓初须持梦，复依次得觉受相，复次修习由眠光明上起梦身，即如幻本尊身，而住于定，及器界成越量宫，情界或眷属本尊等，并以二静虑法，一一收摄光明入定；后复从光明上，如前起如幻本尊身，此即修持之主要。但不能识持眠光明者，仍当于持梦间，观梦身即如幻本尊身，且修梦之真性及往上界刹土，皆可随修。有云修梦得娴熟矣，当以不净之梦化梦变为主，乃未见此法善处。设有问此趋入光明起幻身事业方法，既为醒时修幻身之主要，修梦何必以此为主耶？应答以修梦中所云由光明起幻身，较前为极细，依此修持，能于中有起幻身之自在。且醒时修幻与修梦二者，一为增长，一为生出，均能使行者疾速证得。故醒时修幻与修梦二者，于幻身口授，须交互修之。经云，如上修持，能灭除时分中醒与梦两种假现之实执，且能清净迷乱之习气。及了知一切为心所现，通达心无自性，犹如梦幻，并证悟轮回涅槃一切法无有缠缚，亦无解脱，皆如幻境。复能清净不净粗细执著，生如幻清净显现，究竟能证如幻报身。

附甘露心要于梦道迷乱自寂之教授

总分三：

一、初识梦

此又分二：

1. 昼间应识相续念

第一座，于寂静处，自严结界闭关，思维轮回事业，都无实义，一切法如幻化，以不知如此故，诸如母有情漂流轮回。作此思维，起大悲心，于行住坐卧，皆体此所现一切，如幻如梦，特于今夜应作一梦，并应认识之。此念与欲，应数数起。

2. 夜间应猛持口授方便

第二座，于舒适座，以狮子卧寝已，观顶有上师，多次恭敬胜解，至心启请，欲今夜执持光明而眠，于梦中起幻化身，如自明为金刚亥母，喉内有杂色四叶莲花，花蕊中有白 ཨ 字，前有蓝 ཨ 字，右黄 ཧ 字，后红 ཪ 字，左绿 ཏ 字，初总缘明显，次缘持 ཨ 字，于昏睡欲来欠伸时缘 ཧ 字，将懵睡时缘 ཪ 字，入睡时缘 ཏ 字，深眠缘 ཨ 字，住于光明故，梦将显现而来，随所现梦，应知修本尊身等等，初虽不识为梦，但应猛增欲愿，数数专一启请上师空行而复如前修之。

二、修梦

此又分三：

1. 修转增

第三座，知持梦已，应起忆愿识梦，已而由一增多，由凶转吉，由人转旁生（如大鹏金翅鸟等），及转成本尊等（随欲转成喜金刚，上乐金刚等）而寝，忆识为梦，梦非实有，寝时应明缘之。

2. 修幻化

第四座，于梦若见大火、大水、险地、仇敌、猛兽等可怖之状，须修幻化，知梦显无自性，非为实有，而断除怖畏执著。

3. 修解脱幻化

此又分二：

（1）习世间解脱

第五座，于梦中往观六趣及远洲如印度等。

（2）出世间解脱

第六座，日修，于寂静处，明缘自为忿怒母尊，心内有拇指头节大之智慧萨埵，想由自身三昧耶萨埵之顶门出，至上方最高奥明天处，觐见婆伽梵毗卢遮那佛，坐于狮子宝座说法。顶礼禀请，得其口授及授记，一切成就。复又智慧萨埵入三昧耶萨埵而住定。其他四方净刹，依此类推。

第七座，晚修，于寝时持愿，愿作一梦，如是专一明缘 𑖡 （嗡）字修毗卢刹土， 𑖀 （阿）字修不动等，以至空行母聚会廿四处、五锦（莲师金刚法界宫）、香拔拉等。如是初唯总粗观之，次渐明显，后则随观即现也。

三、修梦之真实

一切法从本如幻如梦，修根能修、所修等，亦无异于实体，于自心明显，于无分别如幻化之上而定。

诸法从本如幻亦如梦，实无所修能修及修根，

所有一切唯由心而显，此心明显离认识幻化。

按贡嘎上师讲录曰，观梦如实，即观梦为缘起所显，由分别心执持心所现。若离缘起，即梦亦空，修梦亦空。既空，则如如不动。修之根，即清净之所依，所清净，能清净，清净所得果，此四皆如梦。即梦亦梦，梦与醒、所觉知无异，世俗谛中宛然无自性。

附 明行道梦观成就法

此中分四：

一、明悉梦境

此又分三：

1. 依心愿力

即日间观诸法如梦，不少忘失，又坚具心愿，必欲明悉梦境真相，至夜入眠，复诚恳祈祷上师加持了知梦境，以心愿力故，自当明悉梦境也。

2. 依风息力

右侧如狮子卧，以右手之名指大指，抵压喉部颤动脉管，而以左手指遮搌鼻孔，合口贮液。如是而眠，于所梦为同于醒时之分明而无散失。如是修习惯熟者，即得所有梦中醒中一切幻法现相，历历明悉而无遗失。

3. 依观想力

此复分三：

（1）观想本义

自成亥母尊，于灵脉之喉轮中，有红色阿字放光，照射法界。于是世间幻法，得以现见。但当知其唯是幻现，元无实体，有如光明入镜，映现诸相，而镜中幻相，本非实有。如是观熟，自得于梦境明悉照了也。

（2）观想效益

夜眠时，如上作观，晨醒，作壶式息七次，又坚诚祈愿十一反，欲求明悉，所梦各境。复于眉间骨际，专缘白色明点，若为血分过盛者，当改观此明点作红色，神经过敏者作绿色。如依此而仍未明悉梦境，则当于眠时，增作此明点观法，晨醒起，修壶式息二十一反，坚诚祈愿亦二十一反，又复于密处根部观想如丹丸之黑色明点，则所有梦境，当得明悉而无余矣。

（3）防梦散失

此复分四：（一）方欲明悉梦境，忽然醒起者，当多服滋养品，并多作运动，使睡梦得安久深入。（二）因疲劳过甚，所梦繁杂而重复者，当于祈梦常观想之，且坚具欲求明悉之心愿，更加壶式息及明点观之合作法。（三）身心受剧烈忧苦恐怖者，梦境往往极多，但醒后则散失，一无所忆。当避免一切秽恶堪刺激事，重受三摩地之大灌顶，及于密处中央作明点观。（四）偏于沉寂消极过甚而无梦境者，当于修壶式息时，同时于密处中央作明点观，且须依仪供养，喜悦于空行护法众。

二、转变梦境

如梦中见火，当深思梦火何畏，坚定自信，猛利以足踏蹈火上，凡梦中见此类似之境，皆猛利以足踏伏之。修此已纯熟，即堪进发心愿，求见于诸佛净乐国土，于睡眠时，修习上述之喉轮。红阿光明观，同时坚诚祈愿，即今得见于其所欲之净乐胜境，所有彼中依正庄严，如教所示，于心念中，一一分明，能如是专一心愿以观修者，定能如愿以偿，此梦观修习中之实验法门也。

三、认识梦境为嘛雅

欲识梦幻，先遣恐怖，如梦火转水，梦小转大，梦大转小，一转多，多转一，以究竟了达形色之幻。此乃依己之意志力改变幻梦中之境相。进一步则明了幻梦之法，原为随心所变现，等同海市蜃楼。又进一步则明了于醒时一切见闻觉知，都是生死梦幻，无一实在。最后得大认证，不特生死梦幻非实，即十法界中最卑劣以至最高成佛，其中所有情与无情，依正庄严，亦等同梦境。于是方得印证于根本正智，而尘刹相入，滴海交融，无二无别之涅槃大乐境界。一时举体当前，彼无所不具，无尽无余。一切智智之真实体性妙明净心之究竟真相，即此是矣。

又行人至是，当自观察。我今所有之身，无异梦中之幻身。其他各各有情之身，亦复如是。又当善观彼之诸身，等同本圣诸尊之所幻化。如是自得认识所有一切，皆是嘛雅矣。

四、习观梦境之实相

即修"诸法一如理"，行者对梦境中现见之圣相，专念注视，不作任何他想，保持安住于其净境，则此圣净相境。久之，自与无想之心调融无间，合为一体，而真实清净光明，同时曙发。修习于此已成熟者，则可任于醒中梦中，所有一切境相，悉皆洞达其幻，且明悉其皆由彼一大清净光明藏中之所出生，至是乃得了了，于色心诸法，究竟一如也。

正行修光明精髓第四

贡师讲录

光明为一切道之心要，证光明即证正觉菩提，更无过于此者。

那若巴歌

那若巴祖师为玛巴译师歌曰：当睡眠与梦境之际，有愚痴法身的体性，显现离言说的光明安乐境界，此后复以所证光明相印证，则梦与光明能相会。这个命名为净光教授，已悟心本不生否，大译师。

六法引导广论释道心要光明口授

总分四：

一、未持令持

此又分二：

1. 持光明之方便

谓断除不持眠光明因，须修能持眠光明缘。其法，大约与前修梦处同。当浴身、涂油、按摩、受用肥甘馔食，善守菩提，于寂静地结界，四威仪中，动作缓徐，后修不共同诸加行，每座分三分一修忿怒母，三分二修本法。由修此法后，观自心脉轮中，现上师金刚持蓝色，具佛母，于此深信即上师之法身，殷重诵祈祷文，为自心生起能持光明，及能证悟一切光明法后，明观自成

本尊如幻身。于心脉轮中，现四叶莲花，花中现蓝色 （吽）字，前瓣莲上现白 （阿）字，右现黄 （努）字，后现红（打）字，左现绿（啰）字。或唯观 （吽）字亦可。心专缘吽字，随力持气修持之，或气出入住三时，念吽字金刚诵亦可。后修如幻身处所说之持气与后灭二静虑法，一切收入自心吽字，吽

字收入那打，那打则观无缘，心专注无缘，于无分光明上，随力持瓶气，竭力入定，出定后一刹那间，起本尊如幻身，心具莲花及各字，并缘吽字等如前，有谓此法惟眠时可修，乃未见此心要耳。倘于一切醒时座中如此修持。则使摄气入心娴熟，后于眠时，即容易稳固摄持于心，现光明时甚久。及由醒时修持之力，则于眠时容易识持光明，且持气长久，利益极多，用余法者，持光明甚难，即使能持，亦不稳固。如上修持，由气收入中脉，若能生四空者甚善，不能者，亦当于醒时一切座中修持之，此为持光明方便之主要。有云此当以密集所说之口诀，观红白二明点中现阿洗持气等，虽与此法不违，但未见有特殊之要义，且六法续中，大半未有此种观想，故以如前说修持为善。

2. 正持光明

谓由醒时气收中脉之能生四空者，于眠将来时，心专缘心中吽字而眠，则眠之四空，依次显现，用能识持光明。若或不能，则当依次修习而识持之。此中时要者，谓晚间眠重，持光明甚难，须于黎明与天将明等眠薄时修持光明为要。身要者，谓高枕作狮子卧状，至眠将来时，须屈足架坐而眠，则容易识持光明。境要者，谓明观自成本尊如幻身，心脉轮中，现莲花及五字，依次而缘。仅此三要已足。或者再增加气要，随力持瓶气，及欲要，想于眠之现增得圆满后，尚未做梦间，切当识持光明，如是猛厉欲想二十一次等，共为五要。有云于眠将来时之前，观上所说本尊身相及吽字，收摄光明而定。如是多次后，若不眠时，现象同于平时，心专缘阿字而保持体性。眠将来时，专缘噜字；眠近时，专缘打字；眠极近时，专缘惹字；及入眠时，专缘吽字，保持体性。复次，最初只能缘眠将来时噜字，与眠近时打字，后二字若不能缘，可由修力使能依次缘持。又极近眠时，昏迷无念，可由恒日修习之力灭除之，于梦未现之间，当朗然识持晴空无云之心，此能少分持光明之现象也。设不能持，应殷重祈祷，猛烈希求能持光明，眠时应短，心专缘心内吽字，保持体性而眠。后醒，观察能识持否？如此尚未能持，则断初晚与中晚眠，于天将明时行之，但头不可用衣物覆盖，外助修者，当用示扐方便，令其眠将醒时，识持光明。经云，尔时由心缘吽字，保持专定于明体，则能识持。有云断三夜眠以修持。设如此励精，亦不能识持时。古德云，宜暂持薄光明，观自心脉轮中，现指头节许本尊，最极光明灿烂，以此光充满自身内外，一切皆极莹澈，日中与睡时，皆如此修。且眠来时，心缘此而眠，或者明观五字，光极灿烂，充满身中及卧室而眠。经云，如此必能识持。若尚不能，则暂持觉受光明，观自心生法宫内现光，圆如鸡蛋许，团圞若水晶珠，晶莹灿烂，想自身内外一切色影，皆能明现，心专缘于此。或观面前有水晶灯与寒水石灯。随缘一灯，光明炽然，以目凝视，且保持心之体性，则自然能识持也。如上持薄光明与觉受光明者，亦须助行者用示扐方便，令识持光明为要。有云，由持气脉明点等方法而能识持，为说虽多，亦未见有大利益也。

二、已持令固

谓暂时能持光明，但不稳固，应遣除过失而修习之，此须积聚眠来资具与眠稍薄资具两种。在眠不来时，应受用肥甘馔食，且用油涂身及按摩事业等方便，使眠能来，并观心莲瓣中观蓝色或黑色明点，心松坦而眠。若眠重，缘心五字，或缘红白明点，最极灿烂，以此光充满身内，或充满修室，犹如日出，光耀极强而眠。以上应殷重生欲持光明想，起大精进，则持光明能稍稳固。此中，上者能依次了知下述之现、增、近得、光明四种，并能灭除粗细尘境，识持无显现而离认识之心，犹如晴空无云，此即真正眠光明也。中者，虽不能依次了知眠之四空，但能灭除眠重，识持心性，明空莹澈朗然，尚现粗细尘境，此即薄光明也。下者，不能持眠光明与薄光明，惟时于梦未现间，能领受澄湛之心明觉受，如见光明如灯，此即觉受光明也。复次，醒时若心能稳固安住，由日修三摩地觉受相续，印于眠中，则眠中或无梦现，或偶一现梦，即能识持，于梦中仍住三摩地等。有云此为他光明，非眠光明，实为眠现三摩地觉受或眠中修善业也。然依此修持，能令光明增长，以后即有薄光明显现。复次，持光明法规虽多，应依前所说方便中行人容易生觉受者修持之。若能持时，则专一保守实际空见，后三摩地渐薄，若将醒时，心专缘心种字或缘明点，令定稳固。倘以分散过失增上，不便修持光明，则如修梦口授所说之遣除分散过失法，竭力遣除之。

三、已固令增

此又分三：

1. 令眠重光明增长

谓由醒时气收中脉，则生四空或四喜，即此光明上或俱生智上而定。复次，如前所说持光明方便与识持法而修持之，后眠不来，于显现平常时，心专缘心莲之ᕀ字，尔时心稍摄气，四大依次收入，则现烟、阳焰等细相，后眠将来时，心缘ཧ字，尔时摄气稍重，识收于现，则灭除粗境分别，此名空，或又名现，如晴空无云现日光状。后近眠时，心缘ᕗ字，尔时摄气更重，现收于增，则灭除一切细境分别，名极空，或又名增，如晴空无云现日光状。后极近眠时，心缘工字，尔时摄一切气，增收于近得，则灭除大半细分别，名大空，或又名近得，如晴空无云现黄昏遍满状。后入眠时，心缘吽字，尔时收一切气，近得收于光明，则灭除一切分别，名一切空，或名光明，如黎明时虚空，离三染缘，清净一切云暗，现极明湛状。了知此上，即眠之四空，于各各眠空修住本体定。特言之，应于光明三摩地上，竭力习定。复次，最初虽不能依次了知四空，但以修力，当能了知，倘未熟习时，应于眠薄时修持，得此娴熟矣，复于眠重时修持，后由光明现近得等逆起，但未得顺灭之娴熟，则识持极难，既得顺灭娴熟矣，即应生识持逆起想，依次修瓶气。又此光明三摩地上，如为气所扰动，若将起定，则心应专缘心中种子字，令定力稳住，若迫不得已，须起定者，则修眠薄光明，从此有不得已时须起定者，则当修梦身即本尊身，并依二静虑法收摄光明上，数数习之。以上须醒时气收中脉，能生四空或四喜，即于光明上习定，或于俱生上习定，若如此能娴熟者，方得圆满了知光明，若现时短，则仅了知现增二种，不知近得，更难了知光明。

2. 令眠薄光明增长

谓眠重修光明不能了知，暂修眠薄光明。此中一切要仪如前。殷重生欲持光明想，观心吽字放光，充满身之内外，一切皆甚明显。于此入定而眠，虽不能了知眠之四空，但于中能了知一份，即能灭除眠重，于梦未现之间，由欲力与气力，随一皆可摄持薄光明，尔时心性明空莹澈朗然。如未眠状，但未灭所现粗细尘境，有时此种境象与梦相合而来。尔时心当专缘心吽字，保持明体，则使所现光明稳固。设以此显现眠重，心境不明者，亦不可认为过失。但宜提整心明，保持明体定，则以后能少份识持眠重光明矣。设以气动迫而现梦者，当于梦生身刹那起本尊如幻身，心具种子字，以持气或后灭二静虑法，将上依次收于无分别光明中，竭力入定。次若得理梦时，仍如前起本尊如幻身为要。此薄光明，总言之为眠光明，但非真正第四空光明也。所谓第四空光明者，灭除所现粗细尘境与一切分别，须于无显现中识持之。此薄光明者，乃无现已灭，尚未灭所现粗细尘境故也。即此熟习之，则能了知眠空之一部分，以后自自能依次了达真正显现眠光明。现在持光明者，大半仅得现眠之善业觉受与光明觉受，修持少好者，亦仅现浅光明耳，非真正第四空光明也，如是须当了知。

3. 令觉受光明增长

谓眠重与眠薄不能修持光明，暂修觉受光明。此中一切要仪如前，观身内中脉如水晶柱，莹澈无玷，于中脉心际现莲花，莲花中现白吽字，极光明，放光充满全身内与修室内，如月光显现润泽皎洁光明而眠。次，醒时，亦如此明缘，由此修力，心领受极明显觉受，在此上严整心念，专缘入定。有云，此娴熟已，观由心种子字放光，照修室内一切物极朗然而眠。依此修力，则心明显了知诸物。此又娴熟已，则依次观光明澈照寺宇及地界等极朗然而眠。依此修力，将以上寺宇等类，又能明显了知。且由气脉等差别，或有了知确实者，或有了知不确实者，其所显现种种不定。后即此觉受光明上严整心念而修习之，则能速显薄光明，再进而修习，则显现真正眠光明。如是生已，则毋庸大精进修持之。有云依事业手印修持，将气收入中脉，则生第四空真正光明，若第四眠空光明等，仅为与光明相顺耳。如是说者，非此处所应分别也，据六法一切续云，此处识持光明，即眠光明也。

四、指示与保持所得觉受法

通言则光明分根道果三种，此中根光明者，谓实际光明，眠光明及死光明等，无论修否知否，决定显现，故为根光明也。道光明者，谓通达一切法无生即空性，此为通义光明；醒时，深眠时，死时三者，由气收摄中脉，认识生四空觉受者。此密义光明：如无云晴空清净极细之如幻二现，以法尔无分别智现证空性者，此究竟光明，为道光明也。果光明者，谓亲证双融无学光明，为果光明也。别言之，则眠光明于眠中现善业者，为共同光明；依次识持四空中者，为非共同光明。此中若眠重，无有所现而识持者，为眠重光明；若现具粗细尘境而识持者，为眠薄光明。此二者之中，若通达心性无生空性者，为通达光明，若决定了知领受者，为觉受光明。复次，有云于眠中惟现定境与非醒非梦中显现种种境象者，前为假名眠重光明，后为假名眠薄光明。此后恒日保持觉受方法者，谓依次通达四空，能识持眠重光明者，于醒时修观本尊如幻身，及气收中脉，生现四空，依次收摄光明于第四空上，竭力专一住定。欲起定，则以一刹那起本尊如幻身。若于眠时，依次显现眠空，与收摄本尊如幻身瑜伽相配，依次收摄于眠光明上，专一竭力保持入定，将显梦时出定，仍以一刹那起本尊如幻身等。若尚不能，于醒时持瓶气，以本尊如幻身收摄瑜伽，收摄于无分别光明上，竭力入定。次从此起定时，应学习起本尊如幻身等。眠时，若能了知现增得三者之随一时，亦当修收摄瑜伽而眠，则于识持眠薄眠重光明之随一中，专一入定。后于将现梦时，以一刹那观起本尊如幻身，器界观成越量宫，情界观成眷属本尊等，及修迁移上界等法。此口授之主要利益，乃令现证究竟光明，故于醒时，以气收入中脉生四空，后定于光明上，及于眠时之人识眠之四空，定于光明上，斯二者，一为增长，一为生现，乃令速证究竟光明之方便也，应当知之。复次如修梦法，忖量能否得于中有自在，修此眠光明法，忖量能否于死时得光明自在，且信通达此眠之四空，已得光明自在，则死时能了知四空，亦能得光明自在，故取死为道缘，亦应知之。如是依光明口授修持，于时分上净除假相执著分别，通达自明智，以光明火摧灭染污习气。及将一切时分取为光明道缘，于究竟上，智慧能遍一切所显，子母光明相合，一切皆成大光明界，得自利之圆满法身，且以此娴习力，能示现利他色身，尽轮回际，任运成办利他一切事业。

附　甘露心要于光明除遣无明暗之口授

分二：

一、白昼所显现取光明

依忿怒母本尊观，由观眉间前虚空修无分别，于彼若不住，想自明亥母，心内莲花日轮座上，有蓝 ཧཱུྃ 字，想从此字放光，以一切器世界收于有情世界，此诸亦收入自身，自即明显本尊，此

又从顶及足掌融化收于 ཧཱུྃ 字，吽之 ◌ 收于 ཪ 字，ཪ 字收于一，此一收入半月 ⌣，半月收入明点，明点收于那打 ◌ 而持瓶气，定于无分别上，于彼若沉或散乱（掉），如前自修本尊，乃至收入那打之中，数数重修，以月（左脉）日（右脉）蚀（中脉）之气持于心内已，三所显之后（白红黑）应殷勤持光明。

二、夜深眠时趋入光明

住寂静处，于昼修方便已熟善，三门任运安住，暂断余事，二三夜断眠，应尽力修善，受用美食，身以热水浴。再以酒搽，再涂酥油（使内气不纷乱），供献大肉，庄严食子于上师本尊空行。寝时，欲愿无论如何须持光明，至少廿一遍，多多益善。身要狮子卧，头向北方，舒适卧寝。缘自明本尊心内中脉间现蓝色

四瓣莲花，花中有蓝蕊，蕊上有蓝 ཧཱུྃ （吽）字，其前瓣白 ཨ（阿）字，右黄 ཾ 字，后红 ཪ 字，左绿 工 字，极光明灿烂，善持软和瓶气，初缘前面白 ཨ 字，欲愿稍趋入于所显（白）时，则缘 ཾ 字（空），欲愿大趋入（极欲睡，极与显相相近）时，所显红闪（增或真，极空），则缘 ཪ 字；以外（指白红两种）所显悉融化已，收入于空所显得（黑或暗，大空）时，则缘 工 字，此后于无论如何，务认识通达四空之端绪。

五者现证菩提，此复分二：

初，生起次第者，1. 月轮座现证菩提，大圆镜智。2. 日轮座现证菩提，平等性智。3. 种子字现证菩提，妙观察智。4. 种字放

（化）光现证菩提，成所作智。5. 自成本尊现证菩提，法界体性智。

次，圆满次第者，1. ᠵᠦ（阿）字理证菩提，大圆镜智。2. ᠵᠦ（努）字现证菩提，平等性智。3. ᠵ（打）字现证菩提，妙观察智。4. ᠴ（啰）字现证菩提，成所作智。5. ᠵᠦᠷᠵ（吽）字现证菩提，（金刚持）法界体性智。

若于初一切定之相将显，心缘于中之 ᠵᠦᠷᠵ（吽）字，无论如何，应认持最胜无转光明认持而定。如此，刚地事业派辈口传之教授，虽为无上，若如初修业者，难知此现证菩提之显相，应数数切愿。今晚寝时认识睡光明，如上所说白昼瑜伽，从自即明显本尊收入吽字，乃至吽字收于唯如豌豆之蓝色明点，心缘之而眠，现之所显灭已，且亦无所显之梦。于此间明显无分别，当生自亦死深睡，一以各种戏弄妨乱之，以助伴警策之（如以树枝拂面，及提其发耳等）。观其认持否，若认持，则明空与乐空之相合将来。复次，若欲深眠认持光明者，心缘于如意宝内之蓝色明点；若欲浅眠认持光明者，心缘于两眉间中脉上端之黑色明点，仅羊矢许，易于认持。此皆为未认持而令认持之方便也。

认持已令固者，于修真大力瑜伽者中脉内，由忿怒母炽然之力融化菩提，了达空乐，现出三显光明，具心气之特相，显幻化身（最细者非智慧幻化身），即此为现证义光明。故趋入极细心气光明之方便，一名持丸，一名递灭。

持丸者：我及一切众生身口意，三作于无分，身分修为毗卢遮那三昧耶萨埵，口分为阿弥陀三昧耶萨埵，意分为不动三昧那萨埵，此三之心内，想有如次之智慧萨埵 ᠵᠦ（嗡）ᠵᠦ（阿）

（吽）三字，观于明点内有不灭短 ﹝图﹞（阿）之声，此后由心

种子 ﹝图﹞（嗡）﹝图﹞（阿）﹝图﹞（吽）放光，顶足同时融化依次

收入心中之智慧萨埵，又复依次收入三摩地萨埵具不灭明点短 ﹝图﹞

（阿）字，复次收入光明之明点不动而定。于此为一次。

递灭者：以自心种子字放光，融化情器之光蕴收入自身，此

后收入三萨埵，如同持丸也。又即从此应起心气无二之佛身，兹

名由光明而起之幻化身也。

附　贡师讲录修光明法

分二：

一、日修

观一切空已，空中现守护者寒林护法等，自成亥母三昧耶身，

亥母心中，又有亥母智慧身，其心中有蓝 ﹝图﹞（吽）字三摩地身。

收时，观亥母之 ﹝图﹞（吽）字放光，依收入正，正收入智，智收入

三摩地身 ﹝图﹞（吽）而入无缘空。此随灭（广观）摄持（简观）
合一之观法。

次净三业观，即观自他一切身业为毗卢，心有 ﹝图﹞（嗡）字，

语业为弥陀，心有 ﹝图﹞（阿）字，意业为不动，心蓝 ﹝图﹞（吽）

字，如修摄持定者（即持丸），想毗卢放光，将自身融化入 ﹝图﹞

（嗡），弥陀及不动同放光，收入于拉打，于拉打观无缘空光明而

定。如修随灭定者，由毗卢心（唵）放光净众生身业，先器世界收入情世间，情世间收入己身，己身收入（唵），（唵）入拉打；弥陀心（阿）放光，净众生语也，收入弥陀，弥陀入（阿），（阿）入拉打；不动心（吽）放光净众生意业入不动，不动入（吽），（吽）入拉打，拉打入空光明而定。

二、夜修（眠光明）

因成佛须现证法身，而法身功德，必有光明圆满，欲其增长知量，故于眠中修之，现身若不能证，死时即证。此眠光明有厚薄之分：

初修厚光明者，必于日间观自己本尊之心不断，眠时，仍观自己亥母，心中莲月轮上蓝（吽）字，东（阿），南（努或噜），西（打），北（啰），分明，启请上师本尊三宝，加被现证光明（如有同伴助修更好，于前三、五、七夜，先沐浴清净，以酒洗，香油涂身，以豆粉擦拭令净，方修法）。须启请廿一至一百〇八遍，复观莲月五字，端坐而缘。先于明显时缘阿，次于半明时缘噜，次于不明时缘打；将入眠时缘（啰），正入眠时缘吽；正眠时缘光明。当正眠时，宜有同伴，见其眠，即轻敲作响。若不警觉，可略触其身；若再不警觉，可用冷水微洒其面，使其警觉认识光明。令认识后，即可知光明之量，纵在生时未成，死时亦能证得，此为理大手印，最能迅速圆满大手印，其名为迫心认识光明大手印。此景象与修梦时东方黎明之景象相同。

次修薄光明者。以厚光明不易得，故先修薄光明，薄光明能识后，进而修厚光明则易矣。法于晚间仍观五字，但不必如前之正眠，但于内外双忘时而未入梦，心中明了光明，加以认识，此浅眠中也。如薄光明不易认识时而即入梦境，则于日间须观额际眉间有白色明点。夜于睡前亦观此明点。不修五字亦可。眠时，但观明点白净光明灿烂而入眠，亦可认识薄光明，此系对治沉睡不能认识也。若不能入眠，则观自己密处有黑色明点放黑光满室，目无所睹，亦能认识薄光明。以此二对治互用，避免昏睡及失眠而自得认识薄光明也。

附　明行道净光

成就法

此分三：

一、根本净光

所谓此心之真体，诸法之实相，不二不异之真空，当彼已得受用于无上清净大安乐境时，即获证于超乎一切之法，是即根本净光也。

二、道净光

此又分三：

1. 日中道行融合净光

此有所谓五要妙教授（实相之认识，净光之等差，净光之三喻，明满道行程，明行之果境），凡行者于明满道行程进修中，但究其时于净光等差及三喻已能得有若何之功候，则其于真实际修行上已达至于何等程度者，即可以测定（三喻者，一曰子净光，由勤习于谛洛巴祖师之六不教授而有证得者；二曰母净光，此即证得于前念方灭与后念未生之间者；三曰和合净光，此为于上二者已修证得其和合为一之正智净光明境也）。道行之首要，谓修合上师之瑜伽；道行之总相，谓当如甫从母体出生婴儿；道行之境界，谓光（即证得母净光，此母净光或根本净光，行人所当首先求证，得此母净光，子净光乃能出生，故有母体生婴之喻），谓燃（由母光显发出生，炳然照烛）谓持也（由于燃照德能，则得长久安住于灵明之境也）。因净光之曙发，要必在于前念已灭，后念未来之际，而道行中能得生起净光妙用，要必修习于谛洛巴圣者大师之六不教授（即不思、不想、不寻究——究一作伺，与不观、不想、持本元——一作无缘、无修住自然或无修、无整、无散乱也）。于此修习成熟，自得证验净光境界，当彼之时，无二无异，非有非空之唯一实相光明，豁然现前者，即其子净光之已得出出也。彼原无垢染本元真心之清净光明，先已曙发于其前念已灭后念未来之际者，则其根本母净光也。而其灵灵明明，至斯一切皆能认证者，则为其子母净光融合为一体之光明。所谓净光融合于道行者，即此是矣。

2. 夜间道行融合净光

人甫入睡即得安止者，则彼境界，譬如海面平静，风波不兴，然其间亦有光（谓空明大乐现前之境）燃（谓此乐境持续及与明悟）持（谓诸境相依次显发而不失）三种境界。又净光之认证于此时者，要必在于醒境方终睡境初至之中间时际。而其能得显发彼净光妙用者，则须以禅定法门之要妙教授。于睡眠境，善巧施之。此谓先须修作祈祷于诸上师，求其加被，令能究竟认证净光，嗣当猛利坚愿必行认证等。

即自观成本尊，心内现四叶莲花，花中蕊台上现吽字，前瓣阿字，右噜，后打，左啰，了了分明。于是睡态朦胧境将欲来前之际，即观彼所有一切见闻诸法，皆融化深入自身之中，自身举体亦渐融化，入深于彼心莲真言字轮；次于睡意，渐浓时，再观所有一切法皆融化入没于此真言字轮前之一阿字内，由彼义皆融化入没于右之噜字，依次入打，入啰，乃至入中央之吽；又复由下融上，◌入◌，◌入半月，半月入空圈，此渐化拉打（一线），入于大自在空际。如是观空已而入睡眠者，即能成其安然而入之"睡眠净光定"境，此即所谓"返观"禅定法，或不如上逐字观想融化。惟于彼五真言全轮组，集中心念，观其融空亦可。此则名为全轮融空观也。如上观者，即可于醒境睡境中间之时际，证得根本由净光，即为光境，由是得其安稳之睡境，即为燃境，及其已得深入于睡眠定者，即为持境也。又其甫行入睡而得现前之净光，此即其母净光；一时专注，心无他念，但依止上法观得者，即其子净光；如是既得母净光，又得子净光，终至如同旧识重逢，一见即行认证之者，则是母子净光，融合无间之境也。

3. 中阴现前融合净光

此当于中阴成就法中广说。

三、果净光

如偈云：尊圣净幻体，净光具圆明，由净光出现，如鱼乍跃水，金刚大持体，由眠警觉生，此皆表融合，母子两净光，若此最胜果，缘于勤修习，修习之根本，即能所教授。证入如是果地者，即为已登第十二地金刚大乐地。此地果德，如偈云：幻色无色合一，明觉理于前二，了达缠幻苦三，及解脱真乐四，净光五真心六显，纯熟七转变通八，此瑜伽明行，无上八成就。如斯之境地者，即是金刚大持或多杰羌佛明行足之佛地，至斯已具更无所教授之智，道之究竟已达，自无能教所教故。如偈云：具圆一切金刚力，身一语二意三及诸悉地四，动五静六显变俱无碍，庄严七福德八一切成，如是无上八最胜，即瑜伽道圆满果。

正行中有纂要第五

中有口授，即修中阴身成就，若即生不能现证，修此最为重要，故为六法支分之首。

那若巴祖师歌

那若巴祖师为玛巴译师歌曰：当梦时的了别心，应将其融于中阴时的心，成为圆满的报身性，惟净与不净两种色身，亦有中阴时方才证得，此融梦迁归中有的枢要，命名为中阴的教授，中阴已否相应？大译师！

六法引导广论释于道迎接中有口授

总分三：

一、建立死与中有等理

此又分三：

1. 死理

谓中有修持，须当了知建立死与中有之理，广义详余经，此略言之。

最初死时，收灭粗质廿种之理。谓收色蕴，则身衰力竭；收大圆镜智，则心不明而所缘翳昧；收地界，则身枯瘦；收眼根则眼不明，眼球不能转动；收色则身容丧失；收受蕴则领受减少；收平等性智，则不知三受；收水界，则汗唾均干；收耳根，则内外声不明；收声则自声他声不闻；收想蕴则不知一切有情；收妙观察智，则不知亲戚近习人等名号；收火界，则不能化饮食；收鼻根则上气断续缓行；收臭，则不知自身臭秽；收行蕴则身不能行一切事业；收成所作智，则不知事业与所需；收气界，则十气各返住自处；收舌根，则舌短且粗大；收味则不知领受六味。

次，收灭内大种细质之理。谓地收入水，外相则身不能动，且不能支持，自觉身地崩颓，口云将我扶起，内根则识如缕缕烟雾；水收入火，外相则唾液鼻涎等干枯，内相则识如阳焰流动且不稳固，灭除由瞋性所起卅三分别；火收入风，外相则身暖少，且暖由足手尖收摄，内相则识如萤火，仅得少许光明，灭除由贪性所起四十分别；风收入识，外相则外息长，不知向内收摄，即或能内摄，亦粗短，内根则心如灯光朗然，不被风所摇动，灭除由痴所起之七分别。据诸经云，内相显收灭时，不仅灭除八十分别，且于现增得亦灭除之。以上死相，有于死前依次发现者，及倏然一时发现者，种种不定。

复次，收灭极细质现增得之理。谓识收入现，则如无云晴空显现皎洁月光；现收入增，则如晴空中现红蓝晨曦一线；增收入得，则如傍晚晴空，黄昏满布，黑暗如漆，且失掉知觉；次无知境界消失，则显现离月日及黄昏三染缘之黎明晴空状，此为死光明，乃真正光明也。经云，由现依次收入已，则诸气收入心，顶上白明点下降，脐处红明点上升，此二明点摄入于心，即为生死光明，故具足六界一切有情，于死光明均当一现，但不能识持。

2. 现中有理

谓由光明上依次显现得、增、现等。详言之，即由光明上，气将稍动时为现得，即于光明消失，正现得时成中有，三者同时。于中有一刹那即现增，于增之一刹那即生现，由此现生八十分别，显现中有之一切，假现尘境，此中有众生者，据显经及无着弟兄所说，具足应受生之随类身形。有云，此仍为前世习气之身。以上义理，据传宗大德所说，谓中有最初，亦暂现前生习气之身，后渐次不显，则现后世受生身形。故云，中有时量之前半，现前世身形为重，后半，现后世身形为重。或云上中有现前生所现，不契于理，此非然也。一切显经，缘许有前世习气之身。时轮大法解中，亦说中有不灭前世身之习气，仍如梦生身显现，后舍此习气，则显现未来世身之习气，此说极为明显。据持印度大德所说之甘露法典诸师，亦如是说。此中有身者，乃诸根全备，除所生处，余皆无碍，具足业力神变，吸食香气，滋养身体，与自己同类之中有者能相见。诸天眼者亦可见，为寻所生处与食香气故，据说中有亦自有行动，中有众生。最初依各种因缘，于中有中，能知死者，亦能自见尸体，及显有自身。此为显经所说。次若显现后生，于恶趣中有，则现黑色雨衣，或现黑暗深夜等景象，于乐趣中有，则现白色丝尼，或现夜月光明等景象，此为无著大师所说。复次，庆喜尊者请问入胎经云，地狱中有，则显现如木块被烧后之焦黑色；饿鬼中有，则显如烟色；旁生中有，则现如水色；欲界天人中有，则现如金色；色界中有，则现白色；且云天之中有，行动头恒向上；人与旁生饿鬼中有，行动则头恒平行；地狱中有，行动则头触地行。或云三恶道行动则头皆触地。复次，生无色界，不经中有，随死时即得无色之蕴，若由无色生欲色二界，须经中有身，又所云显五清净光者，此义与前义相同。复次，此处由地气力，则闻山谷崩裂之声，由水气力，则闻澎湃声，由火气力，则闻焚烧山林声，由风气力，则闻劫尽罡风声，以上共四怖畏声。及由心中三毒之力，则现白红黑，三种怖畏之崎岖险路现境，并由迷乱习气色影，则见罗刹死亡食肉等作损恼者。或云于中有中具六相，谓身无影无碍，刹那能回绕多处，随自所作，他人不见，随人所作所思，自皆能知，及无日、月、星耀等显现，且见具生鬼神，算其善恶，虽见饮食，若未回向，不能受用等。虽说如是，但于中有显现，恒依善恶等业为差别，则迷乱现，种种不定，故无一定之说。亦如梦中有所显现而已，且一切所显，不惟无定，亦不稳固。此中有之寿量者，谓最长期即七日，于此七日若不受生，则如暂时闷绝惽死，复生中有，于二七日内，寻求受生，倘此生缘未能积聚，复如前受中有生，乃至四十九日内，决受生色。

3. 受生理

谓受生时，所生处所有四。若化生中受生，则于所生处生爱染心；若温暖中受生，则于臭味生爱染心；若胎卵中受生，则于受生父母交媾生贪瞋心；若受男胎，则于母起贪，于父生瞋；若受女胎，则于父生贪，于母生瞋，此贪瞋则为中有之死缘，尔时一稍闷绝，即受生矣。别言之，生天，则见所生处显现宝越量宫，且见诸天子与天女而生爱染；若生修罗，则见适意园林中非天男女而生爱染；若生东身胜洲人，则见多数牝牡马在池边或任何地方；若生南瞻部洲人，则见多数男女在华丽屋中，或在屋外原野；若生西牛货洲人，则见多数牛在池边或任何地方；若生北俱卢洲人，则见多数雌雄鹅在池边或任何地方。以上四种，皆见其交媾起贪瞋心而始受生。若生恶趣，则显现种种迷乱怖畏，欲寻避处；若受生于旁生，则见地穴窟洞草棚或树叶棚等显现，遂往避之，若生饿鬼，则见头发覆成棚舍或黑色雨衣等显现，遂往避之，若生地狱，则见铁屋，遂往避之。复次，若生化生中，则于处所，由心爱染而起贪瞋，遂暂闷绝，刹那受生；若生温暖中，则于污秽臭味起贪瞋，遂闷绝受生；若生胎卵中，则见男女行欲，心起贪瞋，遂暂闷绝受生。且于中有死后，受生之时，灭除时分自然发动之气，则依次刹那显现现增得光明等，由此光明上显现得，此即与受生同时，由得现增，由增生现，从此生八十迷乱分别。特别言之，五蕴所成之理，由显住于气，则生识所依之风界，从此生火界，从此生水界，从此生地界，从此大种增长五蕴，则身于胎中圆满长成也。

二、辨别持中有补特迦罗

谓上根补特迦罗，须于此生通达生起次第及圆满须第，特言之，由气收入中脉，生显四空，住于光明，坚固不动；或生显四喜，定于俱生智上，坚固不动，且能生理光明，如实了知幻身，不为缘所牵引；与幻身成就相近，则于死光明后现中有处，成就幻身，得补处位。中根补特迦罗者，须于此生通达生起次第及圆满次第之觉受，特言之，由气收入中脉，生现四空，由光明上，能娴熟修起本尊如幻身；复次，须光明与眠空合修，修梦与幻身合修，忖量能得中有之自在。下根补特迦罗者，须得圆满灌顶，如理守护誓语与诸戒律，于生起次第瑜伽精进，兼修圆满次第。特言之，须于幻身与梦生口授，随得一种觉受，且知死次第，及显中有理，受生理，即于现在，依此口授，精进修持。复次，此生真能了知下等无修中等无修者，死时，由子母光明会合，所有微细染污，亦于智慧上得清净，遂得一时圆满佛陀一切功德。否则昼夜六时能修胜观见者，亦能识持死光明而入定，由此死光明显现中有时，则能将此中有一切迷乱取为道缘，由缘起增上，则受生清净善身，业力相续，依次得补处位。有云，以微少善根，于死时能证法身。于中有能证报身佛陀位，及死时能令心归于光明道。中有能将迷乱所显取为道缘。作如是说者，是不知本法理也。姑无论得法身与报身佛陀位否，即仅持光明与将迷乱所显取为道缘，亦极困难。譬如现在，尚难识持眠光明与梦，一旦纵能识持，亦不能定于光明上，及持梦化梦变等。但缘起增上，大多能得清净身，修业相续，当得补处位。

三、正修持中有

此又分四：

1. 显示共同加行修持理

总言之，世俗一切所显，皆为中有。此中由受生乃至于未死间，名生死中有，于此生死中有之中，醒时应修生圆道次第，且宜特别注重忿怒母与幻化身口授之修持为要。眠时至于未醒间，名梦中有，此梦中有之中，应修光明与修梦口授为要。由死至于未受生间，名正式中有，于此正式中有之中，应修中有口授为要。于醒时修忿怒母与幻身法，乃眠时修梦与光明法，趋入道规，虽各有不同，皆为正式中有之加行也。复次，于醒与梦二时，当想情器等所显，皆为中有所显，如是数数思维，如是数数念诵，并思维建立死理与中有理，及下述之口授修持理等，逐日修习，须稳固决定。譬如谋事经商，须先有计划与条理，心得稳固决定。故诸师云，修持中有口授，虽被七恶犬围咬，亦不忘此口授。次于死近以前，若有受用资具，当供养上师三宝，布施一切有情，断其贪着，于亲友与身受用。任何不起贪着，严守三昧耶戒及诸戒律，于一切缺犯，修忏除法，猛厉防守，或请上师灌顶及自取灌顶，补满三昧耶戒。供养上师与本尊，殷重启请死时能持光明，及中有时能持幻身，并供护法食子，嘱咐作己助伴，自想由识持死之四空，定于光明上，及中有起幻化身等。

2. 上根补特迦罗之修持

谓于死时，灭除二十粗质与内大种灭时，应观情器为坛城，随修二静虑法之收摄瑜伽，定于明体不散乱。于灭除极细质之显增得时，想灭此相，即生彼相，心定于不散乱明体上，由死光明生理光明，于光明上入定，起定时，由光明上起心气幻化身，如是持念，必得成就。次随依二静虑之收摄瑜伽而修光明，则必证理光明，后应证无学双融身。复次，已证中品无修之补特迦罗，死光明显示，则子母光明相合，一切皆成智慧戒体，异熟身之所缚，习气境之所缚，识心之所缚，三种一时俱解，佛陀一切功德，亦一时圆满，心得光明法身，身得智身，刹土皆一切清净界。

3. 中根补特迦罗之修持

谓知死时之诸相，且应修摄为瑜伽及光明定，如上所述。但有由死光明不能生理光明者，则不能起幻化身，认识死光明入定，将起定时，依前修力与念力起如幻本尊身，观中有所显一切成越量宫殿，众生成眷属本尊，依二静虑法，摄于光明入定，次从光明修如幻身，则不显四十九日之中有，于道地得圆满矣。如尚未能，则猛发欲生奥明天等清净刹土念，或欲得密行殊胜身，则修往生口授。或于中有取死之四空为道缘，化现受最后菩萨，具足正知正念，即依此生得证佛位。

4. 下根补特迦罗之修持

此亦分三：

（1）持中有幻境会归于道

谓下根补特迦罗，于死不能入理与光明合，于中有不能入理与幻身合者，当持欲得光明与认识中有之念，努力修持口授。最初，于诸死相显时，应知此相即灭粗细质等相，死光明显时，即持光明入定。中有显时，即持中有而修口诀，如是猛厉欲想，即于此善因上而逝，须如修眠光明及修梦之念力而修持之。后如识持死光明，应竭力入定，显现中有时，应识中有身无碍，刹那遍绕诸境等，皆为中有相。后现四怖畏声，崎岖险地，及诸怖畏幻想时，应想中有一切境相，均无实体。且想中有无窒碍身，火烧、水溺、堕险、食肉、罗刹阎罗等。所有怖畏，均属虚妄，原不足畏。当如修梦处所求，于诸怖畏境践履而过，次想所显幻境，既无实体，应契无生大手印见而会归于道。

（2）观想本尊遮止胎门

观自身即本尊身，观器为越量宫，观有情为眷属本尊，以二静虑法摄于光明入定；后现幻境时，如理观本尊坛城；出定，见所受生处，将生贪瞋时，观为本尊坛城；即受灌顶，领纳乐空，想贪瞋境无有实体，如幻如化，修无生实际见等，遮止生门。初七，若能如此修持，后于各七，则不难矣。若于四十九日均能如此修持，则依贤善中有生力，圆满一切地道，依愿力受清净生，遮止业力增上受生。

（3）选胎受生

谓欲生奥明天等清净刹土，猛厉生起化身此土欲念，以转识口诀，如箭离弦，倏然而往，又如击掌状，瞬发瞬到，决定往生。

复次，猛利希欲得行密行及利众生之持明受生。如前说生处善恶，于显现受生处时，若恶处则应修遮止生门方便；若美处，得离过闲暇人身。宿业善根相续，速得佛陀补处位等，应发广大愿力，具足正知正念而往受生，即于此生后所显中有证得佛位，或三生证得佛位。如上修持中有之主要功德者，于死有证法身，中有证报身，受生得化身，此为三会归道，前代修传派诸大德所说，死有，中有，生有，三者皆名中有，又名证得三身道。

按上师讲录及甘露心要之所述，皆未超出上之范围，故不及。

附　明行道中阴成就法

成就于中阴者，分三种证入：

一、证入净光境之清净法性身

如偈云：光消灭及色消灭，想消灭及识消灭。识消灭已又识生，此际净光即光曙。光曙两体当合一，有其已教与未教（即母子两净光）。融其已教入未数，此名成就得证果。以死亡之法，紧接于中阴境以前，中阴境临前时，景象如秋日无云之晴空，其间亦有光燃与持（即显增得）三种之界分。认证净光者，要必在于生世知见方息，死后知见未生中间之时际。于此道行中，显发净光妙用者，要须善巧运用于其所受之上妙教授，使其道行能与真心之境，和合为一，是为极要。

方死时境之要妙：当彼前五识并眼识界内返退失之际，凡一切具显形幻色之对象，皆内返散降退灭，即所谓光消灭也（此光指世间光），此时即觉地大降于水大；谓此肉体，消失其系着性，次则水大降于火大；谓如口鼻干枯，次则火大降于风大；谓体温消失，次则风大降于识大或空大，是时具诸恶业者，即受其痛苦，具诸善净者，有其圣众上师及札格尼等来相接引，于最后之呼息终了已，则此色身内返退丧。于是于其内驻体中灵力活素犹尚持存之前半时际（即其气息已停，但其识神尚未出体之际），当生起能认知之各境觉。其所觉在于外者，有似乎月之光明，在于内者，如烟雾之状，此时即为方死时光明现前之境，是谓"光"境。此之境象，旋复转为"燃"境，此即死者经验于其方死境象时，其瞋恚三十三性妄，当令遣除，如是外所觉者，则有其日光之照，觉在内者，有如流萤之光，此则正是"燃"境之时。此之燃境时，不久即当转入"持"境，谓彼之贪欲四十性妄，又当遣除，则其所觉于外者，当有如月蚀日时日中所现黑月光影，而其内所觉者，则如油灯外蒙半透明之罩，此为方死者所经验之持境。由此持境再转，即入净光明境，谓彼无明之七性妄者，当令其根本遣除，此际幻识皆已消灭，而后外所觉者，有如黎明欲曙之光，内所觉者，则为一片无云秋日之晴空，此第四境，即"净光"境矣。已上所述之中阴前行境与死亡法之诸境，衔接而生，彼修习有成就者，称之曰初期中阴，或曰起海中阴，谓此尚是死后中阴诸境发轫之期也。

临终瑜伽之要妙：当临终时，其瑜伽之要妙如下。先应行舍割于所有一切牵缘于此世间及其所有于此世间者，或其宿现任何冤对存亡人等之情，于上述死灭退降之法进行中，极善安止其心，排除任何思念。如是则凡所当经验于诸境受。一经来前，即得各各自在安然，合入安止之境，于此即能得其子净光之现前。由是继复得其第四净光境之母净光朗然现前。而一念灵明朗照，了了于此两净光之体性，有如旧友重逢，是即母子净光融合为一之谓也。安往于此净光明境，随乐久暂，如是善巧于彼"三步反观"瑜伽要妙修持已纯熟者，即能运其灵识，由顶门梵穴而出，直行超登圆满觉道之佛地，即令修持稍逊，亦可成就第十地菩萨持金刚之位。

二、证入净报身

未能认证净光之业力果：由于未能认证清净光明，根于无明而来之七种性妄，于是生起，而有其业果光现前者，则当经验于大空境（业果光境，相当于持境）。次则根于贪欲而来之四十种性妄，继之生起，于是其燃境现前，而经验于其最极空境。次则根于瞋恚而来之三十三种性妄，继又生起，于是所谓光境者现前，而经验于其自性空境。惟以其未得觉悟故，妄自奋起轮回道之灵力活素，致令其识神由九窍之一而出体，始形成其中阴之身。

中阴身之概况：中阴身者，意生身也，具诸识处。其报色则依于其所应投之趣而异，其行动自由，毫无窒碍，惟一时尚未能随乐而入母胎，其来往一大千世界，随其意想，亦即可能。中阴界中，彼此之因道果及所当投之趣别同者，即可彼此相见，谓如同属应入天道之中阴有情，即彼此相见于天趣，余趣亦然。此界有情，惟以香臭为食。界中日月不见，故无昼夜之分。长居，一种似明似暗，如将破晓，或黄昏入夜之境况。初时，其识神经过一度昏迷时期，约人世三日又半之久（吾人居母胎十月，亦是昏迷期），过此醒觉而知其已死，则极悲忧苦恼。当此之际，彼已能知中阴界之真相。然在普通之人，往往于彼昏迷期内，即已受生于相当业感之趣中，更不复能如是醒觉认证中阴境及取受中阴身。但一经认证中阴境界，随即而有种种之猛利倒妄生于其意。故此际亦谓之曰"此正是时"之际。谓此际最要者，应历历忆念于其已曾受学之中阴教训，作其匡正。

中阴界内之证悟：舍报命终者，要当使其能了知已死，及认知中阴之灵识持续而不断。即想自身成就本圣尊体，猛利修作如上文之返观禅定及五真言（阿努打啰吽）观空等法，置自身于净光境中。于是更依修持于逆溯三光境之力，结果所至，当得金刚大持尊悲空不二之圣净境相现前，而证获如彼之圆满净妙报身佛地也。

三、证入胜化身

谓若于中阴身二期中未得证入圣道者，即当经受于彼四种所谓大恐怖之声音：（一）由于地大之生死力，出生如山倒之巨声；（二）由于水大之生死力，出生如海啸之巨声；（三）由于火大之生死力，出生如林烧之巨声；（四）由于风大之生死力，出生如千雷齐鸣之巨声，不胜其响而狂行逃逸之处，则轮回也。且其狂逃时，又忽临三处最极险恶可怕之峭绝岩壁，一白色（天趣）、一红色（饿鬼趣）、一黑色（地狱趣），皆下望不知其底。又当现出五条有光亮之经道，已善学习教授者，一见即当了别（白色入天道，烟雾色地狱道，黄色人道，红色饿鬼道，绿色修罗道），如误循其任一经道而行，即被导入茫茫生死轮回也。此外更有至极强烈发光之巨球体，间夹于无数无量之火焰喷发四射中，或于身后有极可怖畏之狂风暴雨相紧逼追逐而来，或忽出现极形忿怒之男女怪身来相攫捉，或忽值遇于彼依凭业行镜牌，顿施惨刑之极可怖畏"啰咋"司命鬼王众等，乃至或被囚入铁建之地狱内等等怖畏无穷之境，于是彼狂奔逃逸于树穴中地洞中等处者，或即堕生饿鬼或畜生道中矣。若其堕入一湖中，水面有雁类游行者，即生东胜神州；若堕一湖，岸际有牛，方吃草而食者，即生西牛贺洲；若堕一湖，岸际有马，吃草食者，即生非俱卢洲；若见大厦中有父母方行房事者即生南瞻部洲；若见天宫辉煌壮丽而入其中者，则得生天趣矣。根于业染积习，令人迷妄颠倒，至此等境，炽然亟欲求生，是名"食香者求生期"。

拣择生门之瑜伽法：于欲求复生之中阴期中，种种怖畏之惊奇声相，但当如实了知其一切无我幻妄者，则诸不堪投入之生趣门，自能闭息。复次，当善忆念，于生时所受学之要妙教授，了达其自性空理。惟专注观念于自之生时上师及所修本尊，则彼不堪投入之生趣门，亦自闭息。如是善作意以观想于己所欲生之处，必其尊贵且富资财之人间贤善族中。俾得具缘持续于圣教事业，则如此之生，随念即得。此即获生于所谓胜化身者也。又于瑜伽道已善修习于生时，则于命终顷，即未能证见净光，亦得随愿取证不退菩萨之位，往生十方净土矣。

正行生西（转识）纂要第六

生西法出四座金刚，即不修成佛如金之贵重口授，亦名迁识成就。

那若巴歌

那若巴祖师为玛巴译师歌曰：八门都是轮回的窗户，只有一门才是大手印道。掩了八门开一门，把心作为箭，把气作为弓，用"嘿"的弦来策动，将识神由梵穴的道中放射出去，这个命名为迁识的教授，到时候的风息能否遮止，大译师。

附 夺舍歌

按那祖当时传授，尚有夺舍一法，其歌曰：自身若是已达时限，觅到了具足德相的他身。此二身间以种字及风马，藉缘起的风息大轮，顿弃自身如舍空室。他身成为化身之性，这个命名为夺舍教授，风息已得调正否，大译师。

据根桑上师云，此法在藏只三传，即已断绝，故现无专论。

六法引导广论释于道中心得决定生西口授

总分三：

一、能生西补特迦罗

谓能生西补特迦罗上根中根二种，与持中有补特迦罗上中二种相同。谓死有定于光明，及中有起幻身，为上根光明生西，中根幻身生西，皆假名生西。以其死也能识持光明，中有能识持中有，于生西法，毋庸精进修持。下根者，为生起次第往生，若得生起次第娴熟及气脉自在，通达实际者甚善，否则须气脉娴熟，深得善根觉受。最下根者，亦须明了因果，于本口授生决定信心，及了知本法观想次第。

二、正修生西口授

此又分三：

1. 由修往生

此复分二：

（1）修往生

总说，上根为光明往生，中根为幻身往生，下根为生起次第往生，前二种为现刻练习，于中有法中说竟，就后者言，能修往生事业者，上根无病士夫，须能持宝瓶气一百零八息之久，中根七十二息，下根三十六息。在正行时，须修不共诸加行，观上师住顶，启请速得往生，身具七支坐，观单身本尊，身内三脉，中脉上端达梵穴，脉中空，又须知识由身之各窍而出，致生处各别（梵穴出，生持明空行刹土；眉际出生色界，眼出生人道，耳出生似人道；鼻出生药叉；口出生饿鬼；脐出生欲界天；密出旁生；大便出地狱）故须将轮回八门，一概遮蔽，即各以二吽字或光团盖之，或专观中脉，不盖亦可。后明观顶上虚际，上师与本尊不二如幻身，想自身三脉会合处，现红色阿洗，心际现蓝色吽字放五色光，最初持瓶气，即于一度气中，将下气上提，并猛念廿一次黑噶，初七黑噶时，想阿洗直上冲梵穴，将封盖中脉之字融化（其字系红色𑀔[穷]或白吽字）。出于顶面，念最末次黑噶时，想吽如矢上升，直入本尊心中，即定于此善因上；后向内吸气，以一度气念，廿一次噶黑，将上气向下压，想吽字由虚空中本尊心出，入自梵穴，依次下降于自己心际，从彼吽字分一阿洗，依次下降于三脉会合处。

或想三脉会合处，有心气体性之本尊身，如上念黑噶廿一次，直上升入本尊心中，后念噶黑廿一次，直下降至三脉会合处。或想三脉会合处之短阿字与心际吽字以佛母四种子围绕，及观喉际嗡字，念七黑字时，想脐下短阿字，依次上升入心吽字，次念七嘿，想吽上升，与喉嗡字相合，后念七黑，想吽字出梵穴，上升入本尊心中；

418

次念七噶黑，想吽字下降喉际，于此分出一嗡字住喉际，次念七噶黑，想吽下降，住于心际，再念七噶黑，从吽降阿洗，住于脐处。或观三脉会合处现红白明点与红白吽字，心际亦如是观，惟前二种为善。总之，念黑噶向上升，念噶黑向下压，此二者应于一度气中猛声念毕，向上升时，气持于外，将下气向上提，向下降时，气持于内，将上气向下压为要。解坐时，猛向内吸气三次或五次，心专缘三脉会合处之阿洗或本尊。如上每日四座修习，则现决定往生之相，如身轻生暖，体感舒畅，消化增强，头顶生暖，或精神丰满，顶极痒极热，或生肉髻及流黄水等。至此，每月修三次或一次即可。但须恒日发往生奥明天等刹土心愿为要。

（2）正修往生事业

此谓死相全具，修假死法不能挽回，死期将近，应修往生法。非时若行此法，则成弑杀本尊之罪，当堕地狱，故非时亦不可往生。此中观察死相者：若死相稍远，则左右鼻十二大换气不调匀，惟随一鼻而行，是为死相。复次，由母生时，母气由右行而生者，则死相亦气由右鼻而出，倘惟由右鼻行气一昼夜者，则三年零一月中死，若惟由右鼻行气五昼夜、十昼夜、十五昼夜、二十昼夜、二十五昼夜等，则死期亦依次于三年、二年、一年、六月、三月中死。若由二十六日起至一年间，均由一鼻行气者，则死期亦依次于二月、一月、半月、十日、五日、三日内死，后，复由左鼻行气二昼夜者，是为死相。若生时母气由左行而生者，则死相亦气由左鼻而出，倘惟由左鼻行气一昼夜者，则三年零一月半死，若由左鼻行气三昼夜，则于两年半死，如是六昼夜、九昼夜、十二昼夜、十五昼夜、十八昼夜、廿一昼夜、廿四昼夜、廿七昼夜、三十昼夜，气均由左鼻行者，则死期亦依于廿七月、廿四月、廿一月、十八月、十五月、十二月、九月、六月、三月等死，于此三月后，惟由左鼻行气三日，次由右鼻行气二昼夜，及二鼻俱行气一昼夜者，是为死相。死相近者，若耳失听觉，则六日死；舌失味觉，则五日死；目失视觉，则四日死；鼻失嗅觉则三日死；身失触觉则二日死；若无精血则一日死。最近死相者，谓内五大灭相，已于前中有口授中说竟。若忽然死者，死相不一定皆现若有之，则决为必死相。外于素所未到之境梦独自去此，及梦骑驴向南方去者，与梦到加格山摘红花等，皆为死相，若生如是相，应修假死法，种种方便；若以此不能挽回者，则将自己一切资具，供献福田，断除眷属受用执著，猛勇将三昧耶戒所退失者，忏悔而防守之；若有所绘本尊相等，设于面前，尽力修本尊相应，供献本尊护法食子，猛力祈祷往生，断除贪瞋等一切恶相续，发清净善愿，心缘奥明天或密行持明清净刹土等，数数生起往生欲念，后于最近死相现时，则修正修事业，一切均与平常修往生法相同，其不同者，观中脉上端与梵穴极广大，无种字遮盖，莹澈无玷，后缘气脉种子字，唵廿一黑字，想由梵穴出，如箭星直入本尊心中。尔时景象，若黑暗如漆，气不摄内，直往外出，头顶觉痛及痒，是决能往生之征；若无上述境相，观想暂向下降，稍为休息；若境象已生，如前唵廿一黑字而往生。如尚不能，可由念廿二次至廿五次黑字时，决定往生，入于本尊心中，本尊亦如箭星直入所欲清净刹土佛陀之心中，或摄于光明上，持念而定。若有助伴，则助伴务使死者，于此生西善念，观想明了。如是死近时修习往生法，较平常无病时修习为易。

2. 严持方便往生

谓平时无暇修往生法，至必死时始修，其平素已修往生法者，于正修事业时，加修此法亦可。初须竭力积资净障，发大菩提心，于所往生刹土，起猛烈欲念，殷重恭敬，启请上师本尊等；后用仅一肘高之木或绳等，身倚其上，收提下气，以左足跟抵肛门，以左足踝或右足跟抵密处，并以二小指二无名指遮口，二中指遮

　　　　　　　　　　　　　　　　　　禅密薪传

鼻，二食指遮目，二大指遮耳，观顶上虚空现本尊，及现自身本
尊如幻身，身之八窍，盖以种字或光团，中脉种字明显，念黑噶
廿一反等往生如上述。

3. 身仪往生

谓不能修习往生及严持方便往生者，必死期到时，若有身口
意等佛像，罗列面前，修供而诵皈依，忏罪及发大菩提心等，断
除三毒意乐及一切恶相续，于眷属受用资具等不起贪着。身如狮
子卧伏，头向北方，右胁卧地，右手仰置右面下，左手伸置左腿
上，左脚置右脚上，二踝骨相重叠，足胫伸而微曲。次猛起欲生
清净刹土或持明处念想。若自了知往生法，即当自修；若不了知，
则应请上师助伴，将往生观想指示之。若不具足，则于顶上观想
本尊，心专缘本尊心中，以一度气猛念廿一反黑噶，则自能往生。
其余人死时，亦令行狮子卧等法，若彼不知卧状，则以瑜伽者专
注观想为修往生法，亦得往生焉。复次，以手摩触死者头顶，口
诵"药师琉璃如来"圣号，则八菩萨引彼亡者往生极乐。若旁生
等死时，令彼身作狮子卧状，为念诵"敬礼宝顶王如来，"则彼旁
生，当生三十三天或三善道。

三、生西利益

谓光明与如幻身往生者，乃上根补特迦罗，于死光明证理光
明，中有起如幻身，即证双运身。中根补特迦罗，不能如上往生，
但认识死光明而入定，于中有显现时，能出定，现本尊如幻身，
及圆满一切地道资粮，生所欲往生刹土，依此生刹土身而得佛位。
下根补特迦罗，不能如上述往生，依生起次第而修往生之利益者，
此中又分上中下。上根生清净刹土或持明空行等处，道业特增，
能得佛位；中根能生修持密道种性中，受生几次，亦当成佛；下
根能解脱死之剧苦及中有怖畏，得善道生，与道相遇，依次当得
清净解脱。有云依生起次第往生法，即罪大恶极者，亦应顿然成

佛，此不应理也。因有决定趋恶道罪故，虽得此生西口授，亦不过生善趣身耳。即依此善趣身，以清净愿力，与道相遇，忏除罪业，依次证得佛位，故可如是说，但恶业最重者，临死时，于因果不生定信。且积资净障及清净愿念甚弱，暂时依往生善根相续，得生善趣，后仍堕恶趣中亦有之。由是言之，修往生法者，于死时心应断除三毒不善之意乐，猛厉忏除罪业而防守之，并皈依三宝，发大菩提心等，愿生生世世得清净身，忏除罪障，趋入十地五道，速得佛位，普利众生。

附 甘露心要及上师讲录

分三：即极光明迁移，幻化身迁移与本尊身迁移，前二已于前说，今专说本尊身迁移。此亦分三：

一、修持生西

颇瓦修气功人，可观亥母三脉，中脉下端无漏，上端如喇叭口，顶有上师金刚持双身相。礼供赞忏已，虔诚启请及受四种灌顶，观自己亥母心上出红 ❖ 字，将口鼻耳目尿道肛门及脐七处封闭，脐下丹田现四叶莲，蕊有心之体性蓝 ❖ 字，四叶上有绿 ❖ 字（风之体性），吸气入无碍中脉，贯满脐下，由四 ❖ 字鼓动生风，吹腾 ❖ 字，同时呼 ❖❖ 七次；升至脐，又七次至心，又七次至顶，即触上师双足相交处而降（如临终则直升上至上师金刚持心中，合为一体。降止意）；继吸气下降，念 ❖❖ 七次降心，又七至脐，又七丹田；此六成就法，必须修气往上吹之作法也。

另有大悲救度生西法，于心上观莲月轮，上有白明点（此有观 ❖ 字，有不观者），此法即念 ❖ 字上升，❖ 字下降，以顶上发痒等为验，一月中修一次或二次，意中常忆念 ⟨字⟩ 字及 ⟨字⟩ 等声，于定死相现时，修此生西法，仍如前尽量供养启请，次以二鼻尽量吸气，念 ⟨字⟩ 字二十一声，至最后，猛念 ⟨字⟩ 字一声，观 ⟨字⟩ 字出顶，想往生西方矣。此名上师化身往生西方方法。

若顶上观亥母，亥母心中观智慧洒朵如拇指节，洒朵心中有三摩地 ⟨字⟩，仍如前法念二十一声 ⟨字⟩，最后猛念，想 ⟨字⟩ 字升入三摩地 ⟨字⟩ 中而生西矣，此名报身生西法。

若由二鼻吸气，⟨字⟩ 字上升，仍念吰字入定，化为空性，能修，所修，修业，平等不可得，与空性合，此为法身生西法。

二、身仪生西

身狮卧，头向北，自成本尊，脐 ⟨字⟩ 红，心 ⟨字⟩ 蓝，喉 ⟨字⟩ 白，念 ⟨字⟩ 字七声，想 ⟨字⟩ 上升收入于 ⟨字⟩，又念 ⟨字⟩ 字七声，想吽收上入 ⟨字⟩，⟨字⟩ 复徐徐由左鼻出，直射入本尊心中而生西矣。

三、强迫生西

右脚在前抵尿道，左脚在后抵谷道，两小指无名指捏口，中指按鼻，食指掩目，大指掩耳，心想蓝阿字，闭住气，令气送阿字从顶出而生西矣。

又凡遇危险，但观顶上上师，即使有生命之危，亦能发生生西功德。

附　明行道转识成就法

分三等成就身，即 1. 上等转识成就法性身，即初期中阴际证入净光明境。2. 中等转识成就净报身，即中期中阴境证入圣空悲合成体。3. 下等转识成就胜化身，即取获于胜善转生身。前二已于中阴中说竟，兹专言上师本尊瑜伽之“颇瓦”转识法，此复分二：

一、恒修

先当坚愿，誓成佛道。

次即观想自身成为金刚瑜祇尼母。当体空明，于体干中心，观有中脉，犹如支持篷帐之中央大柱。惟上大下小，下端封口，而上端开孔如天窗。此天窗孔外，上面坐有圣根本上师多杰羌佛，其体亦空，体之中心，亦有智慧中脉，与自之中脉通连为笔直管道。自心与本尊之心，遥遥相望而可通。次即观本尊心中有蓝色吽字，细如毫毛，自之心中，亦有同样之吽字，即为自己之识神。于是修习壶式息，令身成壶持息已。即观本尊心中吽字下端之音符伸长如钩，垂下于自心中，将自心之吽字向上提升。于是呼一出息，同时呼一ཧི字，尽力高声呼喊之，犹如在极恐怖之下呼救者然。如是连续二十一呼，想自心吽字已被提升至达顶门天窗之口。至是即改川声，使此自心吽字，循中脉管渐渐下降，退于自心原处，ག（嘎）字之声，须同呼ཧི（嘿）时之高而响，亦连续呼二十一次，且观其须彼二十一轮，一呼一轮而渐下降。如是修习，往复上下，令极纯熟。

二、临用

临用之时，即令自心吽字更被上提，投入上师本尊心中吽字，合而为一。于是自身即已举体投合上师本尊，随之往生，永无退堕及生死之净乐土中，而住入非可言喻之圣境矣。

附　陈健民大德论迁识

迁识须具四决定证量：

一、所迁智慧尊身，须观想明显坚固（起分），且与如幻性空及胜义光明相契（正分）。

二、能迁明点，明者智慧，点者精华。其能观点者，实为生死根本。所观之点，仅为生死支分，必能所一如，证得胜义智慧，方为真明点。

三、迁道中脉，中脉无为法，表法身。气入中脉，则中脉开解。必经息住脉停，外现烟等十相，心契真如，方是智气入住融于中脉相。

四、助迁智慧气，出离心不具则气不纯；戒律不具则气不清；菩提心不具则气不正；起分尊身胜定不具则气不超凡；正分胜义空性不具则气不化智，既非智气，不能入中脉，不堪任助迁。惟其助迁气亦智，能迁点亦智，迁道亦智。故所迁尊身亦净满智慧报身，如是方得与无上瑜伽理趣相合也。

又此上四事为内证，尚有顶肿、出血、插草三事为外相。内证外相胥具，则许迁识成就，若徒有外相，属上师及所迁果位智尊（不必弥陀，任何报身佛皆可）之加持。得此加持，取死有中脉自开为道，中有如来藏本性智尊自显为所迁（此为红教大幻网不共教授）。行者平时深知前述四事理趣，虽未成就，有此串习，临终略一忆念，便得成证，胜乎全无外三相者远矣。

二章释修持道次第理第二节终。

六法引导广论第二章释修持道次第理

第三节　释归结保守修持方法

此中分三：

一、口授修持方法

如此修习本口授深引导法，不可以少得了知觉受为足，应披精进铠甲，尽年寿修持之。尤须听闻三士道次第，若闻而置之，则仍趋入世间八法，不能背尘合觉，故须恒久修持为要。

复次，若生此生不能修持之怯畏心，则应思维闲暇人身难得，及人生意义重大。若于受用贪瞋等执著太大，则应思无常。若贪三有安乐，及因循迟延，则应思轮回苦。若于善恶不知取舍，则应思维因果业。若只顾自得安乐，应修慈心悲心及菩提心等。

次，于道之根本不共同诸加行法，须按日修持一座或二座。且于正行法，每日须修持六座或四座，及醒时修忿怒母口授与幻身口授，眠时修光明口授与梦口授。

次依忿怒母口授，以气趋住、放、收三者入中脉，若未显生四空四喜，则不能如理修幻身收入光明，及出定刹那起心气幻身，由是于修梦与光明处，不能摄持气之自在，即不能如理修此口授，于此生及中有，亦不能成佛。不仅此也，且于死时及中有，不能摄持气之自在，即于此口授修持甚难，故其意义，以证得忿怒母基础为要。恒于醒时，以二分之一时间修忿怒母或三分之一时间修忿怒母，后须持气，修幻身趋入光明，及从光明出定而修余法等。眠时，须认识眠之四空，竭力定于光明上，若迫不得已而显梦时，即出定修梦幻化身等。以上修法，已于各口授中说竟矣。此中有口授者，须于每日座余等时修持之，使得决定稳固。复次，生西者，若于一切道未得觉受，死时须修之，但最初须于往生法得娴熟相，后须于每月中三次或一次修之。

二、建立道会合

建立道会合者，于会合之理，谓醒时，依忿怒母与幻身法，则见修与贪会合，眠时，依修梦与光明，则善业与痴会合，依中有口授与幻身口授，则觉受与瞋会合，此三会合根本也。此三种各分三身会合。醒时，气收中脉，生四空或四喜，定于光明上或俱生智上，是为法身会合；从彼光明起心气幻身，为报身会合；将粗质身趋入中脉，变成依报正报坛城，是为化身会合，此醒时三会合也。认识眠之四空，于眠重光明竭力入定，为法身会合；从彼起如幻身，为报身会合；梦中变化一切境界，显依正二报坛城等为化身会合，此眠时三会合也。死时认识四空，竭力定于死光明上，为法身会合；从彼起中有幻身，为报身会合；出变化作饶益众生事而受生，或于清净刹土等受生，为化身会合。此死中有三会合也。总言之，为根本三会合，分言之为九会合。有谓会合口授分为十五种，即中有三种，身三种、相续三种、会合三种，现证三种是也。此生中有，依异熟身，由密灌顶，智慧相续，修忿怒母口授，则善业与贪相合，现证瑜伽智与理智。梦中依习气身，由欲念相续，修光明及梦口授，则善业与痴相合，现证幻身。正式中有，依意身，由上师或本尊父母相续，修幻身口授，则善业与瞋相合，现证光明。

复次，眠与法身相合，梦与报身相合，醒与化身相合。死与法身相合，中有与报身相合，生与化身相合。有云觉受与见相合等，谓生圆一切觉受，与实际见会合而修也。又有云见修与烦恼相合修者，谓忿怒母与贪相合，幻身与瞋相合，光明与痴相合等，方便虽多，其义一也。

三、令行持增长

令行持增长者，总说，趣入大密门已，于道通达，未生令生故，已生令增长故，顺行持之。前者，谓得灌顶成熟已，尚未得殊胜成就之前，后者，如密集品类云，谓令证生起次第，究竟成办共同成就事业，令于圆满次第时，证心空寂，成就幻身事业，得幻身已，令成就光明事业，及得有学双运身已，令成办殊胜成就事业。得心空寂者，与气收入中脉，能生四空或四喜相同，亦当令成办幻身事业。次行持者，由行者补特迦罗之差别。故说具戏、无戏、极无戏三种，随修一种均可，须修六月等，则所欲成就。祖领品中云，行持四种或五种，由得灌顶已，乃至未得二次第通达之暖相间，须普贤行持。由得暖相已，乃至未得稳固间，须隐行密行。后未成就幻身与光明间，面资粮行与明禁行二者随行一种，得殊胜能力已，乃至未得无学双运位间，须超胜边执行。复次，尚有中观行与普贤行二种，或初修业行，智自在行，智极自在行与解脱行四种，虽说法甚多，均与前义相合。此中通达二次第之殊胜行行者，及具有精进者，此生欲修行得殊胜成就，须决定修持密行，但现在如是行者极少。故毋庸说此密行之必要，设行此密行者。详阅余经，据修传派诸大德所说，行此密行者，须证得一切生圆次第，乃行此密行。但应与别解脱学处不相违，如于山上，或于荒冢垒垒极凄凉处，或寒林处等，行古沙尼供施法；且应断一切世俗语。行如受伤野兽，心不趋入世间；行如狮子，随遇无怖畏；行如空中风，随遇任何不起贪着；行如虚空，心不以任何为缘；行如疯者，无有取舍决定。行以上诸行，皆令道增长。

释修持道次第理终。

第三章　释所得果

如上修持道所得果者，下等得四种事业成就果，中等得八大成就果，最上等得佛陀成就果。前二种为共同成就，即依生起次第而成就者，后者为殊胜成就，须二次第俱修，方得此成就。此中以补特迦罗之差别，或此生，或中有，或后世，或几世得成就者，说虽甚多，其中有及后世几世等，已于中有处说竟，本处惟述具精进上根，即生得殊胜成就之理。

从忿怒母口授趋入道者，由得灌顶已，乃至心得二次第稳固，将一切缘，会归于道，则初生有漏觉受，得下等暖，趋入资粮道。次心趋入中脉，由下降生四喜，心气净分，由中脉下降，则通达空乐俱生，增长有漏气脉功德，得中等暖，趋入加行道。复次，由上提四喜，明点净分，上提至顶稳住间，则依次解脱中脉脉结三十二，清净二十四境脉界，清净六轮障，依次灭十二个一千八百业气，合计二万一千六百业气，则依次得十二地。复次，得初地时，见无漏谛，得上等暖，趋入见道位；于十一地时，功德增长，趋入修道位；后极细气脉明点亦清净离障，则净平常身，成虹光智身，以清净三十二脉降菩提故，具三十二相，清净八十分别故，具八十种好。心气为智慧所显，故具光明，以 ཨ྅ ক 双运，究竟成就双抱，圆满报身，由得十三金刚持地，则现证无学位。此中悲心与离戏空性无分，犹如虚空不动者为法身，由大乐显境，现相好庄严者，为报身，随机应化，现种种身，广作饶益众生事业为化身，此三身于无漏界上无分别者为体性身。尽轮回际，此四身不动，如如长往。复次，此口授共同趋入道地者，谓得灌顶，心于生圆二次第得稳固，至生一切有漏功德间，为趋入资粮道。由气收入中脉，能生四空，得喻光明，及得隐秘理幻身，至得理光明相近间，为趋入加行道。现证理光明者，为趋入初地见道。后于得有学双运相近间，趋入七地以下，得有学双运已，趋入十二地以下，至得无学双运相近间，趋入修道。后现证大乐无学双运，具足七支金刚持，得十三地金刚持地，趋入无学道。后尽轮回际，长住不动无学双运身。此双运身理者，谓无上具足二种清净法性正智光明者为法身；此所依之色身，由心气所成者，为圆满报身；此二身体性为一，但所显现异，名双运身或智身。由此以最殊胜化身等作无边事业者为化身。乃至尽轮回际，无勤勇任运成办一切众生事业。

如此大密要道圆满次第，一切究竟甚深六法之引导次第，以诸修传派士夫长时请求造论。又以前代成就诸大德造论虽多，但于本论细细口授，仍须从师授，方能了知。世有大德，欲令人容易了知本法口诀，虽多造经函，而于修持次第未明，与密续不合，或系揣想而作。现能修持此法要者甚少。其稍有修持者，于道稍得觉受，遂自以为足。此法非为劣根而作，盖纯为能受持深义之行者，具足慧眼。常披精进坚铠，令于道之要义，容易通达故也。本口授一切精要，原即教于续部经中，但以末法众生慧力薄弱，不足知之。为恐本法口诀中断，故起增上意乐，于诸修传派祖师前，听受一切大密续部注解，具足闻思修，并修得觉受，断除自作，如实宣说续部之密意。于此口授要义，恐所说已详，希诸师珍重之。

偈云

摄诸解脱道之妙义者，名甚深要道口授六法。
本法易导堪能者入道，一切无上续部心中心，
多生累劫精进难通达，六密甚深妙道之胜义。
于诸密典具足闻思修，依修传大德加持所作，
非离理揣作于道不合，又非无慧愚痴之偏执。
端严具足智慧之士夫，并且修持觉受祈欢喜。
由续部与口传诸密意，虽无分别偏计之所说，
但以无明增上若有谬，俯祈一切本尊垂忍赦。
愿将造论所得诸善因，回向我与如虚空众生，
生生世世皆具金刚身。若依无上稀有深妙道，
速得大乐双运身成就。

上述乃依具证功德持修传派之法规者，名假等虚空金刚长时请求，又依于二次第要义，具有抉择眼者，名曰睁阿啥利并数数请求，故吉社甘波大师于酉年孟夏前半月始着此于具德大那甘波大寺之修室，胜喜比丘敬书，愿以比善因，我与一切众生，皆得贤善吉祥。

吉祥　圆满

附　修带释

广论云，以修带由腰系于二膝下，观修带即金刚母等，其量以线或滞双折一肘零四指许，或一肘零五寸。或双折依自头一圈零一拳。二手投入其中，持定印置脐下（见广论已持令固中）。

又甘露心要注曰，修带者，行人观为亥母，缚身以试身直否。带之长度，为将带双折，沿行人额际之颅围绕，一周之量，由左

膝盖下上绕背至右肩而结两端。如是绕缚，验身直否。不直则带
驰，过直则太紧。故以使身直合度，策励修持也。

祝拔宗契合俱生大手印论双融

祝拔宗大手印曰，现空双融属第一灌顶，自成本尊，了了分
明，成就念诵四法，最后复作空观。显空双融属第二灌顶，为令
心体明显，以幻化睡梦法修之。乐空双融属第三灌顶，修忿怒母，
得无上乐，随观当体即空。明空双融属第四灌顶，证得俱生智，
即光明大手印也。前一为生起次第，后三为圆满次第。

依吉祥上乐轮方便智慧双运道玄义卷

佑国宝塔弘觉国师沙门慧信录

欲乐定（原本无此标题，即方便智慧双运道）

夫修习人依凭行印修习而有五门。一、先须清净明母，如前
广明。二、身语齐等。谓自及手印，刹那间同想佛身，及以语中
同诵根本咒及亲心咒等，此依增胜化身摄受齐等。三、谓猛母互
相摄受宫密，先猛于母莲宫想空，于其空中想一哑字，变成红色
八叶莲花，仍具台尊，上严哑字也。后母于猛密杵想空，于其空
中想一吽字，变成青色五股杵，尖严吽字，窍穴中想红黑色登字，
头向于上，以唵字成珠尖，首以"削"字成珠尖，或两种明点，
想为吽字。或猛母日月八坛中，排列咒句，此依增胜报身摄受也。
四乐欲齐等，谓将入真性，不生一念，凡夫染心，应发愿云，我
依斯印，为欲现证俱生智道，及究竟菩提，其印愿与猛母同，此
即希趣增胜，依法身摄受也。如发愿已，想无数猛母入各身中也。
五、以要门要义任持，有五，一不降明点，则不能发乐，故先令
降；二不能任持则堕轮回，故须任持；三不能旋返则堕水漏，故

须旋返；四不遍身则成疾患，故令须遍身；五最后不护则不获益，故须不损护持。（一）令降者，将所依清净明母置自面前，远近随意，令彼胜惠，外伏日月，内融风心，方于胜惠口舌胸背两乳股间密宫足底，以手扪摸，弹指作声，以大欲火，流降明点，增其乐相，作大乐观，二手握拳交心胸前，翻目上视，斯能护持，于时勿作无二行，切须缜密也。又听其欲乐音声，嗅彼龙香，咂唇密味，抱触身等，以此四事，亦使欲火炽盛，令降明点，作乐禅观，翻目护持，亦须缜密，依此随生觉受，任运修持，或两相严持，如鳖行势，徐徐系之，空中明点降至喉中成十六分，半半存落，乃至密宫也。（二）令任持者，以流降故须任持，任持故使增盛，增盛已渐次运返，此三相系属而生起也。今且欲任持菩提心者，明点流降时，依上二手握拳，翻目上视其修罗门，微微放慢语中，力称长声吽字，急提下风，紧闭上息，地角枕胸，必不散落。斯则四刹那中，五境所作尤多。故即众相差别刹那，乐觉受微少故，即初喜智也。然后么辣及割戈辣相合已，贪欲火令降明点，作乐禅观，翻目护持，亦须缜密。此则对前所作微略。故四刹那中，即异熟刹那，乐胜前故，即上喜智也。然上二种降明点，及乐力大故，即明点炽盛暖也。复次，略寓研磨交媾，即此盛乐无念，如前以贪欲火令降明点，作乐无念禅观，翻目护持，亦转须缜密则四刹那中，即坏众刹那，以乐无念，印饰，即胜喜智也。此名明点流动暖，于时明点难任持故，以右手中指捻于右鼻，左鼻引息，按抑上风，然持明点相者，其魑魅道如麻木厚重，头发竖立，及呵欠流涕，高叫啼哭，便利不禁，或闭不通，凡生如此等持，是能持明点之相也。然后沐浴胜惠肢体，令洁净时，预作身语齐等。摄受齐等，欲乐齐等，以令莲杵相合。二脉相合，二明点相合，二风相合，故内发动不二行时。二脉和合，二风和合，二菩提心和合也。由依三种和合俱生喜故，离前三喜妄念，成就空乐双融，即发生回绝拟议之大乐等持。又自己身语意，三觉受坚固，触境一切处皆遍也。于时以翻目护持等能缜密者，尤为急务，此即四刹那中离相刹那，四喜之中，即俱生喜智，亦明点坚固暖也。（三）返回者，恐于明点而损耗，故应须返回，此有三种，上根至密宫，中根至杵头，下根至杵根，或离手印已，依六加行而作旋返，一海窍须弥，谓缩腹靠脊也。二摄集泗州，谓力掘四拇指也。三持味合自宫，谓舌拄上腭也。四上柱仰返，谓翻目上视也，此四即身加行。次语加行者，心胸握拳，三称具力吽字，力声长引，向上提摄也。意加行者，先想等持所缘，谓以心吽字叕箭，下风力搧弓，语诵吽叕字时，以吽字上提叕字，以叕字上推吽字，此是语意各以加行也。（四）普遍于身者，依四轮次第，遍义不同，初依密言宫要遍脐者，语称曷曷字，上提谷道，更作系风带仪，谓以二手，从右至左，从左至右，而旋掷之，或作木圆仪，谓跃坐，二手置膝，摇身下半也。次以脐间要遍心中，语称侣侣字，更作掷冒索仪，以二手握拳当胸作展缩势，或二手作缠帛势也。次心间要遍喉中者，紧作吃移势，想于明点运至喉间，便作童子前后左右点头，作歆侧俯仰势也。次趋喉间遍至顶上者，于二鼻中，频频急作搐香气势，想于明点遍于顶上，更以二手而指于顶，想于明点遍诸脉道也。或提下风，而复止息，心想风息入侣帝脉，直至虚空；或想周遍身内，疏通脉道，运于明点。想遍一身如是频作，其菩提心，自遍一身，坚固不失。或欲菩提而坚固者，以二足头倒柱于地，以二足根辅修罗门，二手执金刚杵及九枣等向下挽之。金刚杵头使着于地，同前严闭上下风息，语诵唵哑吽字，向后猛顿，臀可至地。依此恒常修习，决不失散，菩提之心，则能遍满一身之内。此法不必依行手印，寻常能者，大护菩提而资身也。（五）不坏护持者，修习之人，有发乐盈满等六种失菩提义。若不护者，身生患难，失于等持，于二世中而无，故须要依法一一护之，在"道果第四"内可知。

依上修习，功着力，则发四喜有四，一依宫四喜，二依渐四喜，三依所断四喜，四依自体四喜。第一亦二，初依外宫四喜，后依内宫四喜。于中初者，谓于身一二处生乐，即名初喜。于身大半发乐，即是上喜。全身发乐成无念者，即是离喜。触境发生空乐境觉受，即俱生喜。后者有从顶至喉所生觉受，即初喜，从喉至心即上喜也，从心至脐即离喜也，从脐至杵尖即俱生喜也。二依渐四喜者，始从观色乃至相触发生乐者，即初喜，么辣及割戈辣相合时发生之乐即上喜，略为研磨交媾时发生之乐即离喜，三种正和合时发生之乐即俱生喜也。三依所断四喜者，以初喜智断能持所持分粗妄念，以上喜智舍断计执身自妄念，以离喜智舍断执著手印妄念，以俱生智断前三染着之心，谓前三喜至此悉为所知障也。四依自体四喜者，安乐觉受小则是初喜，安乐觉受大则即上喜，安乐成无念则离喜，触境觉受空乐无二即俱生喜也。然依此修，非唯获此四喜，兼乃菩提明点，四轮坚积。谓菩提心始从密宫上至脐中得坚固，则脐色变白，外微凸出，及肤里密致，爪不容搯，亦无发白面皱也。或毒蛇及余猛兽等不赐毒噬，及为彼之恋养也，或生发微略空乐等持，自身语意不随诸境空乐也。显现谓菩提心从脐至心得坚固时，所有肢体，但举其一。众不能屈，俱恢弘力也。或能知天时丰俭，甘泽多寡，及知他心等通，即不起念，自然显现也，或发生中品空乐等持，触境皆现空乐。谓菩提心至喉得坚固时，二肩平满，舌渐广长能至眉，仍于木舌能注甘露也。或离饮食，或仍能受用诸天甘露，及诸世间所有珍馐。及能游艺篇章，随宜演说法也。或生广大空乐等持，于一切圆寂之法，空乐显现，仍了此轮回苦乐等相，历然皆幻有也。谓菩提心从喉至顶得坚固时，享寿千龄，无中夭也，仍获余胜功德。或能现鸟鸢虎豹等微分神通也，或发生大空乐等持，于轮圆诸法，悉了空乐不二矣。

问修欲乐定，唯托行手印而修耶，为复更有所托之境耶？答，通依四印，可修欲乐之定。依行手印，自他相佛，摄受二根，受四喜乐等，依示可知。

若依记句手印入欲乐定者，自身顿想共观之慢，摄受二根，作不二加行，次第受于四喜，至俱生喜，应入空乐不二之理也。若依法手印入欲乐定者，自身顿成本佛之慢。于脐化轮内层想八道红脉；外层想六十四道红脉。其轮脐上字头向上，想一红色哑字然；心间法轮内层想四道红脉；外层想八道红脉。其轮脐上字头向下，想一白色吽字然。喉报轮；内层想八道红脉，外层想十六道红脉。其轮脉脐上字头向上，想一红色哑字然。顶大乐轮，内层想八道红脉，外层想三十二道红脉。其轮脐上字头向下，想一白色杭字然。四轮中央如悬线一条，应想阿翰夺帝脉一道，似虚空之色，上尖抵于大乐轮，下尖抵于化轮，其脉至极端正，无有偏斜。其阿翰夺帝脉左畔红色辣罗嘛脉一道，上尖抵于大乐轮如剪刀，续至于喉间报轮中央，复如剪刀，续至于心间法轮中央，复如剪刀，续至下尖抵于脐化轮；其阿翰夺帝脉右畔白色辣萨捺脉一道，上尖抵于大乐轮中央如剪刀，续至喉中报轮中央复如剪刀，续至于心间法轮中央，复如剪刀，续至下尖抵于脐化轮。如是想回轮三道脉已，然修习人，应提谷道，其脐中化轮中央红色哑字，出炽盛火光。其火炽盛，焚尽脐中化轮。辗转炽盛，至于心间，焚尽法轮。辗转炽盛，至于喉间，焚尽报轮。辗转炽盛，至于顶上大乐轮，脉道等悉皆萎悴。以彼火力灸于白菩提心自性白色杭字，渐渐流注于喉间，报轮还复如故，想受第一胜喜乐。至于心间，心间法轮还复如故，想受第二胜喜乐。至于脐间，化轮还复如故，想受第三极喜乐，然菩提心流注遍身，想受第四俱生大乐，观彼俱生大乐，应入空乐不二定也。若依大手印入欲乐定者，然欲乐定中所生觉受，要须归于空乐不二之理。故今依大手印止息一切妄念，无有纤毫忧喜，不思不虑，凝然湛寂，本有空乐无二之理而得相应，即是大手印入欲乐定归空乐不二之理也。今依密教，在家人则依行手印入欲乐定；若出家者，依余三印入欲乐定，契于空乐无二之理也。

　　问淫声败德，智者所不行，欲想迷神，圣神之所远离，近障生天，远妨圣道，经论共演，不可具陈，今于密乘，何以此法化人之捷径、作入理之要真耶？答，如来设教，随机不同，通则皆成妙药，执则无非疮疣，各随所仪，不可执已非彼。又此密乘是转位道，即以五害烦恼为正而成正觉，亦于此处无上菩提作增胜道，言增胜力者，于大禅定本续之中，此母本续，即为殊胜方便也。前代密栗呱钵师等依此路现身上而证圣果，胜惠本续云，下根以贪欲中造着道门而修习者，应当入欲乐定也。其欲乐定有十五门，若修习人依修习，现身必证大手印成就。又准上乐轮根本续云："见之及与触，闻或忆念时，即脱重罪中，即如此无疑。"出现上乐本续云："方便非修习，胜惠亦非修，方便惠不二，故称名修习。"又彼本续云："惠方等加行，求上菩提人，即是无此者，身虽在于俗，已系正觉教，了无分别相，是金刚勇识，必是证正觉，此是真持戒，行者上乐毕，决定成四身。"大幻化本续云："无定离苦行，亦无净斋戒，恒方便惠等，喜乐能成就。"密集本续云："五欲之乐等，随意而受用。"金刚四座本续云："所求修乐者，已乐断轮回。"喜乐金刚账本续及三莫怛本续云："腹中误入毒，复以毒中取，以楔而出楔，以垢中除垢，若耳中水入，以水能令出，若火所烧时，以彼火中燋，若有贪欲情，以欲中调伏，此例禅定者，正教邪不解。"喜乐金刚本续施戒仪云："思念一切诸圆满，殊胜奉于上明母，三世界中胜名称，修习中围加行中，今日应行大乐行，余方便中不正觉，若有愚痴违犯故，不应获得妙成就。"既有如斯胜力，何须却弱者哉。倘若傍倚此门，非理而作，罪大不少，故能照无明要门云："不依正理妄修行，如是之人坏正法，不晓加行湛融人，不用同席而共居，此乃是为凡俗境，无有功能成过患，由此诸修秘密者，失方便意成谬作。"令明体性要门云："猛虎行步者，野犴不能行，狮子跳踯处，驴跳必致死，有福成甘露，无福乃为毒。"

若修习人依斯要门而修习者，无始至今所积恶业悉皆消灭，一切福惠，速得圆满，一切障碍，悉能回遣，一切成就，尽皆克获。若依行印不二加行修习一次，即是依住所，即是增长究竟禅定诵咒，广大施食，广大集轮供养，广大烧施，即是摄瓶福足，亲诵忏悔，一切法行，悉皆具足，如是果乘甚深密法，非器勿传，片成莫受，故集轮根本本续末乌末怛疏记云："师若不闭，资若轻受，俱违法式而受折罚，诸空行护法之心，其情甚切。"又疏云，持金刚者惜此续观，如取出于自心，如是不思议殊胜法，劫劫生生，难逢难遇，今既幸逢，欢喜信受。若有愚人不信是法，所获罪报，金口亲宣。故集轮根本本续云："吉祥形噜葛本续中，于何指教若不信，贫穷若以罚逼迫，于后永常而发起。"演义记云："不信其义者，此人决定现世受其贫穷，官事口舌，一切疾患，直至临终，失于正念，死后堕落三涂，受无量苦，世世不能见佛闻法。"既有斯报，决应信受。伏忘要门云："人天及解脱，此由信心克，若欲作伏亡，初学信心法，所觉总集亡，若人无信心，白发生不长，如种火所焦，唯植不生芽。"虽然信受，若不信行，终无利益。古德云："万法庄严，不勤无托，欲渡巨海，非舟何倚。"若有愿乐之心，而不行愿乐之事，真珠见其果，如绝粮之人，心存百味，于其饥恼，终无济益，当知欲求胜果，必须心事俱行。又云："能行说为正，不行何所说，若说不修行，不名为智者。"

然修习人依欲乐定而修习者，能开脉道，能引菩提自在回转，行人习定，无二真乐未现前者，仗托行印，即获甚乐，令得现前。又诸法自性本无染净，一切二相，平等无异，似空花水月，正有之处，即是净空显性，万法亦然，触处皆是平实妙理，由存情念，妄生取舍，皆无为理，无使沉溺，苟能正眼开通，法法无滞，一一无非实际妙理。今以行印，有三类机。若上根，则托此行印，真冥正念，到此不用回遍菩提；如中根，即仗此福德行印，能降能回等，引发空乐，契无为理；下根之人，仗行印时，审观自力，增长坚固，拙火自在，降捉回遍等而无滞碍者，可作此法，自他获益。不观自力，恣情行非，倘有触犯，难免地狱，如上所说，贵在依行，不可解义，便为修习者矣。

拙火定

敬礼最妙上师。

夫修习人以嗔恚返为道者，须修拙火定也。圣教中说，欲成就究竟正觉者有两种，一依般若道，二依秘密道，今拙火定，是依秘密道也。然秘密中有所作所行修习大修习四种本续，今是第四大修习本续。于中复有方便胜惠二种本续，今拙火定是胜惠本续中大喜乐金刚本续所是也。此上是捺啰呒法师求修要门之所宗也。然此本续中，复有增长究竟，增长易解，究竟有四，谓依脉、依风、依菩提心、依不思议，今拙火定是依脉者。此复有四，谓依脉一轮二轮三轮四轮也。今此拙火定，是依一轮者，又有三节。初风入身时能生暖，热生是四大热也，随功引起，非是正要；二风入心时，菩提心故，名为心也，发生于乐，因乐功极而能显发，有明心故，此为大要；三风入光明时，显得真空，即是内显正宗，此非外得，由心显得空乐无二故。成圣教说，依理三道脉入拙火定，言三道脉者，一中央阿斡夺帝脉，二右畔辣啰捺脉，三左畔辣麻捺脉，是名三道脉。或依四轮入拙火定，言四轮者，一脐化轮，内八道脉，外具六十四道脉；二心间法轮，内具四道脉，外具八道脉；三喉中报轮，内具八道脉，外具十六道脉；四顶上大乐轮，内具八道脉，外具三十二道脉，是名四轮脉道也。或依字种入拙火定，言字种者，脐中观炽盛红色啰字或观炽盛红色哑字，是名字种拙火定也。或依焰入拙火定者，焰者，脐中想四指许炽然火焰，或观八指，或观十六指，或三十二指，或腹内观满炽然火也，是名四指焰入拙火定也。或提谷道入拙火定，修习人行住坐卧四威仪中，常提谷道，则生暖气，是名提谷道入拙火定也。

问何等是拙火定耶？答，脐下观炽盛火焰，是拙火也，何名拙火耶？答，拙火，焠暴之义，火，即是火焰。修道之人，自然脐下离四指许，元有血脉暖气，所盛梵书黄色短哑字之相，其哑字顿然相成，至极尖，炎热不能触着，梵书红色短哑字上，暴发猛焰故，是名拙火也，亦名暴火定也。梵云赞嚓哩，意翻云拙也，即焠暴义。今脐下哑字上焠暴发火。故名为拙火也。

问此拙火定功能耶？道者修习之人入拙火定，则发大暖气，生四种喜，见种种相，获八功能，遮身九门，闭语四门，开意二门，明证五通。水火毒等，不能侵害。所见所闻，皆觉大乐。起无分别智，于现身上获大手印成就。

问其拙火定而有几种耶？答，且略说有十种。问何用十种拙火定耶？答，凡修道人，须要风息归于心，归于真。若风不归身，则不发暖；气不归心，则不生大乐；不归真则不起（无）分别智，则不获大手印成就。欲要风息归身，故有五种拙火。一者观三道脉短哑字入拙火定，二者观三道脉乱进火星入拙火定，三者观三道脉发炎碎火入拙火，四者观三道脉进粗火入拙火，五者观三道脉进细火入拙火。此五种内，随修一种，不过半年月，风息必定归于身也。然要风息定归心定故，亦有五种拙火，一者观焰流注入拙火，二者观将欲滴明点入拙火，三者观明点降火焰入拙火，四者穿透明点入拙火，五者观注如蜘蛛丝菩提心入拙火。此五种随修一种，不过年月，风息定归于心也。然要风息而有十种于拙火外，别有三师要剂门。一者上根之人，风息归真师要剂门，其修习人，于寂静处软稳毡上，端身而坐，结三昧印，两眼张开，鼻引清气而徐咽之，紧闭谷道，息诸妄念，不思不虑，凝然安住，若气促时，于鼻窍内徐徐放之。如是周而复始，闭气用心，则风息必归于真，速起无分别智也。三者中根之人风息归真师要剂门者，同前紧闭谷道，心不外缘，专观自心，若气促时如前等也。三者下根之人风息归真师要剂门，全同中根，所不同者，闭于两目。然风息归心于拙火外，亦别有三种师要剂门。一者观眉间明点风息归心剂门。所谓其修习人，于寂静处，软稳毡上，端坐其身，结三昧印，眼观鼻尖，舌拄上腭，不动不摇，俨然而住，自己眉间三角骨肉，想一荳量风息与心识相应，为一光明灿然白色明点。专心观彼明点，若觉疲倦，心散乱时，则止息一晌。止息既已，复观明点。如是周而复始，眉间三角骨内入明点定。经七昼夜，其彼明点，分分明明。定心坚固之时，其彼明点而令上升，至于净梵窍内。如依前例专观明点，分分明明。定心坚固之时，其彼明点，由如流星而降入阿斡夺帝脉中，出大鸣响，至于脐下，流出杵中，必生大乐。如是周而复始入定，风息归心，觉生大乐。是名观眉间明点风息归心剂门。二者观杵光明点风息，归心剂门者。其修习人，于寂静宫内，软稳毡上，端身而坐，结三昧印，眼视鼻尖，舌拄上颚，不动不摇，俨然而住。自己杵头上，想一荳量风息心识相融，为一光明灿烂白色明点。专心观彼，若觉疲倦，心散乱则止息一晌。既止息已，复观明点。如是周而复始入杵尖上明点定。经七昼夜，其彼明点，分分明明。定心坚固之时，其彼明点而令上升至于眉间三角骨内。其眉间三角骨内，依如前例专观明点，分分明明。定心坚固之时，其彼明点而令上升至净梵窍，入阿斡夺帝脉中而令下降，至于脐下，流出杵中。如是周而复始上升下降入定，七次必生大乐者，是名观杵尖明点风息归心剂门。三者观夺帝脉明点风息归心剂门者。所谓其修习人，于寂静处，软稳毡上，端身而坐，结三昧印，眼视鼻尖，舌拄上颚，不动不摇，俨然而住。自己顶上净梵窍内，想一荳量风息，与心识相融，为一光明灿烂白色明点。专心观彼明点，若觉疲倦，心散乱，则止息一响。既止息已，复观明点。如是周而复始，净梵窍内入明点定，分分明明。定心坚固之时，从顶至脐下阿斡夺帝脉，想如饥羊肠，即便吹胀，其彼净梵窍内明点与鸣响声入于阿斡夺帝脉中，鸣鸣响响而令下降，至于脐下，流出杵中。如是周而复始，阿斡夺帝脉鸣鸣响响下降明点者，是名观夺帝明点风息归心剂门。此三种内，人随修一种，不过多日，风息归心，觉受大乐。所闻所见，皆觉大乐。若出定之时不觉大乐，则于眉间，或脑后，或鼻尖上，或喉中，想一荳量风息与心识相融为一光明灿烂白色明点，即便发生大乐。或观阿斡夺帝脉，亦发大乐。如是入定出定，一切时中，觉受大乐，是名风息归心也。

问云何是阿斡夺帝脉耶？答即有二种，一粗阿斡夺帝脉，于脊骨内，上下充直，有一道脉，是粗阿斡夺帝脉也；二细阿斡夺帝脉，于粗阿斡夺帝脉中，一毛分作百分之量，至坚至微，一道白色脉，是名细阿斡夺帝脉，亦名法尔阿斡夺帝脉，一名法尔体，亦名无生真智法体。问此阿斡夺脉从何处生耶？答，于母胎中。父母赤白二种相融成身体时，初脐下成阿斡夺帝脉，其阿斡夺帝脉右畔成辣啰捺脉，左畔成啰麻捺脉，此三道脉为祖，脐下结成化轮脉，内层是八道脉，外层六十四道脉；其化轮中央结成黄色字头向上梵书哑字，心间结成法轮，内层是四道脉，外层是八道脉；其法轮中央结成白色字头向下吽字，喉中结成报轮，内层是八道脉外层十六道脉；其报轮中央结成红色字头向上哑字，顶上结成大乐轮，内层八道脉，外层三十二道脉；其大乐轮中央结成白色字头向下杭字，如是三道脉及四轮脉成已，渐渐成就手足等一切身分也。其彼身体脊骨内而有粗阿斡夺帝脉，于内而有细阿斡夺帝脉也。

问风息如何归身耶？答，右鼻窍啰萨捺脉中及左鼻窍啰辣捺脉中所出入风息等，皆入于中央阿斡夺帝脉，是名风息归身也。身者即是阿斡夺帝脉也。

问入拙火定时，脐下哑字，先是黄色，以将上下二气触彼黄色哑字，变成红色哑字。问黄色哑字何故变成红色耶？答，始初身体成时，元本以将血脉之中，成一黄色短哑字之相，然后遇五种缘时，其黄色哑字一时间变成红色短哑字。五种缘者，一者淫欲，二者闷绝，三者昏醉，四者入定，五者死亡等。一淫欲者，若淫欲，四喜之中受俱生喜时，其黄色哑字变成红色哑字；二闷绝者，若闷绝不醒悟时，其黄色短哑字一时变成红色哑字；三昏醉者，若饮酒大昏醉不醒悟，其黄色哑字一时变成红色哑字；四入定者，入拙火定，而以将上下之气触彼黄色哑字；五死亡者，临终之时，地大归水，水大归火时，其黄色哑字一时间变成红色哑字，如是变黄为红者，本来法尔因缘之力也。

问脐下红色哑字发拙火焰上升触于顶上杭字，因何杭字流菩提心耶？答，于母胎中，父精母血及与心识三种相融，为一身体，然后渐渐心识住于心间。父精住于顶上，母血住于脐下，故从顶上流注菩提心也。

问入拙火定生喜时，何者为四喜耶？答，一惠，二胜惠，三极惠，四俱生惠。第一者，脐下拙火定印而令上冲，触于大乐轮杭字，其杭字销镕，流注菩提心至于喉中之时，觉受乐者，是名惠也；第二胜惠者，其菩提心至于心间时，觉受大乐者名胜惠也；第三极惠者，其菩提心至于脐下时，觉受大乐者名极喜也；第四俱生惠者，其菩提心遍满身时，觉受大乐者名俱生喜也。

问拙火定中所现五相者何耶？答，一烟雾相，二阳焰相，三萤火相，四灯焰相，五无云青天相。第一烟雾相者，由拙火定力坚固故，地息入于夺帝脉时，如见烟雾之相；第二阳焰相等，由拙火定力坚固故，水息入于夺帝脉时，眼前如见阳焰之相；第三萤火相者，拙火定力坚固故，火息入于夺帝脉时，眼前如见萤火之相；第四灯焰相者，由拙火定力坚固故，风息入于夺帝脉时，眼前如见灯焰之相；第五无云青天相者，由拙火定坚固之时，故空息入于夺帝脉时，眼前如见无云青天之相。

问拙火定中所获八功能者何耶？答，一牢精，二润泽，三暖盛，四轻安，五不显，六光洁，七不见，八无碍。第一牢精，由拙火定力坚固故，地息入于夺帝脉，牢精不失，辗转溢精，身体充实；第二润泽者，由拙火定力坚固故，水息入于夺帝脉时，身体润泽，洁净光软；第三暖盛者，由拙火定力坚固故，火息入于夺帝脉时，极生暖气，寒不能侵，病不能染；第四轻安者，由拙火定力坚固故，风息入于夺帝脉时，身体至轻，行步甚疾；第五不显者，由拙火定力坚固故，空息入于夺帝脉，身体为空，不显形状；第六洁净者，由拙火定力坚固故，白精增益，白精增益故，身有光明；第七不见者，由拙火定力坚固故，赤血增益，由赤血增益故，人非人等而不能见；第八无碍者，由拙火定力坚固故，穿山透壁，于一切处，无有罣碍，自在游戏也。

问拙火定中遮身九门者何耶？答，定力坚固故，遮身九门者，一右眼中不出入风息，二左眼中不出入风息，三右耳中不出入风息，四左耳中不出入风息，五右鼻中不出入风息，六左鼻中不出入风息，七口中不出入风息，八水道中不出入风息，九谷道中不出入风息。此九窍中不出入风息者，是名遮身九门也。

问拙火定中闭语四门行相者何耶？答，定力坚固故，闭语四门者，一喉中不出入地息，二喉中不出入水息，三喉中不出入火息，四喉中不出入风息，是名闭语四门也。

问拙火定中开意二门何耶？答，一者解散心结脉，二者解散眉间结脉，是名开意二门也。

问拙火定中明证五通行相者何耶？答，由定力坚固故，明证五通，一天眼通，二天耳通，三他心通，四宿处通，五神变通。得此五种者，是名明证五通也。问拙火定中得漏尽通否？答由定力坚固故，起无分别智，于现身上获大手印成就，名获漏尽通也。

问嗦嗦钵法师依何本续传此拙火定耶？答，依于大喜乐本续，故喜乐本续云："脐中发起拙火焰，而令焚烧五如来，及烧佛眼佛母等，杭字流注菩提心。"是故脐下将拙火之焰焚烧色受想行识五蕴及焚烧地水火风四大，其拙火焰触杭字头，流注菩提心，如是依凭，吉祥兮噜葛口所说本续，传此拙火定，是真语也。然师相传，皆见功能，有大摄受力也。若修习人习此拙火定，即现身上证获大手印成就，若现身不证，于中有身上必证大手印成就，勿令疑焉。夫修习人依拙火定闭上下风，由熟习力，即能发生风止四相，坚固六相，究竟四相也。初风止四相者，为火风止，生如烟相，水风止生阳焰相，风止生萤火相，地风止生灯焰相也。余觉受等，在起道次第等可知。

又此拙火定门，乃有三种，初住体性仪，次住道仪，后住果仪。初住体性仪有两种，初住心仪，后住身仪。初住心仪者，据说次第了悟心性也；后住身仪者，约修次第，须悟成身，初成脐中夺帝脉等，由此脉故，成一切脉。于中七脉，最为要妙，其中须夺帝之脉。此脉有二，初依文说夺帝脉者，骨节邻近有脉，名曰是命俗谛；后依自性习成夺帝脉者真谛，住命脉内，犹如马尾百分之一，微细不断，清白自性悉成真心，亦名住体性仪，亦名昔成夺帝，亦名无生光明昔成自性，亦名无我母自性也。次住道仪者，乃有三种，初身要仪，次境要仪，后时要仪。初身要仪者，金刚跌坐，低头下视，自身骨节，为垒金钱，二手内相叉作金刚印，置己脐下，分量四指，腹吸，脊骨项微分曲，眼观鼻尖，舌拄上颚，或二手束膝，紧抵于胸；次境要仪者，观脐哑字，大小随意；后时要仪者，左右二脉风出入间，阿斡夺帝脉内，于一时中，决定发乐。

后住果仪者，左右二脉风息，出入于彼中间，入夺帝脉所生验者，脉中发乐延定时，作定渐渐时长而显真智，或观脐中哑字，火星紧热，大小随意，彼字火成，焰起于上，至大乐轮，触于杭字，销镕流注，菩提心量豆颗许，入于脐中，与乐相融，明想空乐不二自性真智显现，遍身发乐。又于耳根门中观想乐明点，则于出定时，耳闻音声，皆生空乐不二自性。又于鼻尖及喉中想乐明点，则于香味等觉受空乐。若如是，则昔成真空夺帝脉内哑字紧热，大小随意，分明观想，于彼哑字，拙火炽盛，烧顶杭字，流注菩提心，至于脐中哑字，空性相融为一，明想空乐不二性。故自身与他，皆觉大乐，兼得无念。四喜五相阳焰等相，八种功德，悉皆现前。于自己身，毒药不侵，器械不碍者，是赞怛哩定，犹如老婆者，是机语而表愚痴也。然老婆云何表愚痴？答，老婆为身年迈，性识昏昧，多愚痴故，是名老婆也。

此拙火定，为愚痴众生以言，不能教示于手指中，一一指示令晓解，故欲验拙火定者有二：一内验，正在定时，觉身不有，息道绵绵，出入不觉。心眼见火，遍满世间，念报师恩，随顺教敕，不生见爱，谦和自退。不自傲慢，触境遇缘。心无憎爱者，正是定相，返此为邪。二外验者，以黑白青黄四色之石，各置一处，审察观之，石色改变，或见实有，或生嗔恚，见爱颠倒，或见作石佛金刚人物等相。久视，佛等又变别相等，皆是邪伪，由为风脉浪行，不入中道及正脉故，致得如是。若石色不变，虽有同幻，佛像不改，悲智增明，不生爱见嗔恚颠倒者，即是真正，此由风入中道不浪行故，致得此验相也。

然修习人入拙火定时，根大相返，故生于病，要调治者，药在于身，不应别求。然病有一十二种，若不节脂肠寸痛者，想拙火定头。令觑于下，若住作是头复觑上，若身上痛及刺人等，令拙火尖。觑向病处，若头昏烦热，如物缚缠者，想净梵眼，渐令宽大，使拙火定头行过杭字，出净梵眼。若如是作，觉顶上热，或如虫行，复想拙火归于脐轮，令净梵眼渐渐复合。若颤掉惊缩者，金刚跏趺，令身端直，宽放谷道，紧闭上门，想其拙火，纤细明净，从于化轮，至大乐轮者，必有所解。若心恍惚散乱不定者，想内团心水木花，红赤铭利，内想三个如豌豆许水银色明点，或想一明点充满心内，令心渐大，心光遍身如光团，必有所解。若觉身重生饥等，闭两鼻窍，想拙火头至大乐轮端心如箭，心专想者，必有所解。若脊骨内痛者，金刚跏趺，端身正坐，两臂相交，捉二足拇指，不令身动，闭其风息，渐低其首，令鼻至地，复渐端身，方徐出气，必有所解。若肠病者，闭吸小肠，以右手掌托左手背，用力揉腹，左右各三者，必有所解。若头痛及头项重痛等病者，左右转头三遍，其病必止。自瘿病者，身重虚气也。于无风密室中，以温水洗净身瘿已，用涂尘油摩之，又用干姜、荜拨、胡椒等分为末，煎汤令饮，又令衣服覆于稳处厚暖闭撩于风，专心拙火。若出息，想内间病及赤水随风出毛孔中者，其病即止，若心沉散，但专拙火，无不治之。已上一十二种印法，为解行人诸疾病故而略说之。此外别有病者，以余相应之药及解救法中治之。若上隔刺人，手结拥护印，两手仰叉左右旋三次，必有所解矣。

光明定玄义

问修习之人，若以愚痴返为道者，行相何耶？答，无有梦寐而寝眠者，心虽归真，众生不能识认，故彼睡眠或愚痴无明，若依寂妙上师剂门，认得无梦寝睡眠，心归于真，则其愚痴无明睡眠即成道也。故辣斡钵师睡了十二年，于现身上获大手印成就。若弃舍烦恼而修道者，是显教道，不舍烦恼而修道者，是密教道，今修密教之人，贪嗔痴等一切烦恼返为道者，是大善巧方便也，如有人用巴豆乌头等返为良药，医治病患者，即是大医王也。今修习人，依于最妙上师剂门，睡眠之时，返本还源，令心归真。若寐寤之时，观本尊帧像，一切诸法，如梦如幻，影响无门，真实体性，勤勤用心，即不过年月，所见所闻一切，皆成觉受大乐，生无分别智。若无梦寐睡眠，心归于真，则临终时，心亦归真。则是睡眠之时心亦归真者，与临终之时，心亦归于真矣。无一无二，修习之人识认得，则是名心归于真；若识不得，则是名睡眠，是名死亡。如巴豆马头，认得是良药，认不得是毒药。是故以睡眠之中，于现身上得大手印成就者，甚为奇也。亦是大不可思议。问捺浪钵法师依何本续传此睡眠定耶？答，依于大幻化网本续文殊真实名，故大幻化网本续文殊真实名云"大供养者是大痴，以愚痴心断愚痴"。是故睡眠是愚痴，以睡眠中断除愚痴，令心归真。生无分别智，于现身上获大手印成就。故真如睡眠定者，甚极微妙，大不可思议。

梦幻定

敬礼最妙上师。

夫作此观者，依增长仪，自作佛母慢已，将寝息时，观内外法，如同梦幻，后正睡时，心间日轮上，想赤色邦字已，空，即金刚母身，以识性入真空邦字内而睡之。若作诸梦中识梦者，自然解了诸法，如幻如梦，后出定时，亦同睡眠，观内外法，虽有本空，如同幻化也。由入此定纯熟力故，出定入定，皆如幻化。若未纯熟，应观诸法如幻如化者，于诸法中，自离执实之情也。

幻身定玄义

问修习人依幻身定，要返无明而为道者行相云何耶？答，依幻化身定，了一切法如梦如幻，体无实性，则断除我及我所之执等一切颠倒妄念之心，故即是返无明为道也。若修习人或昼夜睡眠之时，于睡眠梦中习幻身定纯熟，则于化现境色声香味触法等一切诸法与梦境中色声香味触法等一切诸法，了知圆融，无二无异；于此现身与梦中身，乃至中有身，了知圆融，无二无异；乃至苦乐得失，称讥毁誉，世间八法，冤与亲眷，如是等但有一切诸法，皆了知圆融，无二无异；故幻化身定者，是要妙剂门也。问云何是幻身定耶？答，依最妙上师剂门，于睡梦中，认得梦境，将此现境，与彼梦境，了知圆融，无二无异，是名幻身定也。于此现境及至中有身，了知圆融无二无异者，是名幻身定也。亦名幻梦定。若了知一切诸法，如梦如幻，决定印证，是名幻身定纯熟坚固也。问于梦境中云何入幻身定认得梦境耶？答，将此入幻身定认得梦境中，以五种义成幻身定，一者求请梦境，二者识认梦境，三者增盛梦境，四者洁净梦境，五者睡眠。此上五段，如禅定本广知。若入幻身定时，梦中用心，出定之时，于明镜内观自己影像而用心也。如是入定出定，周而复始修习幻身定，则不过年月，梦中认得梦境，若梦中认得梦，则了知诸法如梦如幻，于现身上证大手印成就。若现身上不证，于中有身上，即便认得中有身，故受生自在，必证大手印成就也。问捺浪钵法师依何本续传此幻身也？答，于大幻化母本续，大喜乐本续。大幻化本续云："修习睡眠即是定。"又大喜乐本续云："修习睡眠勿弃舍。"是故依凭吉祥兮噜葛亲说本续传此幻身定，故真佛语也，兼师师相传，皆见功德，故有人摄受之力矣。

依光明梦幻出定之时，欲习增长定者，作卑矮室，于东西壁各各开窗牖，于其室内，复修暗室，即以丹砂或赤土等涂外室壁，日出之时，于西窗牖挂一明镜，日照其镜，光满一室，于光盛处，挂所尊佛，备五供养，于佛像前，依净虑五支，坐软稳席，专心观像，闭息观缘自身形像亦如帧像，从鼻息时当观像，如是频习。次入暗室，蒙头而卧，当如来像作禅观，苟不明了，即往如来前，复如前入定，依斯频习，即得本佛显现，于时行持，若行住坐卧，起本佛慢也。

次昼燃明灯，专意缘灯，微按风息，闭目澄神。于自心中，复想灯光。仍复开目，现面前灯。如是频习，其或定心不明了者，即于记句有触犯。故当作集轮，观心间灯，了了分明，得定心时，方可究竟也。

依上禅定修习之时，若生昏沉者，而应治之。初治昏沉者，微举其心，向下而想，弓样风轮，二梢严旗，于弓弦上，当作静虑五支而坐，闭上下风，风轮动转，按其风轮，切意专缘。余钵弥怛云，坐于水轮弓弦之上，作坠落相而闭其风也。

次返所缘，即于顶施，想白明点，渐次上升，至于梵天，如是观之。又于心间，而想三角骨法生宫，令旋转者，亦治昏沉。后治掉举者，先须系心在于四橛，谓前后左右四处齐观，若不明了，观红四杵，微闭其息，仍复纵之，又令心随火轮旋转者，谓自右鼻出白色光，上至额前，想如火轮而旋转也。识藏于脐者，谓观脐下白色明点，令其旋转，即治掉举，此乃心止息已，令得坚固之要门也。

附　护菩提要门

修拙火定时，漏失菩提，最极难除，即成间断，多观门中，此最深要，不可妄说。

初观门者，"月相漏下时，杭字向上起"，此要杵窍中想一倒垂红黄色發吒字，从杵尖至脐间脉中，想一白色长吽字，头向于上，身毛孔中，皆有吽字，半藏半露，然后向上谛观杭字，紧出其风，次于大手印性中，久久而住。

第二观门者，乃是密引定观门，从于杵尖，返回向上，出于顶门五寸量处，一心谛观。

此二观门，语业皆同，最有其力，能护六种漏失，梦中失者，临睡观想。生乐失者，临乐（原作失）时观想，但凡定后，皆应修作。

见大乘要道密集第四册，原门尚有以物堵塞及作药丸堵塞之法，以非师授不明，故略之。愚意药丸中用铁粉为主，另以活磁石粉入脐中，以封脐膏固之。或更于两腰当中之命门处，亦以磁石粉掺入膏中贴之，定能护持菩提不漏也。

陈健民大德论双运

赵州参个无字，终身受用不尽，慧远念句弥陀，一筹饱载而归。置易就难，壮者躬行固尔，从简得妙，老来自爱允宜。

卓尔密宗，超乎凡外，积功累德，曾历重重化城，证果克期，更当针针见血。无常心具，既绝身财颜恋，出离志坚，已超欲海狂澜，起分则体似金刚，常存佛慢，正支则心契般若，回绝色尘，入五毒，阐发六如，开七轮，顿成十力，上品智尊自显，不假天成，下亦神通所招，宁须邪诱，莲师飞深宫而取王女，谁敢作逾墙，搂处子之想，抽祖仰天衢以迎师姑，斯又异搔首问嫦娥之情。果德固然，因人亦尔。脉与脉合，气与气投，点与点融，光与光化，息息常通中脉，时时不舍幻观，层层奠空乐之基，步步有证量可据。入住融三事递显，显增得，四空骈臻，所为不在高幢细莲，而在俱生喜智。所欲不在久登长乐，而在胜义光明。用遍行气以开心轮，聊借莲宫抽添之势，运幻化身而契光德，直取金刚总持之尊，悬点摩尼，便登欢喜初地，还明顶髻，乃证净满报身，事至大哉，讵同小可。

是以和须蜜以贪传道，而城名险难。舍利弗即空自豪，而花沾袈裟。秘本制水龟进退之宜，祖师垂竹蛇升沉之诫。小乘道基未稳，职失之贪，生起次第欠圆，聿流于滥，息风未及停搏，安能入中。拙火弗遑化精，焉得契智。修时轮阙欠认持支量，不宜越阶，炼胜乐未逮真大力充，便算躐等。宗喀佛备文殊化身之德，摩作妙观，甘布师应释迦愿记而来，单提大印。盖足微法阶难拾如彼，师范永垂在兹矣。

忍精属外凡，采铅道家，提点密宗。精，精也；铅，外铅药，非此中摄；内铅分红壬癸，红铅旁门，壬铅先天暖气，癸铅后天浊气。点，明点，明，智慧，点，精华，五智融化五大精华曰明点……

密、凡灌顶，无得灌相，前行，如共者，念轮回苦观业不虚，身难得，法难遇等，不共者，如大礼拜，百字明，供曼达，施身，上师相应法，各十万次，生起次第，佛慢明显坚固。正分如时轮别摄、静虑、中善、认持、随念前五支，皆未如法修，如数满，如量证，徒依凡身业气暂止放射，非提，精未经定慧力融化。非点，罪同凡外，其弊更大，以多一重金刚乘根本遮罪，故堕金刚地狱。此辨邪修……

密法空乐双运，因道果显异道家。因，如来藏；道，空乐不二为修行自性。果，超体性、法、报、化四身，证大乐智慧身，尚匪显教所可侔，中、督，杵、剑、壬铅、红菩提，貌似神大异。中脉，法身所依，督脉、天身，杵、集五大五智，剑五大气定力耳，壬铅暖气，红菩提、大乐真空俱生智气之精华，此其大别。密宗行者，具足前行证量已，正行，身心齐炼，如时轮，于别摄支，取得日分六相：火、日、月、杵、黑空点、圆圈；夜分四相：烟、阳焰、晴空、灯光，于静虑支取得前五通，中善支，现量自见气脉明点住处秩序，外八悉地，任运成办，于认持支，能平五大，寿命自在，于随念支，能随粗细贪等烦恼自性空，不为所染，亦不断灭，于是乃进修提点。依恩德力，亥母现前灌顶，毕哇巴顿证六地，或依神通力，感召天女、山神女以身供，打那拉他以此证胜乐金刚身，或现凡身，如萨那哈遇鬻箭女，视线甫交，大定现前，依之得无死虹身果。毕哇巴度女弟子苏卡洗底，亦惟春风一度，苏以八八老妇反为二八佳人，至今未死。点之出入，提散自在，二利功能如此，岂二害者可侔。实修法度，此中未详，曾钞写余所译恩海遥波集者必知之。此中为杜冒滥，惟依证德辨焉。

尾　跋

本书原稿，仅有六成就法分类纂之全部，自祝拔宗契合俱生大手印论双融至陈健民大德论双运之诸节，则系原医辅之内容，以欲乐定系拙火定之深层功法，拙火定即忿怒母，光明、梦幻、幻身亦六法之内含，斯数者皆出大乘要道密集第一册依吉祥上乐轮方便智慧双运道玄义卷中，亦即元代密宗在内地弘扬关于圆满次第六法部分之汉译，大可与新译六法互参并证，故特合并于此。惟原书拙火定后，尚有九周拙火剂门，治风剂门，对治禅定剂门，除定障碍剂门，十六种要仪诸节，或语欠精详而不明，或事属琐碎而寡要，虽已载医辅中，此不重录（按医辅中除此已语及者外，尚有推击三要诀胜法解，恒河大手印直讲及其异译，大圆满黑关七日成就观想次第，第一义谛，大手印口诀，大圆满观，附咒五则，莲华生上师心要瑜伽，忿怒莲师头鬘勇烬余录等）。

本书主旨，专论六法，尤多偏重在理论之深广部分。故以显明大密妙义深道六法引导广论为经而附其余。若论修法口诀，尤其修气之部，当以六成就甘露心要贡噶上师在成都之讲录为最精要。余已另辑入医王篇中，故此略焉。

至于本法之重要，上师讲录开示曰，本法为无上密乘，必须具有无上发心之人，方堪修学。何谓无上发心？可分四段论之：（一）先观人生是苦，上至有顶天，下至无间地狱，俱为极苦（具如经述），决心欲解脱此轮回之苦。是为小乘发心，此之发心，不堪承受此大法。（二）既知轮回是苦，又观六道众生，俱为往劫父母，复观现生父母之爱我念我，与过去之父母恩德无有差别，具有知恩念报之诚，欲求六道均得出离，住有余涅槃，如此发心虽优于前者，然仍不堪为密器，以未达无上涅槃故。（三）了达空性，即一切万法，当体是空，一切众生，于本空上妄起执著，成轮回缚，受诸苦恼，乃为本无苦恼而自取苦恼之事，甚为冤枉可悯，故于缘起刹那不住之三轮体空上，仍悲智不断，度脱众生，此为大乘发心，然尚非密乘。（四）密乘发心，乃既不离前三之意乐，然尤极猛利。以显教须经三大祇劫，方堪圆满。而密乘发心之人，了知空理，深悯六道众生，于无苦之体性上妄起苦事，对其实在。苦性既不可得，本应弹指立消，何能忍其远延至三祇劫夕，方获脱离，以深达空理，发越量大悲故，乃为密乘发心。然在显教修六度万行，须次第圆满，故不能不历三祇劫之时间，而密乘乃有特异方便，能于一刹那间，令自他六道同证金刚持。

密乘方便之异于显教而特别重要者，以灌顶为最初之基础，由灌顶而得秘密之加持力，若不经灌顶，师与弟子皆犯三昧耶而无利益，灌顶共有四部，下三部灌顶不必谈，以得此三者尚不足闻本法，必须无上部灌顶方可，而无上部又分父续母续不同。在上乐金刚中，又有父母不二续之特别，其他教派既有此分别，而在麻巴祖师则云，只用父续母续即足矣（父续着重气功，母续着重光明）。又曰，此六成就法，为集合母部（应云无上部）之心中心法，内中如气功系父续，脉明点系母续，拙火出于父母续，幻化身及光明出于密集金刚，修梦出于大幻化金刚，生西法出于四座金刚，此六种法皆谛洛巴祖师所集合。其听法者，不能作寻常身想，必须观上师为金刚持，自己亦观本尊，万不可观为五蕴身。此依报亦须观为智慧清净刹土，如此方能闻修此法。此法谛祖集合，经纳若巴祖师编集者也。

又曰，六成就法为无上密圆满次第之心中心，殊胜传承（即口耳传承），由金刚大持传谛洛巴，再传那洛巴（三界闻名如日光遍照之大德），三传麻巴洛札，四传木讷日巴，五传大波仁波伽（即港补把大师），集五位大师之精髓而成此法。港马刚藏仓大师如理不断之口耳传承，最极正确，此不独口耳，且心义求如实传。六种传承自金刚持起，至上师之师，凡三十八代，西藏一代麻巴，二代木讷，三代刚坡巴（月光童子），四代噶马巴竹松清巴（未来狮子吼佛，过去利他游戏如来），历传至上师，口耳相承，精华一贯。在西藏地方，如此殊胜之传承，必须先依比丘戒发大心等，住茅棚，而后可为之说少分，现在为各金刚同学开此不轻传之密，系为汉地佛法罕闻，末法时期，故特垂慈摄（按此为我上师之特别越量慈悲）。

又曰，六成就法，修之者，一生成就，先须修加行、加行共同者四种（暇满难得，寿命无常，因果不虚，众生是苦），不共者四种（皈依发心，百字明，曼达，上师相应），所以须修上师者，以上师之身即佛，语即法，意即僧，或云师身即僧，语即法，心即佛亦可。经云，供养千佛，不及供养上师一毛孔之功德，故须修上师。加行中摄二事：一消除罪业（金刚萨埵法属之），二集积资粮（曼达上师法属之），而加行又可分为前行本行，皈依曼达为前行，金刚萨埵上师瑜伽为本行。

又曰，正行六种，即拙火定、幻化身、修梦、光明、中有、生西。以前四种为根本，后两种为支分，前二昼修，中二夜修，后二临终主要。言根本者，谓随依此之一法，即可得即生成就，言支分者，谓未得根本时，藉此亦可成证或生西，虽非根本亦次于根本之了脱法门也。

查正行以拙火定为首，谓为入道直趋之法，比如屋有中柱，此为根本者何也？盖拙火定之内容，以脉气明点之修法为主，以现证乐空不二为功。脉生身本之所由成也，气者佛风灵力之加持妙品也。明点者，父母所赋白大红大之精华也。学人依法观想脉轮，以佛风入住融化于中脉，并运用白红明点。阿杭交合，则能发生俱生大乐。若能乐与空不二，则现证俱生大手印成就。语其究竟，则身化虹霓，心契光明（形神俱妙）直登金刚大持之果位矣。

谓幻化身为修之基础者何也？盖拙火定所依之身，乃生起次第成熟之观想本尊身，远离庸俗五蕴不净之执。且即此庸俗之身，亦是幻身，故上师讲录曰，对一切如梦如幻甚要紧，若不知观一切如幻，即不了真空，不了真空，即生执著，不达缘起有之自性，而解了缘起与空无别之真义。又曰，幻身分共与不共。在三界中，有情等等，皆如幻如梦，所显皆无自性。觅依正自性不可得，即四圣六凡，亦不过互相形显而实不可得。真空即妙有，一即二，二即一。在凡夫纵分九法界，而佛境界中，无此分别，亦无三身四智等可言。即法界体性，亦即空，无有自性，不可说，如幻如梦。凡夫身者，集聚义也，依正均同，但有集聚，如幻如化，无可得，在初修者，必建一佛或圣位以为标的而修，在佛则无一切。共义幻身有二，一不净幻身，即就此平凡之身语意而观其缘生无实，皆是虚幻，境过即空，刹那起灭，原与我本性无碍，何须与之生分别；若不分别，即离执著，若离执著，即无烦恼，若离烦恼，即证本性也。二清净幻身，乃就生起次所显之本尊之身、咒、智慧而观其缘生无实，皆由分别心所成，以分别故而生执著，则只能见一尊之依报坛城而不能遍见其余佛土，于咒音智慧亦然，若证道之人，其心如钟，不扣不鸣，对于一切无所见，如幻如化也。至不共幻身，则系心与气合所显之本尊，必法尔将气收入中脉，显现地水火风识显增德，诸觉受相而入光明，尽力定后，欲起定时，由光明而逆超德增显，如鱼跃于水，顿现净满报身，此又与拙火定之深功有密切之关系者。

大修行人，功无间断，且修拙火幻化，故夜必修梦，使如幻之观不断，乃是中有现证幻身之方便，故当励力修习。同样，光明为证正觉菩提，日中修拙火定与幻身，最后俱必契入光明，而此夜修光明，乃是死时证入光明之方便，故甚为重要。

复次，中有虽是支分法，然其中之死理，中有理，受生理，辨别持中有补特迦罗，正修持中有等之整个内容，乃是拙火、幻化、梦与光明以及生西等修法之所以建立之依据。故醉心六法者，必先于此法反复熟读深思。又第三章释所得果，及第一章第三节释收结保守修持方法，亦当先予熟读，然后再研究生西、光明、修梦、幻身、拙火。逆溯详读，庶可心领神会。既条理分明不紊，而又能系统贯串，不觉支离也。

综上以观，六法者，非截然各别之六法也，学人遇具德上师，得领无上部清净灌顶已，依修生起次第，即是以清净幻身易不净幻身，尤须胜解此不净幻身，即是清净本尊身，二者无二无别，须得决定，即是共义幻身摄也。依此本尊之身，领取灌顶除障，持咒得加，再观修脉气明点，即是拙火定摄也。再修圆满次第，依二种静虑而入无分别光明，随力修定，此即光明摄也。次由无分别光明上，以刹那间起心气所成之如幻本尊身，即不共幻身摄也。夜间入睡之时，或入光明定，或修梦幻观，即是光明修梦摄也。此上四者既如理修如量证，则根本已立，中有生西二支分易为力矣。不过自入手以至成证，以见与定浅深不同，故其觉受现相亦层层各异，此集密大法五次第之所由立也。又以学人凤根不无差别，故于六种之法难免偏嗜，此又六法之所以分也。再有进者，六法以拙火为首，拙火之中，气功最要，载籍所传，一般皆尊称宝瓶气功。宝瓶气功有刚柔之分，刚气功易获速效，然多不稳固，不如柔和瓶气之稳妥无弊，尤其体弱禀薄之有志、修气士夫，当以灌气中住气为主要，欲修瓶气时，当以纯柔之调息方式入手（此当参考道家之气功），至有相当功候时，方兼修住息之法，亦须由三秒、四秒、五秒、六秒、七秒……缓缓而进，庶有益无损也。更须知心气二者，两路俱通，吾人本妙明净之中，法尔自具拙火幻化等一切功德，脉气明点，无法不摄，世有智者，请事斯语。

不空智跋

1969 岁次己酉

古九月廿七日

第七编　医宗梯航

前　言

本书为医王篇之第一部分（二三部分另成医宗了义）与医余合并而成。在此次整录中，除第三部分中之七七灌顶成就大法增演一偈，且却口诀已予修订充实，三要集述加以订正，又加贡师大印口诀，次序亦微有变动外，此第一部分中，观音法辞句有修订，亥母法偈子增加二句，又加入烬余之莲华生上师心要瑜伽，此皆为较前不同而更趋精密者。又前有医辅篇，其后半部法乳醍醐已并入了义解脱赫日之内，其前半之比较重要而有参考价值者，则附入六法分类纂（即医宗经脉）中。前为三册（医王、医辅、医余），今整录后仍为三册（了义、经脉、梯航），此则不同而同者。

己酉农历十月廿八日

大雪

仪轨精华

莲华金刚祖师法

敬礼金刚上师！

３Ｖ（阿）！（入空）

狮座、莲、日、月、啥，供度变祖师。

于空中显现八金色雄狮所拥宝座，上有八叶红白色莲花、日轮、月轮、红白色 ，上供下度已，刹那变成祖师，体性即观音弥陀，亦即自己承恩根本上师。

金色、跌坐、定印、捧颅、贮智露。

身紫磨檀金色，跌坐、定印、捧白色天灵盖，内贮蓝色智慧、甘露。

蓝袍、袈裟、披风、缎裙、极明灿。

由内而外，蓝密袍，大红袈裟，锦绣披风、绸缎为裙，均极光明灿烂。

顶髻、莲冠、羯杵、日、月、蕊无量。

顶髻半节五股金刚杵形，头戴四瓣莲花冠、冠上（前面）有羯摩杵，日月轮 ，冠内花蕊上有红色无量光佛。

安住、庄严、微怒、慈喜、照众生。

安住庄严，面上部微怒，下部慈喜，二目威光炯炯，照视众生。

周绕佛、菩、金刚、空行、诸护法。

周绕第一层为十方三世诸佛，二层诸大菩萨，三层猛勇诸金刚及空行母，四层内外一切诸护法。

三轮、月嗡、莲阿、杵吽具心印。

自尊及所有诸尊皆额内月轮上有白 （嗡）字，喉内红莲中

有红 （阿）字，心内蓝色金刚杵中有蓝 （吽）字，于自尊蓝吽之上，复有粉红色小吽字为其心印。

放光迎请上师三根本降临。

由自心印放光迎请上师三根本坛城降临，同时两手结印，念

四字明札，吽、榜、火。观想钩召、入体、坚固、欢喜。

灌顶、持咒、共不共功德成就。

额内月轮上白嗡放光，供养十方诸佛，特于莲华藏世界毗卢遮那佛（五佛冠、白色、定印、捧白色宝轮），诸佛喜悦已，放亮白光从顶门灌入，刹那遍满全身器界，即骨肉肌肤等，如甘露遍洒，清凉愉快，令身业清净，身障消除，得化身佛果位。复次，

喉莲红 （阿）放光，供养十方诸佛，特于极乐世界无量光佛（五佛冠，身色红明，定印，捧红色宝瓶），诸佛喜悦已，放耀红光从口灌入，由舌端刹那遍满气界，即身中一切脉络（现世称神经系统），如阳光破暗，感觉温和明快，令语业清净，语障消除，成就真实语，得报身佛果位。复次，心杵蓝吽放光供佛，特于妙喜世界阿閦鞞佛（五佛冠、蓝色、定印、捧蓝色宝塔、放五色光），诸佛喜悦已，放艳蓝光从胸灌入，刹那识蕴清净，明点障消除，五毒了不可得，觉心性宛如中秋之碧空，纯觉一片青光，无生处，无住处，不可得，不可取，如如不动，犹如虚空，得法身佛果位。复次，三轮三字及心印放白黄红绿蓝五智光（心印本具五色光），供养十方诸佛，特于金刚法界宫莲华祖师佛，诸佛喜悦已，由三轮心印放晃耀之五智光，从三门灌入，同时结摄成就宝瓶手印（合掌、中空、掌根离开，由顶上收至心间），想诸佛一切功德智慧，神通威力，完全摄集于吾之心中，令三业彻底清净，脉气明点障碍彻底消除，内明现三字及心印，外转虹霓光蕴之躯，得三密自在，成法报化三身无分之法界体性身佛果，与阿打尔玛佛无二无别。即静坐入定，诸法如如，一念不生。

出定、观自尊心际莲花日月轮上有 （吽）字，直立，字面向左，紫金色，上有心印小吽字，红白色，咒字由前绕左至右，分四方圈列成环形，咒轮字亦紫金色。

ༀ་པདྨ་བཛྲ་ཧཱུྃ། 种字 ༀ

嗡 贝玛 别札 吽

此为根本心咒。明缘心印，咒轮，上供下度中照而念，多多益善。

四种事业法（共成就）

一、息法。种字白色，观白色圆坛。

ༀ་པདྨ་བཛྲ་ཧཱུྃ་ཤནྟིང་ཀུ་རུ་སྭཱ་ཧཱ།

嗡，贝玛别札吽，新顶古鲁所哈。

二、增法。种字黄色，观黄色方坛

ༀ་པདྨ་བཛྲ་ཧཱུྃ་པུཥྚིང་ཀུ་རུ་ༀ༔

嗡，贝玛别札吽，布整古鲁嗡。

三、怀法。种字红色，观红色半圆坛。

ༀ་པདྨ་བཛྲ་ཧཱུྃ་བ་ཤཾ་ཀུ་རུ་ཧོ༔

嗡，贝玛别札吽，娃香古鲁和。

四、诛法。种字黑或深绿色，观青色三角坛。

ༀ་པདྨ་བཛྲ་ཧཱུྃ་མ་ར་ཡ་ཕཊ༔

嗡，贝玛别札吽，嘛拉雅，呸。

此四事业如每日分座修持者，宜早上息，上午增，午后怀，夜晚诛。又息咒多念善，诛不宜多。

不共成就法

ༀ་པདྨ་བཛྲ་ཧཱུྃ་ཨ་ནི་ཤ་ཡ་ཤ་ཨ

嗡，贝玛别札吽，阿威夏雅，阿阿。

此法只观心印，不观咒轮，随念作观，想诸佛功德智慧，神通威力，化五色光或蓝光，充满法界，摄集于心，如甘露融注，成一蓝色 ཧཱུྃ（吽）字，此外更无一物，自性空明，如虚空界。

如修气脉者，即于此出定顿现本尊身如法修之。否则由吽字收摄入空，接修大手印大圆满。

补阙真言

嗡，都鲁都鲁，札雅穆克，所哈。（念三五遍）

回向

愿以所修胜功德，回向无边诸众生，离苦入金刚内道，同证祖师佛陀位。

爹雅他，嗡，达咧达咧，宾达咧野，所哈。

如是回向，并结印念真言三遍；想功德遍施众生，法尔常恒。

附　供养偈咒及礼赞

如开广者，可于法身与三昧耶身融合后修此。

一切情器身口意，供养祖师莲华佛，为利众生证菩提，唯愿慈悲哀纳受。

嗡阿吽，别札古鲁，爹娃，达格尼，沙尔瓦，练那曼达拉，布札美嘎，阿吽。

结曼达印，观想外大千世界，地、水、火、风空；内自身资具财宝眷属；密身口意及一切善根罪业，悉以供养祖师。此为忏罪除障，积集资粮，增长顺缘之殊胜观行。

念真言三遍，手印第一遍置额，二喉三心，随向前上散开如抛物状。再接礼赞。

法尔无生祖师法身尊，大乐圆满祖师报身尊，莲华中生祖师化身尊，三身无分祖师佛前赞。

生灭无转事业悉圆满，以本觉悲心度生无余，如摩尼宝降赐成就雨，总摄持明祖师前敬礼。（念三遍）

此后再入灌顶。

按莲华生大士为娑婆世界密乘法王，既是祖师，亦是上师本尊之总集体。故在密教中，最为重要。修此一尊成就，一切法无不成就矣。珍之宝之，尤宜努力精进修持之也。

四臂观音本尊常修法

敬礼金刚上师。

ॐ！（入空）

莲、日、月上观音四臂白，

由空中现八瓣粉红色莲花，日轮、月轮，自成观音本尊，四臂，色白。

绿宝、珠、莲、文饰顶严具

元两手合掌当胸，捧绿色摩尼宝珠，放绿光救度一切众生，拔苦与乐。次右手平肩持水晶念珠，表悲心不辍，左手亦平肩持红白莲花，表示污泥而不染，头戴五佛冠，项挂璎珞三串，天衣绸裙，耳环，手钏，足镯，头顶上现红色无量光佛之喉结以上之头部，身放五色光明，白光特多，头顶则红光特炽。

心莲月啥六字咒左布。

心间白色莲花皎洁月轮之上，中有白色ཧྲཱིཿ（啥）字，字面向左，以白色六字咒由前向左而后而右而前排布围绕之。

供佛度生本尊顿证成。

由心印咒轮放光供佛，收回加持，光耀愈炽，再放光遍照六趣，一一皆转成四臂观音，境成净土，一心专缘此观而念咒。

嗡嘛呢呗嘆吽，啥。

此当尽力修诵之，最少一百零八遍。

咒后可修气功，另详。

再入大圆满观。

无修无证无证者，无取无舍任运住。真实体性真实观，所见一切皆法身。法性自性互含摄，明体之上无生佛。瑜伽者于此认得，即是本来大觉王。

回向

愿以所修胜功德，速成自在观世音，具方便力度一切，同登圆满大觉位。再结印念回向真言：爹雅他，嗡，达唎达唎，宾达唎野，所哈。

三遍，手印随之前左后右旋转三遍，再解印一弹指。随结摄成就宝瓶手印，想一切成就，功德圆满，再念

嗡阿吽所哈

三、五、七、遍，想众生尽成五方佛。

附　对生灌顶观

如欲增修灌顶加持者，当于自尊观成后，由自心印放光，迎请上师本尊住于对面空中，五聚护法庄严（前佛、后经、右菩萨、左小乘、前下低一层护法），自尊亦五聚圆满（前恩怨，后六道一切众生，左无始诸父，右无始诸母）。如开广则修皈依、发心、供养礼赞。于是观上师观音欣喜，由其额内白嗡字放白光，照入自尊与众生之顶门或印堂，如甘露沛心，清凉愉快，消

除病厄罪苦障碍，脉障清净，得身自在。

次观其喉间 🕉 （阿）字放红光，具暖热，由口放出，照入自尊及众生舌尖，如阳光破暗，温和明快，气障清净，语业消除，获辩才无碍，成就真实语等语自在。三想其心中 🕉 （吽）字放蓝光，照入自尊及众生之心，明点障清净，贪瞋痴消除，本觉智显现，心得自在。最后三字同时放光照耀，射入自尊与众生之额喉心三处，亦各明现嗡阿吽三字，想脉气明点，同时清净，身语意业，同时消除，成法报化三身无分合一体五色光蕴之躯（即法界体性身），并且众生同时皆转成本尊之身像。最后化光融入我身（广则诸佛化蓝光入上师心中，经典化红光入上师口中，左右大小乘化白光入上师额中，护法化黑光入上师密处，再上师化光成明点入我梵门；略则护法化黑绿光收入诸佛，次即佛、经、大小乘同时化光融入中聚——中为观音上师本尊，其周有其他一切上师本尊——中聚化光入中尊，中尊再化光成明点具五色，入我梵门）。我即成就本尊，本尊即我无别。然后再入持咒及其他。

附　皈依发心供赞支分

如乐意修此支分者，即于自对五聚观成后，想自尊五聚一同虔诚念诵，

南无古鲁贝，南无布打雅，南无达嘛雅，南无僧伽雅。

三至一百零八遍皆可。再虔诚祝祷。

弟子某为令法界一切众生，悉离苦得乐，圆证无上正等菩提果位，故修持怙主上师观世音相应法，敬祈垂赐加持，于金刚三昧耶，即身得证与尊无异。

大悲怙主观自在，直至菩提我皈依，

今发胜义菩提心，愿证与尊无二位。

即结手印念，

喝，波的支达，别札沙嘛雅，吽阿。

三遍。再念

嗡（除垢成净）阿（变大变多），吽（随意变现）。

三遍加持供品，再念

净水花鬘香明灯，涂香胜馔与妙药，实设意显遍虚空，敬献尊前祈纳受。

于是念下之真言，并一一结印献八供。

嗡嘛尼贝美吽，别札（阿岗、巴当、布白、睹白、阿洛格、艮迭、纽温迭，夏达）。乍的察所哈。

合掌礼赞

三世诸佛诸功德，圣观世音悉具足，度生事业遍虚空，大悲导师我礼赞。

此后方入灌顶。

附　大悲上师观世音相应法

（原轨）

即大悲上师观世音瑜伽

敬礼大悲上师！

皈依发心品

于皈依境上师前，观有怙主观世音。具三根本三殊胜，悲愿度生恒无尽。我与六道诸父母，沉沦六道众苦迫，惟愿怙主施覆护，一心专诚皈命礼。

ༀ་མུ་ཀྱེ་ཚ་སྒྲུབ། ༀ་མུ་ན་མྱཱ་ཡ། ༀ་མུ་རྻ་སྭཱ་ཧཱ། ༀ་མུ་རྐ་ཡ།

　　　　　　　　　　　　　　　　　禅密薪传

南无古鲁贝，南无补打雅，南无达尔马雅，南无僧伽雅。

三遍。

弟子某，为令法界一切众生，悉离苦得乐，圆证无上正等菩提果位，故修持怙主上师观世音相应法，敬祈垂赐加持，于金刚三昧耶，即身得证与尊无异。

大悲怙主观自在，直至菩提我皈依。今发胜义菩提心，愿证与尊无二位。

嗡，波的支达，别札洒马雅，吽阿。

此真言结印念三遍

供赞品

嗡、阿、吽、

念三遍严供。

净水花鬘香明灯，涂香胜馔与妙乐，实设意显遍虚空，敬献尊前所纳受。

嗡嘛尼贝咪吽，别札（阿岗、把挡、补白、堵白、阿洛格、梗迭、纽稳迭、嘎打），咋的札吽，娑哈。

结手印献八供。

三世诸佛诸功德，圣观世音悉具足，度生事业遍虚空，大悲导师我礼赞。

合掌念三遍。

加持咒诵品

面前怙主放光明，照我及六道众生。情器罪障清净已，化光融入我自身。刹那成观音体相，一面四臂身白色。顶严弥陀跏趺坐，元两手合掌当胸。持绿摩尼度一切，次右平肩持晶珠。次左亦平肩持莲，头五佛冠身翻珞。绸裙钏镯并环珰，相好严饰悉具足。又观心内莲月轮，当中唵字绕咒鬘。从左排列而环立，放光普供十方佛。收回再放照六趣，度生令离苦得乐。一切器界变净土，一切有情成观音。口皆同诵六字明，意皆同缘般若空。

嗡嘛尼贝咩吽哈。

最少一百零八遍。

（愈念心量愈广大，何处觅我如大空，日月之光心内出，六字光明照十方。此新孜上师示）

大圆满观

无修无证无证者，无取无舍任运住，真实体性真实观，所见一切皆法身（一作所显悉为本体性），法性自性互含摄，明体之上无生佛，瑜伽者于此认得，即是本来大觉王。

回向发愿品

愿以所修胜功德，速成自在观世音，具方便力度一切，同登圆满大觉位。

爹雅他，嗡，达咧达咧，宾达咧也，所哈。

如有各别心愿，应启请金刚阿阇黎传授。

贝马补打上师云，欲消灾除障，解除病苦者，观上师心印放白光加持；欲增加福德受用者，观上师心印放黄光加持；欲夫妇和睦，使人敬爱者，观上师心印放红光加持；欲伏魔护教，镇压邪祟者，观上师心印放绿黑光，光中出火与杵钺等粉碎之；欲开慧成佛，究竟成就者，观上师心印放蓝光（天青色）或五色光作加持。

按观音为诸佛悲心总集体。学佛人入门首要，即在发起大悲菩提心。若悲心不具者，慧为狂慧，定落外凡，修金刚本尊者转成魔王、非佛道也。并且观音多劫成佛，密宗法门，由之首创。一切文武本尊，俱为其变现之化身，莲师亦系修之而证报身。故在红教传承中，尤为特别重要。我学密法，入门即领斯法，且曾领大圆满派之无上瑜伽大灌顶于根桑上师，是我与观音因缘分外殊胜之征也，体之勿忽。

圣救度佛母五本尊法

敬礼金刚上师！

ༀ！入空性。

于诸法性空中，现瑠璃（蓝色）为地，松绿宝石以为宫殿，地上现十字形金色羯摩杵，杵上现自识绿色ཧྲཱི字，即从ཧྲཱི字刹那变成圣救度佛母，身绿色，左足蜷，右足展，半跏趺，坐于具红白色莲花日月轮之宝座上。头戴妙宝五佛冠，以上师阿弥陀佛庄严于顶。右手施无畏印（俯掌、掌腕按夕，掌略上扬），按右膝，左手胜三宝印（大无二指相扣成环置左胸前，掌心而右前方）持乌巴拉花（即青莲花）扬笔靠胸，三十二相，八十随好，具足庄严，肤嫩肉丰，乳隆腰细，窈窕曼秀，宛如十六岁妙龄丽姝，众生见者，瞋心立灭。天衣飘翻，锦缎绣裙，耳环钏镯，及妙宝璎珞等以为严饰。周身毛孔放大光明，其光滋润，众生触者，热恼顿息。心际有八瓣红白色莲花，花上有日轮，日轮上有月轮，月轮中间有绿色ཧྲཱི字正立，字面向左，ཧྲཱི字周围，以根本咒字向右环列，绕之如轮状。其羯摩杵四端，各现四种宝座（色随方异），座上各有莲花，分白黄红蓝四色，花上各有白月轮与红日轮，彼日轮上，现白黄红蓝四个ཧྲཱི字，放光上供下度已，刹那变成息增怀诛四种度母，四尊面皆向内。其前、东方、息法、金刚部、息灾度母，身白色，其相慈祥，流露悲悯众生之意，右手施无畏印，左手持乌巴拉花。于右、南方、增法、宝部、福慧圆满度母，金黄色，其相慈而有威，右手持摩尼宝在胸右，左手持宝柄铁钩按左腿。于后，西方，怀法，莲花部，威德自在度母，红色，其相艳慧可亲，右手持花制之钩，钩柄按右腿，钩端向上，左手三宝印持花制之索，索之两端，一钩一环，可资钩缚。于左、北方、诛法、羯摩部、伏魔度母，黑蓝色，三目圆睁，忿怒威猛，两手合持三棱降魔杵。前三尊俱头戴五佛宝冠，伏魔度母则为五骷髅宝冠，其相好庄严，及诸严饰，欢喜忿怒，如教有别（四方度母俱半跏坐，与主尊度母同），其心际皆有莲花日月轮，及同其身色之心印种字与咒轮，各各放光炽然。前面低一层，有大护法吉祥天母，黑蓝色，三目圆睁，大忿怒相，右手持天杖高举，左手持天灵盖盛血靠胸，一切金刚严饰具足，骑神驴，本驰血海，率领母女百万眷属，布满坛城周围而为拱卫。

复次，观主尊度母及四尊度母心中 ꊣ （登姆）字放大光明，光具五色，遍供十方诸佛，金刚、佛母、菩萨、皆变成度母，各各放大光明回照，所有智慧，福德，三昧，神通，慈悲，方便，一切功德，悉入自身五轮及诸瑜伽眷属，灭罪除障，拔苦与乐，尽成度母。其光收回自心，安息须臾，复放大光明，遍照法界诸众生，普施饶益、令趣解脱，悉成度母，各各放光，返照自心，如是自心坛城光明，十方诸佛光明，与所度六趣成佛诸尊之光明，融合为一，布满虚空法界，其光现如意结状，重重无尽，殊胜庄严，超思量境。

主尊心印观五色，咒字轮观绿色，四尊心印，观如其身之色。如是观清澈明显已，乃念咒。主尊根本咒及心咒，每座至少应各念一百零八遍。

根本咒

嗡达咧，都达咧，都咧，所哈。

心咒（即二十一尊总咒）

嗡达咧，登姆所哈。

息灾金刚白度母咒

能去病及免地水火风一切危险。

嗡，别札达咧，沙尔瓦，碧嘎年，新当古鲁所哈。

福慧圆满黄度母咒

即梦示度母，常念之，能增长受用，并可获六神通。

嗡，练那达咧，沙尔瓦洛噶，家那别雅，达腊达腊，德里德里，升升渣，家那，布整，古鲁嗡。

威德自在红度母咒

有大威权，使人悦服，夫妇和好。

嗡，贝嘛达咧，沙达腊啥，沙尔瓦洛噶，娃香，古鲁，和。

伏魔羯摩黑度母咒

端降天魔制伏外道。

ༀ ཀ མ ཏ ར སརྦ ས དྷ ན བི ག ན མ ལ ཡ ཧ ཧ ཧི ཧི ཧུ ཧུ ཕཊ ཕཊ སྭཱ ཧ

嗡，嘎嘛达咧，沙尔瓦萨准，碧嘎年，妈辣些那，哈哈，吓吓，和和，哼哼，扁打扁打，呸。

观坛城主伴诸尊任运放大光明，遍满虚空法界，供佛度生，一切圆满，各各摄光收回自心。次观十方净刹诸佛、金刚、佛母、尽化光明，融入头顶上师阿弥陀身中，上师阿弥陀摄集佛种性光明，化虹光融入顶门光明大乐法身轮，得无上圆满智法性身果。

东方息灾金刚白度母，摄集金刚种性一切佛母光明，化白光由胸融入法报身轮，得大圆镜智法报身果。南方福慧圆满度母，摄集宝种性一切佛母光明，化黄光由脐融入报身轮，得平等性智报身果。西方威德自在红度母，摄集莲花种性一切佛母光明，化红光由口融入报化身轮，得妙观察智报化身果。北方伏魔羯摩黑度母，摄集羯摩种性一切佛母光明，化绿光由密融入化身守护轮，得成所作智，亦名事业无碍智化身果。复次，根本护法吉祥天母，摄集一切护法光明化黑蓝光，由周身毛孔融入一切肢分细脉，而得成办一切度生自在之威力。复次，身口意三轮化光摄于ཧཱུྃ字，ཧཱུྃ复化光而住于大光明，与真如法界融为一体，于此密契法身（一作性）平等，便证光明法身，与阿达尔嘛如来无别。

花鬘赞

ᠣᠣᠣᠣᠣᠣᠣ 尊如旭日，灿耀光明，摩尼顶相月环轮，虹彩绕尊身，顶礼坛城，花鬘献真忱。

ᠣᠣᠣᠣᠣᠣᠣ 劝劣根，堕火坑，寻求解脱无门，皈依圣母庇慈云；忏罪障，广多闻，性光愿见中天月，项垂璎珞晶莹，妙容慈目比莲青，瞋恼顿时平，威光怒相炽然明，魔障净无存。

ᠣᠣᠣᠣᠣᠣᠣ 圣度母，三界尊，光周法界沾恩，人天依怙幸亲承；

般若炬，破迷昏，功德威神不思议，礼赞恒沙一分，以此善根向有情，依母作慈亲，功圆极乐速往生，金刚地，庆同登。

嗡，马哈噶拉，噶利，吽呸。想大护法，马哈噶拉，吉祥天母，为我承办一切事业，吉祥如意。愿以所修胜功德，速成度母无上尊，普令法界无边众，离苦同登极乐国。

爹雅他，嗡，达咧达咧，宾达咧也，所哈。

想众生尽成五度母。

按学密行人，以上师为加持根本，本尊为成就根本，佛母护法为度生事业根本。此五度母乃无上瑜伽所摄，乃红教传承不断之大法也。又绿度母为观音悲泪所化现，悲心最大，感应神速，释尊证果时，尚仰其护持却魔，世俗所称之南海观世音，即是此尊，贡师谓欲求世间成就，以绿度母为第一，可知其重要。又贝马布达上师谓此法观想，尽是大圆胜慧之精华，屡次谆嘱重视，一再赞叹其殊胜功德，渡苦海之慈航，法门之秘宝，已得上师之灌顶传授者，幸勿入宝山而空返，是为至要。

莲华生上师心要瑜伽法

普佑法师诺那呼图克图不空海传授

三昧耶戒金刚阿阇黎莲华正觉编录

敬礼具恩金刚上师

启请第一

观想自成本尊。一切众生如恒沙聚。对面五色光明中，现邬金刹土及皈依境。自心放光迎请莲华生上师，及十方诸佛菩萨，空行护法降临。端坐诚敬，三门净信发愿，为令一切众生离苦得乐，同证无上菩提。当此五浊恶世，欲成就如是胜愿故，今以至诚叩求无上大悲莲华生上师垂赐加持，现证三身上师佛位。乃念不共启请文。

ཨོཾ་ཨཱཿ་ཧཱུྃ༔

法身普贤第六金刚持，萨埵婆伽释迦大导师，怙主无量寿佛观自在，二无分别莲师前启请。

身之体性妙德炎摩主（额内有大威德金刚），语之体性马鸣声自在（喉内有马头金刚），意之体性真实赫鲁嘎（心中有金刚手），如意上师宝尊前启请。

功德殊胜威镇赫鲁嘎，羯摩主体金刚儒童身，妙母空行主尊圆满王，头鬘大力圣尊前启请。

身色变现静善忿怒相，语音微妙具足十二支，心智缘念圆满无有碍，空行无上圣尊前启请。

授当来记及示隐法库，慈心护念行者如爱子。悲悯赡部心子告咐嘱。大恩化身至尊前启请。

忆念大恩无上师尊宝，祈如誓愿护念而摄受，当兹恶世唯依尊无他，仰祈邬金化身悲眼视。

愿以大力回遮恶世争，并赐智慧灌顶大加持，恒增觉受证德之能力，具足大力宏教利众生，即身而证圆满佛陀位。

发心第二

ཨ་མོ་གུ་རུ་ཛྱེ། ཨ་མོ་བུ་ད་ཡ།
ཨ་མོ་ངརྨ་ཡ། ཨ་མོ་ཀུཉ་ཡ།

南无古鲁贝，南无补打雅，南无打尔马雅，南无僧噶雅。

念三遍，加念皈依三根本真言。

南无古鲁贝（上师），南无爹瓦贝（本尊），南无打格咧贝（佛母），南无达尔马巴拉耶（护法）。

亦念三遍。

我与无边诸众生，皈依胜海救护前，今发胜义菩提心，愿证三身上师位。

ཨོ་བོ་ཉི་ཙྀཏ་བཛྲ་ས་ལ་ཡ་ཧྲཱི་ཨཱཿ།

嗡，波的支打，别札洒马雅，吽阿。

严供第三

三身主伴请从法身起，降临赐加持灌顶成就，显有本生供养大手印，加持变化普贤云海供。

ཨོཾ་ཨཱཿ་ཧཱུྂ་བཛྲ་གུ་རུ་ཉི་ཝ་ཌཱ་ཀི་ནི
ཛྙཱ་ན་འོ་ལེ་མ་ཡ་ལ་ཉི་ས་རྦ་པཉྩ
ད་སྱ་རྦ་རུ་ཉི་ཏུ་མོ་ག་ཡ་ཨཿ།

嗡阿吽（三金刚）。别札古鲁（金刚上师）、德娃（本尊）达格尼（佛母）、家那（智慧光明之法性体）、阿昧夏雅（降甘露）、阿阿（入我心中归圆）、吽（守护三昧耶）吽（守护坛城瑜伽众）吽（守护法界），嗡（吉祥）、沙尔娃布渣美噶（一切美妙受用上供）阿吽（一切成就，立刻，如金刚）。

生起第四

由 🕉 真如空性光明中（念🕉字一声入空性真如光明），

🕉字不灭遍显真实力（于空中显现红色吽字，放火光净除一切魔障），化身因三摩地白色 🕉（于彼复现白色啥字）。

从彼放光净情器垢执（放白光如甘露清净一切垢染执著），大种累重（音从）金刚护轮中（观黄色地轮，下有白色水轮，又下有红色火轮，又下有绿色风轮，又下有蓝色空轮，依次重叠，坚固不动不坏），🕉（音种）变性相圆满越量宫（地轮让现金色种字变成性相圆满之越量宫殿，广大无边，庄严无匹），彼中狮座莲花日月上（八雄狮所拥宝座白色八叶净莲日轮月轮之上），自明智现善逝莲华生（有自识变现之佛莲华生上师），身色白红慈笑微怒相（身色白红，面上部微怒，下部慈喜），莲冠密袍法衣披斗篷（四瓣莲花冠，蓝密袍，大红袈裟，锦练披风）。右手持杵左捧颅器瓶（右持五股金刚杵当胸向外，左手定印捧白色天灵盖，内有彩色长寿宝瓶），隐示秘密胜母卡藏（音章）噶（左肩斜倚卡章噶天杖，代表佛之母），二足自在王坐五光中（二足内蜷相架如王坐式坐于五色光明之中），顶现报身白色观世音，四臂合掌持晶珠白莲，彼顶上现法身无量光，身红定印持甘露寿瓶，彼者应调严饰皆圆满，三根本护法众如云聚，显空双融智慧幻化身，三金刚体性任运成就（额喉心各有嗡阿吽字），五种智胜灌顶悉圆满。

念五佛灌顶咒

嗡阿吽，嗡吽针啥阿（中东南西北）。阿毕肯乍吽。

念时，观五佛灌顶。

供赞第五

（除垢成净） （变大变多） （随意，重现）。

念三遍，加持供物。

外供胜妙受用如云聚，内供药血食等越思量，密供空乐智法性双融，敬祈欣纳垂赐二成就。

嗡，别札、阿岗、巴当、布别、杜别、阿洛格、根选，纽温选、夏达、沙娃、宾乍惹阿打（白红菩提）、巴林打（食子）、嘛哈布渣、阿吽。

如是各以手印献供养已，振铃鼓奏乐，观主伴诸尊，欣纳怡悦。如开广则如口授（八供、外内密供），并加供曼达。

从于体性光明法界中，自性空乐显圆满受用，大悲应调变现作利生，礼赞坛城诸尊海会前。

阿的布和，匝的察和。

ༀ་ཨཱཿ 心要菩提心之坛城中，变现如幻智慧诸尊众，不越金刚誓语祈忆念，垂赐加持灌顶及成就。

圆满第六

住三摩地，观法报化三身相好庄严，明显而无自性，乃依次诵咒。法身无量光，观光收入，作自利之加持。报身观世音，观光遍满虚空，作利他之事业，化身莲华生上师，谛解自他不二，生圆双融，摄显自在，成就圆满悉地。

ༀ་ཨཱཿ 从顶部主心放光，摄集轮涅寿精英，沁入宝瓶与心内，从彼降出甘露流，由我梵穴入身内，遍满轮脉诸根门，净除罪障及病魔，信解得二种成就。

（灌后，自己变成长寿佛而念咒）

ༀ་ཨ་མ་ར་ཎི་ཛི་ཝན་ཏི་ཡེ་སྭཱ་ཧཱ།

嗡、阿嘛、惹阿尼、这温爹也、所哈
此法身无量寿心咒，每座至少念一百零八遍。

ༀ་ཨཱཿ 调伏众生圣者心，放光偏六趣诸界，净除各各六烦恼，观悉变成大悲身。

（自成观音而念）

ༀ་མ་ཎི་པདྨེ་ཧཱུྃ།

嗡、嘛尼、贝美吽、啥。
此报身观世音心咒，每座至少念一百零八遍。

478   禅密薪传

ༀ་ཨཱཿ 自即摄集种上师，心中莲日月轮上。金色五钴金刚

杆，彼中 ཧཱུྃ 外绕咒鬘。从彼放光供诸佛，加持成就返入己。复放

器界成净土，一切有情本尊身。声响金刚歌咏诵，念虑分别光明

智，任运成无二坛城。

ༀ་ཨཱཿ་བཛྲ་གུ་རུ་པདྨ་སིདྡྷི་ཧཱུྃ༔

嗡阿吽，别札古鲁贝嘛，悉地吽啥。

此应化身莲华生根本咒，每座至少念一百零八遍。

如修上师十三种成就法等，则于此依口授加入修之。

离边智慧大法身，具庄严三昧耶身，恳请大悲久住世，饶益

无边诸有情，愿无病长寿自在，最胜成就所垂赐。

如是诵因缘咒住世咒各三反，

散花供养，祈赐成就。

大圆满第七

ཧཱུྃ （念一吽，观器界化光摄入有情），ཧཱུྃ （念二吽，有情

化光入本尊），ཧཱུྃ （本尊化光摄心印，入空，久住）

无始无终清净界，法身普贤如虚空。

如是从智门入定，观依正摄于 ཧཱཿ （啥），化那打，入于空性，

平等而住，静坐入定，一切放下，如如不动。若见自性，顿成

正觉。

ཨཱཿ (念一吪，由空性顿现本尊)。

ཨཱཿ (念二吪，观出生一切有情)。

ཨཱཿ (念三吪，观出现圆满依报即器界，亦即坛成)。

大悲不舍众生故、任运幻现本尊相。

如是从悲门出定，还现莲师本尊，以 ཨོཾ (嗡) ཨཱཿ (阿)

ཧཱུྃ (吽) 印三轮，谛信得坚固成就。

结归第八

不备漏误与退失，妄念潜滋起诸见，违三昧耶诸罪过，祈哀摄宥赐圆满。

如口授诵金刚百字明三反补阙（即结忏补印——两手合掌，二无名指屈内交叉——诵第一反置额，二反置喉，三反置心）。

如有特愿，即于此诚恳祈祝，然后回向。

ཨཱཿ 以修上师瑜伽力，回向无边诸有情，离苦入金刚内道，光明法界中解脱。

ཏདྱཐཱ ཨོཾ དྷ་ར་དྷ་ར་བྃན་དྷ་ར་ཡ་སྭཱ་ཧཱ

爹雅他。嗡，达咧，达咧，宾达咧也，所哈。

（结印诵咒之后一弹指）

ཨཱཿ ：根本传承入我心，空行智母不离形。护法守者除诸障，胜共成就大吉祥。

ཨ་དྷི་ཥྛ་ར་ལ་ཧྲཱིཿ
ས་མ་ཡ༔

孟（忙）噶朗、悉地怕拉吽。萨嘛雅。

或于此加供护法：

深密轨中最精华，易修易持感应速。消灾除障增觉受，利生
事业广无边。于诸座余令福德，与智慧资粮增长。持与敬信上师
心，会归光明无分道。大悲恩师不空海，乘愿东来时传授。继踵
弘扬法狮子，应机为译出经文。末法障重魔外炽，唯修此得大加
持。仰祈三根本加护，广传度脱无边众。

普愿吉祥，殊胜成就。

佛历二千九百七十一年甲申腊月初八释尊诞渝莲华精舍印。

此法与前三者一贯相承，皆是红教中特别不共之大法，余于
烬余得之，此中因缘，岂是偶然，故特郑重整理如上，以备奉持。
己酉十月中浣

附录三则

一、贝马布达上师心咒与根本咒。

嗡，贝马布达，吽。

嗡阿吽，别札古鲁，贝马布达，阿育家拉，沙尔瓦，悉地吽。

按此为上师于灌五度母顶并传入大圆胜慧密修法后之所示者。

二、喜金刚佛父母心咒

ཨོཾ་ད་ས་ནི་རཱ་ཏ་པོ་ཧཱུཾ་ཧཱུཾ་ཧཱུཾ་ཕཊ྄
སྭཱ་ཧཱ༔
ཨོཾ་ཨོཾ་ཧཱུཾ་ཕཊ྄་སྭཱ་ཧཱ༔

嗡，得瓦毕主，班札尔，吽吽吽，呸，所哈。

嗡昂吽呸所哈。

按此为贡噶上师所传喜途金刚大法（卅五年领大灌顶于渝）之佛父佛母心咒。

三、忿怒莲师头鬘勇根本咒与请承办事业咒，并入圆满观品。

嗡阿吽。阿者勒者，南无榜噶瓦得，吽吽。阿吽吽，呸呸。

以为根本咒，宜多念。

根本咒后加

……阿雅马堵儿汝，杂嘎哩，洒马雅、吽呸。嗡，班札尔吽。雅恰吽。惹阿恰吽。染者宁拉，马惹阿吽呸。

此请承办事业咒，最多不超过廿一遍。

此下入圆满观品

观念自心 字放光，融化依正入生法宫，生法宫化光入宫殿与眷属，此又化光成本尊与我合为一体，自身变化尊（即自念怒

莲师）化光入主尊（指金刚手），主尊化光入 字，从下牙举

（ ⑺ ）入阿穷（ ᢓ ），此入哈可（ ᢒᢖ ），此入打扭（半月 ⌣ ），此入挺列（明点 ᢒ ），此入那打（ ǀ ），此又渐入空而入定。随力定后，念咒一反（指根本咒），刹那出定，仍为本尊相。

定后加持品

念三处（身语意）加持及铠甲保护咒"嗡阿吽，班札尔，嘎哇者，惹阿恰杭。"一反。一切时，想所显，所见，所闻，所念。悉为本尊咒，智慧境界而不离为要。

按本法为根桑上师所传萨迦派无上瑜伽母续所摄世代相承无有断绝之法。

大圆满不共金刚心法

按大圆满派特别重视此法，谓"须知一切如来究竟心咒如甘露者，惟此百字明耳"。贡师亦曾特别提出，且谓金刚心、金刚手、金刚持，是三是一。又文为金刚手，武为普巴金刚，普巴心中有金刚萨埵为其智尊，俱可证知本法之重要。愚意此法与道家之引呾，极相类似，如能专诚修之，于转变色质（五蕴）增加白大，特有殊功，不可等闲视之。

敬礼金刚上师：

顶际千叶白莲皎月上，

自尊之顶际，有千叶白莲，其中白色皎洁清凉而圆满之白月上。

吽变寂静上师金刚心。

有白色 ᢒᢖ 字，字面向外，上供下度，刹那变上师金刚心，高五寸许，为一切上师所合成，身如水晶，空明莹彻，寂静微笑，内蕴无尽智慧功德，放白洁如秋月之光。

左铃右杵文尊诸饰具，

左手金黄色宝铃，右手白色水晶五股金刚杵，具报身十三种
庄严。

白色穗母钺颅联结坐。

白色穗佛母，右持杵柄蓝色偃月刀，左捧白颅，内贮蓝甘露，
与金刚心平等联结，跏趺而坐。

心月如豆中吽面向外。

心中月轮如豌豆大，中心白 （吽）字，字面向外。

百字右绕左旋面向内。

外绕白色百字咒鬘，右排左旋，字面向内。

字如芥子螺旋形排列，

字如芥如发，一周不能容，则作螺旋形排列。

从本无间细声发圆音。

观想时，诸字如皆细声发音然。

此上是生起观想。咒如下，

嗡，班札尔萨埵洒马雅，马努把拉雅。班札尔萨埵得裸把底

叉。只左麦巴瓦。苏埵阔约麦巴瓦。苏簸阔幼麦巴瓦。阿努尔惹阿埵麦巴瓦，沙尔瓦斯以顶，麦不那雅叉。沙尔瓦噶尔马苏渣麦，咨（以）党（木）歇（尔）养（木）古鲁吽。哈哈，哈哈火。榜噶稳。沙尔瓦打他噶打，班札尔马麦扪渣。班札尔巴瓦。马哈洒马雅，萨埵阿，吽呸。

念咒时，随作如下观想：

随念察察作响火化冰，

随念百字咒，观咒轮察察作响，如火化冰。

大乐甘露白润满父母。

涌出大乐甘露，白润清凉，渐满父母之全身。

交处下降莲座沿莲茎，

又由交结处下降满莲座，沿莲茎（茎长寸许）。

入顶充身逐病魔与业。

入自顶门，不断灌注，至满全身，驱逐病魔与业。

脓血、毒虫、黑水、炭色气，

使病变脓血，魔变毒虫，业变黑水与炭色气。

遍身毛孔下二门涌出。

由遍身毛孔及下二门涌出。

宝地开裂下八十由旬，

面前琉璃宝地裂开，其下八十由旬，

因缘业死魔如红牛状。

有由因缘业力所成之死魔，状如红牛。

周围怨鬼冤怪张口待，如河流往尽满彼等愿。食已地合身如水晶瓶，轻安无比六道障皆净。

此上是净障观想。

再观自尊三脉五轮结，甘露所注得灌顶加持。化身报身法身体性身，证虹光身圆满佛陀位。

此上是灌顶加持观想。

咒已上师金刚和悦颜，化成大空乐体性光明。入自顿成金刚心双身，明显心月蓝吽面向前。白嗡、黄班札尔，深红萨、绿埵，前右后左排列面向内。上供、中照、下度、心缘念，世间化为显乐之净土。有情尽转五色金刚心，声音咒明，意念是智慧。

此圆证成佛观想。

心咒

嗡班札尔萨埵吽。

最少念一百零八遍。

咒轮如下：

此后器情融化入自尊，尊复化光摄入于咒轮。由嗡依次及埵而入吽，此又从下而上至于空。即之久住无缘入空定，定起刹那顿现幻化身。

此收摄入空之圆满观。

爹雅他，嗡，达唎达唎，宾打唎野，所哈。

按金刚萨埵是五部统摄之尊，净障之力特大，众生本来是佛，其所以不证者，即为无始无明业力所障，如能去净业障，如云开日出，本觉智慧（本性光明）立刻现前矣，此本法之所以各部并重也。

最胜秘密上师瑜伽法

贡噶金刚上师密传

弟子不空智整理

敬礼金刚上师。

由常住本尊观（亥母或其他）想为饶益一切如母众生，令得无上菩提，故修此最胜秘密上师瑜伽法，于是观想上师在前，竭诚顶礼。

ཨ!

随念阿字一声，观空。

杂莲，死尸，日轮，具点啥，

从空现杂色莲花，东蓝，南黄，西红，北绿，共四瓣。花蕊红色，花胚红黄色，花上死尸，黄色肥胖，且甚悦意。外气已断，内气未绝，各根门长流鲜血。头向左倒而仰。尸上有光明日轮，轮上有具恶点之红色 ཧཱུྃ 字。

放光供度顿成亥母尊。

ཧཱུྃ 字放光上供十方诸佛、菩萨、金刚、空行、护法，摄集加持，复放光下度六道众生，一一皆成亥母，化光返融于 ཧཱུྃ，如鱼跃出水，刹那现起亥母圆满身相（参亥母法），身放智慧火光，五色具备，红色特多，普照法界。

顶际莲、日、月上根本师

继观顶上有莲、日、月轮，上坐具恩根本上师，为所有上师之总聚体，内蕴即金刚持世尊。

三字放光返融金刚持。

额喉心金刚三字，放光照射十方诸佛而作供养，诸佛喜悦，各各放光返照，融入师身，得大加持，证成金刚持世尊，即是金刚持世尊，深信不疑。

身蓝莹澈、铃、杵、羯摩印，

身蓝色，内外莹澈，宛如中秋碧空之色。一面二臂，左铃右杵，作羯摩契印。

二目威光慈笑适悦颜。

二目忿怒，具足威光，慈容含笑，心极适悦。

相好璎珞众宝庄严具，

三十二相、八十种好、天衣璎珞，众宝庄严，一切具足。

趺于狮座、衣、莲、月、日轮。

两足跏趺，坐于八狮宝座，上敷净妙天衣、白莲、月轮、日轮之上，所显悉无自性，如水月空虹。

顶垒直系传承上师宝，

其顶有口授传承历代直系祖师，层垒而上，最上为金刚持。

周围师、尊、佛、菩、勇、护、绕。

其周围有各派口授传承已得大成就海会圣众，周匝围绕，复有修大手印六种成就道果，及离境修定修心诸传承上师，犹如云集（吕祖、三丰、旌阳、小艮诸尊亦在其中），其外复有一切本尊，一切佛陀，一切菩萨，勇男勇女（即一切金刚佛父母），一切护法守者大众，层层围绕。以上诸尊，从本以来，三昧耶身与智慧身悉本圆成，无二无别而住。

诚切殷重咒祷祈加持，

行者至诚迫切殷重念上师咒。

嗡阿、古汝、打尔马省哈，吽。

不计其数。又加念噶马巴祖师咒。

嗡阿，噶马巴喜，吽。

随力。再虔念启请祈加偈。

启请上师宝。断除我执妄心祈加持，无愿亦无所求祈加持，灭除非法寻思祈加持，通达自性无生祈加持，随诸幻境归真祈加持，澈证法身所显祈加持。

闭关者，于此七句，尤宜多念。

净障获灌融心成蓝阿。

初观上师，金刚持额内 ᰍ 字放白光，融入顶门，如甘露清凉，顿满全身，脉障清净，得瓶灌顶，可自在修生起次第，得化身佛果位。次观喉内 ᰍ 字放红光，融入己喉，暖乐顿满全身，气障清净，得密灌顶，可自在修气脉，得报身佛果位。又次观心 ᰍ 放蓝光，融入己心，空乐顿满全身，明点障清净，本觉智显现，得慧灌顶，可自在修明点双融道，得法身佛果位。最后，三处三字一齐放光，融入自之三处，清净所有业障，转光明虹体，得大手印灌顶，堪修大手印，证法界体性身果位。随力入定。

随观围绕诸尊化五色光，层层内收。又顶上诸尊亦尽化光明，犹如虹霓，灿烂夺目，融入上师金刚持。上师金刚持即缩小成虹点，由自顶门融入心间，显现蓝色短 ᰍ 字，胜解此即上师之心，一切祖师之心，一切诸佛与金刚持之心，并自己常住真心，无二无别（贝马布达上师云，真正上师，在汝心中）。

最后悉空无缘宽坦住，

观 ᰍ 字亦空，只觉一片空明，无生处，无住处，远离能所是非等戏论分别，任运如如，法尔自在，宽坦安住。此为金刚果乘中究竟迅速成佛唯一之口诀，解脱法门，无有更逾于此者。

后得如幻一切依法行。

出定，显金刚持如幻身，深信我即上师金刚持，上师金刚持即我无疑。外显自性坛城，所见种种，皆自上师身相；声音，皆自上师金刚咒音；意念分别，皆自上师金刚智慧；所有一切言动，皆是法事。又食为甘露供养，眠修光明瑜伽，一切如幻如化，离心分别，一无所有，而无有即有，法尔如是。

愿以此功德，顿证大手印，

回向无边众，速成金刚持。

按当时领法者，连余共为五人，上师慈示云："上师乃佛法僧及一切本尊之总聚体，能修上师法者，毕竟解脱，不能修者，鲜不沉沦，所有一切本尊佛母护法等，皆不过上师之变现，为止小儿啼耳。"此法之重要性，于此可知。

金刚亥母法

贡噶金刚上师传授

弟子噶马极喜敬辑

敬礼金刚上师。

嗡，所巴瓦学达，萨尔瓦打尔马，所巴瓦速朵，杭。

（吉祥圆满，自性清净，一切法，自性清净，本来如是）。

生法、莲、尸、日、啥放光明，

由空中显现红色平面生法宫，其上复有立体生法宫，顶平下尖，外白内红。中现东蓝、南黄、西红、北绿之四瓣杂色莲花，花蕊红色，花胚红黄色。花上死尸，黄色肥胖，且甚悦意，外气已断，内气未绝，各根门长流鲜血，头向左倒而仰。尸上有光明日轮，日上有具恶点之红色ཧྲཱི（啥）字，大放光明。

供度回融顿成亥母尊。

上供诸佛，收回加持，复放光度生，一一皆成亥母，化光返入于啥，如鱼跃于水面，以一刹那间，自成金刚亥母本尊。

一面、三目、二臂持钺颅，

一面、三目圆睁，红色闪动，左捧满血天灵盖靠左胸，右手期克印执杵柄月刀向上扬。

黄黑润发半髻半下垂。

黄黑而润之发，半髻半分二绺向下披垂。

骷冠、血头、鬘、铃、珞、间饰,

头戴五骷髅宝冠。项挂红花鬘,小铃、骨珞相间饰之五十一鲜血头颅,由左肩挂至右胁下。

五印獠牙微露咬下唇。

人骨耳环,人骨腕圈,颈胸腹相齐之三串人骨璎络。呲露獠牙二颗咬下唇。

胁狭天杖左足伸舞姿,

左胁挟蓝色八楞半节杵顶卡章加,杵下有枯旧鲜三人头堆叠,其下有甘露瓶及十字杵,上悬丝带、小铃、小鼓,下端亦为半节杵,插入女尸之脐上,长与亥母身量等齐。左足下伸而立,右足蜷屈而悬,作舞蹈跳跃姿势。

腰细乳密丰隆未尝泄。

腰细乳及密处,丰盈美隆,表示元气充实不泄。

身放五智红炽遍三千,

身放五色智慧火光,红光特炽,遍照三千世界,吸撷情器精华。

四处空行光照融智身。

观顶上大乐顶髻轮白色,有蓝色空行母,右持杵柄月刀,余相同本尊,具周绕同彼身饰之蓝色空行三十二,心中皆有ㄅ字。喉间宝轮、红色、有黄色空行母、右手持宝柄月刀,余同本尊,具周绕同彼身饰之黄色空行十六,心中皆有ᠬ字。心间法身轮、白色、有粉红色空行母,右手持莲柄月刀,余同本尊,具周绕同彼身饰之粉红色空行八,心中皆有ᠬ字。脐中化轮、红色、有绿色空行母,右手持剑柄月刀,余同本尊,其周绕同彼身饰之绿色空行六十四,心中皆有ᠴ字,身内总计一百二十四尊空行母。

按此为师示最简修法,直观各轮之空行母,不由种字生起,亦不观脉，生起更速，以本具故。若详观，则顶上大乐顶髻轮、白色、三十二脉，中有蓝色 ཧྲཱི 字，生起蓝色金刚空行，右持杵柄月刀，余相同本尊，具周绕同彼身饰之蓝色空行三十二，于各脉围绕，其面向内，心中皆有 ཧྲཱི 字。此外喉轮十六脉，中有黄色 ཨ 字，生起黄色宝空行，心轮八脉，中有红色 ཨ 字，生起粉红色莲花空行，脐轮六十四脉，中有绿色 ཟ 字，生起绿色事业空行等，可以例知。

由四轮空行母心间 ཧྲཱིཨཨཟ 主尊母密处三角生法宫如火坛城中，红色 ཧྲཱིཿ 字放光，于乌金处迎请至尊亥母四部空行眷属及上师本尊诸佛菩萨，无量海会降临，住于对面空中，念"班札尔洒马札"（两手交抱一弹指）。

由对面智慧坛城放出亥母主眷等无量无边，来融入顶，生乐与力。由智尊身中四母口中出阿里嘎里白红色咒鬘来融入喉，成就咒力。由彼等心中流降五智自性菩提红白甘露，来融入心，相续出生空乐智。彼等佛母之身，各各分别来入于身，念"札吽榜和"（结印，观勾入合喜），相融不二。

五佛严顶外内咒随诵，

想自尊顶上，毘卢佛庄严；金刚空行顶上，不动佛庄严；宝空行顶上，宝生佛庄严；莲花空行顶上，弥陀佛庄严；事业空行顶上，不空成就佛庄严。

外修咒（宜少念）

嗡嗡嗡，萨尔瓦、布达札格尼耶，班札尔瓦尔那尼耶，班札尔白若札尼耶，吽吽吽，呸呸呸，娑哈。

内修及密修咒（宜多念）

ༀ བཛྲ་བཻ་རོ་ཙ་ན་ཡ་
ས་ཧྲཱི་ཎི་ས་ཧཱུྃ་ཕཊ།

嗡，班札尔白若札尼耶，哈哩尼沙，吽吽，呸，娑哈。

（吉祥，金刚毗卢佛母，四方四佛母，如所有智，尽所有智，消除密法内外障，一切成就。）

先明观密处生法宫二个，重叠平敷（一尖向前，一尖向后），成六角形，红色，每角有一红白色喜旋图。中有四瓣莲花，前蓝、右黄、后红、左绿、分具 ཀ་ཧ་ར་ས 四字。花中有红日轮，轮上有红 ཧཱུྃ 字，外绕咒鬘，咒字右列，字面向内。方念咒，连念观咒字放炽然光，向左急旋，喜旋图向左次急旋，六角形生法宫向左缓旋。其光渐旋渐宽，生起无限安乐。

附喜旋图如右

共胜悉地一切皆圆成。

共成就与不共成就，一切皆圆满现证。

情器化光，收啥渐化空，

观密处 ཧཱུྃ 字放光，融化依正，即越量宫殿，所有眷属，收入自身本尊，自尊由顶与足趾一齐融化，渐次收入密处咒轮，咒轮收咒心 ཧཱུྃ ཧཱུྃ 由下向上依次收入那打，渐入渐缩，细如游丝，那打灭已，即成胜义空，入自心光明无整定。随力习之，此心明空体性当流露也。

复起佛母三门境清净。

起定，从空性中如鱼跃出水，显出十二种差别譬喻之圆满幻化身相。身是本尊，语是咒音，意念分别是智慧。

承斯善福我与诸众生，

瑜伽王母胜位愿速证。

此即回向发愿圆满意。

附一　会供简轨

嚷（火）、漾（风）、康（水）三遍。

嗡（除垢成净），阿（变大变多），吽（随意化现）。三遍。

胜妙供为智慧舞所显，供主乃持明上师尊前，并三轮座二十四处主，勇父空行护法守母众。

为献胜受妙供祈降临，越戒破誓过失诚忏悔，外内中断法界中解脱，受余供已祈请作事业。

古鲁、达瓦、札格尼。噶那杂札布匝。乌挤达。拔灵答，喀希（音黑以）。

附二　密修法

于主尊及一切眷属之顶上增观一猪头、三目、仰视虚空、毛怒竖立向前、其面向背、齿獠露、且出猛厉猪声（如修收放，由中脉上放上收之时，红光与咒鬘，由猪面之中眼或梵穴收放），后

以一刹那转成胜乐金刚，心现 （吽）字，咒鬘围绕、从咒鬘放咒鬘，由中脉内传下，从金刚如意宝门出，到佛母身，由佛母口出时，观勾召一切身口意功德事业与咒鬘无分降临，入我口而收于心中吽字，如是诵上乐金刚咒。

嗡啥哈哈吽吽呸。

此咒念四十万。

附三　亥母最简修念仪轨

敬礼金刚上师。

嗡，娑拔瓦蓄达、萨尔瓦、达尔嘛、娑拔瓦、蓄朵杭。

生法莲尸日上亥母红，一面三目二臂持钺颅，胁挟天杖左足伸舞娑，四处空行光照融智身。

外修咒

内修密修咒

情器化光收啥渐化空，复起佛母三门境清净，承斯善福我与诸众生，瑜伽王母胜位愿速证。

今以此善因，成就大手印。

愿无余众生，咸成大觉尊。

会供简轨。

按本法灌顶，当时领法者共二十五人，乃 1945 年冬事也。贡噶上师法语云："欲修世间成就，以绿度母法为第一；欲修出世间成就，以胜乐金刚法为第一。"此金刚亥母法，较胜乐尤为殊胜，乃白教传承中之无上法宝也。

具德总集论

（即胜乐金刚密修法）

贡噶金刚上师传授

敬礼金刚上师。

ཨཱ！入空。

自于一刹间转成俱生体性吓汝噶尊而念。

南无祖札桑巴日阿雅。

（敬礼具德总集轮）

明观皈依境，念：

我等及虚空众生，从今乃至证菩提，

于诸佛五轮总体，八万四千所生处，

成就圣者僧伽主，总摄三宝之上师，

尊前敬礼而皈依。佛陀法宝及僧众，

我等誓恒皈命礼。

随力多念：

瑜伽秘密空行母，是为三轮之体性，

勇父以及勇母众，于诸尊前永皈依。

为利众生事业故，愿我成就赫汝噶，

众生皆成赫汝噶，安住最胜最上位。

三反。

喜（尔） 赫（以） 汝 嘎 杭。

（二无分别智，因果体性空，离于聚合缘，不住任何处，我本如是。）

愿一切众生永具乐及乐因，愿一切众生永离苦及苦因，愿一切众生常得无苦之乐，愿一切众生远离亲疏贪瞋住平等舍。

三反。

嗡，旭哩打，假那，班札尔所把巴瓦，唉吗果杭。

入胜义空。

空中 ཨ 榜字放光，转成五色八瓣莲花，花上日轮，轮上右现丢逞马红色女魔，头向右倒而仰（表贪爱），左现威猛大自在天黑色男魔，头向左倒而俯（表瞋慢），中现天青蓝色 ཧཱུྃ （吽）字，放五色光，供养圣众，召请十方诸佛加持，其光与诸佛功德智慧光明，一齐返入吽字，成蓝色五股金刚杵，杵心又现吽字，放光遍照三千大千世界，消灭一切有情罪业，皆成赫以汝噶。又复化光，一同返入吽字，于时杵吽同时融化，转成自尊赫（以）汝噶，身颜天蓝色，一面、二臂、三目、獠牙微露，两手左铃右杵，交抱深金红色妙龄金刚亥母。佛父头发束髻，髻前插羯摩杵（杵中央蓝色，四方分白黄红绿四色），杵左有半月轮，杵上饰摩尼宝（宝在杵之中心），戴杵鬘穿成五佛体性之五骷髅宝冠，项挂五十鲜血人头珠。耳环、腕圈，及颈、胸、腹三处皆人骨璎珞，大灰涂胸。腰围虎皮裙，右脚伸踏丢逞马乳间，左脚屈踏大自在头成三折，做跳跃势。佛母亦一面、二臂、三目，发半披半髻，头戴五骷宝冠，项挂五十一鲜血人头珠，五印为严（无尸灰涂胸），右手忿怒印持杵柄月刀，靠佛父左肩上外扬，左手捧满盛鲜血颅器，由佛父右肩后绕出（至）左肩，作供佛父饮状，左脚伸猼（绊）丢逞马，右脚曲盘佛父腰。二尊皆三眼威光，现半忿怒相，同住于炽然鲜明智能火光中。

四方各现四瓣莲花，日轮，轮上死尸，尸上现站立空行母。前东方，札格尼浅蓝色空行母；左北方，拉美绿色空行母；后西方，悭闸若赫（以）红色空行母；右南方，汝比尼黄色空行母。皆左手持满盛鲜血颅器当胸，左腕抱喀章噶，右手执钺刀上杨，两脚右伸左屈，如佛父姿势，三目、半忿怒相。

四方四隅四宝瓶内，满贮甘露，瓶上有天灵盖，盖上盛五肉。

佛父心中五色八瓣莲花，月轮上杂色羯摩杵（中蓝、东白、南黄、西红、北绿）中心有日轮，日轮上现天蓝色　（吽）字，周围咒字围绕，心中心咒右排左旋，根本咒在心中心咒之外，右排左旋，皆字面向内。佛母身中，三角座生法宫中心，现红色　字，周围咒字，右排左旋，字面向内。前东方浅蓝色空行母，心

莲日轮上 （莽）字；左北方绿色空行母，心莲日轮上 （党）

字；后西方红色空行母，心莲日轮上 （谤）字；右南方黄色空

行母，心莲日轮上 （朗）字。

　　主眷诸尊，顶月轮有白 字，喉现莲花，上严红 字，心

现杂色杵，杵心日轮上蓝 字。特由佛父心中蓝吽字放大光明，
往诸十方世界智慧轮，即两手作智火炽燃印（右食指勾左食指，
大中二指头相合，其余各指分开伸直如火焰射出也），于额际由右
至左旋转，念 （澎）字三声，如请十方三世诸佛及胜乐佛父母

等一齐降临，作勾召手印，念 ，观勾入合喜。念
毕，不解喜印，想诸智慧身与行者三昧耶身无二无别。再解前喜
印，双手旋莲花轮后作双抱印（两大指叠掌心，各以中无小三指
握之，食指伸直，两臂于胸前右外左内十字交抱是也）。
　　念清净咒。
　　嗡约噶，许打，沙（尔）瓦打（尔）马，约噶，许埵，杭。
　　想亥母四母捧盈满甘露宝瓶，以净妙甘露作灌。念。
　　嗡，洒尔瓦，达他嘎打，阿必克嘎打，洒马牙，喜尔也吽。
　　观甘露沛注，自性大乐。甘露盈溢至顶，佛父顶严不动佛，
亥母顶严毗卢佛，四母顶严各方佛。

　　观佛父心中五色八瓣莲花月轮上羯摩杵中心日轮上之蓝

　　　　　　　　　　　　　　　　　　　　禅密薪传

字同咒鬘放宝光左旋，出佛父口而入佛母口，循身界相传至莲，
复由密杵吸还上行入心中，往来不辍。

息法，观白光如环不断，由光环分光四布，消灭众生罪垢。

增法，观黄光分光四布，满众生需要。

怀法，观红光分光四布，勾名一切福德、智慧、神通、威力。

诛法，观蓝黑色光分光四布，降伏一切与佛法作障之诸魔类
及为众生作损恼者。

根本咒　以此为主

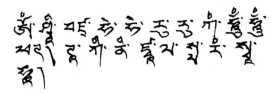

嗡，泻（尔）班札（尔）赫赫汝汝港，吽吽呸。札格（以）
尼左（瓦）拉，萨把嚷（母）娑哈。

心中心咒　以此为次。

嗡啥哈哈吽吽呸

佛母心咒　一〇八反

嗡班札（尔）白若札尼也，吽吽呸。

佛母附心咒

（即外修咒，二十一反）

嗡，洒（尔）瓦补打札格（以）尼也，班札（尔）瓦那尼也，吽吽呸。

东方佛母咒

嗡札格（以）尼也吽吽呸。

北方佛母咒

嗡拉咩吽吽呸。

西方佛母咒。

嗡肯札若赫以吽吽呸。

南方佛母咒。

嗡汝比尼也吽吽呸。

此上四咒随力，或依事业为转移。下为收放念诵。

观脐下四指处化身轮上，有四瓣红莲花，花中现那打，那打上端，如绿香燃着，由其中出蓝色咒字，经右脉上升，从右鼻孔出，出已，皆成坛城诸尊。坛城诸尊以及一切勇父勇母，复放五色光，遍照三千大千世界，一切众生罪业消灭，皆成佛父，复化光成咒字，由左鼻孔而入，经左脉管而下，还入莲花中那打火头内。如此七次或五次。如是随观随诵本尊诸咒。

下为圆满次第微细观。

想自己佛父身中有三脉管，中蓝，右红，左白。先修九节风。

嗣观想，顶上大乐轮中有白色倒杭字，喉报身轮中，有白色正字，心法身轮中，有蓝色倒字，脐下化身轮中，有红色正字。持宝瓶气，初短渐长，持已，观想脐下密处阿洗起火上燃，至阿火势炽燃，渐升到心，将（吽）字烧灭，又升到喉，将（嗡）字燃灭，于时此火遂周遍全身，将无始罪业及一切病苦，烧灭净尽，转成清净安适之身。嗣火又熏顶中（杭）字，由（杭）字空点放光至十方世界，将诸佛菩萨功德智慧光明请来，入顶门（杭）字空点内，由（杭）字空点流出甘露，下至喉际，将（嗡）字还原，再到心，将倒（吽）字还原，到脐与（阿）字相合，发生无限大乐。最后，将火热收入密处而化空。

按一仪由字起火，最后亦收止。

于脐轮处，易漏菩提者可依之。最后，观依正二报本尊咒轮及明显大乐等，收于自尊之佛母，佛母收于佛父，佛父收于吽，吽收入那打，那打收于光明空性中，于是随力习定。

次定起，明缘所显如幻化总集轮本尊。

念大护法马哈嘎拉与吉祥天母合修咒。

ཨོཾ་ཤྲཱི་མ་ཧཱ་ཀཱ་ལ་ཡ་ཨརྒ་ཏ་པ་
ཙ་ཨཱ༔

嗡，习（尔）马哈噶拉雅且（阿）、俾打哩、吽咱。

一〇八反。

嘛哈嘎拉与天母，敬请守誓护瑜伽，共与不共诸悉地，迅即赐我得成就。

想护法欣喜，为我承办一切世出世诸事业。

愿我迅速由此善，得俱生智妙乐已，普度无边诸有情，悉登彼土清净刹。

如是发愿回向已，再至诚恭敬念吉祥颂。

多杰羌与得洛那洛巴，马巴米拉至尊甘波巴，笃松逞巴众依怙主等，愿诸口传上师大吉祥。

具德黑鲁噶薄伽梵母，四方空行及四隅四瓶，如是庄严颅器坛城轮，愿希有胜乐尊大吉祥。

蓝袍金刚佛母本觉母，大士夫具誓多杰乃巴，大龙魔金刚大王等众，

愿诸护法守者大吉祥。

吉祥　圆满

按本法在白教中为首屈一指，故贡师谓欲修出世间成就，以胜乐金刚法为第一。本法另有广轨略轨，但俱不如本轨之精要，乃贡师之心血凝成，阅轨自知。至矣尽矣，叹观止矣。

赞颂诗歌

本师释迦牟尼赞

民国三十五年（1946）丙午沐佛日，陈健民造于石羊塘。

天空见虹。

敬礼　本师释迦牟尼佛。

如雷震醒蛰眠无明众，似处牢狱推开铁窗月，清明圆明揭出如来藏，伊谁之恩涕泣感文佛。

业丝幻网如蚕茧自缚，治之愈梦无解脱希望，依离心智照了无作者，伊谁之恩涕泣感文佛。

涅槃安乐秘密自证智，不由修生俱生自受用，如数家珍和盘以揭出，伊谁之恩涕泣感文佛。

胜义光明周遍且相续，拈花以示离诠真实谛，令众通达轮涅无二分，伊谁之恩涕泣感文佛。

释迦佛成道日庆祝咒赞四则

释迦牟尼佛咒

爹雅他、嗡、牟尼牟尼，嘛哈牟尼，释迦牟尼也所哈。

娑婆教主释迦牟尼佛及贤劫千佛赞

天上天下无如佛，十方世界亦无比，世间所有我尽见，一切无有如佛者。

释迦牟尼赞

佛宝赞无穷，果圆无量劫中，巍巍丈六紫金容，觉道雪山峰。眉际玉毫光灿烂，照开六道昏蒙，华严海会愿相逢，演说法真宗。

释迦牟尼如来成道赞

明星悟道，光耀三千。五时四教利人天。苦海涌金莲，智德庄严，颂祝遍南赡。

摩醯天，觉行圆，修从无量劫前。鹫峰鹿苑演心传。般若渡人船。丈六金身辉震旦，醍醐广度有缘，香花妙果献真忱，圣寿祝无边，恒河沙界普腾欢，佛日庆垓埏。

悲减劫、人寿低、七十古来所稀，轻盈蒲柳望秋衰。延慧命，解见思，落日金辉消尪弱，思光细雨潜滋，天厨香饭善疗饥，滋养胜参芪，金刚不坏乐春熙，止寿倍期颐。

曼殊师利菩萨摩诃萨赞

敬礼古佛示现妙吉祥菩萨摩诃萨前。

从彼古佛示现法长子，慧剑去痴亦能逼世尊，五髻童子能赐无死果，礼赞唯一慧命依怙前。

非同依他而成真实地，如来直指为尊之道场，慧风四起印藏古德集，礼赞具德五台山主前。

缘起真实妙慧大圆满，能救偏空侊侗野狐禅，如量抉择变现宗喀巴，礼赞亲见光明所显前。

华严能伏龙树大智者，妙翔玄观变现杜顺师，果位方便恰与密法合，礼赞开显事事无碍前。

能除贫乏福慧两足尊，惟呼审审能满一切愿，灵山慧水亲尝后梦见，礼赞双运文殊父母前。

婆子出现五台山大道，逢人引导令彼蓦直去，赵州勘完也曾亲见之，礼赞离垢解脱祖师禅。

古德修悲积久未成就，掷版于空求尊为印证，遵从空接出现悲智契，礼赞大智能生大悲前。

充满众心恒顺众生意，令众欢喜大愿及仇魔，唯尊大智能令大愿满，礼赞文殊真实名经前。

或示伙头或示登徒子，游戏神变无非法解脱，乃至出现乞丐为负荷，礼赞怙主一切化身前。

净玄密禅四门皆尊重，有志复兴为救众生苦，如尊大智大悲大事业，礼赞赐此加持法王前。

愿尊开显六道众本觉，愿尊大愿加持我圆满，愿尊赐如声音佛母伴，愿尊交付无上智慧剑。

大悲观世音菩萨摩诃萨赞

敬礼　无异千手千眼大悲观音贡噶上师前。

敬礼　三世诸佛悲心总集体前。

敬礼　大悲胜海诸护法守者圣众前。

感应周遍一切时与处，未见先遇于梦境光明，膜拜尊前与大悲无异，既见如故首当赞师尊。

羯磨杵相亲睹尊脊现，法王梦中悬记根本师，二足狮子与龙为庄严，应在弟子首当赞师尊。

化现贤劫千佛一切尊。喜乐密时四座金刚持，乃至悲泪出现度母尊，悯众难度甚至粉碎身，威力变现十一面观音，千手千眼感弥陀为顶，莲师贡师无分至于今。顺缘增上令行者成就，化现六臂大黑天尊身，逆缘增上令行者精进。

化现自在天王之魔军。身业功德变现复变现，帝网重重譬喻所难尽，变普贤身而出文殊舌，上承四维上下诸佛力，难以敬赞大悲观世音，哀我小子欲赞何能尽！

南赡部州除彼已聋者，何处何人不闻六字明，六魔六病六障皆摧毁，六害六曜六毒悉除尽，六劫六关六惑都消灭，六种悉地无碍而证成，六道皆证佛六道次身，无始以来多少诸行者，无论智愚念此已往生，直至佛法最后将灭时，此六字明不断在人心。尽一切经一切胜真言，功德殊胜能普三根者，更无有逾六字大明恩。岂仅念者可以得超升，闻者遇者见者毁谤者，缘俱义利无有不蒙恩。大悲长咒感应久昭著，解脱诸难早经古人传，乃至其他变现诸真言，一一无非悲心之结晶。语业功德变现复变现，地水火风大明音周遍，变普贤身而出文殊舌，上承四维上下诸佛力，难以敬赞大悲观世音，哀我小子欲赞何能尽？

事业变现三十二应身，无贵无贱无分富与贫，无善无恶但得一心信，莫不恩蒙大悲观世音。水火刀兵瘟疫与饥馑，病魔罪障一切所出生，闻声救苦大悲观世音。密智母与四方四空行，能令行者大乐无方分，无不相应大悲观世音。任何行者修空或其他，悲心不生无有成就分，空悲无二大悲观世音。一切诸法本来观自在，如尊所入般若门甚深，不增不减心佛同众生，不生不灭不垢亦不净，诸古德辈远朝西竺时，遇难得救唯依此心经，妙理契合无缘大悲心，以空即色悲愿无穷尽，以色即空无明无无明，令众度厄复得全慧命，深恩重重何时得相应，空悲双融与尊同一身。心业功德无尽复无尽，弥高弥坚似远还似近，变普贤身而出文殊舌，上承四维上下诸佛力，难以敬赞大悲观世音，哀我小子欲赞何能尽？

末世众生难调更胜前，我发如尊无缘大悲心，何日得具与尊同体德，殷重启请大悲观世音。世间自在三十大愿文，我愧无德至今未圆成，愿尊破格大悲以摄受，令我大悲大智大力生，度尽六道庄严大悲心，迫不及待悲泪不能禁，顶礼祈求大悲观世音，愿垂加被自他速圆成。

普贤菩萨摩诃萨赞

壬辰二月二十一普贤瑞诞，陈健民造

敬礼　大愿普贤菩萨摩诃萨前。

普贤瑞诞加持力，濡墨和泪赞普贤。愿我声声出普贤，愿我笔笔落普贤，愿众心心契普贤，愿时刻刻见普贤，愿地处处遇普贤。最初之佛普贤王，最胜之因普贤愿，最大之道普贤行，无尽之果普贤位。惟善之中半普贤，恶中修善满普贤，一切病中现普贤，一切魔中显普贤，一切事中露普贤，一切道场住普贤，十种玄门尽普贤，万卷华严一普贤。众生无尽普贤寿，我愿无尽普贤心，事业无尽普贤德。愿众堪入于普贤，从罪中出成普贤，从业中出证普贤，从空中出行普贤，入有中去作普贤。布施出生普贤舍，忍辱出生普贤悲，持戒出生普贤慈，精进出生普贤力，禅定出生普贤喜，智慧出生普贤光。五相成身修普贤，六大瑜伽遍普贤。娑婆转成普贤土，阐提皆生普贤心，行人皆满普贤愿，到处建立普贤幢，妙欲受用普贤乐，十方无尽普贤身，三世一如普贤命，纵横圆遍一普贤，证无死果报普贤。

无量光佛赞

贝马布达造

ᠳᡳᠩ　　无量光佛，相好无伦，缤纷花雨绕琳宫，五彩绚霓虹。妙智渊融，万流赞莲宗。

ᠳᡳᠩ　　长寿佛，金刚王，灵源寂照真常，瑜伽众士被慈光。摧四魔，保康强，树荫菩提弥法界，瓶涌甘露清凉。随缘住世演心香，慧命永辉煌。延年妙法广宣扬，寿胜巨卢长。

ᠳᡳᠩ　　空慧性，净无瑕，相显智母瑜伽，世间稀有优昙花。悲智雨，润焦芽，灵光照澈无明惑，紫金彩色交加。慧灯续演白牛车，度众亿恒沙。福田寿域广靡涯，尘刹灿云霞。

莲花生大士颂

敬礼　莲花生大士主眷前。

密海恩源无死莲花生，庄严教化无死二佛母，荷担事业多吉勒巴尊，当前示现无碍光明中。

释迦为身阿弥陀为语，大悲观音三尊总集体，每逢初十神通自降临，当前摄受无碍光明中。

大印事印密法之精华，主教助教空乐师父母，受恩甚深谁更逾于我，当前亲教无碍光明中。

忍小就大决成金刚持，接最后机无死长报恩，众生待救任重而道远，当前成熟无碍光明中。

铁鸟飞空莲形已出土，种种授记中国正当时，受恩甚深谁更逾于我，当前嘱咐无碍光明中。

任何指示任何正当作，一切唯命无有不从者，时量提早证量大圆满，如此无比殊胜大事业，惟求上师父母垂加持。

戊子五月　陈健民造。

诺那上师赞

陈健民造

敬礼　具德根本上师诺那活佛前。

瑜伽无上金刚乘，不动实际我皈依。竖穷三世横十方，一心依止善知识。无量功德本师宝，具足诸佛波罗蜜。大乐大明大方便，法尔金刚大总持。三千大千无量界，十方地水火风空。自他一切身口意，平等心愿供师尊。罪福原来无自性，贪嗔痴等本不生。虚妄分别之所起，住无忏悔而忏悔。无修而修无证证，无度而度摄受尽。本师无边广大业，愿住大乐而随喜。无尽法界尘沙海，广大清净妙庄严。住于不住无量劫，本师恒转妙法轮。我此礼赞供养福，请佛住世转法轮。随喜忏悔诸善根，愿显有情本来佛。

百字明译意颂

陈健民

敬礼大金刚密誓，顿然显自性清净。于大金刚心佛位，令我得坚固安住，令我显真实自性，令我具最极胜乐，令我显广大自性，令我随贪之自性，令我得一切成就，令我成一切事业，令我心具足大勇，令我起五智大用。大善逝一切如来，金刚本体莫舍我。令我住金刚自性，具大密誓大勇心，于法无生本体阿，起空乐大智慧吽，降伏一切魔仇呸。

此就古德旁批注释连贯成句，不必全合本意。

教义通摄举隅颂

陈健民

敬礼本师释迦牟尼佛前。

敬礼大牟尼，皈依大法王，三时十二分，一切佛所说，前前通后后，后后摄前前。无分小与大，惟是一圆教，殊胜微妙法，出生一切佛，为利诸行者，举例言通摄，令不生颠倒，圆满能受持，不执此破彼，金刚座前书，敬请大加被，教诲无量义，非短时可集，谨就因地中，出离心言通，次就大圆满，果法上言摄。

出离属小乘，然为法基础，是故普贤品，亦赞头陀行。一切法门中，皈依为最初，于世不厌离，决非真皈依。为令他亦离，故生度他心，非迁就于彼，彼此陷泥犁。故欲发大心，亦基于出离，出离心坚固，方能行六度。厌离财宝故，即能行布施，若与彼同贪，则不能布施。出离心坚固，方能言持戒，与俗人相处，言行皆造罪。出离心坚固，则能忍大辱，不离而忍辱，何异无耻者。出离心坚固，方能言精进，不离诸俗事，何暇以精进。出离心坚固。方能言禅定，奔走散乱中，皆由不出离。出离心坚固，方能言般若，日处八风中。焉能悟空性。如上通大乘，但就大略言。禅宗称最上，然亦必出离，二祖断臂时，岂有世间念，古德持话头，如彼丧考妣，一时若不在，如同彼死人，南泉三十年，不曾出池阳，慧宗四十年，不曾出党谷，此中例甚多，可读拙所撰，禅海之塔灯。密宗即生成，人岁能几何？尽其毕生力。尚恐其不足，何能杂俗事，转自成蹉跎。生起重佛慢，为离众生见。圆满次第者，若论胜乐法，幻身离俗身，气功离俗语，梦光离俗意，颇瓦与中阴，彻底离俗世。若论密集法，五次第之中，第一身远离，第二语远离，第三意远离，明明已标出，第四幻身者，仍离身语净，第五光明者，仍是意离净，前三离为粗，后二离更净。如上通密乘，亦就大略言。

若论通大印，离贪则能乐，离瞋则自明，离痴则无念，能离无所离，方真入大印。专一即离乱，离戏即离印，一味则离异，无修则离功。

若论大圆满，明悟法性者，即离于俗虑，悟境日进者，则离于粗悟，自心进诣者，即离于人我，穷尽法性者，则离于法我。是故一出离，直通于佛果。如上所言者，就出离言通。

如此大圆满，向下亦能摄。初摄大印者，专心大圆满，摄专一瑜伽，不着圆满见，摄离戏瑜伽，事事大圆满，摄一味瑜伽，大圆满离修，摄无修瑜伽。次摄正分者，大圆满明空，摄胜义光明，大圆满如幻，摄幻身次第，明空无二体，大圆满法身，明照不灭者，大圆满报身，显现种种者，大圆满化身，此即身远离，大圆满智气，即是语远离，大圆满智慧，即是意远离，如上摄正分。

大圆满本具，即是大佛慢，念念大圆满，即是大坚固，事事大圆满，即是大明显，此上摄起分。

大圆满明空，即是大明点，大圆满遍住，即是大中脉，大圆满智慧，即是大智气，此上摄气功。心绝无明故，故能摄光明。一切如梦故，故能摄梦观。法性绝中阴，又名大往生。六法皆摄尽，故名一能百。不贪即布施，无着即持戒，常空即忍辱，无间即精进，无乱即禅定，明空即般若，如是摄六度。详见无上智。大圆满同体，无自无众生，亦能度众生，大圆满无缘，故能兴大悲，而离于俗缘，具慈悲喜舍，能摄尽大乘，事事能无碍，处处自解脱，能摄十玄门，其余十宗中，无不摄入者，广则详讲录，曾在乐山讲，令彼道决定，极赞金刚乘，此中未暇详。

能摄小乘者，大圆满行人，外离于俗事，内离于俗念，密离于俗定，密密所离者，一切诸边执，虽离无可离，实则为大离，是故殊妙师，释迦大牟尼，三时所说法，前后无颠倒，执此而破彼，是大愚痴行，执大不出离，尤为愚中愚，是无可救者。于此通摄中，前后能通达，自与法相应，浅深自测量，不可妄尊大，惟不自欺者，方能救他人。丁亥十一月，圆满三十日，座余一小时，书此供黄老。

四瑜伽证量相关颂

陈健民

令彼具有觉受者，破疑彻底得了达。四瑜伽量之关系，造此说明其大要。惟祈自性大印智，自然流露大加持。初知大印无次第，次知证量有浅深。于不可思议之中，建立方便之证量。智者于彼四瑜伽，当知自性之自显。切勿于彼文字上，生起摸索之执着。证量不离下四者，见修行果公认可。专一瑜伽以配修，离戏瑜伽究竟见。一味瑜伽以配行，无修瑜伽究竟果。言配为就方便说，岂有不见而能修。专一瑜伽定明体，明体未离明体着。此见仍非究竟见，定于明体破定执，方得究竟见离戏。何以果位为无修？岂因入无方为果？为其一味纯熟故，无有修持之垢染。能于果上行一味，是即双运无学位。是故一味究竟时，已入无修之阶段。

证量又有四自性，坚固自性为专一。清净自性为离戏，解脱自性为一味，圆成自性为无修。四者具有连环性，非是划然分四段。专一之中有离戏，即是专一清净性。专一之中有一味，即是专一解脱性。专一之中有无修，即是专一圆成性。离戏之中有专一，即是离戏坚固性。离戏之中有一味，即是离戏解脱性。离戏之中有无修，即是离戏圆成性。一味之中有专一，即是一味坚固性。一味之中有离戏，即是一味清净性。一味之中有无修，即是一味圆成性。无修之中有专一，即是无修坚固性。无修之中有离戏，即是无修清净性。无修之中有一味，即是无修解脱性。

是故亦有者行者，虽有一味之觉受，然无上品之专一，此即专一解脱性，未得圆成之专一。不可于证量生疑，明此亦不生慢心。无依无护宽坦去，无求自生而自显。但得正见不动摇，修行不着亦不舍，果位深浅自生显。

　　己卯春王正月中，初九护法会供日，为报诸大护法恩，于佛成道金刚座，书此愿证佛法身。一切有情同坛成，同体大悲速显现，报化功德悉具足。

胜照念王颂

陈健民

敬礼　上师自心大圆满无分前。

双运忽散时，蜜仍在花枝，蜂其采矣，胜照其忆起。

希冀神通时，利他欲有期，力自充体，胜照其忆起。

情思暴流时，一往深且孜，相知同里，胜照其忆起。

一心作事时，犹恐有所遗，就在这里，胜照其忆起。

平常无事时，枯禅如死尸，意态活矣，胜照其忆起。

贪境现前时，铁屑猝遇磁，顺势入体，胜照其忆起。

瞋心激动时，怒气不可支，直下契矣，胜照其忆起。

痴梦缠绵时，昏迷不觉知，忽然入理，胜照其忆起。

慢心高扬时，无佛无祖师，向上更履，胜照其忆起。

疑妒滋蔓时，鬼影如在兹，叩空而喜，胜照其忆起。

俗务丛脞时，五马以分尸，还在这里，胜照其忆起。

议论纷腾时，偏执而固持，谷响一理，胜照其忆起。

妙乐极盛时，屡战屡败之，禅契欢喜，胜照其忆起。

无念寂住时，明空无云丝，鞭辟入里，胜照其忆起。

法喜充满时，歌舞以自恣，有以有以，胜照其忆起。

嬉笑游戏时，意态各种姿，即此即此，胜照其忆起。

情景变动时，花样翻新姿，别别入体，胜照其忆起。

八风吹动时，岂能无所思，内外双履，胜照其忆起。

上颂为趋入自心进诣瑜伽者或一味瑜伽者最先学习而造。果已得一味之量，原用不着。大同禅师曰，智者撩着便提取，何用如此琐屑言之耶。时在乙酉三月，造于攸东天龙岩。

逆增上缘魔力加持颂

陈健民造　戊子九月廿九日

敬礼　金刚大勇心。

敬礼　大悲观世音菩萨摩诃萨。

敬礼　大悲示现诸魔军。

敬礼　主宰三界魔军大自在天。

释迦文佛圣教所指示，逆增上缘如烘云托月，由彼加持激起金刚勇，敬礼魔军逆加持成就。

置之死地而生于忧患，疾风劲草儒家且赞叹，十无碍行古德尝提倡，敬礼魔军逆加持成就。

圣经上帝亦发纵魔王，试探约伯以考其诚信，舜受尧帝二女之试验，敬礼魔军逆加持成就。

能自反省因地之真实，毫不自欺扪心自检讨，由敬畏彼去黑生白法，敬礼魔军逆加持成就。

道上作障由我慢贡高，得少便足常自作圣解，由摧毁彼能从歧路归，敬礼魔军逆加持成就。

少分成就忘失无常心，障难不生健康起常见，由警醒彼将死于安乐，敬礼死魔逆加持成就。

辗转所生炽盛之烦恼，负薪救火终不能制伏，斩草除根令人修大印，敬礼烦恼魔逆缘成就。

除身见执恒念有身苦，生起坚固金刚身行道，拼将无常换取光明藏，敬礼病魔逆加持成就。

庄严佛果菩提心伟大，庄严大印金刚力伟大，庄严众生真实信伟大，敬礼天魔逆加持成就。

如分增长道高魔亦高，了知加持魔高道更进，如波推舟如风能助火，敬礼魔加持如量成就。

凡夫日在魔中不自知，彼怯弱者畏魔胜于虎，由逢明师生起金刚勇，敬礼如量魔加持成就。

诸佛大悲集中于观音，各种逆顺方便令成就，总为开显众生本来佛，敬礼不违本旨魔加持。

常忆念颂

陈健民

敬礼　无异莲师贡噶根本上师前。

不于有恩作酬报，不于放逸说正理，舍彼破戒不饶益，为遵守故造此颂。愿上师垂赐加持，愿本尊垂赐加持，愿空行垂赐加持，愿澄基兄常忆念。

众生不知本来面，明力随彼罪业行，具种再来以救护（唐英能照镜光，见澄基兄为莲师化身），宿生大愿常忆念。

生老病死空流转，解脱无期堪忍苦，业绳自牵到屠场，苦哉佛陀常忆念。

轮回随心而显现，痴念畜生善念人，何必阅彼人畜图（某屠夫死不断气，僧人来，出一掌示敬，乃绝，死变猪，此掌如生前，图上并载地址姓名），扪心自问常忆念。

无始飘流无终去，一刀斩断待何期，已入佛门犹难了，悲哉父母常忆念。

科学亦显扬因果，三世即由此推论，科学难断无中阴，一旦临终常忆念。

亲友财物舍弃时，中阴孤自飘零时，忆念昔作善恶时，有谁相救常忆念。

世间法律具条文，礼教亦有月旦评，业果是谁能逃脱，马麦之报常忆念。

何日死来不可知，胎中死者岂无之，暂时且不应流转，如救头然
常忆念。

长于我者某已死，少于我者某亦亡，我何大幸得苟活，一刻千金
常忆念。

我今作佛依此身，我今造罪亦依此，大身小用且不宜，误用自杀
常忆念。

一失足成千古恨，再回头已百年身，少时相许今渐壮（澄基兄15
岁发心，即闭关庐山49天，余遇而奖励之），莫再颠倒常忆念。

世间功名与富贵，都是造罪之根本，无常业果金不换，莫待骑虎
常忆念。

世事惟是妄相续，荣枯枕上梦三更，了达缠幻莫非苦，趁未深入
常忆念。

病魔障难修始生，如涤溺器臭气出，世间英雄苦中来，出世大勇
常忆念。

我愿等同密勒愿，我苦何似密勒苦，不经其苦惟空愿，因果自考
常忆念。

出离之心如密否，信师之坚如密否，荨麻受用如密否，因果相当
常忆念。

大苦大忍大冻饿，绿身犹被猎人欺，宁死不怨无加持，古今不及
常忆念。

米足多吉驻厩隅，勤修财神已见面，是日成就所得者，圆根萝卜
常忆念。

自心不生真忏悔，如乞丐唱莲花落，真言十万亦何益，午夜扪心
常忆念。

眠食放逸若干时，座上散乱若干时，才得几分住正念，好生惭愧
常忆念。

观想明显坚固否，净信悲心相续否，发露忏悔恳到否，罪未全净
常忆念。

罪未及净戒未得，戒不得时定难生，枯慧惟是口头禅，知非自救
常忆念。

古德修习累多年，观音示现铁磨针，水滴石穿绳锯木，恒毅一颂
常忆念（恒毅颂亦余所作，今不复忆矣）。

前有累劫罪业集，后有无边业暴流，大事岂易一旦了，雪山六年
常忆念。

因缘所生诸法相，欲得何果种何因，欲畏何果舍何因，操之在我
常忆念。

自离上师入火宅，到处惟结散乱缘，安得重回雪山修，死也清高
常忆念。

莲师胜法如蛇喻，在彼竹筒惟上下，上则成佛下则堕，临深履薄
常忆念。

密乘之道重上师，惟观功德不观过，观德悲感观过堕，善为正观
常忆念。

一切惟心师亦心，师如心镜照自影，几番见兄感师恩，今舍师去
常忆念。

己过如山积不见，师过秋毫亦明察，法不相应实由此，勤加忏悔
常忆念。

师本大悲观世音，我未见时先已梦，灌顶殊胜相屡见，净信相感
常忆念。

密勒背师得法后，法实相同修不应，回头一经其师许，修无不应
常忆念。

达波问何时弘法，密云见师是佛时，因上果上唯靠师，净信当具
常忆念。

米吉见师杀小虱，净信不生障无死，侍者信之比飞升，信为德本

常忆念。

业以自牵果自取，或成或堕总自心，大愿已发大法得，大信大毅
常忆念。

顿根即见即行果，证量具足非口头，中根见到行未到，好自长养
常忆念。

既说破后要跳过，口是心非徒自欺，狂慧惟是增上慢，仔细自检
常忆念。

知非便是大神通，守戒能生大功德，谷熟岂虑无糠秕，君子务本
常忆念。

枪口莫向心外人，枪口向自心过杀，杀一分罪积分德，杀活同时
常忆念。

知是救药偏不饮，知是毒药偏要尝，此心如有老魔在，自杀自魔
常忆念。

戒如地基成就本，空中岂能建华厦，百尺楼台从地起，登高自卑
常忆念。

有戒诸佛常护念，无戒恶友常聚合，戒以益我非恼我，莫错看过
常忆念。

好隐己恶则厌戒，好长己善则爱戒，亲仇颠倒谁魔我，何日离魔
常忆念。

守戒本当慎之始，如彼草鞋一经坏，泥沙垢秽任意行，险哉世路
常忆念。

又如处女膜破后，后此不复有羞耻，当如守贞圣洁女，始终不破
常忆念。

修法不应问自心，正行不应问加行，加行不应问戒行，戒犯当忏
常忆念。

护法不应问自戒，本尊不应问自定，空行不应问明点，于师问信
常忆念。

有诸内者形诸外，无诸内者徒攀外，天助自助西谚许，反求诸己
常忆念。

信己心不可太强，尽己心不可太弱，自信有余行不足，休责师友
常忆念。

信师心不可不强，求师心不可太过，求而不得生毁谤，犯根本戒
常忆念。

不能受苦读传记，常以古人自砥砺，但将今人高自况，是被魔欺
常忆念。

密戒似在犯上守，密定似在活中死，密慧似以果为因，稍错便堕
常忆念。

学艺不成苦中苦，学佛不成苦中乐，有如甘蔗老来甜，耐到大乐
常忆念。

此身不向今生度，更向何生度此身，魔时但觉时日长，醒时苦短
常忆念。

为山九仞亏一篑，止则吾止进吾进，欲进还止为魔胜，彻底自省
常忆念。

吁嗟众生惟是苦，学佛难成亦似苦，苦即退转是真苦，为兄悲泪
常忆念。

浪子回头金不换，大乐原在兄心中，一篙恒毅到彼岸，同度父母
常忆念。

大恩门一切怙主，愿光明体莫舍兄，大善逝一切如来，愿金刚体
莫舍兄。

大空行一切佛母，愿般若体莫舍兄，大智用一切护法，愿解脱体
莫舍兄。

愿以此劝告片善，回向法界诸含灵，罪净障除菩提显，大圆满教
日增长。

上颂癸未为张澄基兄造。时在乐山佛岩茅篷闭关。

海龙王经摄颂

陈健民原造　不空智摘

无焚龙王恭问佛，无人无我谁受记，佛言如是无所住，了空无我即受记。如来者了于本无，住本无故而不动，解了本空即如来，诸法如是本无住。是为如来等住地。海龙王女号宝锦，供佛璎珞发道意，自谓来世亦作佛。迦叶则曰女不成，女曰成佛如反掌，男女之身不可得，身心自然成佛道，吾即道不以道成。迦曰何不转法轮，女曰现前即法轮，转无着轮空无轮，转无二轮清净轮，轮既如是何所转。佛称善哉授女记，其名曰普世如来。

心佛众三相续菩提心

癸巳七月初十　陈健民造　不空智摘

诸佛无尽大事业，众生无尽诸罪福，我愿无尽作中心，上下相续常启请。

我身父母所生者，我智诸佛所加被。于此无有自性我，舍利他外何所作。佛加被我利众生，我摄众生以皈佛。息息相续恒不断，菩萨行愿当如是。

诸佛十力与五智，光被我身生胜解。我身智力传于众，令众成佛我启请。众生所作多属罪，愿代忏悔摄入我。我摄诸罪化成光，此光供佛我启请。文殊历劫所集智，智光入我生胜解。我以智剑授于众，令除愚痴我启请。充满一切有情心，恒顺一切有情意。令诸有情心欢喜，由智显悲我启请。观音历劫所集悲，化光入我生胜解。我以悲心代众苦，令众解脱我启请。了知众生之心思，转变众生之心识。开显众生之心性，由悲显智我启请。大势历劫所集力，化光入我生胜解。我以大力除众魔，令众离苦我启请。能拔众生魔入因，能除初修道上障，能与行者十力果，力显悲智我启请。

地大黄色空行母，以地精华入我身。令我充实能生力，此力出生众菩提。水大白色空行母，以水精华充我身。令我充实滋润力，此力开敷众菩提。火大红色空行母，以火精华充我身。令我充实热诚力，此力成熟众菩提。风大绿色空行母，以风精华入我身。令我充实转轮力，此力运转众菩提。空大蓝色空行母，以空精华入我身，令我充实体性力，此力圆成众菩提。

自心瞋心狱众现，证瞋性空喜金刚。三续起灭得同时，无间相应我启请。自心慢心天人现，证慢性空密集尊。三续起灭得同时，无间相应我启请。自心贪心鬼众现，证贪性空大幻网。三续起灭得同时，无间相应我启请。自心疑心修罗现，证疑性空大威德。三续起灭得同时，无间相应我启请。自心痴心畜众现，证痴性空胜乐尊。三续起灭得同时，无间相应我启请。佛心充满于我心，我心充满于众心。愿众充满于我心，我心复充于佛心。佛心充我我具智，我心入众以运悲。众心入我能生信，由此信心得成佛。我虽未及常见佛，佛则常常能见我。众虽未能普生信，我则普遍悲悯众。悲心信心两契合，愿我与众同成佛。

勤缘众苦我生悲，同体大悲出化身。化身六道与十力，愿我具足以度众。勤缘佛慧我生智，无缘大悲出化身。化身五智卅二应，愿我具足以度众。智佛悲众相应处，无边方便我心生。勤修方便运于众，令众成佛佛愿满。于佛前报众生恩，于众生前报佛恩。如此辗转胜事业，愿我具足寿自在。以无死力常运转，生佛心前我启请。我身为佛而服役，我心为众而祈祷。佛愿无尽我无尽，众未度尽我不死。菩提本性无圣凡，亦无行者亦无缘。亦无来去与相续，本来清净大圆满。

亦无度凡之圣者，亦无入圣之凡人，亦无牵合之行者，胜义菩提离造作，有无心而自发者，毋发心而反执心，如是胜义菩提心，愿众任运自安往。佛入我身非是入，我入众心非是出，法流周转无来去，法光变幻无穷尽，竖通三世横十方，法身圆满即我身，法身标帜无尽藏，愿为众现我启请。

附　上颂遗义
东方喜乐净土不动佛，对治散乱。
南方具德净土宝生佛，对治悭贪。
西方极乐净土无量寿佛，对治无常。
北方胜业净土不空成就佛，对治顽空。
中央奥明净土毗卢迦那佛，对治无明（忘本性）。

天道转宝生佛，修罗转不空成就佛，人道转宝生佛，畜生转不动佛，饿鬼转弥陀佛，地狱转毗卢佛。

大圆镜智去瞋恚，平等性智去骄慢，妙观察智去贪染，成所作智去嫉妒，法界体性智去愚痴。

赞颂圆满

曲肱斋诗选九十二首

陈健民作

夜绕菩提场
佛去三千载，明星夜夜天。菩提树下客，空愿拜年年。

黄昏礼鹿野苑初转法轮塔

塔影卧空坪，夕阳无限情。路遥天欲暮，鹿野少人行。

礼那难陀寺

颓墙可跨过，古寺那难陀。欲起玄奘问，风沙拂面多。

张相诚先生欲赴德里医目，朝灵山后，罢医言旋

既到灵山后，原无眼里花。光明终不散，一笑便还家。

礼涅槃佛相

木塑涅槃佛，涅槃塑不成。长空寥廓尽，不胜双林情。

张相诚先生朝涅槃佛见昔贤肃立

涅槃一会到于今，犹见昔贤聆法音。自是君家开慧眼，非关玉影寄双林。

礼南华后欲拜虚老于云门阻于匪警四首

赤足泞泥世俗嫌，南华一到自庄严。禅师示我平常道，不问修行问米盐。

慈云展布在虚空，何必竭来匪薮中。识得当前真面目，粪墙时复露宗风。

面目本来干屎堆，虚空粉碎绝徘徊。叮咛盗贼且休去，那有风声漏出来。

相见亦无事，不来总忆翁。曹溪一脉水，拖带草鞋中。

隐峰二次参石头

出死超生只两噱，希迁道一总如如。亏他竿木随身走，难免石头路滑虚。

颂遣女试僧案

遣女试探花，蜂宁不采耶。谁知露骨反，抵死不还家。

颂禅海塔灯用层

初春有意试新装，小阁凝寒半捲房。到底娇柔天也妒，遣风吹散玉肌香。

赞瑶娟嫂宿根深厚

初得瑶函第一篇，曾蒙瑞相显坛前。白纯伞盖当空举，光里俨然佛母身。

瑶嫂来顾，辞佛时得感胜光，赋此赞之

佛德幽微不自知，精诚有感便逢之。圣光忽闪烛盘上，正是燃灯拜别时。

炊灾

拖泥带水便生烟（喻出离），灶里不空也枉然（喻空性）。枯竹（脉也）。疏交风（气也）鼓火（拙火），一瓯茶熟洗心（明点）泉。

蓉城安逸

四座风生三寸舌，百年浪掷一杯茶。明朝未死且相约，不醉无归小酒家。

辟道家身见　六首

何止坎离结小丹，庄严那比佛身坛。为怜顾恋身财苦，不说无常上道难。

仙家身内小天地，未了华严全已备。试纳纯阳毛孔中，管教难出普贤鼻。

举世惟贪肉壳身，为谋衣食养精神。睡功一诀金难换，只可欺瞒偷巧人。

纵然身变纯阳体，谁见纯阳犹有身。鸡犬淮南何足羡，且休辜负本来人。

纯阳有句早知音，自悔从前错用心。得见黄龙欣悟道，顿然抛却旧时琴。

调身取巧也无妨，切莫离经乱主张。仙佛昔年曾试火，于今不用再商量。

习定

芋火半炉煨淡月，匏瓜一个系深山。心无散乱目无照，人自澄清境自闲。

禅观

一角蜗庐天地宽，坦然自在不须观。虱来知痒寒来冷，难骗青州老布衫。

透光

心浮碧落风云外，人在虚无飘杳间。喝破光明无一事，水还是水山还山。

睡光

天生一座水晶床，明月不来自映光。借问阿谁堪入寐，厥名胜照念头王。

安闲

扪虱才当红日午，吟诗飞度夕阳斜。问君那得闲如许，遥指长空一片霞。

别德格八帮寺
疏庸只合处林间，野鸟岩花好往还。此去孤云谁惜别，离情都付与溪山。

和内子赠别原韵
相逢大似市场人，逆旅世间莫认真。指点当前安乐处，无来无去真如身。

附　内子原韵
倏然聚散居中人，儿女痴情太认真。安得如君常进步，光光相入不分身。

岩边桃开
冷庙蒲团栖小鸡，白云深锁碧岩低。春光何事偏相爱，也遣桃花发野蹊。

北天竺噶伦准山城闭关
何用长随幽谷缘，且迁闹市破枯禅。试观酒店旗竿月，招展风光更栩然。静也安闲闹也同，爱憎心地本来空。林间鸟语街头骂，一样悠悠耳外风。由来静闹不相干，何必北山便可安。城上钟楼街口月，谁家声色欠毫端。静境凝然成死水，纷纷闹市若奔流。山城似海微风意，浪细潮平一碧幽。寒林只有鬼相陪，闹市人声聚若雷。最爱山城恰到好，梵钟衣杵疏疏来。

寒林夜修
寒月照尸林，黄泉苦闷深。一声铃振起，犬吠过花阴。

禅侣
弥陀共我一庵，庵外四浮浅岚。诗影常来作伴，禅心乐与对谈。

　　　　　　　　　　　　　　　　　禅密薪传

禅功

悴然遇着成俘虏，卓尔提防等脱逃。春透色空无主敌，当头一棒不为高。

自况

迩来三事依然，吃饭出恭睡眠。毕究无心学佛，被人唤作逃禅。

心瞒

十界卷于毫端，三时一指轻弹。还须鞭辟入里，莫被自心欺瞒。

无题

无而显现显而无，心影身光两不枯。活泼泼兮明朗朗，虽然融洽不模糊。

放心

孟子教人求放心，吾今解放不须寻。可怜最是王婆苦，昨夜寻鸡骂到今。

看念

看彼念从何处起，知吾心本不曾生，江南江北春光好，两岸黄鹂一样鸣。

乙酉初春枕上口占

春来睡意浓，无力话禅宗。妻问西来意，与君梦里逢。

偶吟

坐断去来今，顿超意识心。还须百杂碎，一曲七弦琴。

可惜

凡人都是本来仙，可惜不明当体禅。担起一场空担子，能知放下也松肩。

破明

初修仿佛见空晴，切莫心生爱取情。一路无依宽坦去，管教夜境也光明。

学佛当足三余

罢参精进在平居，已睡依然似醒初。直到中阴无转变，堪称学佛
足三余。

注：散者定之余，睡者醒之余，死者生之余，三余皆有法。

答韩大载老居士

端的闭关为什么，莫忙呼我大头陀。下山纵使如来也，却较从前
不会多。

癣疮大作、天语曰，平安成就古人无，因足成之

山岩惯处湿侵肤，点缀癣疮奚怪乎。天语飞来蒙慰藉，平安成就
古人无。

日光浴

我浴青天白日下，恍如一朵白云舒。青天浴我心空里，却似片云
点太虚。

三际

瞻彼在前非已去，忽然居后岂将来。反观心内原无物，三际是谁
妄剪裁。

不行到

圣凡都是强安号，本地现成无所奥。识得无心当下空，普贤王位
不行到。

无题

见色禅和即见空，毛嫱嫫母一般同。点因空故能生乐，憎爱无须
枉用功。

无碍

淫坊酒店岂贪爱，欲令心空常自在。能将虎须如己须，周旋五毒

方无碍。

力疾（用功大松时诵）

带枢将军赴战场，浑身是胆好担当。拼将朝露易晞命，换取光明大幻王。

上学（用功大紧时诵）

大似儿童上学堂，平平王道未曾忘。却无心意愁难到，一路遨游过道旁。

狂放

狂放江湖一小舲，常将身世等浮萍。无愁易入睡乡去，有梦都从笑里醒。

双跏

昔日单盘且欹斜，经年苦练到双跏。纵难消受金刚座，宁负从吾所好耶。

除草

王婆除草折腰难，那解油麻树上摊。安得庞妻常自在，草头春意尽阑珊。

注：庞公曰，难难，十石油麻树上摊。其妻曰，易易，百草头上有春意。女则曰不难亦不易，饥来吃饭困来睡。

定光

凝然坦荡绝边中，能所双忘真大同。这里虽无人作主，别来记得似晴空。

睡光法库

痴睡宛然铺纸白，听从佛祖标风格。图成法范写成经，永载人间青史册。

澄基兄问定境，赋此对之。

气停脉住心休，外内疑然一球。除却光明运转，别无半点营谋。

密乘行者四关诗
初关曰出离
最是初关不易巡，沉舟破釜出离身。相逢尽道休官去，林下何曾见一人（后二句，前人句）。

二关曰长远
行人大抵半途还，杳杳长征是二关。孤雁拨云天外去，化城掠过万重山。

三关曰忍就
小小神通是浅尝，被人抬举便堪伤。二心初动三关锁，朱绂拖回带水长。

四关曰生成
安得菩提值壮年，人天永住祖师禅。劝君早学长生术，冲破四关佛果圆。

五秘密眼
微微玉影微微照，光网微微相感召。定里微微会得来，微微转瞬微微笑。

不空智按此为东密法。

吾妻来函欲我飞回
相思病后更难描，欲我飞回一放娇。拟寄禅婆三十棒，怜卿质弱且相饶。

空乐　二首
道是温柔语未符，轻安细痒遍形躯。空中却有如斯乐，说向他人信也无。

轻松化气全身乐，紧凑回光到处明。无计可挑心念起，似贪不假
爱情生。

三智三伴
下智参禅也举瓯，中材法尔伴倡优。翳惟上智最难及，常与小儿
共嬉游。

续梦里句
低处修成高处驰，前前不到后迟迟（此二句梦中成）。行人莫漫哀
途远，细检芒鞋步步姿。

忆古人
古人惟感满天风，吹入空行洞穴中。不用世间邪诱法，双融一度
便成功。

集成语四句偈二首
放下全无，满不在乎，行所无事，难得糊涂。
如醉如痴，大而化之，拈花一笑，乐不可支。

破话头
释尊犹自被人嘲，祖意话头也要抛。白米现成舂得熟，何须瓦子
向门敲。

与澄兄论方便道得失感而赋此
扫道方能追圣洁，久经寒苦履霜节。回头记得路高低，几处荆丛
几处血。

加持
且破心头一点痴，十方何处不加持。圆明佛眼常相照，只是当人
不自知。

睡光中得半偈，醒后足成之

了了了时无可了，玄玄玄处好施功（此三句睡光中得）。空里蟾光无用撮，幻中游戏不朦胧。

注，本偈属一味，至同安偈曰，了了了时无可了，玄玄玄处亦须诃，殷勤为唱玄中曲，空里蟾光得也么，则属属离戏也。

偶感

青毡不受光明役，散位何劳心简择。无事陶然山水中，清风皓月都相适。

无题　二首

宽怀但觉溪声远，湛定还余月影圆。放下根尘开眼睡，拈来盐酱印心传。

过去燃灯何处去，未来弥勒不将来，无心记取微尘许，三世玄门自展开。

无心偈

横通十方此身，圆裹三世一生。无成无心无死，不空不有不惊。

心地

心地何须人照料，风狂雨暴天常妙。当年苦计除相思，剩得今朝拍手笑。

劝内　三首

伴余学佛已多年，家事牵连心未专。几度赠卿无价宝，可曾受用一文钱。

柴米油盐酱醋茶，尘埃满面事如麻。额前死字卿须记，昨夜东篱又落花。

矢志断除生死流，莫将心计罣盐油。虚怀无事便相应，较短论长风马牛。

答黎泽山问行住坐卧

自是君心疑难多，无端向我问如何。平常行住平常坐，本地风光欠什么。

劝内

勤修阿字证真心，悟到无生破五阴。苦口劝卿卿记取，爱卿惟此是情深。

庞蕴居士诗选十六则

日用事无别，唯吾自偶谐。头头非取舍，处处勿张乖。
朱紫谁为号，青山绝尘（一作点）埃。神通并妙用，运水及搬柴。

久种善根深，同尘尘不侵。非关尘不染，自是我无心。
无心心不起，超三越十地。究竟真如果，到头只个是。

世间最上事，唯有修道强。若悟无生理，三界自消亡。
蕴空妙德现，无念是清凉。此即弥陀土，何处觅西方。

世人重珍宝，我贵刹那静。金多乱人心，静见真如性。
性空法亦空，十八绝行踪。但自心无碍，何愁神不通。

万法从心起，心生万法生。法生何日了，来去枉虚行。
寄语修道人，空生有莫生。如能达此理，不动出深坑。

教君杀贼法，不用苦多方。慧剑当心刺，心亡法亦亡。
心亡极乐国，法亡即西方。贼为象马用，神自作空王。

不用苦多闻，看他彼上人。百记及日月，元在一毛尘。
心但寂无相，即出无明津。若能如是学，几许省精神。

心如即是坐，境如即是禅。如如都不动，大道无中边。
若能如是达，所谓火中莲。

无求乃法眼，有念却成魔。无求复无念，即是阿弥陀。
真如共菩萨，总祇较无多。

一念心清净，处处莲花开。一华一净土，一土一如来。

迷时爱欲心如火，心开悟理火成灰。灰火本来同一体，当知妄尽即如来。

空中自见清凉月，一光普照娑婆彻。此光湛然无去来，不增不减无生灭。尔是妙德现真身，刹那不起恒沙劫。无边无尽如虚空，虚空无边不可说。

但自无心于万物，何妨外物常围绕。铁牛不怕狮子吼，恰是木人见花鸟。木人本体自无情，花鸟逢人亦不惊。心境如如只个是，何虑菩提道不成。

心王若解依真智，一切有无俱遣弃。身随世流心不流，夜来眼睡心不睡。天堂地狱总无情，任运幽玄到此地。

一切有求枉用功，想念真成着色空。差之毫厘失千里，有生劫劫
道难通。痴心望出三界外，不知元在铁围中。

见僧讲金刚经，至无我无人。居士问云，既无我无人，是谁讲谁
听？座主无语。居士乃与颂曰，无我复无人，作么有疏亲。劝师
休历座，不是直求真，金刚般若性，外绝一纤尘，我闻并信受，
总是假名陈。

石屋山居诗七首

着意求真真转远，拟心断妄妄犹多。道人一种平怀处，月在青天
影在波。
要求作佛真个易，唯断妄心真个难。几度霜天明月夜，坐来觉得
五更寒。
万缘脱去心无事，诸有空来性坦然。几度夜窗虚吐白，月和流水
到门前。
一事无心万事休，也无欢喜也无忧。无心莫谓便无事，尚有无心
个念头。
于事无心风过树，于心无事月行空。风声月色消磨尽，去却一重
还一重。
临机切莫避刀枪，拌死和他战一场。打得赵州关子破，大千无处
不皈降。
溪边黄叶水去住，岭上白云风往来。争似老僧常不动，长年无事
坐岩台。

永明山居诗

千途尽向空源出，万景终归一路通。忽尔有心成大患，坦然无事

却全功。春开小岫调新绿，水漾漂霞蘸晚红。莫道境缘能幻惑，达来何处不消融。

憨山大师警世歌

红尘白浪两茫茫，忍辱柔和是妙方。到处随缘延岁月，终身安分度时光。休将自己心田昧，莫把他家过失扬。谨慎应酬无懊悔，耐烦作事好商量。从来硬弩弦先断，每见刚刀口易伤。惹祸定从闲口舌，招灾多为热心肠。是非不必争人我，好歹何须论短长。世界本来称缺陷，此身焉得不无常。吃些亏处原无害，让几分时也不妨。春日才看杨柳绿，秋风又见菊花黄。荣华总是三更梦，富贵还同九月霜。老病死生谁替我，酸咸苦辣自承当。人从巧计夸伶俐，天自从容定主张。谄曲贪嗔真地狱，公平正直即天堂。翠因毛贵身先死，蚕为丝多命早亡。一剂养神平胃散，两锤和气二陈汤，生前枉费心千万，死后空持手一双。悲欢离合朝朝闹，寿夭穷通日日忙。休斗胜也莫争强，百年浑是戏文场。顷刻戏房锣鼓歇，不知何处是家乡。

圆泽 （苕溪渔隐丛话）

甘泽谣云，唐李澄之子源，以父死王难，不仕，居洛阳惠林寺，与僧圆泽游。一日，相约游峨眉山。源欲泝峡，泽欲取斜谷路。源不可曰，吾已绝世事，岂可复道京师哉。舟次南浦，见妇人锦裆负罂而汲者。泽望而泣曰，吾不欲由此者为是也。源惊问之，泽曰，妇人姓王氏，吾当为子，孕三岁矣，吾不来故不得乳，今既见，无可逃者。三日浴儿时，愿公临我，以一笑为信，后十二年，杭州天竺外，当与公相见。至暮，泽亡，妇乳，三日，源往视之，儿见源果笑。源后适吴赴其约，闻葛洪川畔有牧童和牛角而歌曰："三生石上旧精魂，赏月吟风不要论，惭愧情人远相访，此身虽异性常存。"问泽公健否？答曰，李公真信士。又歌曰："身前身后事茫茫，欲话因缘恐断肠。吴越山川寻已遍，却回烟棹上瞿塘。"遂去，不知所之。东坡诗云："欲向钱塘访圆泽，葛洪陂畔带秋深。"即此事也。

附　录

巴陵旅邸和崔道士作

沁园春　三首　吕岩

其一

火宅牵缠，夜去明来，早晚无休，奈今日不知，明日何事，波波劫劫，有甚来由，人世风灯，草头珠露，我见伤心泪眼流，不坚久，似石中迸火，水上浮沤。　　休休，即早回头，把往日风流一笔勾，只粗衣淡饭，随缘度日，任人笑我，我又何求，限到头来，不论贫富，着甚干忙日夜忧，趁年少，把家园离了，海上来遊。

其二

诗词文章，任汝空留，数万千篇，奈日推一日，月推一月，今年不了，又待来年，有限光阴，无涯火院，只恐蹉跎老却贤，贪痴汉，望成家学道，两事双全。　　凡间，只恋尘缘，又谁信壶中别有天，这道本无情，不亲富贵，不疏贫贱，只要心坚。不在劳神，不须苦行，息虑忘机合自然，长生事，待明公放下，方可相传。

其三

七返还丹，在人先须，炼己待时，正一阳初动，中霄漏永，温温铅鼎，光透帘帏，造化争驰，虎龙交媾，进火工夫牛斗危，曲江上，看月华莹净，有个鸟飞。　　当时，自饮刀圭，又谁信无中养就儿，辨水源清浊，木金间隔，不因师指，此事难知，道要玄微，天机深远，下手速修犹太迟，蓬莱路，仗三千行满，独步云归。

灵源大道歌

曹文逸

我为诸君说端的，命蒂从来在真息。照体长生空不空，灵鉴含天容万物。太极布妙人得一，得一善持谨勿失。宫室虚闲神自居，灵府煎熬枯血液。一悲一喜一思虑，一纵一劳形蠹弊。朝丧暮损迷不知，丧乱精神无所据。细细消磨渐渐衰，耗竭元和神乃去。只道行禅坐亦禅，圣可如斯凡不然。萌芽脆嫩须含蓄，根识昏迷易变迁，蹉跎不解去荆棘，未闻美稼出荒田。九年功满火候足，应物无心神化速。无心心即是真心，动静两忘为离欲。神是性兮气是命，神不外驰气自定。本来二物更谁亲，失却将何为本柄。混合为一复忘一，可与元化同出没。透金贯石不为难，坐脱立亡犹倏忽。此道易知不易行，行忘所行道乃毕。莫将闭息为真务，数息按图俱未是。比来放下外尘劳，内有萦心两何异。但看婴儿处胎息，岂解有心潜算计。专气致柔神久留，往来真息自悠悠。绵绵迤逦归元命，不汲灵泉常自流。三万六千为大功，阴阳节候在其中。蒸融关脉变筋骨，处处光明无不通。三彭走出阴尸宅，万国来朝赤帝宫。借问真人何处来？从前原只在灵台。昔年云雾深遮蔽，今日相逢道眼开。此非一朝与一夕，是我本真不是术。岁寒坚确如金石，战退阴魔加慧力。皆由虚淡复精专，便是华胥清净国。初将何事立根基？到无为处无不为。念中境象须除拨，梦里精神牢执持。不动不静为大要，不方不圆为至道。元和内运即成真，呼吸外求终未了。元气不住神不安，蠹木无根枝叶干。休论涕唾与精血，达本穷源总一般。此物何曾有定位，随时变化因心意。在体感热即为汗，在眼感悲即为泪，在肾感念即为精，在鼻感风即为涕。纵横流转润一身，到头不出于神水。神水难言识者稀，资生一节由真气。但知恬淡无思虑，斋戒宁心节言语。一味醍醐甘露浆，饥渴消除见真素。他时功满自逍遥，初日炼烹实勤苦（炼者，打起精神，扫除杂念，端身正坐，心息相依；烹者，全体放松，含光内守，绵绵似有，默默如无）。勤苦之中又不勤，闲闲只要养元神。奈何心使闲不得，到此纵擒全在人。我昔苦中苦更苦，木食草衣孤又静。心知大道不能行，名迹与身为大病。比如闲处用工夫，争似泰然修大定。形神虽曰两难全，了命未能先了性。不去奔名与逐利，绝了人情总无事。决烈在人何住滞，在我更教谁制御。掀天声价又何如，倚马文章非足贵。荣华衣食总无心，积玉堆金复何济。工巧文章与词赋，多能碍却修行路。恰如薄雾与轻烟，闲傍落花随柳絮。缥缈浮游天地间，到了不能成雨露。各与身兮竟孰亲？半生岁月大因循。比来修炼赖神气，神气不安空苦辛。可怜一个好基址，金殿玉堂无主人。劝得主人长久住，置在虚闲无用处。无中妙有执持难，解养婴儿须藉母。缄藏俊辩黜聪明，收卷精神作愚鲁。坚心一志任前程，大道于人终不负。

赠罗浮道士邹葆光诗

曹文逸

罗浮道士真仙子，跃出樊笼求不死。冰壶皎洁水鉴清，洞然表里无尘滓。叱咤雷霆发指端，诚邪役鬼篆飞丹。朝吞霞气松窗暖，夜礼星辰玉简寒。琴心和雅胎仙舞，屏绝淫哇追太古。幽韵萧森海岛风，余音缭绕江天雨。真居僻在海南边，溪上帘栊洞里天。灵凤九苞飞槛外，珍禽五色舞花前。金丝捣露紫河车，青霓跨岭铁桥斜。罗浮自古神仙宅，万里来寻况是家。我昔闺中方幼稚，当年曾览罗浮记。形质虽居一室间，精魂已出千山外。如今亲见罗浮人，疑是朱明降上真。剑气袖携三尺水，霞浆杖挂一壶春。松姿鹤步何萧散，风调飘飘惊俗眼。吾师出处任高情，止则止兮行则行。富有溪山宁愿利，贵怀道义不干名。我今寄迹都城里，门外喧喧那入耳。上床布被日高眠，不为公来不肯起。问公去速来何迟，得接高谈几许时。白云偶向帝乡过，去住无踪安可期。我亦韶华断羁绁，何异飘蓬与翻叶。相逢邂逅即开颜，礼乐何曾为吾设。志同笙磬合宫商，道乖肝胆成吴越。相近未必常往还，相遥未必长离别。翩然孤鹤又南征，寄语石楼好风月。

李虚庵截句二首

仙佛合家语录

一阳初动漏迟迟，正是仙翁采药时。速速用工依口诀，莫教错过这些儿。

一阳初动即玄关，不必生疑不必难。正好临炉依口诀，自然有路透泥丸。

李虚庵律诗三首

仙佛合宗语录

识破乾坤颠倒颠，金丹一粒是天仙。要寻不必深山里，所得无过在眼前。忙里偷闲调外药，无中生有采先天。信来认得生身处，下手工夫要口传。

若无火候道难成，说破根源汝信行。要夺人间真造化，不离天上月亏盈。抽漆这等分铢两，进退如斯合圣经。此是上天梯一把，凭他扶我上三清。

偃月之炉在那方，蛾眉现处是家乡。色中无色尘先觉，身外生身道更香。先取元阳为黍粒，次熏真炁酝黄粱。其间酿尽长生酒，一日翻来醉一场。

曹还阳截句三首

仙佛合宗语录

一阳每动是其时，时时又至我还知。谨依师指临炉诀，自然擒住这些儿。

一阳初动本无心，有心拨动指南针。得个牛眠藏炁穴，活墓莲开七朵金。

金丹大药不难求，自守中天夜守流。水火自交无上下，一团生意在双眸。

后 序

　　忠州张义尚先生，当世之真人也。古有学人问本净和尚云："师还修行也无?"本净和尚对云："我修行与汝别。汝先修而后悟，我先悟而后修。""是以若先修而后悟，斯则有功之功，功归生灭。若先悟而后修，此乃无功之功，功不虚弃。"先师张义尚先生，即所谓"先悟而后修"者也。其学涉及金家拳、太极拳，丹道三元丹法，佛教密宗大圆满、大手印、那洛六法，中医学、药学、针灸学，周易占卜星相、地理、奇门遁甲、太乙、六壬诸术数，旁及绘画、花卉翎毛、古典诗词，无不该通。

　　先师 1910 年 5 月 6 日生于重庆市忠县，1940 年毕业于上海复旦大学经济系，生前为忠县政协委员，忠州镇中医院中医师。尚师 14 岁习武，1928 年师从周之德学金家功夫，且从黄克刚学真传易筋经 32 式，并得李雅轩亲授杨式太极拳，此皆武林之绝技。张义尚先生还师从吴剑岚、梁少甫学习中医，广览医籍，民国年间以张虚一的名字参加全国中医资格考试，在蜀中名列第七，竟成当地名医，后终生行医为业。1940 年，尚师又皈依贝马布达上师学佛法密宗，继之由贡嘎活佛灌顶授法，俱有成就。其间同陈健民大师多有交往，曾为陈氏《中黄督脊辨》作序，收入中国社会科学出版社《曲肱斋全集》第五册。1939 年，张义尚先生又拜大江西派宗师李涵虚嫡传弟子银道源为师，得丹道西派之别传。精研自身阴阳丹道十年悟透闵小艮虚空阴阳丹法之后，又寻觅同类阴阳丹法以破解《参同契》、《悟真篇》之秘，1945年在成都幸遇周一三先生，得龙虎丹法之传，至此人元大丹之学已大备。张义尚先生多才多艺，于丹道、佛密、中医、武功四门绝学，皆有过人之处。吾自1980年起在海内外潜心寻访三家四派丹法传人，阅人多矣，近世丹师自李涵虚而后，其精研丰博无人能出张义尚先生之右者。张义尚先生的遗著《丹道薪传》、《武功薪传》、《中医薪传》、《禅密薪传》皆具有国宝级的学术价值。

20世纪70年代末，我在广州中山大学读书期间结识内丹学家无忧子师，得南宗同类阴阳丹道法诀之传。其中有龙虎丹法修持法诀，对男子性保健有关者记忆深刻。然此道耗资巨大，条件难备，有如庄子所云"屠龙术"，虽学得妙术，龙却难寻，实无所施其技矣。直到1982年，我关于内丹学的研究得到钱学森院士的关注，他建议我展开对丹道法诀和佛教密宗的调研，为他倡导的人体科学作出贡献。我为调研丹道法诀和密宗承传，亲赴康藏，出入禅密、行走江湖、跋涉山林，历时30年，耗资13万元，于2009年9月将调研的最终成果《丹道法诀十二讲》交到钱学森院士手上。但是，人体科学研究所遭遇的长达30多年的政治游戏是发人深省的。使人稍感庆幸的是，我以自己艰苦卓绝的劳动完成了钱学森老师交代的人体科学调研任务，也为中华民族保存下一份珍贵的非物质文化遗产，这项调研活动因老丹师的去世别人无法重复了。

我于1981年春访道崂山太清宫曾师事匡常修道长，他建议我到中国道教协会跟王沐先生学习丹道。1985年初我来到北京，和王沐老师朝夕相处，并给他整理出版了《内丹养生功法指要》。当时他正校注《悟真篇》，将其一律解为自身阴阳的清净丹法，和我在广州所得无忧子丹法传授大相径庭。因之，我将自己所知同类阴阳丹法大略讲给王沐先生听，被王沐老师斥为"学了邪术"，并说他曾在济南从一郝姓道长受龙门律师戒，是"宗"字辈，要我也皈依龙门派，诚心学道。王沐老师十分推崇陈撄宁先生的丹道观点。他在"文化大革命"前和陈氏有交往，佩服陈氏的学问和为人，早在1987年就将台湾出版的《中华仙学》拿给我看。陈撄宁的《中华仙学》是汇集了民国年间一大批与陈氏交往的学道菁英的文献，其学术观点影响国内外学人达半个多世纪之久。《中华仙学》是我一生研读着力最多的一部书，盖因陈撄宁之人格气节跃然纸上，和我心灵有相通处。而后我在个人著作、报章杂志、《中华道教大辞典》中向学术界多方介绍陈撄宁先生，对其推崇不遗余力焉。我的丹道调研工作的重点也以陈撄宁为中心全面铺开。1992年开始与陈氏某一传人交往，几近三个年头。对方要求我整理陈氏生前未完成的书稿《参同契讲义》，待完工后，给我陈氏手稿《学仙必成》。陈撄宁一生丹道著述最重要者有两种，一为《学仙必成》传清净丹法，一为《参同契讲义》，传彼家丹法，惜未定稿。我为了完成钱学森老师交代的丹道调研任务，在一无空调二无暖气的陋室中熬过两度严冬和酷暑，以极为虔诚的心情修补完成陈氏《参同契讲义》，了其生前遗愿，并按彼丹师的要求请了两位海内外知名的哲学家为此书写了序言。陈氏《参同契讲义》整理稿交给他后，该丹师突然爽约，拒不按承诺交出陈氏《学仙必成》手稿由我复印，又要擅自删去原经他同意邀请两位哲学家为陈撄宁《参同契讲义》写的序言。我当时暗暗立下誓愿，一定要参访到从学理到修持都高于陈撄宁的丹师，使丹道的研究超越陈撄宁时代的水平，并打破江湖丹师的垄断，将丹道推向学术研究的殿堂，并把法诀公诸于世，使之不再充当江湖门派争名夺利的工具。此后我走访了多名当年接触过陈撄宁的丹师，查清了陈撄宁和该江湖丹师的真正底细，陈撄宁《学仙必成》及其他手稿也不期而至，完成了对陈撄宁的调研任务。

1995 年我主编的《中华道教大辞典》在海内外发行，来信来访日益增多。安庆的余兆祖先生"文化大革命"前毕业于清华大学，夫妻俩曾师事陈撄宁之侄陈可望先生，来京时带来台湾真善美出版社张义尚先生的《仙道漫谈》。由于陈撄宁不谙龙虎丹法，王沐先生又斥为"邪术"，因之我将广州所得无忧子师所传丹法在箱子里压了 14 年，见张义尚先生之书，方知龙虎丹法才是吕洞宾、张伯端、三丰真人一脉正传。张义尚老师委托我和余兆祖道友整理他的书稿，才发现尚师一生拼力于佛、道、医、武之研究，用功颇巨，其著述系独立精思修持经验而成，皆有传世的价值，生前名声未能大彰者，因受历史条件的限制，著述无法面世故也。我和余兆祖道友花了几年工夫将尚师手稿搜集齐全录入电脑，又经我反复校改编成《丹道薪传》一书，送尚师审定，没想到时日迁延，张义尚师于 2000 年 12 月 5 日以颇瓦法辞世，终年 91 岁，《丹道薪传》整理稿亦在丧葬期间流失矣！彼时余兆祖道友已皈依藏密宁玛派，去甘孜白玉县亚青寺闭关修持大圆满，临行前把尚师的所有资料托付给我。幸好我当时为了尽快完成丹道的调研任务，收了上海的杨靖超、姚劲松、林锋、张懿明四个学生随我学习丹道，他们文化水平较高，曾追随多名老丹师学道有年，可以协助我完成上海一带的丹师参访。其中张懿明曾追随张义尚、胡美成等，于是我委托他继续整理尚师的《丹道薪传》和《武功薪传》，为此他付出了艰苦的劳动。《中医薪传》也由学生录入电脑，由中医古籍出版社的名医樊正伦先生帮忙校改。

按原定计划，张义尚师等人的著述排在我的《丹道法诀十二讲》之后，由社会科学文献出版社统一出版。谁知几经波折，我的《丹道法诀十二讲》至 2009 年 9 月才问世，当调集尚师著述的电脑光盘时又发现由于电脑的更新换代发生残缺。唐山盛克琦君是我门下弟子，雅好丹道修持，曾四处拜师求道，和我交往多年，对丹道研习日久，其学术水平竟在我招收的博士研究生之上。我将继续整理《丹道薪传》、《武功薪传》和《中医薪传》的任务委托给他。盛君为此披肝沥胆，付出了巨大的心血和劳动，为此次尚师遗著面世出力最多功德最大者。此书即将面世之际，我非常怀念张义尚老师的哲嗣张力先生，他自幼随父习武，在太极拳、金家拳、医药学诸方面皆有极高造诣，2001 年 10 月我曾去忠州为尚师扫墓探望师母及他全家，2002 年 4 月又在武当山参拜张三丰真人时相见，相处甚洽。张力师弟年刚过六十，竟英年早逝，遗下盛年之妻和幼女幼子，颇感伤情。《武功薪传》后来的电子稿，是云南的张宏先生提供的，书中的武功操演图片亦取之他的功照。张宏先生乃张义敬先生之子，张义尚老师之侄，幼承家教，不仅继承乃父小提琴、太极拳之绝技，又得先师张义尚金家拳之真传。吾观张宏先生资质甚佳，是修道之上根利器，能绍继此数般绝学，乃师门之幸也。《禅密薪传》的手稿，亦为张宏先生提供。然这些书稿大都是先师 20 世纪 50 年代的手迹，录入和校对工程令人望而生畏。吾年近古稀，已不堪如此沉重的劳作，因此，除张懿明、盛克琦君曾为代劳外，将最繁难的《禅密薪传》委托给了西安终南书院的朱文革先生，《中医薪传》的校对则委托给北京广安门医院的中医师李游女士。朱文革又名朱沐尘，本为军校年轻的教官，和台湾僧人释一吉以及蒋俊女士皆为尚师生前得意的学生，尤以朱文革得先师传授最多，与我交往亦有年。我四处拜师求道，实为完成钱学森老师的丹道调研任务，并未拘于一派之传，将来张义尚老师所创丹派之掌门人，亦非朱文革君莫属矣。李游女士在中国中医科学院研究生院听过我的讲课，她竟将网上所有关于我的资料搜索齐全写出一篇研究论文，吾知其为有心人，故将《丹道法诀十二讲》送她研读，并将尚师《中医薪传》委托她校对，亦可谓得人。这样我只要最后将这四本书审读定稿，就可以完成先师之遗愿矣。

尚师生于蜀东巨富之家，幼年失怙，锐力求学，拜师访道，多在1949年前。1949年后，尚师在乡间行医为生，在当地颇有声望，虽不乏政治运动干扰，但尚师和光同俗，潜心著述，故其手稿大都完成于20世纪50~60年代，多为一些读书札记，著书喜摘取前贤成说，重要著作则经多次改写、反复锤炼而成。"文化大革命"期间尚师受残酷迫害，当地群众谣传他受捆绑跪打，一夜之间能飞身去北京上访，革命派畏其武功，未敢过甚，是以得保有用之躯。"改革开放"之后，尚师遂周游天下，传道授徒，精研医术，悬壶济世，间或给某《气功》杂志写些文章，这些文章亦被录入《丹道薪传》之中。《中医薪传》是20世纪60年代尚师为响应政府号召培训当地中医师编写的教材，曾刻蜡纸油印，当时国家尚无此类教材出版，至今过去近50年尚珠光灿然。《武功薪传》除收入尚师绝学金家功夫、真传易筋经，尚有太极拳、气功修炼等，故名之曰武功。《禅密薪传》乃尚师摘取释典精要而成，一册在手，佛密心法一览无余矣！尚师之著述，60年来，多有散失，今面世者，不过十分之六而已！

《道德经》云："图难于其易，为大于其细；天下难事，必作于易，天下大事，必作于细。是以圣人终不为大，故能成其大"（六十三章）。吾之未敢早务修持归隐山林者，因平生有五件大事尚未及完成。其一为全国老子道学文化研究会已从中国社会科学院转到教育部，挂靠南京大学。需筹集资金将其重新启动起来，并创建老子文化基金会，把老子学院推向全世界。现全国道学文化爱好者不下7000万人，欧美等国家亦甚风行，此文化战略关系着中华民族的命运，也关系着人类的和平大业。其二是我以30年心血调研丹道和佛密著成《丹道法诀十二讲》，有两种版本，一为80万字版的三卷本，价630元；一为120万字版的八卷礼品珍藏本，价6300元。需有胆略善于发行书籍的企业家投资300万元和出版社合作重新启动起来，可获数亿元商机，我则仅为保存中华民族的一项非物质文化遗产而已。其三是整理出版先师陈国符先生的《道藏源流考》（再增订版）和尚师的《丹道薪传》《武功薪传》《禅密薪传》《中医薪传》，以为中华民族道学的研究开拓进展，我则仅为兑现承诺报答师恩而已。其四是重新修订《中华道教大辞典》，使其成为道学领域一部经典的工具书，留传后世，在此基础上选编一部小型的《中华道教辞典》，以备普及和实用。其五为倾我毕生学力，取古今中外文化之精华，创立有时代精神的新道学，著成《新道学引论》一书。目前新儒学已传了四代，新道学还没创立起来，这一学术工程终归是要人做的。近两年来，我不开会、不赴宴、不会客，以诚信、宽容、忏悔、感恩的心法清理自己的心灵，等待有缘人助我完成此心愿。尚师之遗著付梓，是我当年拜师时对他的承诺，亦是五大心愿之一部。尚师在那个年代精心著述，曾多方投递，甚至给郭沫若上书，仍不能出版，今日在全国最高学术殿堂中国社会科学院的社会科学文献出版社赫然付梓，先师有灵，或可稍伸己志哉！记得2000年3月吾有一诗贺尚师九秩寿诞，诗云：

曾许百代游人间，

仙骨嶙峋气森严。

执象不害天下往，

悬壶能济世事艰。

已经蠹鱼三食字，

肯将尺素一脉传。

四海莺燕歌眉寿，

身居阆苑自长年。

先师之遗著能顺利出版，特别要感谢社会科学文献出版社的谢寿光社长、人文分社社长宋月华女士，以及责任编辑诸先生，他们和我多年合作结下了深厚友谊。值尚师之遗著即将面世之机，特邀尚师之弟、重庆太极拳名家张义敬先生为之作序，吾亦向读者略述其始末，以志缘起云尔。

胡孚琛

识于中国社会科学院

2011 年重阳节

图书在版编目（CIP）数据

禅密薪传／张义尚编著.‒‒修订本.‒‒北京：社
会科学文献出版社，2016.6（2025.2 重印）
（述而作）
ISBN 978‒7‒5097‒9035‒9

Ⅰ.①禅…　Ⅱ.①张…　Ⅲ.①禅宗‒研究②密宗‒研
究　Ⅳ.①B946.5②B946.6

中国版本图书馆 CIP 数据核字（2016）第 086538 号

·述而作·

禅密薪传（修订版）

编　　著／张义尚

出 版 人／冀祥德
项目统筹／宋月华
责任编辑／周志宽　侯培岭
责任印制／王京美

出　　版／社会科学文献出版社·人文分社（010）59367215
　　　　　地址：北京市北三环中路甲 29 号院华龙大厦　邮编：100029
　　　　　网址：www. ssap. com. cn
发　　行／社会科学文献出版社（010）59367028
印　　装／三河市东方印刷有限公司

规　　格／开　本：889mm×1194mm　1/32
　　　　　印　张：17.5　字　数：435 千字
版　　次／2016 年 6 月第 1 版　2025 年 2 月第 5 次印刷
书　　号／ISBN 978‒7‒5097‒9035‒9
定　　价／69.00 元

读者服务电话：4008918866